高等学校新文科经管类课程思政系列教材

会计专业硕士（MPAcc）教学案例集

杨海燕　徐全华　等　编著

中国财经出版传媒集团
中国财政经济出版社

图书在版编目（CIP）数据

会计专业硕士（MPAcc）教学案例集 / 杨海燕等编著. --北京：中国财政经济出版社，2023.9
高等学校新文科经管类课程思政系列教材
ISBN 978-7-5223-2274-2

Ⅰ.①会… Ⅱ.①杨… Ⅲ.①会计学-研究生-教案（教育） Ⅳ.①F230

中国国家版本馆 CIP 数据核字（2023）第 100570 号

责任编辑：马　真　　　　责任校对：张　凡
封面设计：陈宇琰　　　　责任印制：党　辉

会计专业硕士（MPAcc）教学案例集
KUAIJI ZHUANYE SHUOSHI（MPAcc）JIAOXUE ANLIJI

中国财政经济出版社 出版
URL：http：//www.cfeph.cn
E-mail：cfeph@cfeph.cn

社址：北京市海淀区阜成路甲 28 号　邮政编码：100142
营销中心电话：010-88191522
天猫网店：中国财政经济出版社旗舰店
网址：https：//zgczjjcbs.tmall.com
北京密兴印刷有限公司印刷　各地新华书店经销
成品尺寸：185mm×260mm　16 开　21.25 印张　521 000 字
2023 年 9 月第 1 版　2023 年 9 月北京第 1 次印刷
定价：69.00 元
ISBN 978-7-5223-2274-2
（图书出现印装问题，本社负责调换，电话：010-88190548）
本社质量投诉电话：010-88190744
打击盗版举报热线：010-88191661　QQ：2242791300

前言 Foreword

会计专业硕士（MPAcc）是经教育部、国务院学位办批准设立的专业学位，遵循“以职业需求为导向，以产学结合为途径，以提高质量为核心”的指导原则，旨在培养具有良好职业道德、进取精神和创新意识，能够熟练运用现代会计、财务、审计等相关领域专业知识解决实际问题的高素质、应用型、国际化的会计专门人才。案例教学是实现这一目标的有效途径。

管理学案例教学起源于哈佛大学，是一种开放式、互动式的教学方式。案例基于一定的事实编写出来，用于课堂讨论和分析，有助于提高学生的决策能力和综合素质。通过分析具体案例，同学们在提出问题、分析问题、解决问题的同时，可以实现理论联系实际、融会贯通、增强知识的目标。近年来，案例教学越来越受到中国高校的重视，并且取得了较好的教学效果。

为了响应全国会计专业学位研究生教育指导委员会有关教学案例的建设要求，调动学校师生参与编写 MPAcc 教学案例的积极性，推动开展案例研究和案例教学工作，提高教学质量，广西大学工商管理学院 MPAcc 任课教师对其开发的教学案例进行认真遴选，选择一批有代表性和典型性的会计案例结集出版。案例集内容覆盖“财务会计理论应用研究”“财务管理理论应用研究”“管理会计理论应用研究”“商业伦理与会计职业道德”4 门学科基础必修课以及“大数据与财务决策”“公司资本运营”“财务分析方法”“内部控制与风险管理”“公司治理”“国际财务报告准则”“信息披露与盈余管理”等部分专业选修课，共收入 12 篇案例，涉及多个行业、多个领域的上市公司及广西本土企业，以鲜活的实例分析来引导理论思考，具有较强的可读性和课程指导性，不仅可满足 MPAcc 案例教学之用，而且可拓展适用于所有管理类的专业硕士（如审计专业硕士、MBA）、学术型硕士及高年级本科生教学使用，还可以用于管理课程培训、企业各级管理人员的实务学习。

本书是集体劳动的结晶。广西大学工商管理学院会计与财务金融系主任杨海燕领衔编著，她不仅负责策划、大纲、总纂和定稿，而且组建了案例分析团队，合理分工，密切配合，共同完成了本书。本书划分为会计准则与信息披露、企业投融资风险、内部控制与风险管理、混合所有制改革与公司治理 4 个专题，具体撰写分工为：唐妤、徐全华组织撰写会计准则与信息披露专题，潘柳芸、杨海燕、邹武平组织撰写企业投融资风险专题，杨海燕、曾富全组织撰写内部控制与风险管理专题，邓德军、范利民、徐全华、杨海燕组织撰写混合所有制改革与公司治理专题。

本书虽力求完善，但仍存瑕疵。恳请各位读者批评指正。

杨海燕

2023年6月

目录
Contents

会计准则与信息披露专题

企业投融资风险专题

内部控制与风险管理专题

混合所有制改革与公司治理专题

会计准则与信息披露专题

案例1

实体企业去金融化
——华西股份缘何减持金融控股平台？

唐　妤

专业方向： 会计

适用课程： 财务会计理论应用研究

选用课程： 财务分析方法、国际财务报告准则、信息披露与盈余管理

编写目的： 本案例旨在让学生深度理解新金融工具准则（2018）改变了对金融工具的分类依据，改进了金融工具后续计量的会计规范，这会对企业财务报表所反映的财务状况、经营成果和现金流量产生重要的影响。引导学生学习新金融工具准则下金融资产的确认与计量，思考企业对金融资产进行确认与计量的依据是否合理，新金融工具准则的实行对实体企业去金融化带来了怎样的影响，从而提高学生对新金融工具准则的认识和运用。

知 识 点： 金融资产分类、公允价值变动损益、金融资产投资

案例正文

一、引言

江苏华西村股份有限公司（以下简称“华西股份”）于1999年8月在深圳证券交易所挂牌交易，股票代码为000936，其控股股东为江苏华西集团有限公司，实际控制人为素有“天下第一村”之称的江阴市华士镇华西新市村的村民委员会。

华西股份上市之初的主营业务范围为纺织品、化工原料、服装制造、国内贸易、热电站，所处行业为涤纶短纤维行业，根据中国证监会行业分类标准，分类为化学纤维制造业。随后，企业经过多年的经营发展，逐渐形成了涤纶化纤业务、石化仓储业务、并购投资和资产管理业务多元化经营的发展格局，尤其是并购投资和资产管理业务，其公允价值变动及投资收益在2015年后基本成为集团净利润的最大来源。

然而，在企业并购投资和资产管理业务发展态势良好、盈利丰厚的情况下，华西股份及一村资本有限公司（以下简称“一村资本”）却从2018年年末开始在市场上广泛寻找战略投资者，以期出售一村资本股份。最终于2020年9月完成了工商变更登记手续，华西股份

持有一村资本的股权比例下降至44.78%，于是一村资本自2020年8月起不再纳入华西股份合并报表范围。一村资本由华西股份于2015年在上海全资设立，作为华西股份的金融控股平台。成立一村资本后，华西股份的并购投资和资产管理业务基本都通过一村资本展开，对一村资本股份的减持是否意味着华西股份放弃了并购投资和资产管理业务？并购投资和资产管理业务作为华西股份最盈利的一项业务，华西股份为何愿意与其他战略投资者"分一杯羹"？华西股份对一村资本的减持行为不禁引人深思。

二、华西股份主要业务板块

（一）涤纶化纤业务

涤纶化纤业务是华西股份的传统业务。华西股份化纤产品主要为涤纶短纤维，主要产品包括水刺专用涤纶短纤维、半消光涤纶短纤维、有光涤纶短纤维、荧光增白涤纶短纤维等。其中，水刺专用涤纶短纤维主要应用于水刺、针刺等设备，最终产品被广泛应用到卫材、医疗和擦拭、汽车、过滤、皮革和工程基建等领域。半消光涤纶短纤维、有光涤纶短纤维、荧光增白涤纶短纤维主要用于纺织行业，单独纺纱或与棉、粘胶纤维、麻、毛、维纶等混纺，所得纱线用于服饰纺织、家装面料等。如表1－1所示，涤纶化纤业务是华西股份最大的收入来源，但因为成本居高不下，导致该业务毛利微薄。

表1－1 华西股份涤纶化纤业务分析表

项目＼年份	2015	2016	2017	2018	2019	2020	2021
营业收入（万元）	177 895	177 240	222 251	275 507	271 108	213 648	219 450
占总营业收入比重（%）	88.37	83.39	78.19	93.96	85.07	90.70	90.76
营业成本（万元）	167 155	160 061	200 170	256 323	261 418	199 880	208 167
毛利率（%）	6.04	9.69	9.94	6.96	3.57	6.44	5.14

数据来源：华西股份年报合并报表。

（二）石化仓储业务

石化物流仓储业务主要为客户提供液态化工品的码头装卸、仓储、驳运中转、管道运输等服务。客户将其采购的化工品存储在公司的储罐中，公司为其提供仓储物流服务并收取服务费。华西股份的石化仓储业务主要由控股子公司华西码头开展。华西码头位于苏、锡、常化工企业中心区，紧邻长江、连京杭大运河，顺长江而上可直达长江中上游主要城市，地理位置优越，是长三角石化物流基地的重要国际港口口岸。根据华西股份2021年年报披露，华西码头目前仓储总容量达30万立方米，可接卸苯类、醇类、酸类等50多种化工品。华西码头拥有一座5万吨级液体化工品专用码头。码头有5个泊位，可同时停靠2个5 000吨级外轮，另外拥有4个1 000吨级内轮泊位。华西码头现有8个储罐区，共有储罐89个，其中保税区储罐有14个，总罐容30.48万立方米。目前储罐存储品种约30个，主要包括苯乙烯、正丁醇、丙酮、甲甲酯等。经过多年的稳健发展和客户积累，华西码头目前已经成为长江中下游最为成熟的物流仓储企业之一。如表1－2所示，石化仓储业务作为华西股份多元化经营的业务之一，虽然创造的营收不如涤纶化纤业务，但是其较高的毛利率使其成为华西股份未来重点发展的业务之一。

表1－2 华西股份石化仓储业务分析表

项目＼年份	2015	2016	2017	2018	2019	2020	2021
营业收入（万元）	8 583	9 229	11 083	13 403	15 026	18 091	20 697
占总营业收入比重（%）	4.26	4.34	3.90	4.57	4.71	7.68	8.56
营业成本（万元）	3 141	3 664	4 326	4 559	5 619	4 854	5 522
毛利率（%）	63.40	60.30	60.97	65.98	62.61	73.17	73.32

数据来源：华西股份年报合并报表。

（三）并购投资和资产管理业务

华西股份并购投资业务主要通过一村资本开展。从开展并购投资的业务模式看，在资金端，除了一村资本自有资金出资外，募集资金主要由机构投资人、政府引导资金和高端财富客户组成。投资的标的以围绕服务于产业转型升级为主，并以投资成熟和优质资产为主要投资阶段。通过投资期限的有机管理，保证在不同阶段均有项目实现退出，保证资金的有效运转。资产管理业务前期主要通过华西股份子公司一村资产管理有限公司（以下简称“一村资产”）开展，后期一村资产成为一村资本子公司后，转由一村资本孙公司上海一村投资管理有限公司（以下简称“一村投资”）负责开展。一村投资通过非公开方式向出资人募集资金，同时公司投入部分自有资金作为种子资金，共同发起设立基金，开展资产管理业务。资产管理人根据资产管理合同约定的方式、条件、要求及限制，对客户资产进行经营运作，为客户提供证券、基金及其他金融产品的投资管理服务。从一村投资的业务模式上看，公司按照与基金出资人的协议约定，向基金收取一定比例的管理费用及项目收益分成作为收入来源。

按比例收取的管理费用计入公司的营业收入，但在华西股份合并报表中占总营业收入的比重较低，除了2016年占比较高以外，其余年份占比均未超过1%，如表1－3所示。但是，收益分成以及持有的金融资产带来的收益曾颇为可观。如图1－1所示，在华西股份成立一村资本的当年，华西股份合并报表中公允价值变动收益及投资收益之和就几乎占到了净利润的一半左右，2016—2019年，公允价值变动收益及投资收益之和均超过了净利润，且差距逐渐增大，说明在这期间，公司的两项传统业务涤纶化纤和石化物流仓储业务并没有给公司带来正的净利润，公司净利润完全由并购投资和资产管理业务支撑。这种情况从2020年开始转变，也就是当年的9月华西股份完成了工商变更登记手续，华西股份持有一村资本的股权比例下降至44.776%，一村资本自2020年8月起不再纳入华西股份合并报表范围。此外，华西股份从2019年1月1日起开始实施新金融工具准则，从实施前后的公允价值变动收益的变动情况来看，实施新准则后2019—2021年公允价值变动收益的波动性大于2015—2018年旧准则下的公允价值变动收益的波动性。

表 1－3　　　　华西股份投资管理业务收入分析表

项目＼年份	2015	2016	2017	2018	2019	2020	2021
营业收入（万元）	1 101	3 717	960	1 582	2 881	1 651	0
占总营业收入比重（%）	0.55	1.75	0.34	0.54	0.91	0.70	0

数据来源：华西股份年报合并报表。

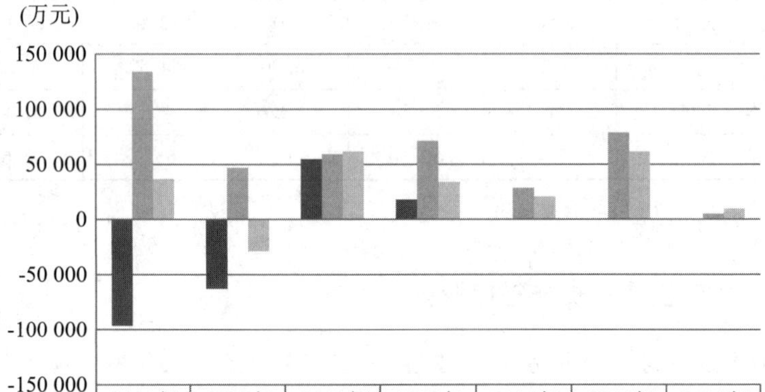

	2021年	2020年	2019年	2018年	2017年	2016年	2015年
公允价值变动收益(万元)	-96 353	-63 031	54 708	17 877	284	317	29
投资收益(万元)	133 969	47 032	59 339	71 316	28 283	78 718	4 971
净利润(万元)	36 653	-28 796	61 840	33 869	20 554	61 323	9 532

图 1－1　华西股份金融投资损益与净利润对比图

数据来源：华西股份年报合并报表。

三、华西股份并购投资和资产管理业务发展历程

（一）对金融资产投资活动的初步涉猎：2015 年以前

从表 1－4 可以看出，华西股份在 2011—2014 年交易性金融资产、可供出售金融资产的合并报表数额和母公司报表数额相等，说明华西股份 2014 年以前的金融投资活动主要在母公司展开。从金融资产合计占总资产比重来看，2011—2013 年，华西股份虽然也在进行金融资产投资活动，但企业金融化的程度还不是很高，投资规模并未达到像 2014 年那样的程度。

2014 年，华西股份金融资产规模急剧扩大，交易性金融资产和可供出售金融资产的合计数相比 2013 年增加了 12 亿元，而这增加的 12 亿元几乎全由可供出售金融资产的增加带来。除了绝对数值的增长，金融资产占比也在增长。2014 年，华西股份金融资产占总资产比重达到了 43.38%。投资规模的扩大意味着如果华西股份想要管理好如此庞大规模的金融资产，就要建立起更加专业的投资管理团队，企业也应该有更适宜的组织结构以应对更加专业化的需求。

表1－4　　华西股份2011—2014年金融资产投资情况分析表

报表类型	项目/年份	2011	2012	2013	2014
合并报表	交易性金融资产（万元）	826	926	820	736
	可供出售金融资产（万元）	35 461	32 144	27 373	150 138
	持有至到期投资（万元）	0	0	0	0
	合计（万元）	36 287	33 070	28 193	150 874
	金融资产占总资产比重（%）	12.02	11.12	9.88	43.38
母公司报表	交易性金融资产（万元）	826	926	820	736
	可供出售金融资产（万元）	35 461	32 144	27 373	150 138
	持有至到期投资（万元）	0	0	0	0
合并报表与母公司报表差额	交易性金融资产差额（万元）	0	0	0	0
	可供出售金融资产差额（万元）	0	0	0	0
	持有至到期投资差额（万元）	0	0	0	0

注：金融资产占总资产比重＝合计/总资产；合并报表与母公司报表差额＝合并报表－母公司报表。

数据来源：华西股份年报。

（二）企业金融化：2015—2019年

根据华西股份历年年报披露，华西股份在2015年正式确立了建立“投资＋融资＋资产管理”金控平台的转型战略，开启了企业金融化的道路。根据华西股份2015年年报，华西股份第六届董事会第十次会议和2015年度第一次临时股东大会审议通过了关于经营范围的修订，新增“创业投资及相关咨询业务；从事非证券股权投资活动及相关咨询业务；受托管理私募股权投资基金，从事投资管理及相关咨询服务业务；受托资产管理（不含国有资产）；金融信息咨询服务”。公司自此确立了建立“投资＋融资＋资产管理”金控平台的转型战略。同年8月，华西股份全资设立一村资本有限公司，开展投资并购业务和并购基金管理平台。如表1－5所示，2015—2019年，金融资产占总资产比重都在50%左右，甚至在2016—2018年三年都在58%以上。此外，在2015年华西股份成立了一村资本之后，交易性金融资产、可供出售金融资产的合并报表数额和母公司报表数额的差额逐步逐渐加大，并且母公司数额的增长幅度小于合并报表的增长幅度，甚至在2016—2018年，交易性金融资产、可供出售金融资产母公司报表数额是逐渐降低的，说明2015年之后，华西股份母公司不再是主要的投资主体，集团主要通过华西股份的子公司进行金融投资活动。

（三）企业去金融化：2019年以后

如表1－5所示，2020年和2021年，华西股份金融资产占比开始逐步降回2014年以前的水平。并且在2019年之后，其所持有的金融资产均为交易性金融资产，很大一部分原因是华西股份在2019年实行了财政部于2017年最新颁布的新金融工具准则。华西股份的去金融化也体现在华西股份对一村资本的减持行为上。

表 1-5 华西股份 2015—2021 年金融资产投资情况分析表 （单位：万元）

报表类型	项目/年份	2015	2016	2017	2018	2019	2020	2021
合并报表	交易性金融资产	1 901	21 133	20 859	40 101	605 307	179 615	75 495
	可供出售金融资产	166 808	492 348	628 019	659 537	—	—	—
	持有至到期投资	0	0	0	0	—	—	—
	债权投资	—	—	—	—	0	0	0
	其他债权投资	—	—	—	—	0	0	0
	其他权益工具投资	—	—	—	—	0	0	0
	合计	168 709	513 481	648 878	699 638	605 307	179 615	75 495
	金融资产占总资产比重（%）	43.28	58.62	58.30	58.11	45.96	20.70	11.23
母公司报表	交易性金融资产	0	6	0	0	214 682	175 946	63 584
	可供出售金融资产	135 626	299 890	246 007	184 191	—	—	—
	持有至到期投资	0	0	0	0	—	—	—
	债权投资	—	—	—	—	0	0	0
	其他债权投资	—	—	—	—	0	0	0
	其他权益工具投资	—	—	—	—	0	0	0
合并报表与母公司报表差额	交易性金融资产差额	1 901	21 127	20 859	40 101	390 625	3 669	11 911
	可供出售金融资产差额	31 181	192 458	382 012	475 346	—	—	—
	持有至到期投资差额	0	0	0	0	—	—	—
	债权投资差额	—	—	—	—	0	0	0
	其他债权投资差额	—	—	—	—	0	0	0
	其他权益工具投资差额	—	—	—	—	0	0	0

注：金融资产占总资产比重 = 合计/总资产；合并报表与母公司报表差额 = 合并报表 - 母公司报表；“—”表示当年财务报表不使用该报表项目，“0”表示当年有该报表项目但金额为 0。

数据来源：华西股份年报。

四、华西股份减持一村资本进程

2018 年，华西股份以其持有的华西投资 100% 股权对一村资本进行增资，此次股权增资后，一村资本注册资本变更为 205 339 万元，华西股份持有一村资本 100% 股权。

2018 年 12 月，安徽交控产业发展基金有限公司以 30 000 万元认购一村资本股权增资后的 24 641 万元新增注册资本（其中 24 641 万元的部分计入一村资本注册资本，剩余部分 5 359万元计入一村资本的资本公积，并持有本次增资后一村资本注册资本的 10.714%。上述增资事项完成后，一村资本注册资本变更为 229 980 万元，华西股份持有一村资本 89.286% 股权，安徽交控产业发展基金有限公司持有一村资本 10.714% 股权。

2019 年，无锡惠开投资管理有限公司以 10 000 万元认购一村资本股权增资后的 8 214 万元新增注册资本（其中 8 214 万元的部分计入一村资本注册资本，剩余部分 1 786 万元计入一村资本的资本公积），并持有本次增资后一村资本注册资本的 3.448%。上述增资事项完成后，一村资本注册资本变更为 238 194 万元，华西股份持有一村资本 86.207% 股权，安徽交控产业发展基金有限公司持有一村资本 10.345% 股权，无锡惠开投资管理有限公司持有一村资本 3.448% 股权。

2019 年，经华西股份第七届董事会第二十五次会议审议通过，华西股份以 14 500 万元的价格将所持一村资本的 5% 股权转让给青岛联储创新投资有限公司。上述股权转让完成后，华西股份持有一村资本股权比例下降为 81.207%。

2020 年，华西股份第七届董事会第三十次会议审议通过了《关于签署投资及合作协议的议案》，华西股份向无锡国联产业投资有限公司（以下简称“无锡国联”）转让一村资本 34.431% 股权，交易价格为人民币 99 849.45 万元。同时，华西股份向无锡致久企业管理合伙企业（有限合伙）转让一村资本 2% 的股权，交易价格为人民币 5 800 万元。上述股权转让已于 2020 年 9 月完成了工商变更登记手续，华西股份持有一村资本的股权比例下降至 44.776%，一村资本自 2020 年 8 月起不再纳入华西股份合并报表范围。

五、新金融工具准则对华西股份金融化转型战略的冲击

在华西股份实行企业金融化转型战略的过程中，我国于 2017 年 3 月修订发布了相关新金融工具企业会计准则，包括《企业会计准则第 22 号——金融工具确认和计量》（CAS 22）、《企业会计准则第 23 号——金融资产转移》（CAS23）和《企业会计准则第 24 号——套期会计》（CAS24）。财政部要求在境内外同时上市的企业以及在境外上市并采用国际财务报告准则或企业会计准则编制财务报告的企业，自 2018 年 1 月 1 日起施行；其他境内上市企业自 2019 年 1 月 1 日起施行；执行企业会计准则的非上市企业自 2021 年 1 月 1 日起施行。同时，鼓励企业提前执行。

新金融工具准则改变了对金融工具的分类依据，改进了金融工具后续计量的会计规范，对企业财务报表所反映的经营成果与财务状况产生了重要的影响。首先，旧准则下金融资产分类依据为“持有金融资产的意图和目的”，新准则的分类依据为“企业持有金融资产的‘业务模式’和‘金融资产合同现金流量特征’”，提高了分类的客观性；其次，旧准则下可供出售金融资产处置时可结转至投资收益，影响利润，新准则下以公允价值计量且其变动计入其他综合收益的非交易性权益工具投资，变动计入其他综合收益，处置时转入留存收益，不再影响损益。

华西股份作为境内上市公司，于 2019 年 1 月 1 日起实行新金融工具准则，其 2019 年年报披露的金融资产重分类情况如表 1－6 所示。

表 1－6　华西股份首次施行新金融工具准则的影响表（合并报表）　（单位：元）

项目	2018 年 12 月 31 日	重分类变动	重新计量变动	2019 年 1 月 1 日
资产：				
交易性金融资产		4 466 018 353.95	94 650 598.71	4 560 668 952.66
以公允价值计量且其变动计入当期损益的金融资产	401 011 722.57	－401 011 722.57		

续表

项目	2018 年 12 月 31 日	重分类变动	重新计量变动	2019 年 1 月 1 日
应收票据	324 930 985.51	-324 930 985.51		
应收款项融资		324 930 985.51		324 930 985.51
其他应收款	188 914 515.70	-1 778 274.41		187 136 241.29
其他流动资产	398 597 556.69	-360 275 722.34		38 321 834.35
债权投资		234 995 574.41		234 995 574.41
可供出售金融资产	6 595 370 582.20	-6 595 370 582.20		
长期股权投资	1 604 867 602.45			1 604 867 602.45
其他非流动金融资产		2 657 422 373.17	-55 886 473.69	2 601 535 899.48
递延所得税资产	13 385 909.03		41 427 011.97	54 812 921.00
负债：				
递延所得税负债	388 990 146.00		47 046 431.62	436 036 577.62
其他非流动负债	1 749 328 326.31		25 254 899.47	1 774 583 225.78
所有者权益：				
资本公积	527 509 132.10		-2 266 068.34	525 243 063.76
其他综合收益	1 287 409 292.20	-1 281 183 471.39		6 225 820.81
盈余公积	240 491 704.35	104 511 822.15	8 251 605.52	353 255 132.02
未分配利润	1 652 721 278.47	1 181 337 674.62	1 904 268.72	2 835 963 221.81
少数股东权益	401 589 182.75	-4 666 025.37		396 923 157.38

六、启发思考题

1. 华西股份自 2019 年 1 月 1 日起实行新金融工具准则，对金融资产进行了重新分类，根据新金融工具准则的分类依据，判断华西股份 2019 年对金融资产进行的重分类是否合理。

2. 华西股份实行了新金融工具准则后，对公司产生了什么影响？试从多角度进行分析。

3. 华西股份减持一村资本后会对公司产生什么影响？从华西股份减持一村资本的进程以及结果来看，试分析华西股份减持一村资本的动因是什么？

4. 结合 1—3 问，试分析实体企业实施新金融工具系列准则会产生怎样的经济后果。

案例使用说明书

一、教学目的与用途

1. 本案例主要适用于本科生的财务会计、财务报表分析课程和研究生的财务会计理论应用研究、财务分析方法、国际财务报告准则、信息披露与盈余管理等课程。

2. 本案例的教学对象：适用于大三下学期或大四本科生的专题学习，也适用于 MPAcc、

MBA财务方向的研究生案例讨论与学习。

3. 本案例的教学目标和用途：引导学生掌握会计准则的修订与变更如何影响企业的行为与各种经济后果，从制度、准则制定者与执行者的角度思考和评价会计准则所产生的影响。根据本案例资料，一方面，有助于学生深度理解金融资产分类的判断标准，另一方面，可以引导学生思考金融资产分类标准的变更对企业投融资行为和经营行为产生的影响，进而思考投融资行为和经营行为产生变化后给企业经营成果、财务状况和现金流量所带来的影响。

二、启发思考题

1. 华西股份自2019年1月1日起实行新金融工具准则，对金融资产进行了重新分类，根据新金融工具准则的分类依据，判断华西股份2019年对金融资产进行的重分类是否合理？

2. 华西股份实行了新金融工具准则后，对公司产生了什么影响？试从多角度进行分析。

3. 华西股份减持一村资本后会对公司产生什么影响？从华西股份减持一村资本的进程以及结果来看，试分析华西股份减持一村资本的动因是什么？

4. 结合1－3问，试分析实体企业实施新金融工具系列准则会产生怎样的经济后果。

三、分析思路

本案例首先从江苏华西村股份有限公司金融资产投资的案例背景出发，结合金融工具会计系列准则变革，分析了非金融企业资产投资去金融化的过程，接着深入分析华西股份资产投资去金融化背后的原因、方式和效果，再进一步剖析金融工具会计准则变革对实体企业去金融化投资的影响和经济后果。最后进行总结并提出展望。具体分析思路如图1－2所示。

四、理论依据与分析

（一）华西股份自2019年1月1日起实行新金融工具准则，对金融资产进行了重新分类，根据新金融工具准则的分类依据，判断华西股份2019年对金融资产进行的重分类是否合理？

1. 理论依据：金融工具会计准则的变革

（1）金融工具会计准则CAS22（2017）关于金融资产分类依据的变化。旧准则下，企业根据持有金融资产的意图和目的将金融资产分为四类：①以公允价值计量且其变动计入当期损益的金融资产（FVTPL），用“交易性金融资产”科目核算；②持有至到期投资；③贷款和应收款项；④可供出售金融资产。新准则以企业持有金融资产的“业务模式”和“金融资产合同现金流量特征”作为分类依据，将金融资产分为三类：①以摊余成本计量的金融资产（AC），用“债权投资”等科目核算；②以公允价值计量且其变动计入其他综合收益的金融资产（FVOCI），用“其他债权投资”和“其他权益工具投资”两个科目核算；③以公允价值计量且其变动计入当期损益的金融资产（FVTPL），用“交易性金融资产”科目核算。

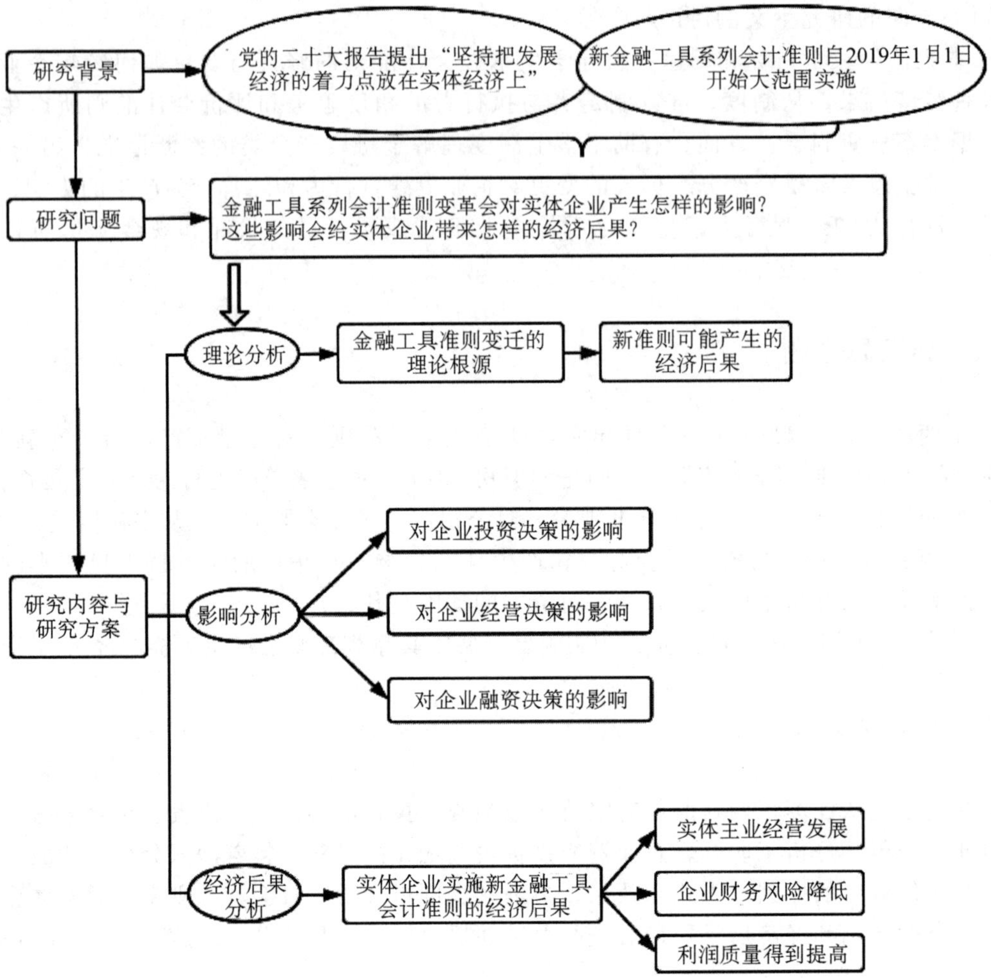

图 1－2　分析思路

旧准则以持有金融资产的意图和目的作为分类依据的会计处理遭到许多国内外学者的批评。Solomans（1995）认为以管理者意图对金融工具进行分类，将会导致分类结果与会计信息可验原则相违背。Ivancevich（1996）对会计准则进行了大量研究，他认为企业如果按照管理人员意图开展分类工作，将会导致同一种债券在不同金融企业被划入到公允价值计量、成本计量当中，这将会对信息使用者产生较大影响，他们无法对金融企业发展情况作出合理判断。他们认为金融企业管理人员很有可能会通过金融资产分类调整的方式实现操控利润的目标，使金融企业的财务报表数据能够始终处于良好状态，从而获得更多投资者的认可。新准则中，企业持有金融资产的“业务模式”和“金融资产合同现金流量特征”的分类依据则避免了这种分类的主观性，提高了分类的客观性和会计处理的一致性，提高了会计信息的可比性。

（2）CAS22（2017）关于 FVOCI 会计处理的变化。旧准则下，可供出售金融资产处置时原计入其他综合收益的部分可结转至投资收益，直接影响当期利润。新准则下，以公允价值计量且其变动计入其他综合收益的非交易性权益工具投资，持有期间变动计入其他综合收益，处置时转入留存收益，不再影响损益。

旧准则中可供出售金融资产处置时可结转至投资收益的会计处理，给企业提供了盈余管理的空间，加上金融资产的分类依据存在主观性，使得企业对金融资产的分类产生了划分偏好的问题。不少学者研究认为企业倾向于将更多的金融资产划分为“可供出售金融资产”以便进行盈余管理。叶建芳等（2009）指出，企业在进行金融资产的初始确认时，相比交易性金融资产更愿意将它们划分到可供出售种类里，为以后保留更多选择余地。通过实证研究发现：当企业处在经营效益下行的状态时，愿意采用出售一些可供出售金融资产的方式，来达到均衡企业利润的目的；在企业经济效益增加时，愿意继续保留可供出售金融资产，以备不时之需发挥其“蓄水池”的作用。而在新准则下，处置以公允价值计量且其变动计入其他综合收益的非交易性权益工具投资时，原计入其他综合收益的部分不再能影响当期损益。且金融资产分类为以公允价值计量且其变动计入其他综合收益的金融资产是在初始确认时指定的，根据规定该指定一经作出，不得撤销，这样，企业不再能通过对以公允价值计量且其变动计入其他综合收益的金融资产的重分类来调节当期损益。金融资产的“其他综合收益”不再是企业调节利润的“蓄水池”，新准则对以公允价值计量且其变动计入其他综合收益的金融资产的新规定抑制了企业的盈余管理行为，提高了利润信息的可靠性。

（3）CAS22（2017）关于FVTPL分类规定的变化。旧准则下，通常将不能分类为“以公允价值计量且其变动计入当期损益的金融资产”和“持有至到期投资”的债权类证券和权益类证券分类为“可供出售金融资产”。新准则下，则通常将不能分类为“以摊余成本计量的金融资产”也不能分类为“以公允价值计量且其变动计入其他综合收益的金融资产”的金融资产分类为“以公允价值计量且其变动计入当期损益的金融资产”，记入“交易性金融资产”科目。

可见，旧准则下可供出售金融资产是“兜底”的一个分类，而新准则下作为“兜底”的分类则是“以公允价值计量且其变动计入当期损益的金融资产”。这就导致了新准则下的交易性金融资产科目会比旧准则下的交易性金融资产科目包含了更为广泛的内容，计量的资产量也更大，所核算金融资产单位公允价值的微小变动都会引起交易性金融资产科目总额较大的波动，这种情况下，交易性金融资产的公允价值变动损益波动就会变大。如果交易性金融资产占总资产的比重较大，那么利润的波动性也会随之变大。所以，新准则FVTPL作为“兜底”分类放大了利润的波动性。

2. 案例分析

华西股份年对金融资产进行的重分类符合会计准则的规定，因此是合理的处理方式。

（二）华西股份实行了新金融工具准则后，对公司产生了什么影响？试从多角度进行分析。

1. 理论依据

根据经济后果理论，会计准则具有经济后果，会对企业、政府、投资者和债权人的决策行为产生影响，影响管理者的实际决策。所以，“去金融化”作为一种经济后果，可以从企业投资决策、经营决策、融资决策三个维度来分析新金融工具准则对非金融企业去金融化的影响。

（1）对企业投资决策的影响。本案例的概念界定中，将“企业去金融化”定义为：非金融企业的企业资金从金融投资活动向实体经营活动转移，即在资产负债表上表现为金融资产占总资产比重的降低，实体业务投资所占比重的升高。所以，新金融工具准则对非金融企业去金融化的影响中，最主要也是最直接的影响体现在新准则对非金融企业投资决策的影响。

首先，第一，新准则以企业持有金融资产的“业务模式”和“金融资产合同现金流量特征”作为新的分类依据，提高了分类的客观性和可验证性，避免了企业根据持有意图对金融资产进行分类产生的主观分类偏好问题。第二，新准则通过改变以公允价值计量且其变动计入其他综合收益的非交易性权益工具投资的会计处理，使这类金融资产持有期间计入其他综合收益的变动部分，不再能影响损益，抑制了企业通过该类金融资产的“其他综合收益”调节企业利润的盈余管理行为。于是，以上两点使企业倾向于严格按照新准则中金融资产的分类依据对所持有的金融资产进行分类，而“以公允价值计量且其变动计入当期损益的金融资产”作为“兜底”分类，交易性金融资产科目将会包含更广泛的内容，计量的资产类也更大，从而产生更大的波动性，利润的波动性也会随之变大。

其次，以公允价值计量且其变动计入当期损益的金融资产放大企业利润的波动性，促使非金融企业在进行投资决策时降低对金融资产的投资意愿，采取降低金融资产的投资决策。一方面，因为股价的不可预测性与波动性，所以很可能在公司经营效益不佳的年份，公司所持有的权益性工具投资也产生较大亏损，使得公司利润“雪上加霜”；另一方面，由于以公允价值计量且其变动计入当期损益的金融资产放大了利润的波动性，不稳定的企业利润不利于公司在股票市场的表现，也不容易获得投资者的认可。所以，为了避免以公允价值计量且其变动计入当期损益的金融资产放大企业利润波动带来的消极影响，获得更多投资者的认可，企业会倾向于降低对以公允价值计量且其变动计入当期损益的金融资产的投资。

最后，非金融企业降低对金融资产的投资后，企业持有资金增加，使得企业提高对实体业务的投资。第一，降低对金融资产的投资后，使得企业得以回收资金，持有的现金量增大，产生较大的持有现金的机会成本，持有现金的机会成本增大促使非金融企业需要寻找合适的投资标的。第二，根据投资替代理论，企业可以将闲置资金用于经营性资产投资和金融资产投资，当企业通过对金融资产的投资活动能够获取高额的投资收益，金融资产投资收益率高于实体经济投资收益率时，将会使得企业将更多的资金投入金融资产，减少对实体经济的投资，反之亦然。也就是说经营性资产投资和金融资产投资是互为替代的投资标的，当金融资产不适合投资时，企业对实体业务的经营性资产投资意愿便会提升。

（2）对企业经营决策的影响。由于新准则的影响，非金融企业在投资决策上减少了对金融资产的投资，提高了对实体业务的投资，那么相应的在实体业务的经营决策上也会所改变，主要表现为经营理念的转变——更重视企业创新活动。

与其他投资活动不同，企业创新活动需要持续、稳定的资金支持，从企业资金来源渠道来看，最稳定的资金来源是内源融资，即自有资金。当非金融企业进行大量的金融投资活动时，无疑会大量挤占企业的自有资金，企业创新活动得不到自有资金的支持。同时，因为企业技术创新的高风险性和信息不对称性，企业的创新需求也难以通过债权融资获得资金支持。因此，在非金融企业进行大量的金融投资活动时，企业的创新活动会因得不到足够的资金支持而受到抑制。当企业减少对金融资产的投资时，减少了对自有资金的占用，企业能够为创新活动提供持续、稳定的资金支持，企业创新活动受到重视。

企业的创新水平具体可以从创新投入和创新产出两个角度衡量，其中创新投入代表了企业进行创新活动的意愿，而创新产出代表了企业进行创新研发的能力，创新产出增加意味着企业创新投资取得了成功，企业能够在未来获得更高水平的业绩增长。

(3) 对企业融资决策的影响。不同的投资决策需要不同的融资决策与之相匹配，所以企业投资决策的变更也会引起企业融资决策产生相应的变化。根据优序融资理论，当企业资金需求无法被内源融资满足时，企业会先通过债权融资的方式获得资金支持。在非金融企业中，内源融资首先被用于满足企业日常经营活动和固定资产投资活动所需，剩余的内源融资通常不能满足企业金融投资活动的资金需求，这时企业会选择通过债权融资的方式来获得资金需求。Kliman 和 Williams（2015）的研究也证实了企业通常是通过借贷来筹集金融投资活动所需的资金。所以，企业在投资决策中降低了对金融资产的投资后，就不再需要通过大量的债权融资来筹集金融投资活动所需资金，此时企业适合的融资策略是降低对金融负债的举债程度，降低财务风险。

2. 案例分析

通过华西股份业务板块情况和公司金融投资活动发展历程来看，在 2018 年以前金融资产投资活动给华西股份带来了巨大的收益，在金融资产投资活动发展态势良好、盈利丰厚的情况下，华西股份的金融投资占比却在 2019 年突然下降了 14%，尤其是其出售一村资本的行为，让人疑惑。华西股份及一村资本从 2018 年年末就开始在市场上广泛寻找战略投资者，以期出售一村资本股份。一村资本由华西股份于 2015 年在上海全资设立，作为华西股份的金融控股平台，成立一村资本后，华西股份的金融资产投资活动基本都通过一村资本展开，金融资产投资活动作为给华西股份带来丰厚盈利的一项业务，华西股份为何愿意与其他战略投资者“分一杯羹”？而 2018 年恰好是新金融工具准则实施的第一年，华西股份从 2018 年年末就开始在市场上寻求战略投资者，是否在为其 2019 年实行新金融工具准则做准备？本案例通过对华西股份持有的金融资产以及华西股份实行新金融工具准则前后各财务数据的对比展开进一步分析。

(1) 提高金融资产分类的客观性。新金融工具准则下“其他债权投资”和“其他权益工具投资”两个科目核算的以公允价值计量且其变动计入其他综合收益的金融资产，对应着旧金融工具准则下的“可供出售金融资产”。也就是说，如果对旧金融工具准则下“可供出售金融资产”进行重分类，大部分金融资产应该被分类计入“其他债权投资”和“其他权益工具投资”，但是华西股份原来持有的 66 亿元可供出售金融资产，有 41 亿元重分类计入了交易性金融资产，2 亿元重分类计入债权投资，23 亿元计入了其他非流动资产，均没有重分类计入“其他债权投资”和“其他权益工具投资”。说明在旧金融工具准则下，华西股份对金融资产的分类存在偏好问题，倾向于将金融资产分类为可供出售金融资产。但是根据新金融工具准则的分类依据“业务模式”和“金融资产合同现金流量特征”，这些金融资产大部分都被计入了交易性金融资产。说明新金融工具准则下，企业持有金融资产的“业务模式”和“金融资产合同现金流量特征”的分类依据避免了金融资产分类的主观性，提高了分类的客观性和会计处理的一致性。

(2) 抑制金融资产投资的“蓄水池”效应。首先，旧金融工具准则下，华西股份的金融资产投资基本以可供出售金融资产为主，如图 1－3 所示。

图 1－3 说明，在实行旧金融工具准则期间，华西股份的可供出售金融资产在其金融资产投资活动中一直占据着主导地位，华西股份在进行金融资产投资时倾向于选择可供出售金融资产作为投资对象。

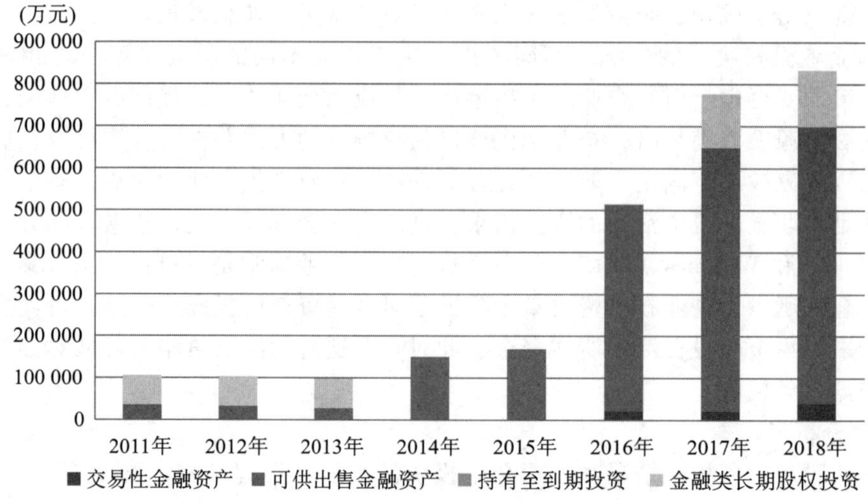

图 1－3 华西股份 2011—2018 年金融资产投资结构

数据来源：华西股份历年年报合并报表。

其次，旧金融工具准则下，可供出售金融资产可作为盈余管理的工具，发挥利润“蓄水池”的作用。在旧金融工具准则下，可供出售金融资产是储备流动性的最佳选择，当企业处在经营效益下行的状态时，企业会采用出售一些可供出售金融资产的方式来达到均衡企业利润的目的；在企业经济效益增加时，企业会继续保留可供出售金融资产，以备不时之需发挥其“蓄水池”的作用，在其他综合收益中列示（叶建芳等，2009）。如图 1－4 所示，华西股份同样也存在这种情况。需要说明的是，为了体现可供出售金融资产带来的投资收益对营业利润的影响，从华西股份的营业利润中手工剔除掉公允价值变动收益、投资收益和其他收益，记为“净营业利润”。并将可供出售金融资产当期进入投资收益的部分手工筛选出来，记为“与可供出售金融资产相关的投资收益”。营业利润直接选取合并报表中的营业利润。

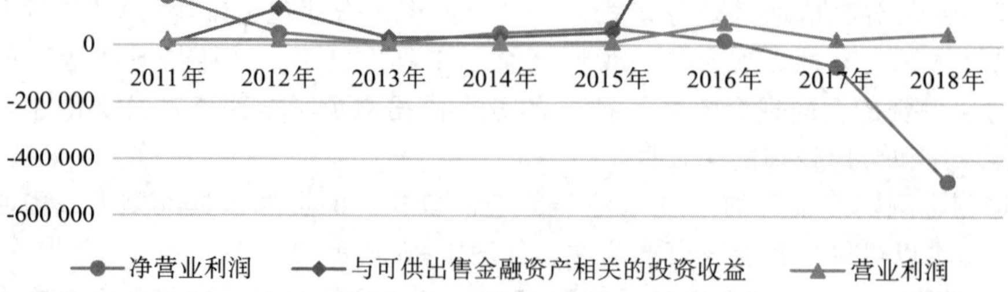

图 1－4 华西股份可供出售金融资产投资收益分析

数据来源：华西股份历年年报。

总体来看主要呈现出两个特点：第一，2011—2018 年，与可供出售金融资产相关的投资收益一直都是盈利的，没有出现亏损的情况，这与金融资产公允价值具有波动性的特点是相违背的。第二，2011—2018 年，在企业净经营业利润出现下降的年度，与可供出售金融资产相关的投资收益往往是上升的。尤其是 2018 年，与可供出售金融资产相关的投资收益恰好略微大于企业净经营业利润的亏损程度。以上两点说明，华西股份存在利用可供出售金融资产作为利润“蓄水池”的情况，根据公司利润的情况，选择在合适的时机处置可供出售金融资产，将潜在收益从其他综合收益项目中释放出来从而达到平滑利润的目的。

但是，新金融工具准则对金融资产分类进行了全新的修改，四分类法变为三分类法，删除了可供出售金融资产这种分类，原来的可供出售权益类工具对应新金融工具准则下其他权益工具投资，其他权益工具投资持有期间公允价值变动计入所有者权益项目，在未来期间处置其他权益工具投资时公允价值变动不允许再转入利润项目，不影响当期利润。如表 1 - 7、图 1 - 5 所示。

表 1 - 7　华西股份首次施行新金融工具准则重分类变动表（所有者权益部分）　（单位：万元）

项目	2018 年 12 月 31 日	重分类变动	重新计量变动	2019 年 1 月 1 日
所有者权益：				
资本公积	52 750. 91		- 226. 61	52 524. 31
其他综合收益	128 740. 93	- 128 118. 35		622. 58
盈余公积	24 049. 17	10 451. 18	825. 16	35 325. 51
未分配利润	165 272. 13	118 133. 77	190. 43	283 596. 32
少数股东权益	40 158. 92	- 466. 60		39 692. 32

数据来源：华西股份 2019 年年度报告。

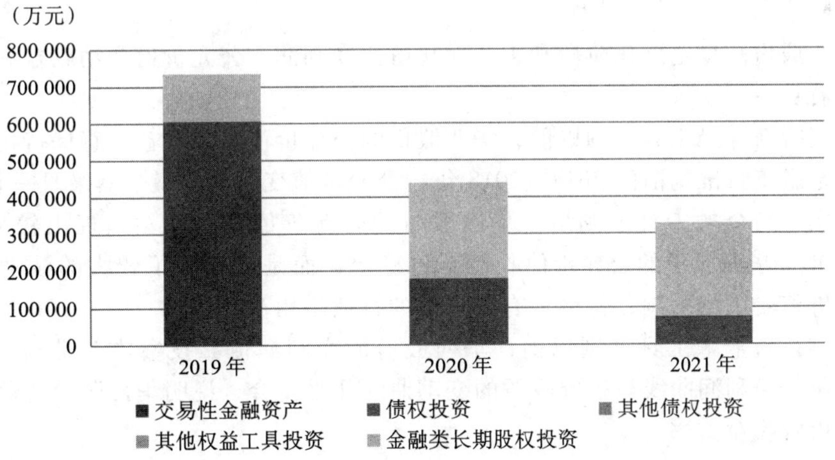

图 1 - 5　华西股份 2019—2021 年金融资产投资结构

数据来源：华西股份历年年报合并报表。

从表 1 - 7 中可以看出，随着华西股份可供出售金融资产的重分类，其他综合收益中与可供出售金融资产相关的部分 12. 81 亿元也被转出至盈余公积和未分配利润，不再影响当期损益。可供出售金融资产无法再作为华西股份进行盈余管理的工具，发挥利润“蓄水池”

的作用了。图 1 - 5 华西股份金融资产投资结构中，2019—2021 年“其他权益工具投资”项的金额一直为 0，也说明在新金融工具准则实行以后，华西股份对这类金融资产的投资意愿降低了。

（3）更如实反映金融资产公允价值波动。新金融工具准则下，以公允价值计量且其变动计入当期损益的金融资产作为“兜底”分类，使得大部分金融资产都被计入交易性金融资产，以公允价值计量。交易性金融资产通过公允价值变动损益科目，其公允价值的波动被更如实地反映到了企业的利润当中。如图 1 - 6 所示。

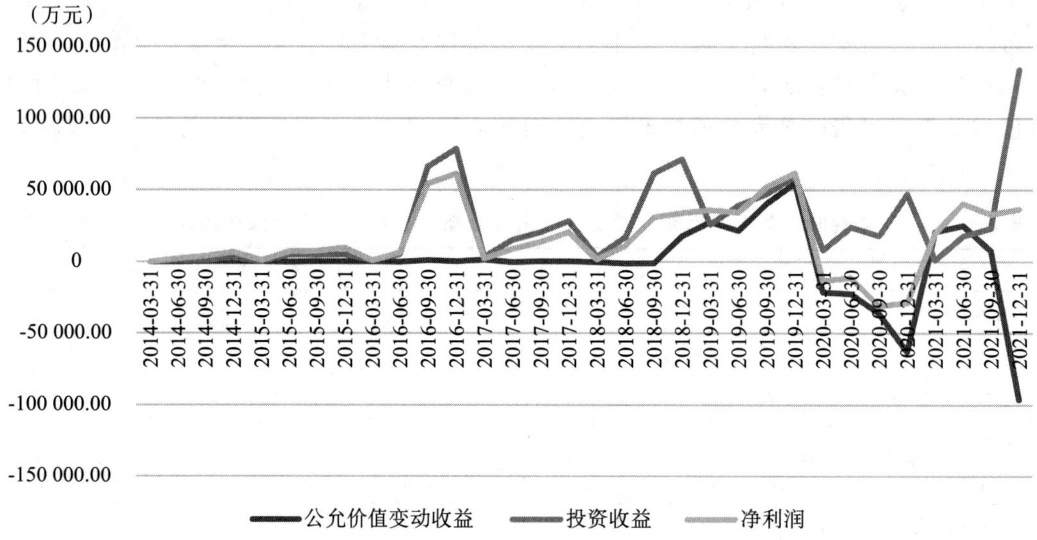

图 1 - 6　华西股份收益变动情况

数据来源：华西股份历年年报合并报表。

通过华西股份高度金融化阶段和去金融化阶段净利润、公允价值变动收益和投资收益三者的对比来看：

第一，实行新金融工具准则以前，华西股份的公允价值变动收益一直保持稳定。在华西股份实行新金融工具准则前的 2014—2018 年，公允价值变动损益微乎其微且一直保持稳定。

第二，实行新金融工具准则后，华西股份的公允价值变动收益呈现出较大的波动性。2019—2021 年，华西股份的公允价值收益不再稳定，而是呈现出了较大的波动性，这与金融资产公允价值受市场影响，价格具有波动性的特征是相符合的。

第三，实行新金融工具准则以前，华西股份的净利润依靠投资收益带动。2014—2018 年，华西股份的净利润曲线与投资收益的变动曲线几乎重合，说明华西股份此期间的净利润几乎都在靠投资收益支撑。

第四，实行新金融工具准则后，华西股份的净利润受到了公允价值变动收益的较大影响。实行新金融工具准则后至出售一村资本的 2019 年 1 月 1 日—2020 年 9 月 30 日，净利润的变动曲线不再与投资收益重合，而是跟随了公允价值变动曲线的走势，说明这期间公允价值变动对净利润的影响超过了公司主营业务以及投资收益对净利润的影响。在华西股份实行新金融工具准则的当年年末，交易性金融资产的数额高达 60 亿元，占总资产比重达 45.96%，在数额如此高的情况下，所持有金融资产单位公允价值的小幅波动都会导致金融资产总额的大幅波动，而这个波动又会通过公允价值变动损益科目传递至利润表，导致华西股份的利润也跟着产生剧烈的波动。

第五，随着交易性金融资产投资的降低，公允价值变动收益对净利润的影响下降。从一村资本不再纳入华西股份合并报表范围的 2020 年 9 月 30 日往后看，虽然公允价值波动依旧很大，但由于总额减小，对净利润的影响也变小了。虽然一村资本不再纳入华西股份合并报表范围，但是华西股份依然持有一村资本 44.776% 的股份，作为长期股权投资带来的投资收益依旧可观。

综上，新金融工具准则下，以公允价值计量且其变动计入当期损益的金融资产作为"兜底"分类，使得大部分金融资产都被计入交易性金融资产，以公允价值计量。交易性金融资产通过公允价值变动损益科目，其公允价值的波动被更如实地反映到了企业的利润当中。为了避免金融资产公允价值的波动对企业利润产生较大的影响，使实体企业在进行金融资产投资时不得不考虑金融资产公允价值波动对企业利润的影响，使实体企业在进行金融资产投资时变得更为谨慎。

（4）促进华西股份去金融化。首先，新金融工具准则抑制了华西股份对非长期股权投资类金融资产的投资，促进了华西股份的去金融化。如图 1－7 所示。

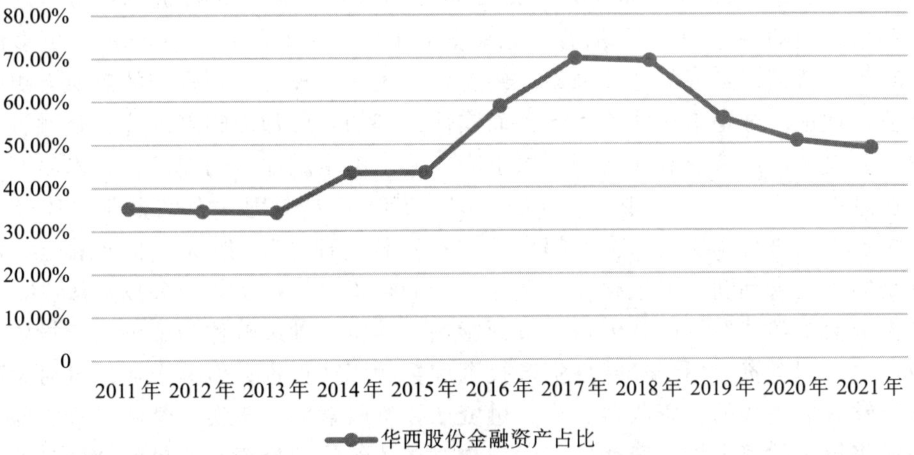

图 1－7　华西股份金融化程度变动趋势

数据来源：华西股份历年年报合并报表。

由图 1－7 可知，华西股份的金融化程度从其实行新金融工具准则的 2019 年开始降低。根据前文的分析，新金融工具准则通过提高非长期股权投资类金融资产分类依据的客观性，避免了华西股份对金融资产投资分类存在的偏好问题；通过改进"以公允价值计量且其变动计入其他综合收益的金融资产"的会计规范，使非长期股权投资类金融资产的"其他综合收益"不再是企业调节利润的"蓄水池"，抑制了华西股份通过金融资产投资进行盈余管理的行为，华西股份对金融资产的投资意愿降低；同时，由于新金融工具准则下，以公允价值计量且其变动计入当期损益的金融资产作为"兜底"分类，使大部分金融资产都被计入交易性金融资产以公允价值计量，金融资产的公允价值波动被更如实地反映到了企业利润中，使华西股份在进行金融资产投资时不得不考虑金融资产公允价值波动对企业利润的影响，使华西股份在进行金融资产投资时变得更为谨慎。所以，新金融工具准则使得华西股份对非长期股权投资类金融资产的投资意愿降低，减少了对非长期股权投资类金融资产的投资，金融资产占总资产比重降低，华西股份的金融化程度降低，即去金融化。

（三）华西股份减持一村资本后会对公司产生什么影响？从华西股份减持一村资本的进程以及结果来看，试分析华西股份减持一村资本的动因是什么？

1. 理论依据：预防性储蓄理论和投资替代理论

预防性储蓄理论。对金融资产投资的研究最初是来自对企业持有现金问题的探讨。Keynes（1936）对这一问题进行了研究并提出了“预防性储蓄理论”，他认为企业持有现金的目的是防止现金流的不确定性带来的资金短缺的情况从而对企业的经营活动带来不利影响。企业经营活动需要大量的资金投入与支持，金融资产具有比较强的流动性，一定程度上减少企业的融资成本和融资约束等问题，这使得金融资产投资也变为一种重要的融资方式。根据“预防性储蓄理论”引申而来，非金融企业持有金融资产就是出于储备流动性的考虑，可以通过金融资产投资来达到平滑利润的目的从而减少企业的经营风险。也就是说企业投资金融资产会产生“蓄水池”效应，在资金充足的情况下企业购入金融资产作为流动性的储备，在资金短缺的情况下企业再出售金融资产，以此来达到平滑企业的资金水平和利润水平的目的。宋军和陆旸（2016）对2007—2012年我国A股上市公司投资非现金金融资产与实体经济收益率之间的关系进行了研究，发现公司业绩无论好坏都倾向于投资更多的金融资产，并且对于经营情况良好的企业来说，闲置资金越多，投资金融资产的意愿会更强烈。

投资替代理论。金融市场快速发展，而实体经济的发展却面临着困境，金融资产投资收益越来越高，而实体经济获利能力却一再下降，再加上金融危机的爆发，学术界开始注意到非金融企业过度“金融化”的现象。Orhangazi（2008）对美国非金融企业实体经济发展与金融资产投资关系进行了实证研究并提出了“投资替代理论”，他认为非金融企业对金融资产的投资是为了追求利润的最大化，对金融资产的投资会使得实体业务投资减少，也就是说金融资产投资会给实体经济的发展带来负面影响。他将这种影响称为金融资产投资的挤出效应，企业可以将闲置资金用于经营性资产投资和金融资产投资，但是企业通过对金融资产的投资活动能够获取高额的投资收益，当金融资产投资收益率高于实体经济投资收益率时，将会促使企业将更多的资金投入金融资产，减少对实体经济的投资。这也就是说，非金融企业对金融资产的投资动机不再是出于预防性储备的考虑，投资替代动机才是非金融企业金融资产投资的真实目的。

2. 案例分析

2011—2013年，虽然华西股份金融化水平基本保持稳定，但是也远高于行业均值。2014年华西股份金融化程度进一步加深，与行业平均水平的差距进一步扩大，甚至在2017年和2018年，金融资产占总资产的比重将近达到了70%。但是，从2019年开始，华西股份持有的金融资产占比开始逐渐下降，即开始去金融化。本案例根据华西股份金融化的发展历程，将其分三个阶段：初步金融化阶段（2011—2013年）、高度金融化阶段（2014—2018年）、去金融化阶段（2019—2021年）。而这个发展变化的历程主要通过子公司一村资本来进行。

2015年华西股份成立了一村资本之后，交易性金融资产、可供出售金融资产的合并报表数额和母公司报表数额的差额逐步加大，并且母公司数额的增长幅度小于合并报表的增长幅度。2016—2018 年，交易性金融资产、可供出售金融资产母公司报表数额是逐渐降低的，说明 2015 年之后，华西股份的母公司不再是主要的投资主体，集团主要通过华西股份的子公司——一村资本进行金融投资活动。

2019—2021 年，华西股份金融资产占比逐渐降低。从具体数值来看，华西股份金融资产的大幅减少发生在 2020 年，表现为交易性金融资产的大幅减少。原因是 2020 年 9 月华西股份持有一村资本的股权比例下降至 44.78%，自 2020 年 8 月起一村资本不再纳入华西股份合并报表范围。一村资本作为华西股份的金融控股平台，华西股份的并购投资和资产管理业务基本都通过一村资本展开。随着一村资本的出表，一村资本管理的金融资产也随之不再体现在华西股份的财务报表上。所以，华西股份的去金融化也体现在华西股份对一村资本的减持行为上，表 1-8 为华西股份减持一村资本的过程。

表 1-8　华西股份减持一村资本的过程

时间	主要过程
2018 年 12 月	安徽交控产业发展基金有限公司以 30 000 万元认购一村资本股权增资后的 24 641 万元新增注册资本。增资事项完成后，华西股份持有一村资本 89.286% 股权，安徽交控产业发展基金有限公司持有一村资本 10.714% 股权
2019 年	无锡惠开投资管理有限公司以 10 000 万元认购一村资本股权增资后的 8 214 万元新增注册资本。增资事项完成后，华西股份持有一村资本 86.207% 股权，安徽交控产业发展基金有限公司持有一村资本 10.345% 股权，无锡惠开投资管理有限公司持有一村资本 3.448% 股权
2019 年	经华西股份第七届董事会第二十五次会议审议通过，华西股份以 14 500 万元的价格将所持一村资本的 5% 股权转让给青岛联储创新投资有限公司。上述股权转让完成后，华西股份持有一村资本股权比例下降为 81.207%
2020 年	华西股份第七届董事会第三十次会议审议通过《关于签署投资及合作协议的议案》，华西股份向无锡国联产业投资有限公司转让一村资本 34.431% 股权，交易价格为人民币 99 849.45 万元。同时，华西股份向无锡致久企业管理合伙企业（有限合伙）转让一村资本 2% 的股权，交易价格为人民币 5 800 万元。上述股权转让于 2020 年 9 月完成工商变更登记手续，华西股份持有一村资本的股权比例下降至 44.776%，一村资本自 2020 年 8 月起不再纳入华西股份合并报表范围

数据来源：华西股份历年年报。

综上，华西股份减持一村资本的动因符合预防性储蓄理论和投资替代理论的解释，因为金融工具准则的实施与宏观政策的引导，华西股份的投资去金融化的选择更为理性和适合该企业的长远发展。

（四）结合 1—3 问，试分析实体企业实施新金融工具系列准则会产生怎样的经济后果。

1. 理论依据：经济后果理论

1978 年，Zeff 提出会计准则具有经济后果，即会计报告会影响企业、政府、投资者和债权人的决策行为。从本质上说，经济后果观认为公司的会计政策及其变化是有影响的，会计报告会影响管理者的实际决策，而非仅仅反映决策结果，进而影响公司的价值及相关各方的利益。Holthausen 和 Leftwich（1983）认为，如果计算会计数字所遵循的规则发生变化，改变了企业的现金流量，或者改变了利用会计数字的契约各方或经济决策者的财富，那么它就是有经济后果的。由于会计准则具有经济后果，一些“外部力量”经常会干预会计准则的制定，西方会计准则的制定过程越来越发展为一项纯粹的政治程序，会计准则成为各利益集团利益协调的结果。经济后果理论说明，会计准则的制定过程复杂多变且涉及面广，会计准则变革会对社会公众和各种利益集团产生广泛的效应。国外通过多次实证检验的研究表明，企业中各利益相关者往往会借助于多种形式的会计政策来作出选择和安排，以此实现对自己最有利的经济后果，从而达到自身利益最大化。由此可以看出，会计政策的选择是具有经济后果的，而经济后果方面的研究也是在委托代理理论的基础上发展而来的。正因为如此，企业往往不通过实实在在的经营来改善业绩，而是通过其他方式如旧金融工具准则金融资产的重分类来迅速扭亏为盈，特别是被特别处理的上市公司，以此呈现出较好的经营状况。

2. 案例分析

（1）促进实体主业经营发展。

①对企业经营活动的影响。一是企业经营业务的开展得到改善。企业的应付票据、应付账款、预收账款、合同负债、应付职工薪酬和应交税费等经营性负债均是由开展业务引起的，所以从企业的经营性负债可以了解到企业实体经营业务大体的开展情况。如图 1－8 所示。

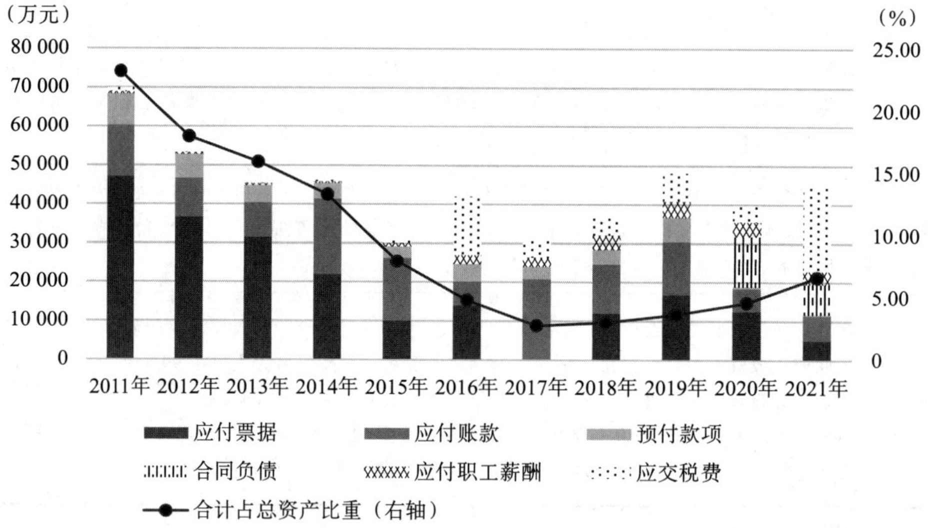

图 1－8　华西股份 2011—2021 年合并报表经营性负债情况

注：合计占总资产比重＝（应付票据＋应付账款＋预收款项＋合同负债＋应付职工薪酬＋应交税费）/总资产。

数据来源：华西股份历年年报合并报表。

由图 1－8 可知，第一，从经营性负债占总资产比例来看，华西股份去金融化之前，除了 2018 年较上年有轻微回升外，其余年份经营性负债占总资产的比例是一直下降的。去金融化后的 2019—2021 年经营性负债占总资产比重开始逐渐回升。第二，从经营性负债总额上看，2011—2013 年，企业的经营活动还是相对活跃的。但是 2014—2018 年，经营性负债总额较前期出现了一定程度的下滑。直到 2019 年后，企业经营性负债总额才开始回升。所以无论从比值还是绝对值上看，华西股份的去金融化在一定程度上改善了企业经营业务的开展情况。

二是产业投资的协同效应逐渐显现。产业投资的协同效应还需要结合母公司的经营性负债来分析。合并报表和母公司经营性负债对比情况如表 1－9 所示。

表1-9 华西股份2011—2021年合并报表和母公司报表经营性负债对比情况 （单位：万元）

会计期间		合并报表经营性负债合计数	母公司报表经营性负债合计数	差额
去金融化前	2011年	69 952.37	69 142.73	809.64
	2012年	53 323.11	52 776.82	546.28
	2013年	45 392.97	44 662.55	730.42
	2014年	46 182.27	45 304.81	877.46
	2015年	30 867.48	29 042.81	1 824.67
	2016年	41 979.58	36 106.48	5 873.1
	2017年	30 672.76	24 989.05	5 683.71
	2018年	36 456.48	28 277.76	8 178.72
去金融化	2019年	48 103.78	38 743.60	9 360.19
	2020年	39 873.44	36 016.36	3 857.08
	2021年	44 605.42	55 356.72	-10 751.30

注：差额=合并报表-母公司报表。

数据来源：华西股份历年年报。

从华西股份合并报表与母公司报表的对比来看，同样呈现出两个特点：

第一，2011—2020年合并报表的经营性负债合计均大于母公司经营性负债合计数，但是差额并不大，在0.5亿元到1亿元之间，合并报表的增量由子公司贡献，说明子公司也在对外开展业务但是规模并不大。总体来说，从经营性负债来看整个企业，母公司有经营活动，子公司也有一部分对外的经营活动，但是经营活动表现比较低迷。

第二，值得特别注意的是，2021年华西股份合并报表的经营性负债合计数首次出现了小于母公司报表经营性负债合计数的情况，差额为-1.08亿元。对经营性负债的具体报表项目进一步分析发现，这里的差额主要是由应收账款的变动造成的。应付账款合并报表数额为0.62亿元，母公司报表数额为1.71亿元，差额为1.09亿元。应付账款数额越合并越小，说明母公司应付账款里有应付给子公司的款项，母公司有从子公司那里购货，表明子公司不仅有对外销售的子公司，还有对母公司业务进行配套的公司，如生产母公司的上游产品，以降低最终产品的成本。这也对应了华西股份去金融化分析部分，华西股份在金融资产投资活动受到抑制后，提高了对实体经营活动的投资，在2020年新设成立了江阴市华西新材料科技有限公司，100%控股。说明华西股份开始重视企业的经营活动，针对产品价值链有意识地进行产业布局，并且在2021年产业协同效应开始显现。

三是产品市场竞争力提升。从企业的收付款情况看企业在产品市场的竞争力。收付款管理问题涉及企业的应收账款、应收票据、应付票据、应付账款和合同负债等资产项目和负债项目。需要说明的是，由于收付款的管理问题是从整个集团的角度分析集团对上下游企业的收付款情况，所以只分析合并报表的数据。

如表1-10所示，2011—2014年华西股份应收票据、应收账款等应收款项占总资产的比例并不低，占比在15%—20%。此期间的应付款项与应收款项相对而言差距并不大，差距最大的是2014年，应收款项占总资产比重比应付款项占总资产比重高了3.72%，绝对额为1.3亿元。

表 1－10　华西股份 2011—2021 年合并报表应收应付情况

（单位：万元）

项目	实施前								实施后		
	2011 年	2012 年	2013 年	2014 年	2015 年	2016 年	2017 年	2018 年	2019 年	2020 年	2021 年
总资产	301 854. 93	297 405. 49	285 492. 50	347 817. 28	389 815. 43	875 880. 40	1 113 006. 97	1 203 954. 55	1 317 078. 49	867 516. 74	672 313. 56
应收票据	40 070. 96	39 503. 21	38 606. 46	32 350. 28	25 344. 74	29 966. 64	25 322. 06	32 493. 10	—	—	—
应收账款	8 404. 36	7 937. 21	7 241. 66	17 469. 04	16 252. 62	25 336. 61	31 020. 04	36 786. 46	18 441. 75	10 602. 36	10 765. 77
应收款项融资	—	—	—	—	—	—	—	—	32 379. 00	20 434. 81	23 882. 30
预付款项	11 998. 37	5 717. 60	6 029. 41	8 510. 89	9 986. 77	11 564. 33	13 343. 17	13 982. 42	5 374. 55	786. 88	1 203. 61
应收款项合计	60 473. 68	53 158. 03	51 877. 53	58 330. 22	51 584. 13	66 867. 58	69 685. 28	83 261. 98	56 195. 30	31 824. 06	35 851. 68
应收款项占比	20. 03%	17. 87%	18. 17%	16. 77%	13. 23%	7. 63%	6. 26%	6. 92%	4. 27%	3. 67%	5. 33%
应付票据	47 000. 00	36 600. 00	31 600. 00	22 000. 00	10 000. 00	14 000. 00	0. 00	11 995. 20	16 800. 00	12 500. 00	5 000. 00
应付账款	13 328. 28	10 054. 94	8 738. 78	19 388. 63	16 223. 04	6 160. 73	20 768. 48	12 588. 24	13 635. 20	5 881. 57	6 415. 50
预收款项	8 033. 56	6 077. 69	4 510. 66	4 008. 64	2 973. 00	4 423. 01	3 170. 73	3 836. 58	6 267. 44	453. 50	325. 43
合同负债	—	—	—	—	—	—	—	—	—	12 974. 22	7 750. 36
应付款项合计	68 361. 84	52 732. 63	44 849. 44	45 397. 27	29 196. 04	24 583. 73	23 939. 22	28 420. 02	36 702. 65	31 809. 29	19 491. 28
应付款项占比	22. 65%	17. 73%	15. 71%	13. 05%	7. 49%	2. 81%	2. 15%	2. 36%	2. 79%	3. 67%	2. 90%
存货	18 909. 41	25 746. 14	23 871. 55	47 660. 71	41 336. 49	14 604. 10	14 435. 52	23 968. 79	14 012. 31	23 994. 79	22 793. 35
存货占比	6. 26%	8. 66%	8. 36%	13. 70%	10. 60%	1. 67%	1. 30%	1. 99%	1. 06%	2. 77%	3. 39%

注：应收款项合计 = 应收票据 + 应收账款 + 应收款项融资 + 预付款项，应收款项占比 = 应收款项合计/总资产，应付款项合计 = 应付票据 + 应付账款 + 预收款项 + 合同负债，应付款项占比 = 应付款项合计/总资产，存货占比 = 存货/总资产。

数据来源：华西股份历年年报。

如图1－9所示，2015—2019年华西股份应收款项与应付款项的差距开始变大，应收款项大于应付款项的数额在增大，说明华西股份的收付款管理表现较前期有所下降。此期间华西股份预收款项和合同负债占比也不高，说明公司能采取预收款销售的业务不多，不能很好地利用商业信用为企业提供短期融资，企业的经营业务在整个行业不具备特别强的竞争力。

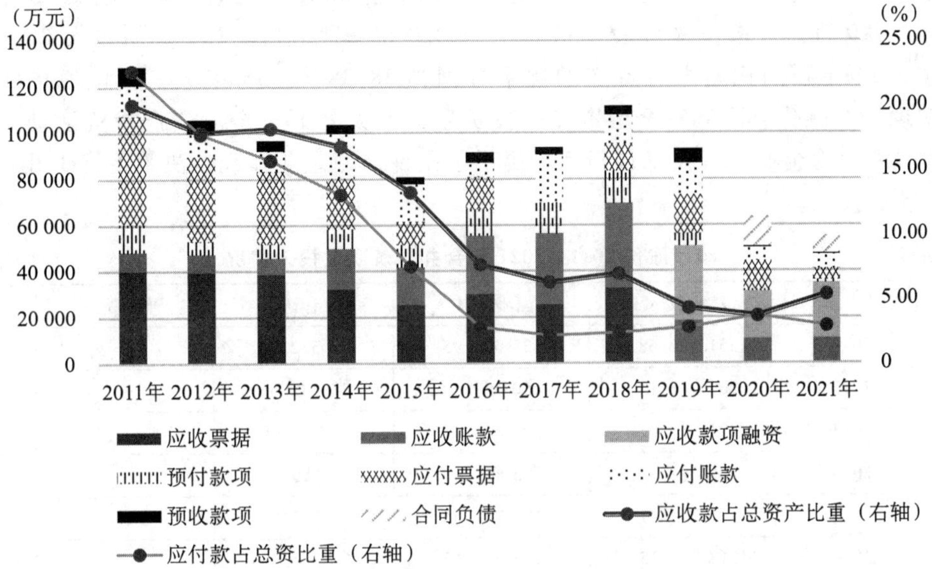

图1－9　华西股份2011—2021年合并报表应收应付情况图

2020年和2021年，在应收应付类款项总体体量减少的情况下，预收款项和合同负债较前期却是增加的。这说明2019年华西股份去金融化回归主业后，公司采取预收款销售的业务增多，产品的竞争力得到提升，经营管理取得一定成效。

②对企业技术创新活动的影响。通常，由于企业技术创新的高风险性和信息不对称性，企业的创新需求难以通过债权融资获得资金支持。而内源融资无还本付息压力，企业通过内源融资进行技术创新投入时，不会受到债权人和外部股东的影响，更有利于为企业创新研发提供稳定的资金环境。但是当企业大量开展金融投资活动时，金融资产投资活动就会挤占内源融资用于企业技术创新投入的资金，这可能会减弱企业将内源融资用于技术创新投入的积极性，导致企业对技术创新活动的忽视。参考已有文献的做法，本章以企业研发资金投入表示企业技术创新投入，用企业研发投入金额占毛利的比重作为分析企业技术创新活动情况的指标。

如表1－11所示，华西股份在2020年前研发投入相当低，甚至在2011年到2016年间没有进行任何的研发投入，华西股份并不重视企业的技术创新活动。首先，2011—2014年华西股份虽然金融化程度不高，但是对金融资产的投资还是具备了一定的规模，这期间债权融资比例不高，内源融资保持稳定，所以很大概率上金融资产投资活动所需资金的主要来源渠道就是内源融资。金融资产投资活动对内源融资资金的挤占，使华西股份对投资周期长、见效慢的技术创新活动并未体现出投资的意愿。其次，在华西股份金融化程度加深的2015—2019年，虽然华西股份在2017年开始陆续有研发投入，但是金额并不高。2015—2019年金融资产投资占总资产的比重均在45%左右，随着金融资产投资活动的进一步扩大，相应的资金需求也随之加大，金融资产投资活动对内源融资的挤占进一步加深，为了保持一定比例的内源融资，这期间华西股份也开始进行广泛的债权融资，并且在2015年进行了一次股权融资。应该说这期间金融资产投资活动大量挤占了华西股份各种资金来源渠道的资金，使得华西股份对于加大技术创新投入的积极性并不高。直到2021年，华西股份的研发投入情况开始发生了转变。如表1－11所示，华西股份2021年的研发费用较2020年的研发费用增长了789万元，增长率为377.33%。而2020年华西股份卖掉一村资本大部分股权后，2020年和2021年利润积累占总资产的比重分别为38.38%、53.95%。应该说华西股份在2020年实现去金融化，降低对金融资产的投资后，大大降低了金融资产投资活动对内源融资资金的占用，为企业进行技术创新活动提供了条件，使企业在经营决策上终于开始重视技术创新活动的投入。

表1－11　华西股份2011—2021年合并报表研发投入情况　（单位：万元）

会计期间		营业收入	营业成本	毛利	研发费用	占比
实施前	2011年	351 582.68	328 009.95	23 572.73	—	—
	2012年	265 085.14	250 352.59	14 732.55	—	—
	2013年	221 351.03	211 866.87	9 484.16	—	—
	2014年	206 622.30	193 432.40	13 189.90	—	—
	2015年	201 295.41	183 747.55	17 547.86	—	—
	2016年	212 532.13	185 660.16	26 871.97	—	—
	2017年	284 238.73	254 267.68	29 971.05	164.00	0.55%
	2018年	293 219.39	264 061.50	29 157.89	186.00	0.64%
实施后	2019年	318 687.47	296 598.60	22 088.87	248.83	1.13%
	2020年	235 555.87	207 116.67	28 439.20	209.14	0.74%
	2021年	241 801.99	215 240.61	26 561.38	998.28	3.76%

注：毛利＝营业收入－营业成本，占比＝研发费用/毛利。

数据来源：华西股份历年年报。

（2）企业财务风险降低。

①债权融资。债权融资方式是企业与金融中介之间进行的融资活动，企业需要定期向债权人支付利息，并承诺未来在某个时期偿还本金。华西股份的债权融资主要为金融负债。

首先，如表1－12和表1－13所示，华西股份2011—2018年金融负债合计数与合并报表数额和母公司报表数额是相等的，2019年、2020年合并报表数额和母公司报表数额相差也不大，说明华西股份2011—2020年整个集团的金融负债都是通过母公司获得的，借款以母公司名义借入，债券也是以母公司作为发行主体。所以，华西股份2020年及2021年合并报表中金融负债的减少并不是由2020年8月一村资本不再纳入华西股份合并报表范围而引起的，而是公司融资策略变更，主动降低金融负债举债程度的体现。

其次，2011—2015年，华西股份合并报表的金融负债只有短期借款一项，且占总资产的比重一直在13%左右，所以这期间偿债压力并不大，融资决策方面来看企业金融化程度并不是很高。但是随着华西股份2015年对金融资产投资规模的扩大，金融投资活动的资金需求无法被内源融资满足，华西股份选择了通过债权融资来满足企业进行金融投资活动的资金需求。从 2016 年开始，华西股份开始通过各种债权融资方式筹集金融投资活动所需资金：2016 年，短期借款较前期有了较大幅度的增长；2016 年，企业开始发行债券；2017 年，企业开始向外借入长期借款。由此，金融负债开始占到总资产的 1/3 左右。2018 年，华西股份的融资决策开始有所转变，也正是 2018 年年末华西股份开始在市场上寻求战略投资者。2018 年，华西股份不再增发新的债券，不再新增长期借款。2019 年，短期借款开始降低。2020 年，短期借款和长期借款进一步降低，剩余债券全部转入“一年内到期的非流动负债”。2021 年，短期借款继续降低，长期借款和债券全部兑付，并且未新增长期借款，也未增发新的债券。因此，华西股份合并报表中金融负债的降低是一个缓慢而渐进的过程，从 2018 年开始，华西股份的融资决策就在为匹配其投资决策的变更而做准备。

表 1－12　　华西股份 2011—2021 年合并报表金融负债情况　　（单位：万元）

会计期间		短期借款	一年内到期的非流动负债	长期借款	应付债券	金融负债合计	总资产	占比
实施前	2011 年	35 000. 00	0. 00	0. 00	0. 00	35 000. 00	301 854. 93	11. 59%
	2012 年	38 000. 00	0. 00	0. 00	0. 00	38 000. 00	297 405. 49	12. 78%
	2013 年	37 500. 00	0. 00	0. 00	0. 00	37 500. 00	285 492. 50	13. 14%
	2014 年	48 000. 00	0. 00	0. 00	0. 00	48 000. 00	347 817. 28	13. 80%
	2015 年	51 000. 00	0. 00	0. 00	0. 00	51 000. 00	389 815. 43	13. 08%
	2016 年	89 500. 00	0. 00	0. 00	119 454. 89	208 954. 89	875 880. 40	23. 86%
	2017 年	102 200. 65	0. 00	62 700. 00	233 126. 64	398 027. 29	1 113 006. 97	35. 76%
	2018 年	145 547. 40	15 675. 00	47 025. 00	203 388. 53	411 635. 93	1 203 954. 55	34. 19%
实施后	2019 年	135 503. 50	24 295. 71	31 350. 00	140 114. 50	331 263. 71	1 317 078. 49	25. 15%
	2020 年	129 212. 44	169 590. 65	15 675. 00	0. 00	314 478. 10	867 516. 74	36. 25%
	2021 年	108 088. 41	0. 00	0. 00	0. 00	108 088. 41	672 313. 56	16. 08%

注：占比＝金融负债合计/总资产。

数据来源：华西股份历年年报。

表 1－13　　华西股份 2011—2021 年母公司报表金融负债情况　　（单位：万元）

会计期间		短期借款	一年内到期的非流动负债	长期借款	应付债券	金融负债合计	总资产	占比
实施前	2011 年	35 000. 00	0. 00	0. 00	0. 00	35 000. 00	270 352. 39	12. 95%
	2012 年	38 000. 00	0. 00	0. 00	0. 00	38 000. 00	258 976. 03	14. 67%
	2013 年	37 500. 00	0. 00	0. 00	0. 00	37 500. 00	260 114. 16	14. 42%
	2014 年	48 000. 00	0. 00	0. 00	0. 00	48 000. 00	354 232. 22	13. 55%
	2015 年	51 000. 00	0. 00	0. 00	0. 00	51 000. 00	387 937. 25	13. 15%
	2016 年	89 500. 00	0. 00	0. 00	119 454. 89	208 954. 89	892 301. 71	23. 42%
	2017 年	102 200. 65	0. 00	62 700. 00	233 126. 64	398 027. 29	1 082 388. 54	36. 77%
	2018 年	145 547. 40	15 675. 00	47 025. 00	203 388. 53	411 635. 93	1 039 429. 94	39. 60%

续表

会计期间		短期借款	一年内到期的非流动负债	长期借款	应付债券	金融负债合计	总资产	占比
实施后	2019 年	135 503.50	24 295.71	31 350.00	142 669.11	333 818.31	999 931.62	33.38%
	2020 年	129 212.44	172 845.66	15 675.00	0.00	317 733.11	1 058 170.23	30.03%
	2021 年	94 338.41	0.00	0.00	0.00	94 338.41	658 343.88	14.33%

注：占比 = 金融负债合计/总资产。

数据来源：华西股份历年年报。

所以从金融负债分析来看，企业降低对金融资产的投资，就不再需要通过大量的债权融资尤其是金融债权融资来筹集金融投资活动所需资金，企业适合的融资决策是提前控制金融负债的举债程度，适时降低金融负债规模，降低财务风险。

②股权融资。2011—2021 年，华西股份除了股本外并未发行其他权益工具，所以资产负债表上与股权融资相关的项目仅为实收资本和资本公积两项。如表 1－14 所示，华西股份仅在 2015 年，也就是华西股份成立了一村资本并开始通过其进行金融投资活动，公司金融化程度进一步加深的年份，华西股份增发了 1.4 亿的新股。除此以外，华西股份在其余年份并未发行新股。2018 年华西股份开始去金融化的步伐，开始减少对金融资产投资的投资策略并未影响公司股东入资的情况。

表 1－14　　华西股份 2011—2021 年合并报表股权融资情况表

会计期间		实收资本（万元）	资本公积（万元）	合计（万元）	总资产（万元）	占比（%）
实施前	2011－12－31	74 801.29	29 478.76	104 280.05	301 854.93	34.55
	2012－12－31	74 801.29	27 545.40	102 346.69	297 405.49	34.41
	2013－12－31	74 801.29	24 066.36	98 867.65	285 492.50	34.63
	2014－12－31	74 801.29	4 886.00	79 687.29	347 817.28	22.91
	2015－12－31	88 601.29	50 161.65	138 762.93	389 815.43	35.60
	2016－12－31	88 601.29	50 418.60	139 019.89	875 880.40	15.87
	2017－12－31	88 601.29	50 789.11	139 390.40	1 113 006.97	12.52
	2018－12－31	88 601.29	52 750.91	141 352.20	1 203 954.55	11.74
实施后	2019－12－31	88 601.29	52 719.28	141 320.57	1 317 078.49	10.73
	2020－12－31	88 601.29	49 455.65	138 056.94	867 516.74	15.91
	2021－12－31	88 601.29	49 359.94	137 961.23	672 313.56	20.52

注：合计 = 实收资本 + 资本公积，占比 = 合计/总资产。

数据来源：华西股份历年年报。

③内源融资。已有的相关研究将内源融资的衡量方式分为两种，一是采用盈余公积与未分配利润之和占总资产的比重予以衡量，二是考虑了折旧摊销的作用以盈余公积、未分配利润、折旧摊销三者之和与总资产之比作为衡量指标。参考韩珣等（2017）、那明和冯坤雯（2020）以及宋敏等（2021）的研究，本章以企业盈余公积、未分配利润二者之和与总资产之比作为企业内源融资决策的衡量指标。

如表 1-15 所示，2011—2014 年，华西股份合并报表中盈余公积和未分配利润合计占总资产的比重保持在 25% 左右，相较于金融负债、股东入资，属于占比适中的项目，说明这期间华西股份内源融资情况良好，企业的利润积累为企业的资产增长、业务开展提供了稳健的动力支撑。2015 年盈余公积和未分配利润合计占总资产的比重开始下降，2016 年、2017 年、2018 年三年该比重均低于金融负债占总资产的比重，证明这期间企业内源融资动力不足，企业需要通过外源融资保障对金融资产投资活动的资金支持。2019—2021 年，盈余公积和未分配利润合计占总资产的比重开始回升，尤其是 2021 年，盈余公积和未分配利润合计占总资产的比重达到了 53.95%，与企业采取不增发债券，不借入长期借款的融资策略相对应，因为当企业的利润积累为企业的资产增长、业务开展提供了强大的动力支撑后，对外融资就不必要了。

表 1-15　　华西股份 2011—2021 年合并报表利润积累情况表

会计期间		盈余公积（万元）	未分配利润（万元）	利润积累合计（万元）	总资产（万元）	占比（%）	少数股东权益（万元）
实施前	2011 年	10 458.81	62 155.56	72 614.37	301 854.93	24.06%	11 633.00
	2012 年	11 304.42	71 417.47	82 721.89	297 405.49	27.81%	13 431.80
	2013 年	11 354.99	72 108.56	83 463.55	285 492.50	29.23%	14 758.16
	2014 年	11 618.34	74 484.04	86 102.38	347 817.28	24.76%	15 778.89
	2015 年	12 211.98	80 974.71	93 186.68	389 815.43	23.91%	17 757.34
	2016 年	20 076.92	130 896.82	150 973.74	875 880.40	17.24%	12 209.22
	2017 年	21 246.50	138 635.05	159 881.55	1 113 006.97	14.36%	17 152.75
	2018 年	24 049.17	165 272.13	189 321.30	1 203 954.55	15.72%	40 158.92
实施后	2019 年	38 079.75	332 596.33	370 676.08	1 317 078.49	28.14%	76 106.15
	2020 年	38 079.75	294 892.01	332 971.76	867 516.74	38.38%	12 372.38
	2021 年	41 319.72	321 386.36	362 706.08	672 313.56	53.95%	12 361.39

注：占比 = 利润积累合计/总资产。

数据来源：华西股份历年年报。

（3）盈利能力得到提高。

①毛利率。本案例从企业毛利率方面对华西股份去金融化的效果展开分析。如表 1-16 所示，从营业收入、营业成本和毛利率来看，2016—2018 年与 2019—2021 年相比，总体上变化不大，但是如果与行业平均的毛利率相比的话，可以看到 2019—2021 年华西股份总体的毛利率与行业平均毛利率的差距是在缩小的，说明在排除市场因素的影响下，企业去金融化后的经营情况是有所改善的。

②利润结构。如表 1-17 所示，从合并报表的利润结构来看，其他收益（全部为政府补助）占比并不高。2019 年和 2020 年扣除公允价值变动、投资收益和其他收益后的净经营利润都为负数，但是相对于 2018 年来说，负数的绝对值是在减小的。这说明 2019 年开始去金融化后，虽然效果还不是很明显，但是实体经营业务的亏损是在降低的。2020 年随着华西股份去金融化力度的加大，华西股份持有一村资本的股权比例下降至 44.78%，一村资本自 2020 年 8 月起不再纳入华西股份合并报表范围。其去金融化的效果也在 2021 年的财报中得

表 1-16 华西股份 2011—2021 年合并报表毛利情况表

会计期间		营业收入（万元）	营业成本（万元）	毛利（万元）	毛利率（%）	行业平均毛利率（%）
去金融化前	2011 年	351 582.68	328 009.95	23 572.73	6.70	11.58
	2012 年	265 085.14	250 352.59	14 732.55	5.56	8.55
	2013 年	221 351.03	211 866.87	9 484.16	4.28	10.00
	2014 年	206 622.30	193 432.40	13 189.90	6.38	12.36
	2015 年	201 295.41	183 747.55	17 547.86	8.72	14.79
	2016 年	212 532.13	185 660.16	26 871.97	12.64	16.33
	2017 年	284 238.73	254 267.68	29 971.05	10.54	16.45
	2018 年	293 219.39	264 061.50	29 157.89	9.94	13.69
去金融化后	2019 年	318 687.47	296 598.60	22 088.87	6.93	13.26
	2020 年	235 555.87	207 116.67	28 439.20	12.07	12.43
	2021 年	241 801.99	215 240.61	26 561.38	10.98	14.28

数据来源：华西股份历年年报、同花顺。

以体现，2021 年扣除公允价值变动、投资收益和其他收益后的净经营利润为 6 189.06 亿元，华西股份的实体经营业务实现了扭亏为盈。

表 1-17 华西股份 2011—2021 年合并报表利润结构表 （单位：万元）

会计期间		公允价值变动收益	投资收益	其他收益	营业利润	净营业利润
去金融化前	2011 年	14.09	6 126.56	0.00	17 897.23	11 756.58
	2012 年	15.82	13 801.44	0.00	18 152.47	4 335.21
	2013 年	87.15	5 013.65	0.00	6 028.98	928.18
	2014 年	114.88	2 907.57	0.00	7 334.94	4 312.49
	2015 年	29.41	4 971.07	0.00	11 137.68	6 137.20
	2016 年	316.77	78 717.99	0.00	80 695.03	1 660.27
	2017 年	283.98	28 282.72	1 831.51	23 064.81	-7 333.40
	2018 年	17 877.45	71 316.05	848.30	42 249.43	-47 792.37
去金融化后	2019 年	54 708.45	59 338.76	1 740.80	81 790.20	-33 997.81
	2020 年	-63 030.61	47 032.12	593.56	-30 299.06	-14 894.13
	2021 年	-96 353.06	133 969.21	131.47	43 936.67	6 189.06

注：净营业利润 = 营业利润 - 公允价值变动收益 - 投资收益 - 其他收益。

数据来源：华西股份历年年报。

五、关键要点

本案例关键点是让学生深度理解新金融工具准则（2018）改变了对金融工具的分类依据，改进了金融工具后续计量的会计规范，这会对企业财务报表所反映的财务状况、经营成果和现金流量产生重要的影响。重点是引导学生学习新金融工具准则下金融资产的确认与计量，思考企业对金融资产进行确认与计量的依据是否合理，新金融工具准则的实行对实体企业去金融化带来了怎样的影响，从而提高学生对新金融工具准则的认识和运用。

六、建议的课堂计划

本案例以华西股份有限公司金融资产投资去金融化的过程为主线，提供了较为详细的资料，可以供专门的案例讨论课使用。以下是按照时间进度提供的课堂计划建议，供教师授课和分析案例时参考。整个案例课的课堂时间控制在 150 分钟。课前计划、课堂计划和课后计划如下：

（一）课前计划

本篇案例篇幅较长，课堂讨论时间有限且节奏较快，为保证教学效果，要求学生课前做好案例预习。助教至少提前一周将案例正文、辅助阅读资料和启发思考题发给全体学生，并可通过邮件或公共信息平台发布预习通告。同时建议将全班学生分成若干小组（每组 5—6 人），选出组长，由组长进行案例思考题的分工，学生提前了解华西公司的相关信息并做好思考题的解答。

（二）课堂计划

1. 课堂教学时间分配

本案例教学课程用时约 150 分钟，由五部分组成：（1）案例背景介绍及课堂安排（约 5 分钟）；（2）小组发言与老师点评（约 110 分钟）；（3）延伸讨论（约 25 分钟）；（4）归纳总结（约 10 分钟）

教师在采用本案例时，应根据教学需要对时间进行调整，以满足自身的教学目的和教学内容。

2. 案例背景介绍及课堂安排

首先按照时间顺序简单介绍一下案例的发展情况，然后提出案例课程想要达到的教学目的，明确讨论主题，以及课堂计划和时间安排。

3. 小组发言与老师点评

每组选派一名代表进行发言，综述本组对相应启发思考题的讨论结果，并回答其他小组成员的提问；每组发言后，教师进行点评，并在此过程中穿插理论知识讲解。在时间上，每组控制在 20 分钟以内。

4. 延伸讨论

在各个小组发言与点评后，由教师引导，对启发思考问题进行延伸讨论，此处可随机选择 5 位学生发表观点，以延伸学生对教学主题的理解。

5. 归纳总结

归纳讨论达到的共识，并分析出现分歧的原因；进行启发思考题的理论依据、解析思路的探讨与解答，最后给出建议性的答案。

（三）课后计划

通过案例分析和讨论，引发学生进一步认识金融工具会计准则改革相关理论，并联系实体企业金融资产投资相关问题进行深入思考，以书面形式提交案例分析报告一份，进一步巩固对相关知识点的理解。

（四）板书计划

在课堂教学中，可以先引出金融资产投资，从华西股份金融资产投资的背景和原因出发，再列出华西股份金融资产投资去金融化的过程进行详细探讨，引发同学们对新金融工具准则下金融资产的确认与计量、企业对金融资产进行确认与计量的依据、新金融工具准则的实行对实体企业去金融化带来影响的深入思考。

案例 2

万物新生：ESG 报告是企业与世界更好的沟通语言吗?

徐全华

专业方向： 会计

适用课程： 财务会计理论应用研究

选用课程： 信息披露与盈余管理、国际财务报告准则

编写目的： 本案例旨在引导学生基于案例企业目前的发展现状，思考其所面临的市场评价的差异，分析其中的原因，掌握 ESG 影响企业价值的理论基础，思考 ESG 影响企业价值的机制，探讨如何让利益相关者更好地理解和评估企业 ESG 贡献，降低信息不对称，提升 ESG 报告在企业估值中的作用。

知 识 点： ESG 框架、可持续发展、ESG 评价

案例正文

会计作为“通用的商业语言”早已深入人心、众所周知了。每当岁末年初，由上市公司提供年报都将成为利益相关者翘首以盼、一睹为快的大事。然而，在从乌卡（VUCA）时代转向巴尼（BANI）时代的背景下，ESG 报告后来者居上，被认为是“企业与世界沟通的语言”，似乎更为各方所期待，人们希望从中找到企业对世界可持续发展的思考和答案，诉说企业如何根据经济社会发展的需要进行绿色低碳转型，实现高质量的发展。简单来说，ESG 报告就是公司将自身的环境（E）指标（如企业温室气体排放情况、企业管理层对自然资源的态度、企业对自然灾害的承受能力等）、社会（S）指标（如员工薪酬情况、劳工政策、产品安全质量责任、供应商的安全环保政策等）以及公司治理（G）指标（如公司股东权利的保护、股东会成员的多样性、管理层透明性和责任、反腐败反竞争政策等），通过官方渠道告知公众。

国家层面已经将 ESG 纳入政策设计与制定，行业层面在界定标准和鼓励创新实践，企业层面考虑 ESG 风险与转型机遇，个人层面有必要考虑持续学习吸收和职业拓展规划。从企业的角度，该如何通过 ESG 报告向外界传递相关信息，展现自己的创新能力和可持续发展能力，获得必要的资源支持和取得和维护市场份额呢？我们将以万物新生的 ESG 报告为例，讨论这种“新语言”如何成为企业与外界沟通的工具。

一、公司发展及现状

万物新生（ATRenew，RERE. US）成立于2011年，2021年6月18日登陆纽交所，成为“中概股ESG第一股”。公司定位为“互联网+环保”循环经济的领导者，以“让所有闲置商品重获新生”为使命，着力打造“C2B+B2B+B2C”的全产业链、二手3C电子产品交易与服务体系，公司旗下有四个主要产品：爱回收（2011年创建，Aihuishou Recycle或AHS Recycle，二手消费类电子产品C2B回收平台）、拍机堂（2017年创建，二手消费类电子产品B2B交易平台）、拍拍（2019年创建，二手消费类电子产品B2C零售平台）、海外业务（2020年创建，AHS Device），其服务覆盖从回收、检测、评级、定价到再销售的全流程。

从成立开始，万物新生集团致力于培育线上、线下结合的二手交易生态：从消费者手上回收手机等电子产品，经过标准化的质检和二手定价体系，然后通过线上、线下平台（如拍机堂、拍拍严选门店等），将产品向经销商、零售商、增值维修商、出口商、消费者进行二次销售，构建了二手交易链路闭环（C2B+B2B+B2C）（见附录1：万物新生一体化平台）。

万物新生有自营与平台服务两大业务模式，即“1P+3P”：1P模式下的自营业务，通过与京东集团形成深度的合作关系，在线下实现“手机回收+以旧换新”，目前98%成熟门店已实现盈利；3P模式下的平台服务，作为电商平台允许第三方商家在平台上开展相关业务，万物新生为其提供质检、评级、定价与其他增值服务。

二、行业情况

万物新生所处的二手3C[①]交易行业，呈现出高度分散、无序和野蛮的特征，市场以个体商贩和小微企业为主，上市企业稀少。相对国外发达国家，我国二手市场发展尚处早期，供给端换机周期频繁，闲置设备存量大，需求端下沉市场体量充足，内循环消费需求旺盛。但二手行业缺乏统一标准，产品质量难以保障。目前二手3C市场主要玩家有闲鱼（聚焦通用类）、转转（聚焦3C）、万物新生（聚焦3C）等。

2021年7月，《“十四五”循环经济发展规划》出台，在国家政策催化驱动下，我国资源利用效率将显著增长，再生资源对原生资源的替代比例有望进一步提高，循环经济对资源安全的支撑保障作用进一步加强，资源循环利用行业有望加快发展。

循环经济概念是对传统经济模式的一种彻底变革，并由此衍生出“循环供应链”，循环经济模式的运行规律如图2-1所示。3C行业作为在前期生产阶段、用户使用阶段、回收利用阶段都有显著的能耗和排放的行业，对于“循环”理念的认知和应用领先于其他行业，也是最有可能率先实现循环理念普及、用户心智培育的行业。更为关键的是行业本身的特色和消费者习惯：新产品、新技术更新更快，消费者更新愿望高（据Counterpoint Research调

---

① 3C行业是指结合电脑Computer、通信Communication和消费性电子Consumer Electronic三大科技产品整合应用的资讯家电行业。3C行业拥有生命周期短，持续降低成本及弹性的全球运筹等特性，目前发展迅速，成员构成变动频繁。

查，中国用户平均更换手机周期为22个月）。因此，企业在改变经营理念同时，也在积极引导消费者节能减排、关注循环利用。同时，随着消费群体可持续发展、绿色低碳认知的提升，在促进3C行业和商品的循环利用方面这种作用体现得更加显著。

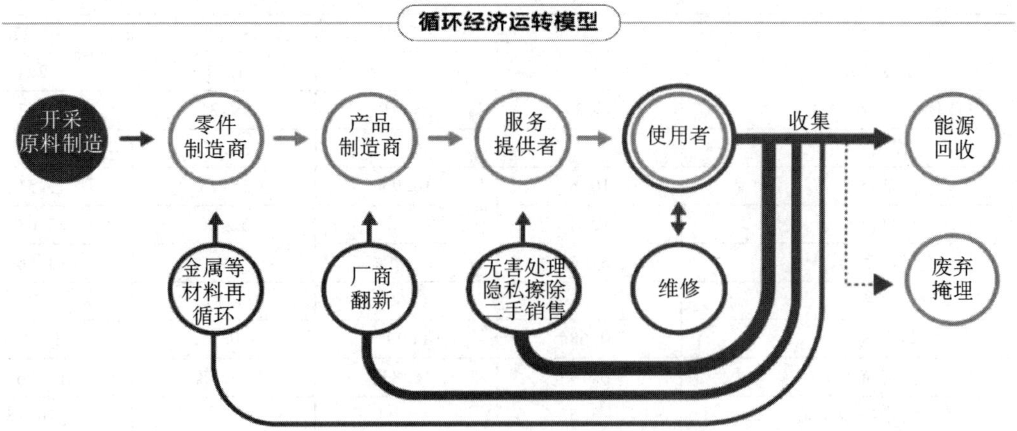

图 2－1 手机生命周期的循环经济模式

数据来源：京东研究院 2021.《当“旧物”不再是“废物”——2021“循环经济”研究报告》。

以手机为例，循环运转就是图 2－1 中以黑色粗箭头标出的部分，浅灰色箭头的部分则是传统的“线形经济”流程：始于原料开采，经过加工成为零件和产品、销售到达消费者，最终焚烧和填埋。把单向的“线形经济”改造成多向的循环经济，就需要补足“循环”的不同部分。这些循环的培育和建设，需要长时间的资本投入和技术积累，同时也会产生巨大的市场机遇。

就万物新生而言，其所处的生态位就是图 2－1 中最内圈的循环（最粗的黑色线条）——从使用者手中收集二手产品，进行维修等处理并再次销售。这部分循环经济的加强，可以减少上游多个生产环节中不必要的能源和资源消耗。

据 CIC 灼识咨询数据，近年来，中国 3C 电子产品的出货量增速保持在1%—7%，预计2018—2023年度复合增长率为3%；同时，中国市场的二手3C产业规模 GMV 保持较快增长，预计2021年 GMV 比2018年增长115%、2018—2023年度复合增长率为24%（见附录2）。

三、财务状况

根据万物新生招股书和2021年年报，万物新生主要的财务数据如表 2－1 所示。

以2020年为基数，万物新生在2021年实现营业收入增长60.1%，达77.8亿元，2018—2021年收入年复合增长率为24.3%。资产规模也获得了快速增长，从2018年的12.3亿元增加到2021年的75.03亿元，年复合增长率达到57%。从利润角度，毛利率最近两年相对稳定，但净利润持续为负，一直处于亏损状态，尚未出现改善的趋势，同期的经营活动现金流量也表现为净流出，表明公司处于快速发展的成长状态，经营成本投入较大，但自我创造现金流量的能力不足，需要从外部融资才能满足日常经营和投资的需求，股权融资是其主要的融资手段。

表2-1　万物新生的主要财务数据　（单位：亿元）

年份	2018	2019	2020	2021
营业收入	32.62	39.32	48.58	77.8
毛利率（%）	3.25	2.47	11.97	12.63
净利润	-2.08	-7.05	-4.71	-8.17
研发费用			1.31	2
负债/总资产（%）	48.29	23.91	29.81	14.43
净资产		36.41	36.68	64.69
流动资产	10.6	10.95	18.75	41.51
总资产	12.3	47.85	52.26	75.03
货币资金	6.66	4.11	9.18	13.56
存货	0.75	0.66	1.77	4.79
固定资产	0.68	0.99	0.7	1.04
无形资产	0.19	16.83	13.68	10.76
经营活动净现金流	-3.58	-4.11	-4.13	-10.18
投资活动经现金流	-1.09	-3.04	0.19	-6.7
其中：购买固定资产	-0.64	-1.03	-0.38	-0.74
购买无形资产		-1.43	-1.2	-10.03
筹资活动净现金流	9.04	4.56	9.3	22.9
其中：股权融资	9.8	4.7	7	26.27
债权融资	2.4	3.76	8.3	2.54

数据来源：万物新生2021年年报、招股说明书。

四、市场估值

万物新生集团（爱回收）正式在美国纽交所上市时，定价14.00美元/ADS，募资规模2.61亿美元。开盘后涨幅超30%，上市首日收报17.21美元，涨22.93%，市值达38.32亿美元。2021年6月30最高价18.49美元，2022年11月30日最低价1.52美元，在案例编写时（2023年1月23日），其股价为2.93美元，其股价趋势如图2-2所示。

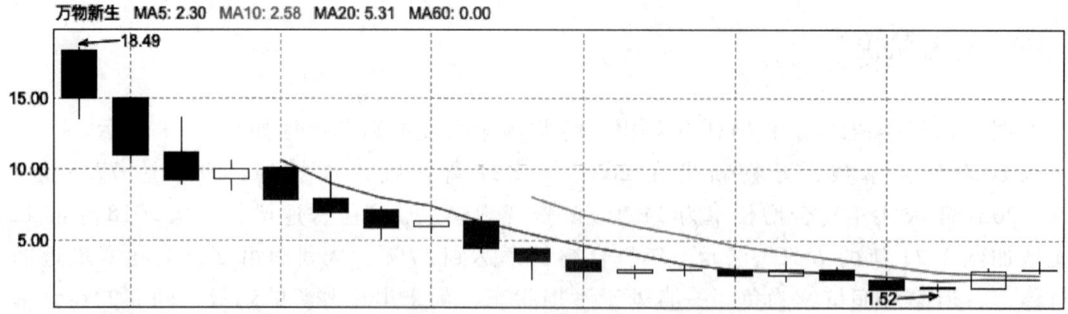

图2-2　万物新生股价趋势图

数据来源：东方财富网站。

五、关于 ESG 报告

（一）ESG 的含义与范围

ESG 从 E、S 和 G 三个维度考察企业中长期发展潜力，即环境（Environment）、社会责任（Social Responsibility）和公司治理（Corporate Governance）三个维度，是一种关注环境、社会、治理绩效的新型企业评价体系。其中，环境（E）包括气候变化风险、碳排放、废弃物循环利用、气候事件、能源使用等；社会责任（S）包括产品质量、顾客关系、员工关系、有争议的商业活动、负责任的营销与研发等方面；治理（G）包括董事会结构、高管薪酬、决策透明度、商业道德、风险管理、监督举报制度、会计标准等方面（见附录 3）。

（二）万物新生的 ESG 报告

万物新生从 2020 年开始提供环境、社会及管治报告（又称 ESG 报告），目前已发布两份连续的 ESG 报告。该报告旨在阐述公司在环境、社会及管治方面的制度建设与工作表现，客观地披露集团在可持续发展方面的管理和成效，以回应利益相关方及社会公众的期望。最新的 2021 年 ESG 报告包括了 6 个部分的内容：走进万物新生、严以律已管治新生、物尽其用绿色新生、信息客户品控新生、上下求索科创新生、共创共赢美好新生（详见附录 4 和参考文献［2］）。

（三）ESG 评级

2021 年，万物新生获得 Sustainalytics ESG Risk Rating 17.6/100 分“低风险”评级（分数越低，代表 ESG 表现越好），在全球“在线和直接营销零售”板块的公司中位列第 4 名（4/85）（见附录 5）。

晨星（Sustainalytics）是一家知名的国际主流 ESG 评级机构，类似的还有如 MSCI、汤森路透、彭博（Bloomberg）、富时罗素（FTSE Russell）等，为全球投资者提供负责任的投资策略支持。晨星的 ESG 风险评级通过识别企业面临的重要 ESG 议题、衡量组织未管理的 ESG 风险规模，体现企业层面 ESG 风险。该评级体系由三个核心组成部分组成：企业治理、重要 ESG 议题和特殊问题。风险等级从 Negligible（可忽略）到 Severe（严重）。分数越高，则企业面临的 ESG 风险越大。Sustainalytics 的最新评级（2022 年 9 月 2 日）对万物新生的 ESG 风险评级为“Low risk”，综合指标上达到卓越管理水平，表明万物新生在相关议题、项目和举措方面处在行业领先地位。值得一提的是万物新生在数据隐私和安全、商业道德以及产品和服务的环境及社会影响等重要的行业特定 ESG 风险中被评为“可忽略”（Negligible），表明在上述方面万物新生的优异表现。

六、万物新生 ESG 报告传递的信息

在 ESG 报告中，万物新生反复强调其披露的理念：客观地披露集团在可持续发展方面的管理和成效，增进利益相关方及社会公众对行业 ESG 的理解，打造 ESG 样本企业，通过

建立二手消费电子产业链的全生命周期碳足迹管理体系，彰显一个二手交易市场开拓者的ESG使命：让闲置不用都物尽其用。

（一）ESG管理体系

万物新生设立了三级的ESG管理委员会架构：董事会－ESG管理委员会－ESG工作组。董事会统筹整体的ESG发展，审批和监督ESG相关事宜，ESG管理委员会负责推进ESG管理体系建设工作，工作小组负责串联各业务和职能部门（详见附录6）。

基于公司的业务和管理现状、战略发展目标和外部第三方最佳实践，集团现阶段将侧重开展以下领域的ESG管理工作：

（1）环境方面：气候变化管理、循环利用；

（2）社会方面：行业引领、产品治理、员工发展、社会公益；

（3）企业治理：顶层治理、信息安全、隐私保护。

（二）重大议题识别与判定

2021年，万物新生首次依托气候相关财务信息披露工作组（TCFD）框架，通过与利益相关者的深度访谈、调研，从管治、策略、风险管理、指标与目标四个方面评估在财务上存在重要性的业务，确认二手消费电子产品回收再利用业务面临气候变化风险与机遇的关键领域，并结合GRI标准和评级机构关注的重点议题，梳理确定了公司的重大议题，具体情况如图2－3和图2－4所示。

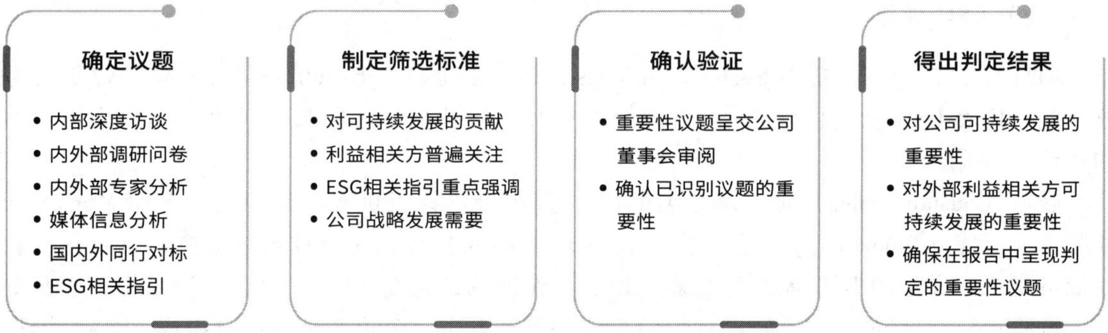

图2－3　万物新生ESG报告议题确定流程

（三）产品治理

产品治理是万物新生识别出来的重要议题，对外部利益相关者和集团本身都具备极高的重要性。这是由万物新生商业模式决定的。“产品治理”议题，是Sustainalytics的评估体系中的指标之一。Sustainalytics认为零售行业和废弃物治理行业应该重点关注“产品治理”，该指标关注企业是否确保产品得到恰当的使用：在生产中保证质量，在宣传时实事求是，在售卖时价格公道，并在售出之后持续履行售后责任。对万物新生而言，其“产品”是回收的手机。手机回收有两个渠道：个人消费者、厂商和电商平台。回收业务的最大阻碍，就是作为非标品的二手机缺乏质量评级、定价的客观标准。对个人消费者而言，如何保证前机主隐私和信息安全，也是万物新生产品治理需要解决的特殊问题。

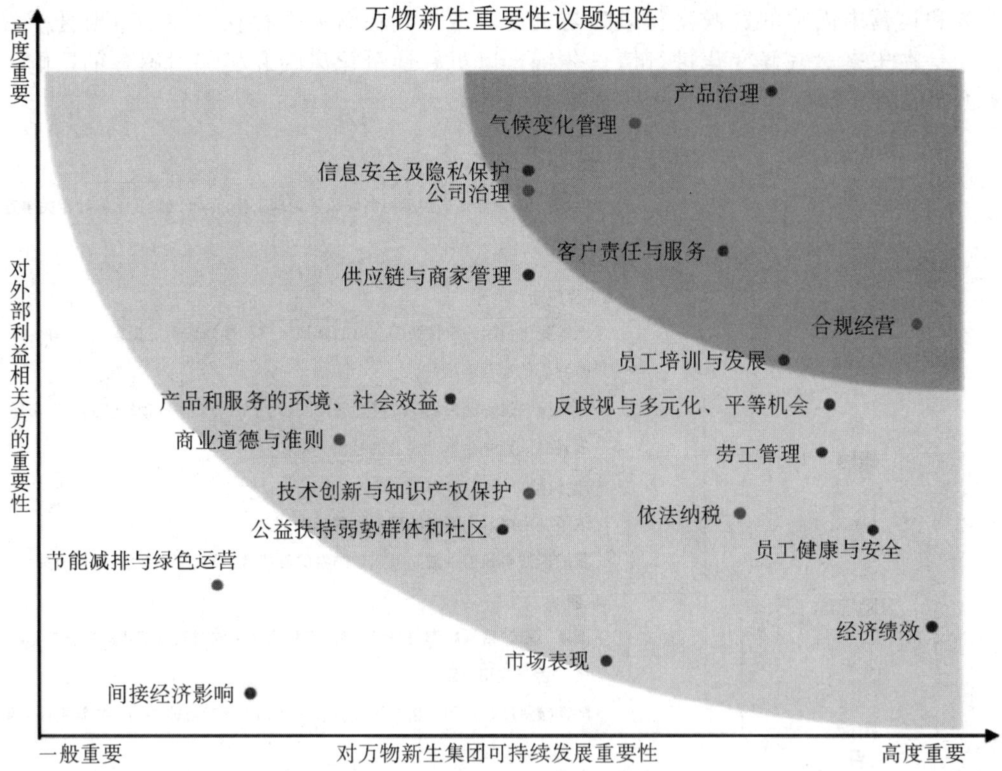

图2-4　万物新生ESG重要议题识别

在ESG报告中，万物新生提出了“心系客户 品控新生”的产品治理模式。在产品质量保障方面，提出以用户体验为导向，打造了全生命周期的产品质控/服务体系。作为行业引领者，万物新生致力于建立并完善二手非标品的品质等级定义、质检流程和售后体系，通过自动化质检显著降低人为检测主观因素，带领行业向透明化、标准化和专业化发展。

万物新生的ESG报告较为详细地描述了其建立二手非标品的品质评级体系的关键要素：(1)在质检标准化方面：通过制度建设，完善了产品质量管理体系，通过不断加大科技研发投入，开发了“007”、“拍照盒子”、“X-Ray”系统、“机大侠”便携质检工具，实现了全自动化质检，将非标品质检标准化，将人工辅助成本降低83%，质检成本下降20%，质检工作效率提升18%；(2)在客户隐私保护和信息安全方面：开发使用了“爱清除”隐私擦除工具和隐私清除计划，制定了隐私保护政策并对客户公开。实施了不明来源识别控制技术，制定并实施了个人信息安全内部控制流程；(3)在销售的方面：为确保再次进入流通领域的二手非标品的质量，万物新生通过公开质检报告、“人工+系统”审核、第三方合作筹建、违规处罚、定期培训等方式加强品质管控，并针对不同的平台，建立了各自的售后服务标准，不断提升用户的消费体验和对万物新生品牌的认知。

(四) 气候变化管理

根据《全球风险报告2021》中对未来十年的风险预测，极端天气和气候变化应对行动失败等气候相关风险已成为未来十年内发生可能性最高的风险。为应对气候变化带来的风险与挑战，万物新生依托气候相关财务风险披露(TCFD)框架(见图2-5)，识别和评估了一些业务和运营中面临的气候变化风险与机遇，认为其在财务上存在潜在的重要性。万物新生的目标是在未来对气候变化进行情景分析，以更好地量化风险和机遇对财务的影响，有助于未来改进 TCFD 披露工作。

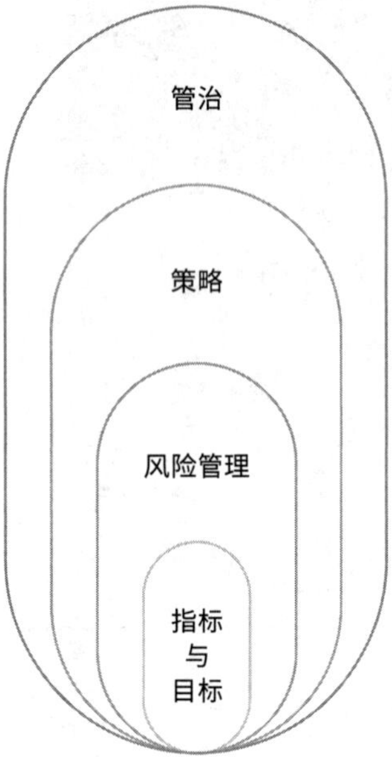

管治

本公司ESG管理委员会承担气候风险管理工作，监督气候变化风险相关事宜。

策略

实体风险

- 气候变化引起的急性风险（例如：飓风天气和暴雨），可能损害公司资产，影响我们的运营连续性；
- 极端天气也会延长公司库存周转时间，对于市场价格变动极快的二手市场，周转时间延长会影响企业的经营利润。

转型风险

- 政策变化给公司带来的额外经营成本；
- 我们无法有效控制或降低运营产生的碳排放，导致声誉受损、用户流失。

机遇

- 国家“双碳”目标机遇，投资者倾向于将资金投向对气候变化具有正向影响的绿色产业和项目；
- 随着碳资产政策和交易市场逐步成熟，CCER等项目能够为万物新生带来更多的额外收益。

风险管理

我们将ESG风险（包括气候变化风险）纳入公司的风险评估和管控体系。针对气候变化，我们重点识别、评估实体风险和转型风险，同时把握发展机遇，推动公司可持续发展。

指标与目标

万物新生积极响应国家“双碳”目标，未来拟设立脱碳目标，提出脱碳承诺，助力国家达成“碳中和”。

图 2-5　万物新生气候风险披露框架（基于 TCFD）

（五）循环经济产业体系的打造：碳减排与碳足迹管理

万物新生将自己定位为绿色产业的实践与引领者，通过建立完善的回收、循环、再分配体系解决了全新手机生产与高能耗同时并存的矛盾，实现生命周期（摇篮到大门）内的碳排放量与强度的双“降低”；以大数据和标准化为核心，立足遍布全国的运营中心，逐步延伸、完善产业链上下游，形成多种回收途径并行、线上线下同步、流通渠道因“场景”制宜的循环产业体系（见附录 7）。其中最能体现其对环境影响的是碳减排核算体系的初步建立，公司对循环经济的贡献通过碳足迹的量化得到了具体的体现，如图 2-6 所示。

其碳减排的核算过程是：（1）采用生命周期评价（LCA）法，分析每台成交的二手手机的平均碳减排量；（2）划分手机的第一生命周期和第二生命周期，如图 2-7 所示；（3）创造性地提出“供需分配系数”用以定性分析碳减排率，用“品质比”定量分析减排量，其计算逻辑如图 2-8、图 2-9 所示（详见参考文献［3］）。其算法的原理是：每台二手手机在交易后即获得了“新生”，被二手消费者当作新机使用，那么一手消费者使用期间的均摊碳排放相当于完全被省下来。平均下来，一台二手手机碳减排量为 30.4 千克，相当于减少一台新机 72.6% 的碳排放。万物新生 2021 年回收 3 100 万台手机，实现的碳减排约有 46.4 万吨。

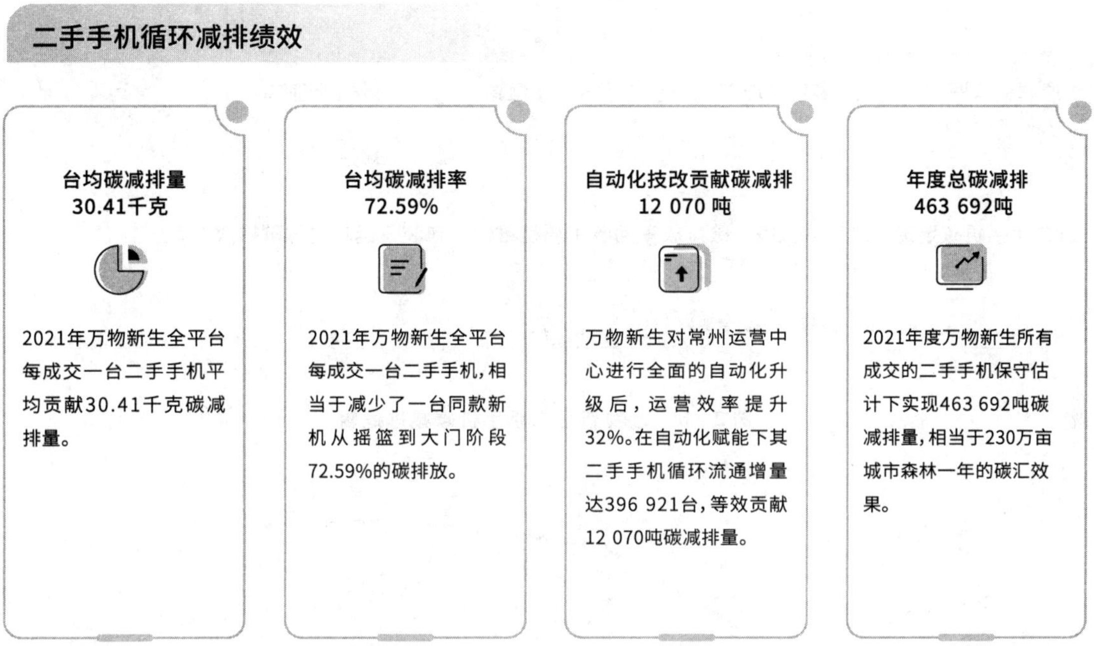

图 2－6　2021 年万物新生二手手机减排绩效

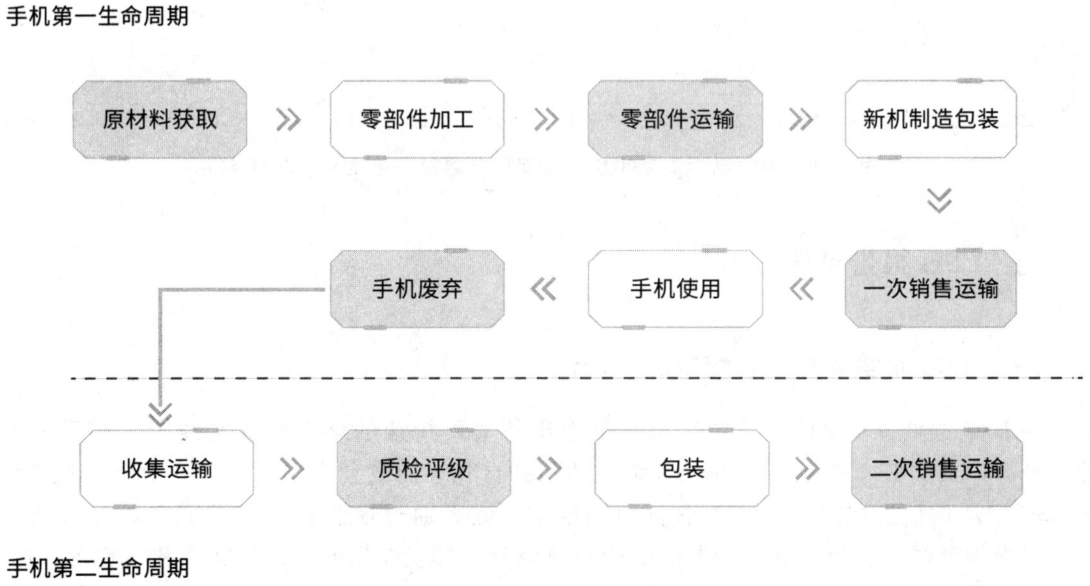

图 2－7　手机的全生命周期

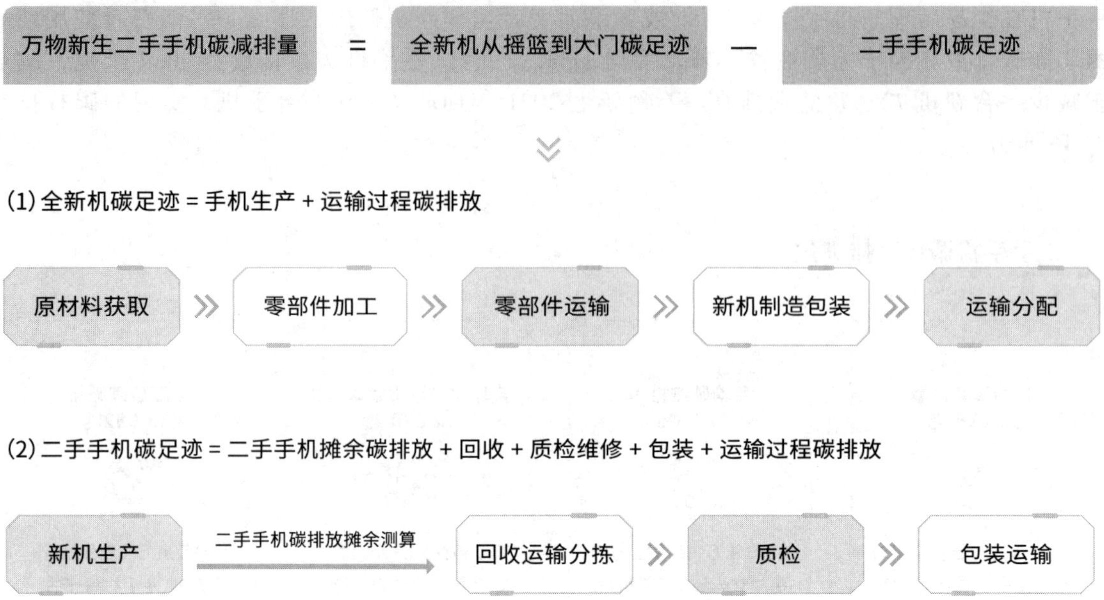

图 2－8　万物新生二手手机碳减排逻辑

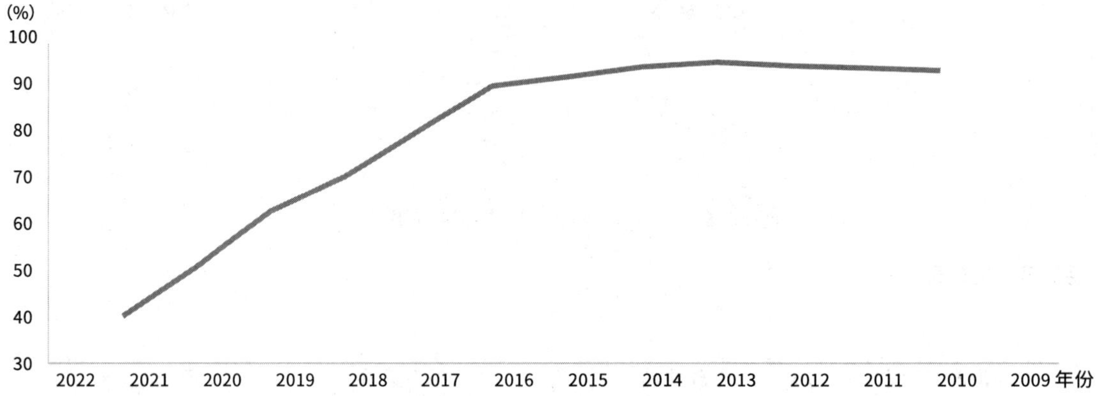

图 2－9　万物新生二手手机减排率变化趋势（基准年：2021 年）

七、ESG 报告可靠吗？

（一）ESG 报告中存在的“漂绿”行为

在 ESG 领域，狭义的“漂绿”就是虽作出环境可持续的承诺却在实践中“缺斤短两”的行径，广义的概念就是实际的 ESG 绩效达不到自我宣传或者声明的承诺。对于企业来说，在 ESG 实质性信息披露上隐瞒不敢直面问题的，或者通过虚假公关获得不实的 ESG 评级，都可以视为漂绿。有的企业宣传自己的产品或服务是环境友好的，误导客户和消费者，比如此前某品牌被曝光其空调产品虚标能效等级，某建筑虚假指标骗得绿色认证等。

但企业也可能无意识地做出“漂绿”行为。如果企业对 ESG 理解较浅，没有过多的实践经验，进而导致信息披露不足、只报喜不报忧、承诺太多无法落到实处等行为，则可能在不知不觉中进行了“漂绿”。这种情况下，企业并没有意识到自己在信息披露层面上存在问题，但仍可能面临来自消费者、监管、公众等利益相关者的抵制、警告乃至惩罚。黄世忠（2022）也认为，只有借鉴财务报告的独立审计机制，引入ESG报告独立鉴证机制，才能抑制企业和金融机构的“漂绿”冲动。

（二）万物新生如何证明其“绿色DNA”的本质？

黄世忠（2022）引用了斯坦福大学的尹（Soh Young In）博士和东京工业大学的舒马赫（Kim Schumacher）博士的论文《碳洗：与碳数据相关的一种新型ESG漂绿》中的研究，将企业在碳排放方面的“漂绿”行为概括为十种形式，包括数据脱节、释放无关紧要的道德信号、碳排放计量不充分不完整、指标定义模糊、报告依据不统一、选择性披露、碎片化披露、缺乏内部鉴证机制、缺乏外部鉴证等，可供企业参考，避免出现类似的行为。

八、启发思考题

1. 企业为何需要提供ESG报告？财务信息有什么局限性？ESG报告向公众提供了什么重要的信息？ESG信息影响企业价值的理论基础是什么？

2. 企业应如何提供ESG报告？编制ESG报告与财务报表编制有什么不同？应如何确定编制依据？

3. 万物新生向公众传递了什么重要信息？如何分析万物新生的ESG绩效？

4. 从公司决策者的角度，思考应如何发挥ESG报告的价值？

九、参考文献

[1] 万物新生招股说明书.

[2] 万物新生2021/2020环境、社会、管治报告.

[3] 万物新生2021年度报告.

[4] 徐雪高，王志斌.境外企业ESG信息披露的主要做法及启示.宏观经济管理，2022（2），83-90.

[5] 黄珺，汪玉荷，韩菲菲，李云.ESG信息披露：内涵辨析、评价方法与作用机制[J/OL].外国经济与管理，2023：1-17.

[6] 黄世忠.支撑ESG的三大理论支柱[J].财会月刊，2021（19）：3-10.

[7] 黄世忠，叶丰滢.可持续发展报告的双重重要性原则评述[J].财会月刊，2022（10）：12-19.

[8] 黄世忠.TCFD框架的践行典范——微软气候信息披露案例分析[J].财务研究，2022（3）：10-18.

[9] 黄世忠.ESG报告的“漂绿”与反“漂绿”[J].董事会，2022（1）：52-56.

[10] 郝毓婷，张永红.“双碳”目标下数字化转型对企业ESG表现的影响研究[J].科技与管理，2022，24（4）：80-91.

［11］王琳璘，廉永辉，董捷．ESG 表现对企业价值的影响机制研究［J］．证券市场导报，2022（5）：23－34.

［12］白雄，朱一凡，韩锦绵．ESG 表现、机构投资者偏好与企业价值［J］．统计与信息论坛，2022，37（10）：117－128.

附录：

附录 1：万物新生一体化平台

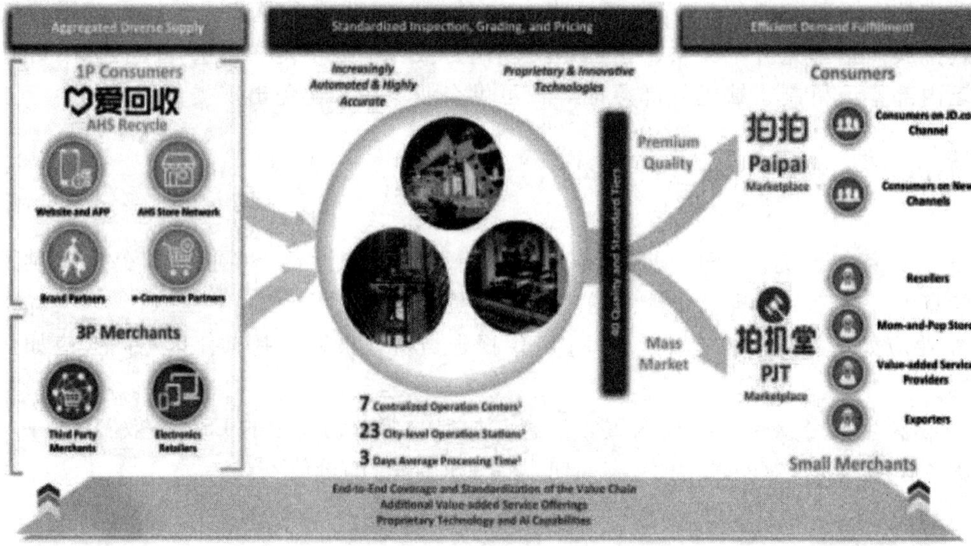

数据来源：万物新生招股说明书。

附录 2：中国 3C 市场及二手 3C 市场规模与预测

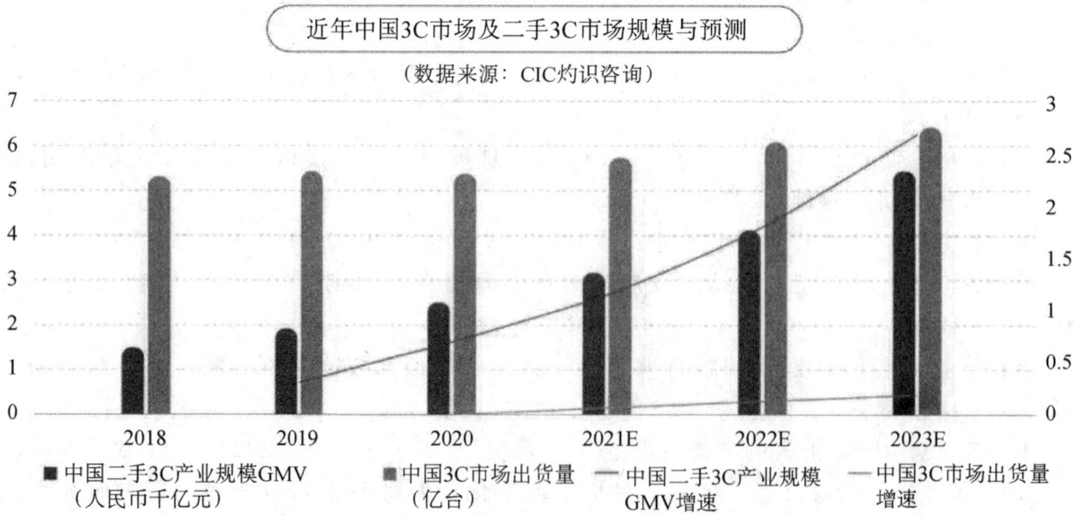

数据来源：京东研究院 2021.《当“旧物”不再是“废物”——2021“循环经济”研究报告》。

附录 3：ESG 议题

环境

- 生物多样性
- 碳排放
- 气候变化风险
- 能源使用
- 土地使用
- 原材料来源
- 供应链管理
- 废弃物循环利用
- 水资源管理
- 气候事件

社会

- 产品质量
- 顾客关系
- 员工关系
- 健康与安全
- 人力资本管理
- 人权保护
- 有争议的商业活动
- 负责任的营销与研发
- 利益相关者诉求
- 社区关系

治理

- 董事会结构（如男女比例）
- 贿赂与腐败
- 反恶意收购措施
- 高管薪资
- 所有权结构
- 股东权利
- 决策透明度
- 投票流程
- CEO是否由董事长兼任
- 内幕交易限制
- 风险防控

附录 4：万物新生 ESG 报告封面与目录

01

走进万物新生

公司概况 07
企业文化 12
公司治理 13
风险合规 15
社会认可 21

02

严以律己 管治新生

ESG理念 23
ESG治理 24
利益相关方沟通 25
重大议题识别与判定 27
ESG风险管理 28
ESG关键绩效 30

03

物尽其用 绿色新生

应对气候变化 37
绿色产业 38
绿色运营 43
绿色消费 47
绿色城市 49

04

心系客户 品控新生

产品质控 52
供应链管理 59
客户服务 62
产品/服务可及性 64

05

上下求索 科创新生

创新研发 65
数智升级 70
知识产权 71
行业贡献 73

06

共创共赢 美好新生

以人为本 75
健康安全 80
员工发展 82
社会责任 86

附录：GRI内容索引 89

附录5：万物新生的评级结果（Sustainalytics ESG Risk Rating）

ATRenew Inc.

Industry Group: **Retailing**

Country/Region: **China**

Identifier: **NYS:RERE**

ATRenew Inc is a pre-owned consumer electronics transactions and services platform in China. The majority of its revenue is derived from online product sales of phones and other consumer electronics goods through its platform.

Full time employees: **2,497**

ESG Risk Rating COMPREHENSIVE ?

17.6 Low Risk

Negligible	Low	Medium	High	Severe
0-10	10-20	20-30	30-40	40+

Ranking

Industry Group (1st = lowest risk)

Retailing **208** out of 457

Universe

Global Universe **2482** out of 14647

Last Update: Sep 2, 2022

数据来源：晨星 Sustainalytics 对万物新生的 ESG 评级。

附录6：万物新生ESG管理组织架构

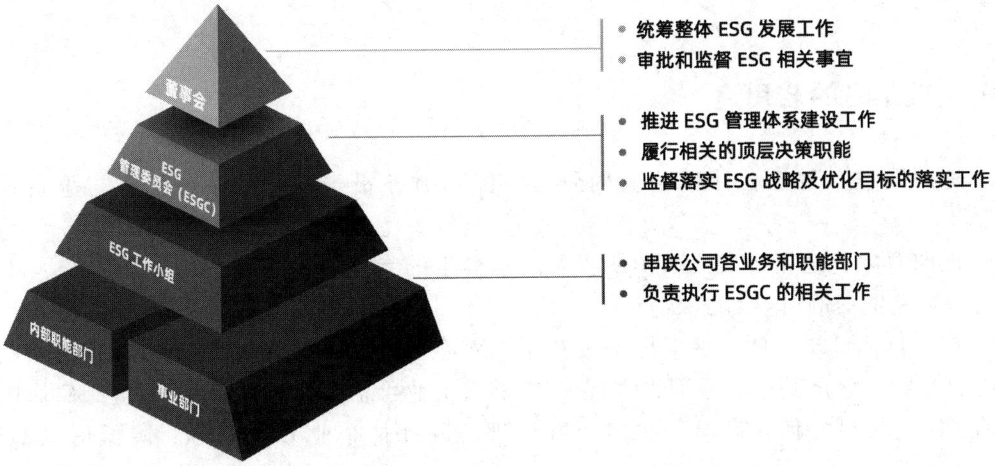

数据来源：2021年万物新生ESG报告。

附录7：万物新生的循环产业体系

门店+自助回收机

- 将回收体系的末端网点下沉到基层；通过自助回收机与门店点面结合的平面布局形成多网点、成网络的回收体系。在多场景下增加触达感，提升废旧二手手机回收率；

上门回收

- 解决了手机回收“最后一公里”的问题，通过上门服务简化卖家手续，增加回收意愿；

质量检测

- 万物新生布局质量检测自动化，将二手手机质量检测效率提升32%，显著放大万物新生手机回收循环流通量；

品质定级

- 万物新生为每台进入其回收体系的二手手机品质进行定级。通过每年千万级的交易数据积累，共将所有二手手机（除废旧机外）分为B端36级质检等级，C端6级质检等级，通过行业大数据的积累，为科学合理的形成定价机制、将二手手机作为商品逐渐市场化、产品化，以此促成二手手机的成交率和流通量；

流通渠道

- 通过有效的定价机制，精准而高效的匹配流通渠道，提高买卖双方满意度，提升消费者对循环经济或二手交易体系的信任度，从而提升二手交易意愿，促进绿色循环经济整体发展。

此外，循环经济的“绿色”始终停留在抽象的概念——既不落地又无法量化，为此我们采用了生命周期评价（Life Cycle Assessment，LCA）方法，分析每成交一台二手手机的碳减排量。

案例使用说明书

一、教学目的与用途

1. 适用课程：财务会计理论应用研究、国际财务报告准则、信息披露与盈余管理等课程。

2. 授课对象：适用于大三下学期或大四本科生的专题学习，也适用于 MPAcc、MBA 财务方向的研究生案例讨论与学习。

3. 教学目标：本案例旨在引导学员基于案例企业目前的发展现状，思考其所面临的市场评价的差异，分析其中的原因，掌握 ESG 影响企业价值的理论基础，思考 ESG 影响企业价值的机制，探讨如何让利益相关者更好地理解和评估企业 ESG 贡献，降低信息不对称，提升 ESG 报告在企业估值中的作用，具体教学目标如下：（1）以万物新生为背景，分析 ESG 报告成为企业与世界沟通工具的原因；（2）结合万物新生的 ESG 报告，探究 ESG 报告重大议题确定的方法论和逻辑；（3）结合万物新生的 ESG 报告和年度报告，综合分析企业行业领先地位及其业绩；（4）从公司决策者的角度，思考如何确保 ESG 报告的质量和信息的有效传递。

二、讨论题目

1. 企业为何需要提供 ESG 报告？财务信息有什么局限性？ESG 报告向公众提供了什么重要的信息？ESG 信息影响企业价值的理论基础是什么？

2. 企业应如何提供 ESG 报告？编制 ESG 报告与财务报表编制有什么不同？应如何确定编制依据？

3. 万物新生向公众传递了什么重要信息？如何分析万物新生的 ESG 绩效？

4. 从公司决策者的角度，思考应如何发挥 ESG 报告的价值？

三、分析思路

本案例的分析思路是：根据理论基础，确定分析逻辑，明确分析对象，具体如图 2－10 所示。

四、理论依据与分析

（一）万物新生为何应重视 ESG 报告？

1. 财务信息有什么局限性？

（1）财务信息以历史信息为主，计量手段单一。信息是市场经济有效运行的关键因素

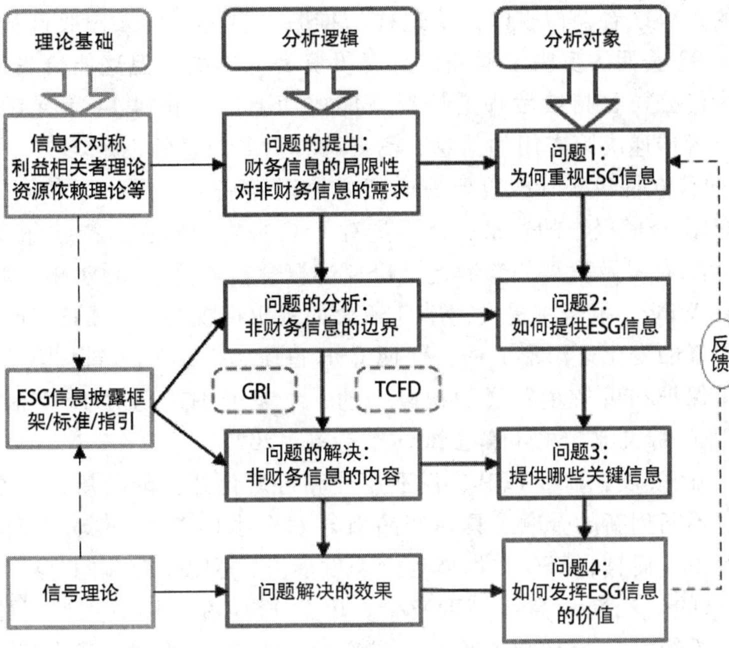

图 2－10　案例分析逻辑与框架

之一，信息不对称是制约经济运行方式和经济效率的基本问题（逯东等，2012）。长期以来，维护资本市场的健康发展、优化市场资源配置效率、保护投资者及其他利益相关者的权益都依赖上市公司财务信息的提供。尽管财务信息能够在一定程度上反映出企业整体的财务状况和经营业绩，但由于受到会计确认、计量等因素制约，其主要面向过去，是对企业历史经营情况的图像反映，以货币计量的要求让不能用货币计量或不方便货币计量的活动被排除在外，如企业的声誉、战略、商业模式、高管能力等有决策价值的信息得不到反映。

（2）财务信息的决策相关性在下降。黄世忠（2020）指出进入新经济时代，数字资产的重要性日益凸显，已成为新经济企业开拓市场、获取商机、降低成本、确立竞争优势、赚取超额利润的无形资产。尽管数字资产如此重要且符合资产要素的定义，但并没有在新经济企业的财务报表上确认。企业在数字化、绿色低碳战略下形成的核心竞争力等重要信息无法通过传统的财务报表予以披露，难以向投资者准确、全面地提供了解公司经营现状以及预测未来业绩的信息，并且随着利益相关者理论的影响日益扩大，信息需求的范围也不断扩大。如员工更加关注福利待遇、职业培训、工作环境，政府更加关注环境保护、社会责任履行等信息，增加非财务信息披露以增强财务报告的有用性已经得到了理论界和实务界的广泛认同。

（3）财务信息对万物新生可能的不利影响。就案例公司而言，万物新生是新经济新模式的典型代表，其经营基础和逻辑、核心竞争力无法在财务报表中得到充分展示，作为一个处于成长期的公司，万物新生在数字化技术、低碳减排上的投入和产生的价值需要从更多的维度向利益相关者披露，才能提高投资者的科学决策。从传统的财务角度，万物新生处于典型的增收不增利的状态，收入持续高速增长，企业规模也在快速扩张，但从利润角度，一直处于亏损状态，现金流也是入不敷出，看不出有改善的迹象，会显著影响投资者对公司的信心。从股票价格的走势来看，似乎印证了这样的推断。自上市以来，股价从上市时的 17 美元暴跌到现在的 2.93 美元，反映了财务信息对投资者的影响。但这能恰当地反映公司长期价值的趋势吗？为何公司在持续亏损的情况下能成功上市并获得 14 美元的估值呢？因此，为了更好地向投资者传递决策有用的信息，需要弥补财务信息的不足。

2. ESG 报告向公众提供了什么重要的信息？（理论准备）

授课教师先介绍 ESG 报告的背景，让学员对 ESG 报告的内容和特点有基本的了解。

（1）ESG 产生的背景及发展趋势简述。ESG 的概念首先是在 2004 年由联合国在《在乎者赢》（Who Cares Wins）报告中提出。ESG 概念的提出可视为 CSR 的进阶，是 CSR 发展到一定阶段因外部因素的变化逐渐形成的。促使 CSR 进阶为 ESG 的外部因素主要来自三方面：一是联合国对环境保护和可持续发展的积极推动，二是资本市场对 ESG 信息的强大需求，三是国际组织对 ESG 标准制定的不懈尝试（李诗等，2022）。

经历了近 20 年的发展，ESG 以其广泛适用性和可量化评估的特质，正在重塑企业的价值观与生态，通过不断创新的金融工具和产品引导“资本向善”，推动“商业向善”，改变商业的价值创造逻辑。而且，ESG 在发展理念、发展方式和发展方向上与“中国式现代化”（见图 2－11）要求的“三新一高”高度契合，因此 ESG 在中国政策话语体系中逐渐主流化，有关政府部门纷纷出台 ESG 相关政策，明确对 ESG 理念的响应和支持，加快推动 ESG 工具标准化、产品多元化、信息披露强制化以及国际合作融通化进程。2022 年 11 月 28 日，欧盟《企业可持续发展报告指令》（Corporate Sustainability Reporting Directive，CSRD）在欧盟理事会获得通过，立法程序完成，成为欧盟 ESG 信息披露核心法规，欧盟和全球 ESG 信息披露已经迈入一个新的时代。ESG 新规的落地，将给欧洲以及欧洲以外的企业都带来难以估量的影响，中国以及国内行业企业都需要为 CSRD 做好充分准备。

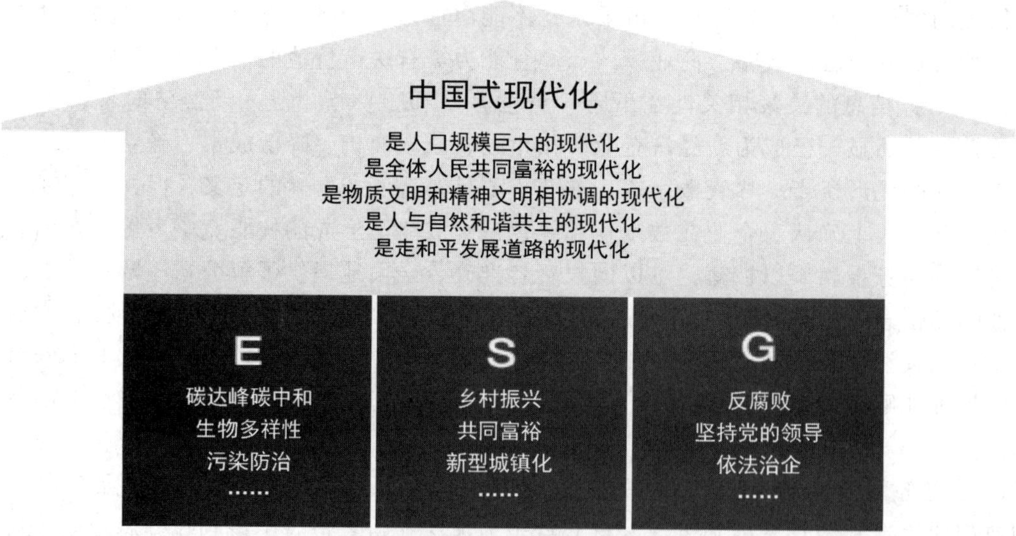

图 2－11　ESG 发展体系化支撑中国式现代化目标实现

数据来源：社会价值投资联盟（深圳）华夏基金管理有限公司研究报告《2022 中国 ESG 发展创新白皮书》。

简而言之，ESG 报告是把环境、社会、治理等因素纳入信息披露的范围，让投资者在财务信息之外，更好地了解公司行为对外部环境、社会的影响，让利益相关者更好地评估风险，提高投资效率。在气候变化、劳工保护等议题切实影响公司股价的今天，ESG 报告让投资者更全面地掌握影响投资对象等风险和回报信息才是更负责任的做法，也是利益相关者坚守长期主义、提高各自韧性的体现。2022 年，A 股上市公司的 ESG 报告披露率较 2021 年提升 5.16 个百分点，是近年来增幅最大的一次，但总体 29.45% 的披露率仍有较大的上升空间。从信息披露的实质性来看，多数沪深 300 上市公司均积极响应“双碳”目标，表示下一步将制定战略规划和采取有效措施加快落实；在沪深 300 上市企业中，有 121 家在其非财务报告中提及 SDGs（可持续发展目标），对 17 项目标的平均覆盖率为 81.59%。

（2）ESG 报告内容简介。ESG 从 E、S 和 G 三个维度考察企业中长期发展潜力，即环境（Environment）、社会责任（Social Responsibility）和公司治理（Corporate Governance）三个维度，是一种关注环境、社会、治理绩效的新型企业评价体系。其中，环境（E）包括气候变化风险、碳排放、废弃物循环利用、气候事件、能源使用等；社会责任（S）包括产品质量、顾客关系、员工关系、有争议的商业活动、负责任的营销与研发等方面；治理（G）包括董事会结构、高管薪酬、决策透明度、商业道德、风险管理、监督举报制度、会计标准等方面，如图 2-12 所示。

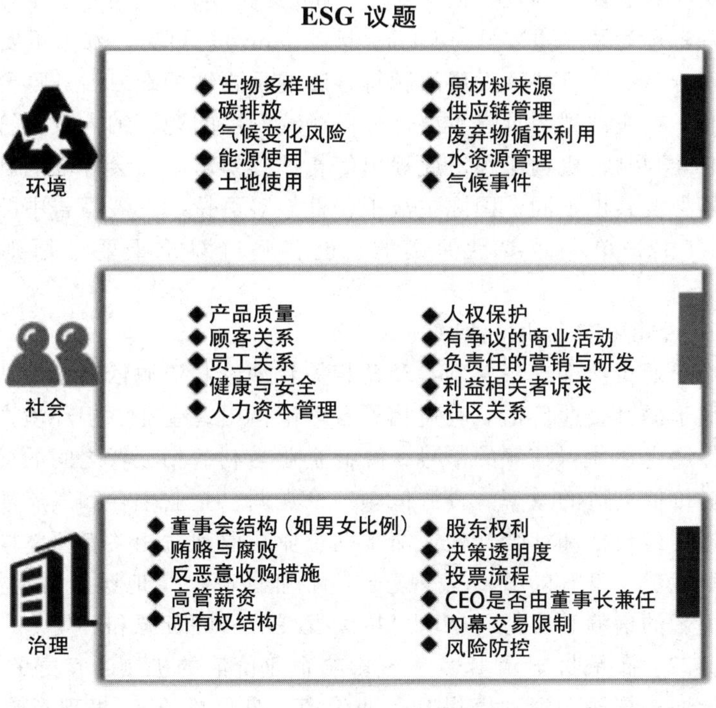

图 2-12　ESG 议题来源

数据来源：2022 年 ESG 发展白皮书（灼鼎咨询，2022.05）。

ESG 可以概述为一个理念、两个角度、三个维度：一种理念是指 ESG 投资理念，ESG 最为核心的理念是实现可持续发展；两个角度是指企业既可以从自身发展角度，运用 ESG 企业评价标准实现自身管理建设，降低运营风险，也可以从业务角度出发，作出符合 ESG 评价标准的投资决策，降低投资风险；三个维度是指从环境、社会责任、公司治理三个维度构成对企业的评价标准。

（3）ESG报告中的重要性原则。不论是在财务报告领域，还是在可持续发展报告领域，重要性（Materiality）都是一个至关重要的概念，直接关系到哪些财务信息或可持续发展信息应当纳入报告范围。国际会计准则理事会（IASB）在《财务报告概念框架》中指出：通用目的财务报告提供了关于特定主体的财务信息，如果遗漏、错报或隐藏某项信息可合理预期会影响通用目的财务报告主要使用者基于这些报告所作出的决策，则该项信息具有重要性。换言之，重要性是基于个别主体财务报告信息涉及项目的性质或金额或两者兼而有之所体现出的与特定主体的相关性。

在可持续发展报告的意境下，重要性原则界定了将特定信息纳入公司报告的标准，主要关注企业经营活动对环境和社会的影响或者环境和社会议题对企业的影响。它反映了：①特定信息对其意欲描述或解释的现象的重要性；②特定信息满足利益相关者的需求和期望，以及帮助企业作出恰当决策的能力；③特定信息满足与公共利益相对应的透明度需求的能力。

在财务报告领域，只有单一的重要性原则，财务信息是否具有重要性以其能否影响使用者的决策为唯一判断标准。而在可持续发展报告领域，基于不同的定义角度，重要性分为单一重要性（Single Materiality）原则和双重重要性（Double Materiality）原则。

双重重要性既要考虑环境和社会议题对企业价值的影响，也要考虑企业经营活动对环境和社会的影响，后者称为影响重要性（Impact Materiality）。可见，双重重要性是影响重要性和财务重要性的联合。一个可持续发展议题符合影响重要性标准或财务重要性标准，或者同时符合这两个标准，就应被视为具有重要性的可持续发展问题，纳入企业管理层的决策范围和信息披露范围，准则制定机构必须对此提出信息披露要求。与会计准则制定机构对财务报告中的重要性取得高度共识不同，国际主流报告框架对可持续发展报告中的重要性存在较大的认识差异，既有主张单一重要性原则的，也有坚持双重重要性原则的（黄世忠等，2022）。

3. ESG报告是否能影响企业价值？

ESG信息影响企业价值的理论基础：利益相关者理论和资源依赖理论认为，积极承担环境和社会责任有助于提升企业价值。利益相关者理论指出，企业承担环境责任和社会责任能够向利益相关者传递企业值得信赖的信号，降低企业与利益相关者之间的交易成本，提升利益相关者参与企业价值创造的效率。资源依赖理论强调，企业生存和发展需要从外部环境汲取各类资源、承担环境责任和社会责任，能帮助企业获取利益相关者所掌握的关键战略资源来打造自身的竞争优势。良好的ESG表现意味着企业能高质量地履行与利益相关者的契约，从而赢得利益相关者的信赖和支持，获取可持续发展所需的资源和环境。

王琳璘等（2022）的研究显示ESG表现影响企业价值的机制：良好的ESG表现通过降低信息不对称，能通过缓解融资约束提升企业价值；良好的ESG表现意味着企业拥有更优质的人力资源、管理能力和技术水平，能通过提升企业经营效率增加企业价值；良好的ESG表现意味着企业有更好的风险管控能力，能有效减少与利益相关者的法律风险、有更好的社会声誉等，可以通过降低风险提升企业价值。王波等（2022）认为ESG表现对企业的账面价值和市场价值均有提升作用：对账面价值而言，是由于良好的ESG表现隐含了企业长期经营的稳健性和价值增长的可能性，对市场价值而言，是因为ESG责任履行对良好评价能弥补投资者的信息不对称的劣势，释放更多的积极信号，使负责任和可持续管理行为融入股价，从而增强投资者信心、提升企业的价值。

越来越多的研究也提供了 ESG 表现与企业价值之间的积极关系（薛天航等，2022；白雄等，2022；徐光华等，2022），因此 ESG 报告作为“企业与世界沟通的语言”的功能值得关注。

（二）万物新生如何提供 ESG 报告？

1. 如何选择编制 ESG 报告的依据？

（1）万物新生 ESG 报告的编制依据。作为在美国上市的中概股，需要遵循美国证监会的信息披露要求。ESG 报告还处于自愿披露范畴，编制的依据存在众多选择（见图 2 – 13），万物新生选择了 5 个框架作为参照，具体包括：①联合国 2030 可持续发展目标（SDGs）；②金融稳定理事会（FSB）气候相关财务信息披露工作组（TCFD）框架；③全球可持续发展标准委员会（GSSB）《可持续发展报告指南》（GRI Standards）；④可持续发展会计准则委员会（SASB）发布的行业准则；⑤全球领先评级机构 MSCI（明晟指数）和 Sustainalytics 关注的议题。万物新生在附录中按 GRI 标准给出了内容索引。

国际 ESG 信息披露框架		
标准制定机构	**标准指引**	**ESG 侧重点**
GRI	可持续发展报告指引	可持续发展绩效表现
ISO	ISO 26000 社会责任指引	组织生产实践活动中的社会责任
SASB	可持续性会计准则	能影响财务业绩的可持续发展问题
ISSB	IFRS 可持续发展披露准则	为全球不同区域的投资者提供一致、可比的可持续发展报告
CDP	CDP 碳披露项目披露框架	气候变化、水资源、森林、供应链重点议题
TCFD	TCFD 四要素气候信息披露框架	气候变化对上市公司的财务影响
CDSB	CDSB 环境与气候变化披露框架	环境议题

图 2 – 13　国际主流的 ESG 信息披露框架

（2）GRI 模块准则体系。历经多年的修订和完善，GRI 于 2016 年发布了 GRI 准则体系，从 2018 年起取代 GRI 指南 4.0 版本。GRI 准则体系由相对独立但又相互关联的四大模块所组成，涵盖 36 项准则。这四大模块可进一步细分为通用准则（Universal Standards）和具体议题准则（Topic – Specific Standards）两个层次，如图 2 – 14 和图 2 – 15 所示。

（3）TCFD 四要素气候信息披露框架。2017 年，TCFD 发布《工作小组关于气候相关财务信息披露的建议书》，提出了由治理、战略、风险管理、指标和目标等四大核心要素组成的气候信息披露框架，如图 2 – 16 和图 2 – 17 所示。TCFD 的四要素气候信息披露框架十分注重气候变化的财务影响，勾勒出了气候相关风险、机遇及其财务影响之间的相互关系。此外，TCFD 还为如何分析与气候相关的各类风险和机遇的潜在财务影响提供了详细的释例（黄世忠，2021）。

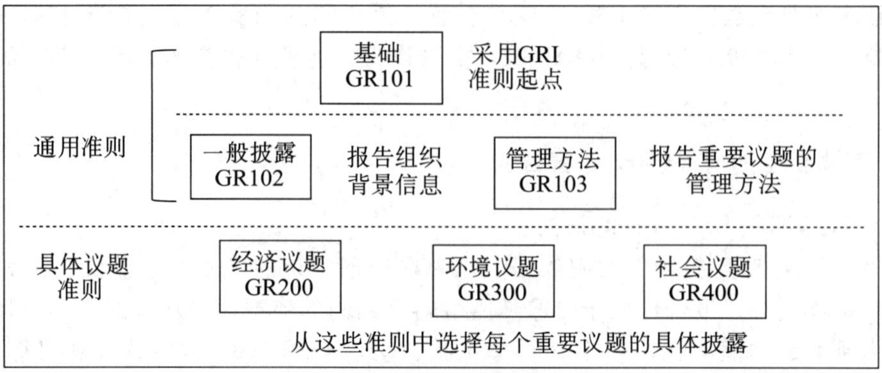

图 2－14　GRI 准则体系

类别	经济议题	环境议题		
方面	• 经济业绩 • 市场表现 • 间接经济影响 • 采购惯例	• 材料耗用 • 二氧化碳排放 • 物流交通 • 能源消耗 • 排放物和废品 • 总体影响	• 用水情况 • 产品与服务 • 供应商环保评估	• 生物多样性 • 环保遵循情况 • 环保影响投诉机制
类别	社会议题			
子类别	雇佣惯例和体面工作	人权	社会	产品责任
方面	• 雇佣政策 • 劳资关系 • 职业健康和安全 • 教育培训 • 多样性与机会平等 • 男女同工同酬 • 供应商雇佣政策评估 • 雇佣政策投诉机制	• 投资政策 • 非歧视政策 • 参与工会和集体谈判自由 • 禁止童工和强迫劳动 • 社会保险参保情况 • 原住民权利 • 评估方法 • 供应商人权评估 • 人权投诉机制	• 社区关系 • 反腐败举措 • 公共政策 • 反不正当竞争行为 • 社会责任履行情况 • 供应商社会影响评估 • 社会影响投诉机制	• 客户健康与产品安全 • 产品与服务标识 • 营销沟通 • 客户隐私保护 • 产品责任履行情况

图 2－15　GRI 具体议题准则规范要点

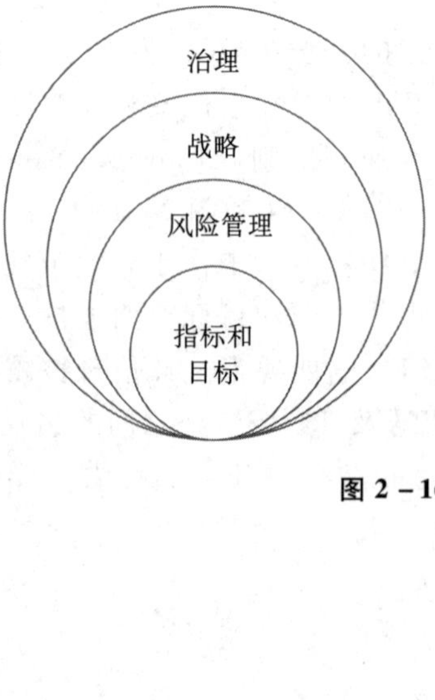

治理
组织围绕与气候相关的风险和机遇采取的治理举措

战略
与气候相关的风险和机遇对组织的业务、战略和财务规划的实际和潜在影响

风险管理
组织用于识别、评估和管理气候相关风险的流程

指标和目标
用于评估和管理与气候相关的风险和机遇的指标和目标

图 2－16　TCFD 气候信息四要素

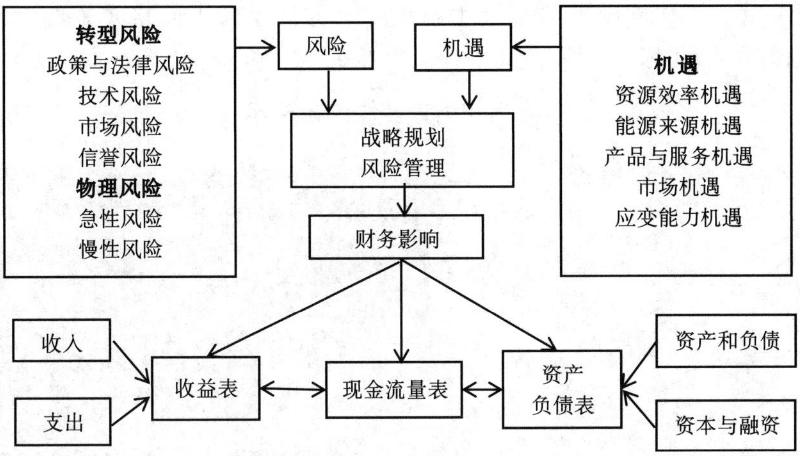

图 2-17　TCFD 气候相关风险、机遇及其财务影响之间的相互关系

TCFD 框架是目前被国际主流 ESG 报告框架制定者公认的关于气候相关信息披露的范式。TCFD 的主要职责是为全球金融行业创建准则，用于充分评估气候变化对企业未来运营的影响。截至 2022 年 9 月底，全球已有近 3 900 家机构支持 TCFD，遍及 89 个国家（地区）的不同经济部门，其中，近半数为金融机构。截至 2021 年 10 月，全球超过 2 600 家市值达 25 万亿美元的上市公司表达了对 TCFD 框架的支持，1 069 家管理 194 万亿美元资产的金融机构也对 TCFD 框架予以支持，英国、新西兰、瑞士和欧盟在提出强制性气候披露要求时也有意采纳 TCFD 框架，七国集团财政部和央行均公开支持 TCFD 框架。正因如此，不论是国际可持续发展准则理事会（ISSB），还是欧洲财务报告咨询组（EFRAG）制定的气候变化披露准则或报告准则均以 TCFD 框架为基础（黄世忠和叶丰滢，2022）。

2. 如何确定 ESG 报告的重点？

由于 ESG 报告涉及的议题众多，本案例旨在帮助学生如何根据公司的具体情况，根据重要性原则，确定重大议题，让 ESG 报告言之有物，重点突出，有效引导投资者的关注。

万物新生结合 GRI 标准与气候相关财务信息披露工作组（TCFD）建议，梳理参考 MSCI、Sustainalytics 等资本市场指数评级所关注的行业 ESG 重点议题，融入“产品治理”“公司治理”等新的议题，共梳理万物新生 ESG 议题 20 项（见图 2-18），囊括了公司管治、运营、研发、供应链、客户服务、员工等价值链环节，在全生命周期识别并抵御风险，推动可持续发展。

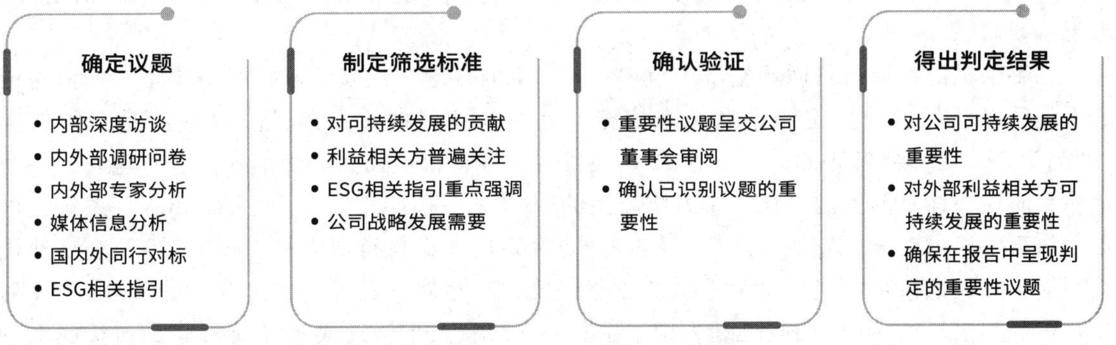

图 2-18　万物新生 ESG 报告重要议题识别过程

万物新生采用了GRI准则下“重大主题矩阵”方法论，进而将实质性议题按照重要性排序分成三大梯队（见图2-19），其中社会议题13个，环境议题2个，管治议题5个。

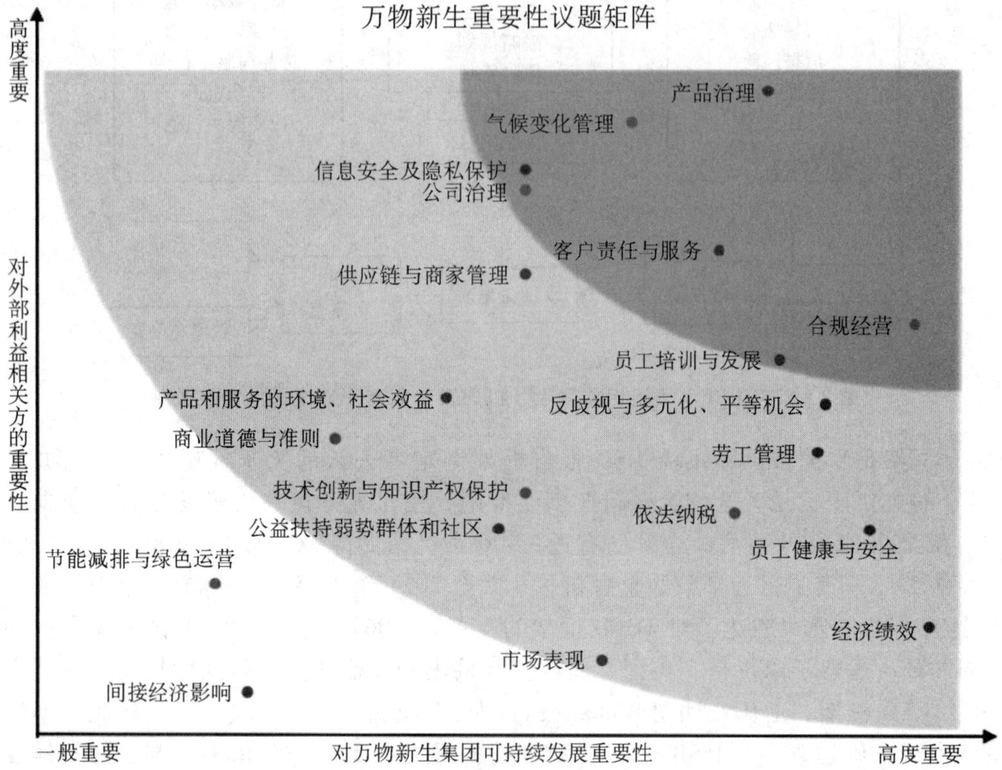

图2-19 万物新生重要议题矩阵

（1）为何产品治理成为重大议题？“产品治理”（Product Governance）议题，是ESG风险评估机构Sustainalytics的评估体系中的指标之一。Sustainalytics认为零售行业和废弃物治理行业应该重点关注“产品治理”。具体而言，“产品治理”要求企业确保产品得到恰当的使用：在生产中保证质量，在宣传时实事求是，在售卖时价格公道，并在售出之后持续履行售后责任。在二手3C交易行业，上述目标的最大阻碍就是缺乏二手非标品的质量评级、定价的客观标准。

不同的旧手机，损坏、折价的因素不同，传统上只能靠质检维修师傅用经验判断。主观性高、缺乏标准，就意味着没有客观的质量和定价，“实事求是的宣传”和“公道的定价”都无从谈起。

二手手机的再流通是循环经济中重要一环，而且随着手机精细功能日益丰富，如何保证二手品质以及保证前机主隐私和信息安全，是对经营者的重要挑战。这些就是万物新生“产品治理”工作要解决的问题。在ESG报告中，万物新生较为详细地描述了其建立二手非标品品质评级体系的关键要素：①万物新生的“007”“拍照盒子”和“X-Ray”系统，可自动执行手机的功能、外观和内部零件的自动化质检；②自行研发“Matrix 2.0”全自动化检测流水线，该系统实现了二手手机“收货—质检—存储—发货”的全流程自动化。Matrix 2.0系统使得二手手机的回收处理告别了手工时代，将人工辅助成本降低83%，质检成本下降20%，质检工作效率提升18%；③开发便携质检工具“机大侠”：公司将积累的多项质检标准和管理工具植入其中。第三方商家只需简单学习，便可对货物进行准确判断和管理，有效提升质检规范性和运营能力。这一套全产业链普及的质量检测标准和检测技术，支撑着万物新生构建产业链闭环、打通二手 3C 产品的高质量循环生态。

（2）气候变化管理为何成为重大议题？万物新生在上市时号称为“中概股 ESG 第一股”，定位为“互联网 + 环保”循环经济的领导者，“绿色”是循环经济的外在体现，“产业”是循环经济的内在驱动，万物新生作为绿色产业的实践与引领者，在“产业”和“绿色”两端同时发力，构建具有环境与气候正外部性的产品与服务体系。循环经济在当前新形势下具有独特的意义。从“双循环”视角来看，将在很大程度上提升我国内循环效率，降低我国对稀缺资源的依赖程度；而在“碳中和、碳达峰”的背景下，通过建立完善的回收、循环、再分配体系解决了全新手机生产与高能耗同时并存的矛盾，实现生命周期（摇篮到大门）内的碳排放量与强度的双“降低”。

根据《全球风险报告 2021》中对未来十年的风险预测，极端天气和气候变化应对行动失败等气候相关风险已成为未来十年内发生可能性最高的风险。为应对气候变化带来的风险与挑战，公司依托气候相关财务风险披露（TCFD）框架，识别和评估了一些业务和运营中面临的气候变化风险与机遇（见图 2 - 20），认为其在财务上存在潜在的重要性。万物新生的目标是在未来对气候变化进行情景分析，以更好地量化风险和机遇对财务的影响，有助于未来改进 TCFD 披露工作。

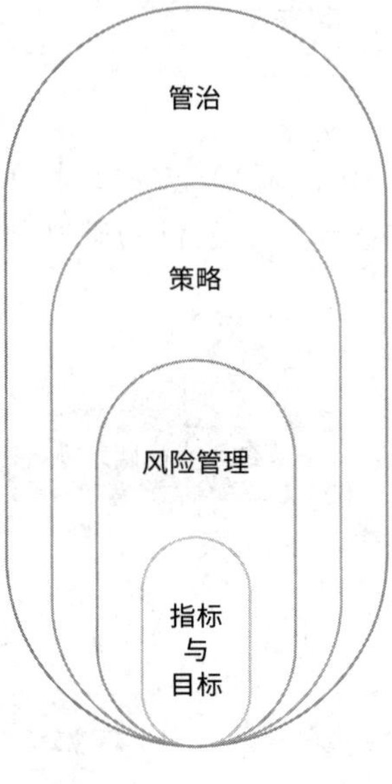

管治

本公司ESG管理委员会承担气候风险管理工作，监督气候变化风险相关事宜。

策略

实体风险

- 气候变化引起的急性风险（例如：飓风天气和暴雨），可能损害公司资产，影响我们的运营连续性；
- 极端天气也会延长公司库存周转时间，对于市场价格变动极快的二手市场，周转时间延长会影响企业的经营利润。

转型风险

- 政策变化给公司带来的额外经营成本；
- 我们无法有效控制或降低运营产生的碳排放，导致声誉受损、用户流失。

机遇

- 国家“双碳”目标机遇，投资者倾向于将资金投向对气候变化具有正向影响的绿色产业和项目；
- 随着碳资产政策和交易市场逐步成熟，CCER等项目能够为万物新生带来更多的额外收益。

风险管理

我们将ESG风险（包括气候变化风险）纳入公司的风险评估和管控体系。针对气候变化，我们重点识别、评估实体风险和转型风险，同时把握发展机遇，推动公司可持续发展。

指标与目标

万物新生积极响应国家“双碳”目标，未来拟设立脱碳目标，提出脱碳承诺，助力国家达成“碳中和”。

图 2 - 20　万物新生气候风险披露框架（基于 TCFD）

（三）问题3 万物新生向公众传递了什么重要信息？如何分析万物新生的ESG绩效？

本案例主要关注万物新生“E”环境方面的信息，引导学生解读环境绩效，并与年度报告（财务报告）中相关信息进行对比，理解ESG披露对评价企业综合绩效的意义：考虑企业的社会价值和环境价值，比传统的财务数据更有包容性。

1. 万物新生向公众传递了什么重要信息？

作为一家循环经济领域的代表性企业，本案例重点关注其环境价值，即如何通过ESG报告传递其“减碳”的贡献：万物新生搭建了循环经济业务模式下的二手手机碳减排模型，并基于该模型首次科学量化了二手手机回收和循环利用所对应的碳减排贡献。

在ESG报告中，万物新生将其“减碳”的基础和计算逻辑呈现如图2-21所示。

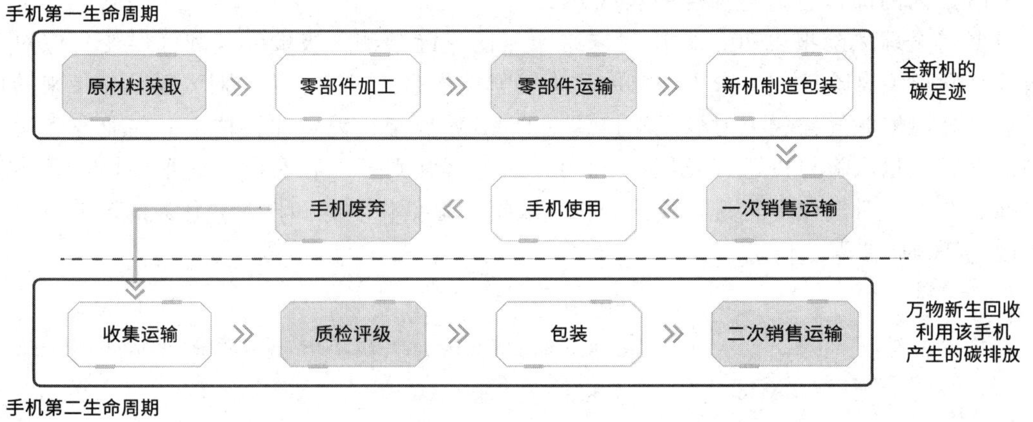

图2-21　碳减排量计算逻辑1

（1）首先，定义手机全生命周期评价（Life Cycle Assessment，LCA）方法，将手机的使用过程分为第一生命周期和第二生命周期，作为分析每成交一台二手手机的碳减排量的基础，逻辑如图2-22所示。

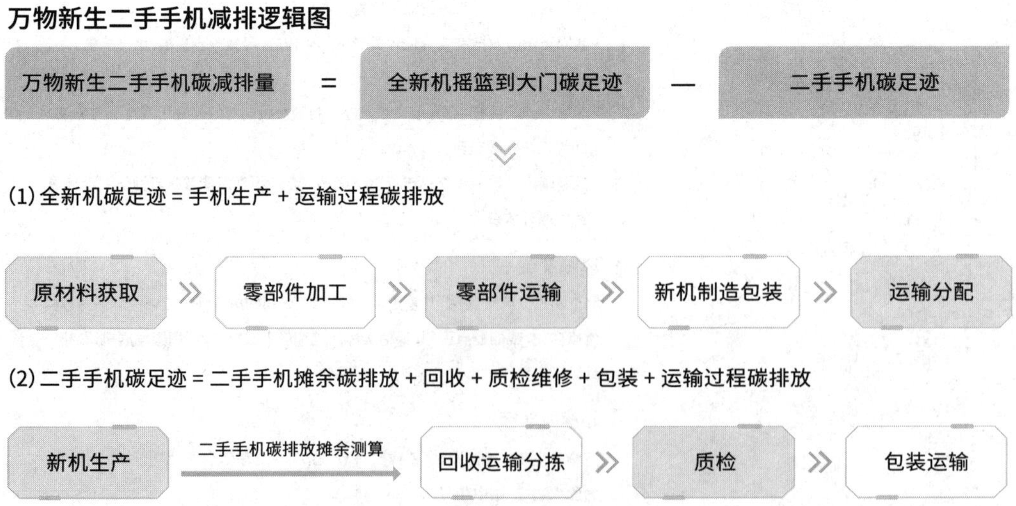

图2-22　碳减排量计算逻辑2

（2）其次，创造性地提出碳减排率作为量化碳减排量的依据，提出“供需分配系数”的概念，作为定性分析的基础。其逻辑是二手手机的大部分材料被循环使用，因此二手手机摇篮到坟墓阶段的碳足迹与全新机部分重复，因此在计算中应当按一定比例分配。再结合公司积累的行业大数据，通过二手手机的“品质比”（即单台二手手机与对应新机的品质之比）定量分析减排量。这个算法中有一个隐含前提：每台二手手机在交易之后获得“新生”，被二手消费者当作新机使用，那么一手消费者使用期间的均摊碳排放，就相当于完全被节省下来了。

减排量的计算通过减排率进行，减排率由二手机的供需关系决定。根据历史积累的大数据，万物新生发现：发布年份较近的二手手机价格居高不下说明二手市场需求较大，此时二手手机的成交虽能产生碳减排量，但“绿色程度”（以下简称“绿度”）或者说气候价值贡献度不如成交一台发布年份较为久远的二手手机，因为，年份较为久远的二手手机多为闲置品、汰换品，他们的成交逻辑更富含“化废为宝”的含义（见图2－23）。

二手手机的碳足迹

＝二手手机的摊余碳足迹

＋

万物新生回收循环利用该手机产生的碳排放（包含回收、质检维修、包装运输环节）

图2－23　碳减排量计算逻辑3

由此可见，手机的发布年份一定程度影响了其二手手机的价格变化趋势，价格变化趋势反映了二手手机的供需关系，供需关系在很大程度上决定了二手手机交易的内在绿度，即碳减排率。其逻辑是：二手手机的发布年份影响二手手机价格，价格反映二手手机供需关系，供需关系决定二手机的“绿度”。比如发布时间较短的二手手机价格通常比较高，说明需求量较高，但由于较新的二手手机使用时间较短，占手机全生命周期应分摊的碳足迹比例较低，让二手手机碳足迹中的“二手手机摊余碳排放”维持在较高水平，增加了“二手手机碳足迹”，让图2－24中的二手手机碳减排量减少，即“绿度”下降。公式中的“二手手机的摊余碳足迹”，则关乎二手手机的质量价值。这个数据，可以说是万物新生的核心数据资产之一，也是体现其“数字化循环经济引领者”地位的有力证明。一部二手手机相对于新机的剩余价值，很大程度上决定了二手手机的摊余碳足迹。总之，有了这些数据，就可以算出每台二手手机的碳足迹。

关于品质比：二手手机的品质一定程度上决定了减排量。二手手机市场的另一个特征是：品质参差不齐且影响因素多种多样，诸如：使用时长、外观品相等，因此不同品质的二手手机成交“绿度”也理应有所差异，品质较差的二手手机成交逻辑更富含“化废为宝”的意义（更能体现公司的贡献）。每台二手手机进入万物新生回收体系后都会接受标准化的质量检测与鉴定，并获取相应的等级划分。因此，万物新生结合自身积累的行业大数据首次引入“品质比”，更合理地、标准化地对循环行业的碳减排进行量化分析，即“品质比越低，碳减排率越高”。总体平均下来，在2021年，万物新生每成交一台二手手机，平均贡献的碳减排量为30.41千克，相当于减少一台新机72.59%的碳排放。2021年度成交的所有二手手机，实现的碳减排约有46.4万吨（见图2－25）。

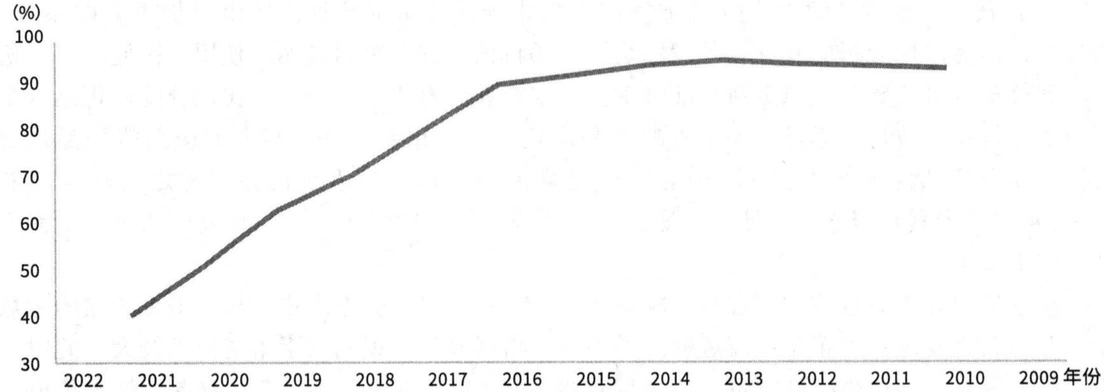

图 2－24 万物新生二手机减排率变化趋势（基准年：2021 年）

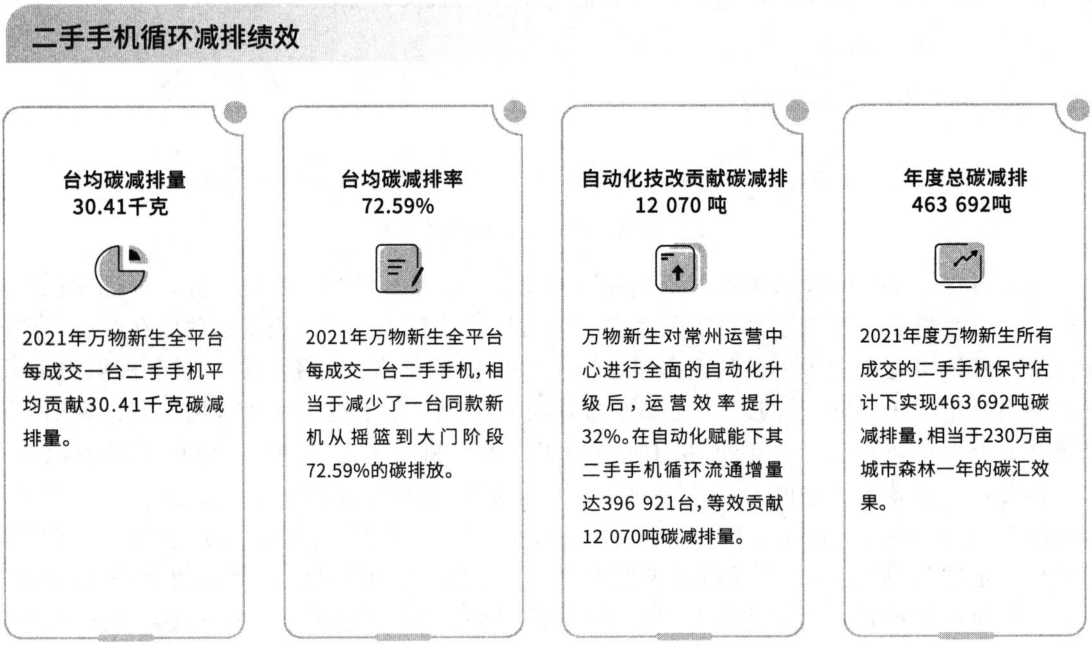

图 2－25 2021 年万物新生二手机减排绩效

概括而言，万物新生建立的产业链碳核算系统，对于循环经济和低碳经济具有重要意义。随着循环经济不断完善，每个企业对循环经济作出的贡献多少，可以经由碳足迹核算实现量化。这些量化数据，未来可以成为企业气候治理优化、经济监管、ESG 投资的重要参考。

另外，中国的自愿碳市场在规则上初具雏形，市场中交易的碳汇称为“核证自愿减排量”（CCER）。在未来，随着更多公司开始履行减排承诺，大量公司将选择以购买碳汇的方法来达成减排目标；此外，诸如煤炭、钢铁等有强制减排任务的企业，也需要从自愿减碳的企业购买碳汇。这些因素都将推动自愿碳市场的成熟。万物新生作为减排量的生产者，将在碳交易中获益，按照全国碳交易市场的碳排放价格（保守价格 50 元/吨），2021 年实现的碳减排的价值约为 2 300 万元。

2. 如何分析万物新生的 ESG 绩效？

万物新生在上市时号称为“中概股 ESG 第一股”，定位为“互联网 + 环保”循环经济的领导者，“绿色”是循环经济的外在体现，“产业”是循环经济的内在驱动，万物新生作为绿色产业的实践与引领者，在“产业”和“绿色”两端同时发力，构建具有环境与气候正外部性的产品与服务体系。循环经济在当前新形势下具有独特的意义。从“双循环”视角来看，将很大程度提升我国内循环效率，降低我国对稀缺资源的依赖程度；而在“碳中和、碳达峰”的背景下，通过建立完善的回收、循环、再分配体系解决了全新手机生产与高能耗同时并存的矛盾，实现生命周期（摇篮到大门）内的碳排放量与强度的双“降低”。

2021 年，万物新生对公司本身的气候影响进行了深入的评估，并且更科学地量化了公司的“范围 3”碳排放。气候治理领域把企业的碳排放分为三个“范围”（Scope）。其中，“范围 1”指的是企业自己燃烧的化石能源（比如企业的运营用燃油车）产生的碳排放。“范围 2”指的是企业外购能源（主要是电力，热力、蒸汽等）背后的碳排放。而“范围 3”碳排放又称“价值链碳排放”，指除去“范围 1”和“范围 2”，其他由企业经营导致的所有间接排放的总和。比如，万物新生在回收和再次销售二手手机时，需要从物流企业购买物流服务。这些物流运输车辆排放的二氧化碳，或者物流用的纸箱背后的碳排放，都属于万物新生的业务间接产生的碳排放，计入公司的“范围 3”碳排放。

2021 年之前，公司主要统计的“范围 3”排放，是物流和员工商务差旅的碳排放。2021 年，公司新增加了资本货物、运营废弃物、员工通勤、售出产品末端处置排放的统计，实现了对“范围 3”排放统计更全面的覆盖。掌握“范围 1”至“范围 3”的全面数据，是国民经济在迈向碳中和之际，企业的必要准备。此外，全面梳理“范围 1”至“范围 3”的碳排放数据，表明公司在碳信息的处理能力和碳资产管理方面有进步，有助于落实厘清产品的碳足迹（见图 2 – 26 至图 2 – 28）。

环境绩效

指标名称	单位	2020年	2021年	备注
间接能源使用				
总耗电能	千瓦时	4 280 524	4 937 065	
温室气体排放				
温室气体排放总量	吨二氧化碳当量	5 917.44	31 336.29	温室气体排放总量变化较大主要是因为2021年范畴三数据与2020年范畴三数据统计口径和方法学差异，且2021年范畴三数据拓展了4项指标，分别是资本货物、运营废弃物、员工通勤、售出产品末端处置排放。
范畴一	吨二氧化碳当量	0.00	0.00	
范畴二	吨二氧化碳当量	2 503.60	2 873.17	
范畴三	吨二氧化碳当量	3 413.84	28 463.12	

图 2 – 26　万物新生环境绩效对比 1

（四）应如何发挥 ESG 报告的价值？

1. 如何确保 ESG 信息披露的质量？

从问题 3 的讨论中，利益相关者可以更好地理解万物新生所创造的环境价值，弥补了财务报表的不足。但公司报告中阐述环境价值创造的逻辑和计算依据是否充分呢？如何保证 ESG 报告的有效性、可靠性呢？财务报表的数据，其计算逻辑有比较完备的制度，如会计准则确保其合理性，财务报告的质量在企业层面有相对成熟的内部控制制度和外部审计提供保证。即便如此，对外披露的财务报表还是存在各种问题，屡屡引发投资者的信任危机。那么对于还是新生事物的 ESG 报告，投资者会是什么态度呢？万物新生在确保 ESG 报告质量方面有哪些可取之处和不足之处？

范畴三—资本货物	吨二氧化碳当量	—	3 183.12	
范畴三—上游运输配送	吨二氧化碳当量	2 745.59	1 927.94	2020年上、下游运输配送排放没有分开统计，统一计入上游配送输送；2021年上、下游运输配送温室气体排放显著高于2020年排放是因为2021年快递单数显著多于2020年快递单数及估算方法学差异。
范畴三—运营废弃物	吨二氧化碳当量	—	21.80	
范畴三—商务差旅	吨二氧化碳当量	271.68	1 546.36	2021年数据新增差旅酒店居住碳排放。
范畴三—员工通勤	吨二氧化碳当量	—	6 290.00	
范畴三—下游运输配送	吨二氧化碳当量	—	7 033.26	

图 2－27　万物新生环境绩效对比 2

指标名称	单位	2020年	2021年	备注
范畴三—售出产品末端处置排放	吨二氧化碳当量	—	7 940.52	
范畴三—特许经营	吨二氧化碳当量	396.57	520.12	2020年该部分数据原为下游资产租赁，本报告调整为特许经营。
温室气体排放强度（范畴一+范畴二）	吨二氧化碳当量/百万元人民币	0.52	0.37	

图 2－28　万物新生环境绩效对比 3

（1）可取之处：①编制依据考虑了多个权威组织的ESG披露指引，保证了ESG报告的逻辑和内容的合理性；②重视权威ESG报告评级机构的评价方式，在报告中反映评级机构关注的议题，这有助于提供报告的相关性；③注重实质性信息的披露，大量采用量化的指标反映公司在环境、气候、社会、管治方面的贡献，有助于提供报告的透明度和可靠性；④在披露的形式上，图文并茂，大量使用图表等可视化工具，有助于提高使用者的阅读效率，获取关键信息。

（2）不足之处：①对ESG信息披露的相关组织层面的信息较少，比较概括，ESG如何在公司经营的各个层面开展工作还阐述得不够充分；②没有提出公司具体的减排目标；③关键信息的描述不够详细充分，如计算碳减排的“供需分配系数”“绿度”“品质比”等语焉不详，关于公司如何运用大数据技术计算这些关键指标也没有说明，公司在这个领域的核心竞争力的基础与未来发展趋势得不到足够的信息支持；④相关的气候风险与机遇的分析尚未开始，公司在这个领域的信心如何没有信息支持；⑤ESG报告没有第三方的鉴证：万物新生ESG报告中强调突出的环境绩效如碳减排量等的计算是基于企业大数据和特定算法得到的结果，存在比较明显的自由裁量权，相关数据的信度和效度都可能面临质疑；⑥在ESG报告中只提供了一家评级机构的结果，缺乏对比，也有可能存在报喜不报忧的情况，如没有披露对其评级较低的结果。

2. 如何确保ESG信息披露的有效传递？

（1）持续提供高质量的ESG报告，让ESG披露成为一个常态化的工作。一方面，健全内部治理机制，从组织、战略、内部控制等系统完善ESG相关工作制度，通过ESG报告将公司在环境、社会和管治方面的进步（年度目标）科学合理地展现，让其“让闲置不用都物尽其用”的使命得以落地生根，让其经营模式和创新能力获得投资者的理解和认可，改善经营环境，获得更多的资源助力企业的可持续发展；另一方面，通过持续输出ESG报告，不断完善编制流程，提高ESG数据的完整、准确和可及性，提高ESG报告在公司决策中的作用，将ESG绩效与公司自身风险管控能力和综合价值提升融为一体；在2020年，万物新生第一次发布ESG报告，在这个基础上，2021的报告的进步表现在量化了碳减排的贡献，如前面讨论的内容，2021年的报告采用了LCA生命周期评价方法来分析成交每台二手手机的平均碳排放量，并通过循环足迹公式，量化披露了2021年内，二手手机碳减排贡献总量约为46万吨，这相当于230万亩城市森林一年的碳汇效果。

（2）积极宣传ESG投资理念。引导投资者从单纯追求利润和股东价值最大化，转变为不只追求利润，同时兼顾考量环境、社会和治理因素，从传统的财务价值导向综合价值，关注企业长期创造价值的能力，关注企业在科技向善、商业向善进程中的努力和积累，让投资者主动关注其投资对社会公平正义和生态环境保护的影响。从万物新生的市场表现来看，其股票价格相对其上市时可谓是“暴跌”，这在很大程度上反映出投资者受到其财务业绩的影响，持续的亏损让投资者对公司的价值预期比较悲观，因此需要加大对公司ESG报告的宣传，向投资者传递公司在环境、社会方面创造的价值，如在数据隐私和安全、商业道德以及产品和服务的环境和社会影响等重要的行业特定ESG风险方面的优异表现，让投资者能看到公司的综合价值、长线价值。

（3）引入第三方鉴证机制。特别是对碳排放信息的鉴证，可以帮助企业提高信息披露质量，增加报告公信力和利益相关者信任。

（4）提供不同ESG评级机构的评级结果。让利益相关者更全面了解市场对公司ESG责任的履行情况，提高 ESG 评级结果的中立性，消除迎合特定评级机构的嫌疑。

五、关键要点

关键知识点：ESG 报告的编制依据（框架）、重要议题的识别、气候信息披露的要点、ESG 绩效指标。

能力培养：通过案例分析和讨论，充分理解 ESG 报告的作用，初步掌握 ESG 报告编制流程和关键 ESG 绩效的披露方式。

六、课堂计划

本案例可以作为专门的案例讨论课程来进行，案例课程时间控制在 90 分钟。表 2－2 是教学计划建议，仅供参考。

表 2－2　　教学计划建议

内容	具体安排	时间（分钟）	思政建议（思政元素）
课前提问	√　请简单说说对 ESG 的了解； √　为实现“双碳”目标，国家出台了哪些政策？ √　资本市场对 ESG 的态度是怎样的？ √　你对”漂绿”一词有什么了解？	20	中国式现代化与 ESG 理念的内在联系 二手电子产品交易与服务行业与中国所制定的“双碳”目标和循环经济发展规划长期契合
思考题 1	万物新生为何应重视 ESG 报告？ √　财务信息有什么局限性？ √　ESG 报告向公众提供了什么重要的信息？ √　ESG 报告的是否能影响企业价值？	15	万物新生的 ESG 属性等体现：做企业的时候，要更具有耐心，更专注于长期的价值创造，社会价值越高，商业价值就必然越大 高质量发展
思考题 2	万物新生是如何提供 ESG 报告？ √　如何选择编制 ESG 报告的依据？ √　如何确定 ESG 报告的重点？	20	企业的商业模式具有环境与社会友好属性，意味着企业有更多的社会贡献、更契合国民经济发展的总体纲领 绿色低碳理念
思考题 3	万物新生传递了什么重要的信息？ √　万物新生向公众传递了什么重要信息？ √　如何分析万物新生的 ESG 绩效？	20	技术创新、模式创新和制度创新，用新的模式、新的技术把效益的增长跟双碳目标的实现有效挂钩。通过新一代的绿色技术和数字化技术提高产业链效率 创新精神“双碳”目标
思考题 4	应如何发挥 ESG 报告的价值？ √　如何确保 ESG 信息披露的质量 √　如何确保 ESG 信息披露的有效传递	15	科技向善、商业向善：如果一家企业的商业模式具有环境与社会友好属性，意味着企业有更多的社会贡献、更契合国民经济发展的总体纲领，潜在的政策风险比较小；另外，如果一个企业具有较高的管理水平，则说明企业在产品质控、供应链管理、风险防范等方面比同业投入更多，也意味着在财务表现相当的情况下，该企业的财务安全边界更高 可持续发展

开场白：数字化、绿色低碳化是企业实现高质量发展必然趋势，ESG 在发展理念、发展方式和发展方向上与“中国式现代化”要求的“三新一高”高度契合，因此 ESG 在中国政策话语体系中逐渐主流化，有关政府部门纷纷出台 ESG 相关政策，明确对 ESG 理念的响应和支持。ESG 评级机构的结果也逐渐被投资者熟知、认可和使用，企业应顺应时代发展的需要，在财务报告的基础上，掌握一门新的与外界沟通的商业语言，让企业创造的环境价值、社会价值得到理解和认可，获得可持续发展需要的资源，进入高质量的发展进程。

推进企业 ESG 发展对于贯彻我国创新、协调、绿色、开放、共享的新发展理念、构建我国经济“双循环”的新发展格局和实现“双碳”目标的国家战略具有重要意义。

七、讨论总结

1. ESG 报告如何降低万物新生投资者的信息不对称。
2. 上市公司对 ESG 信息披露应有紧迫感。

八、板书设计

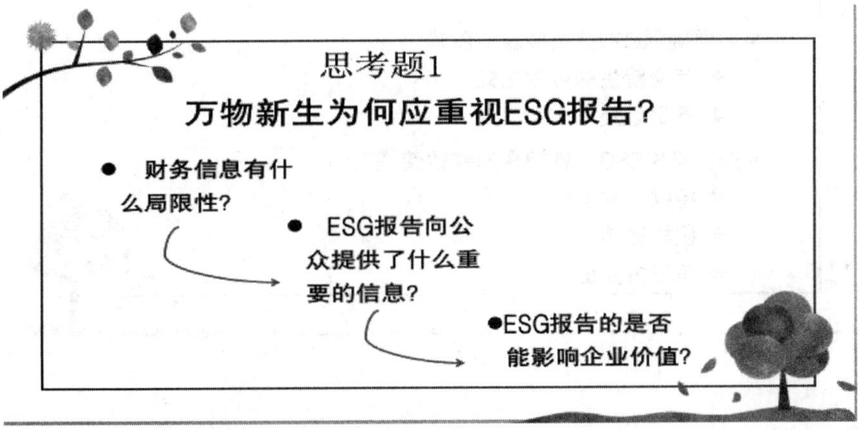

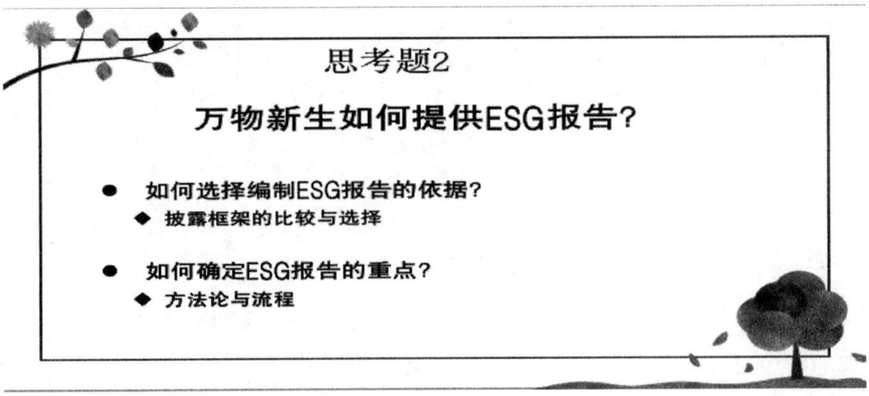

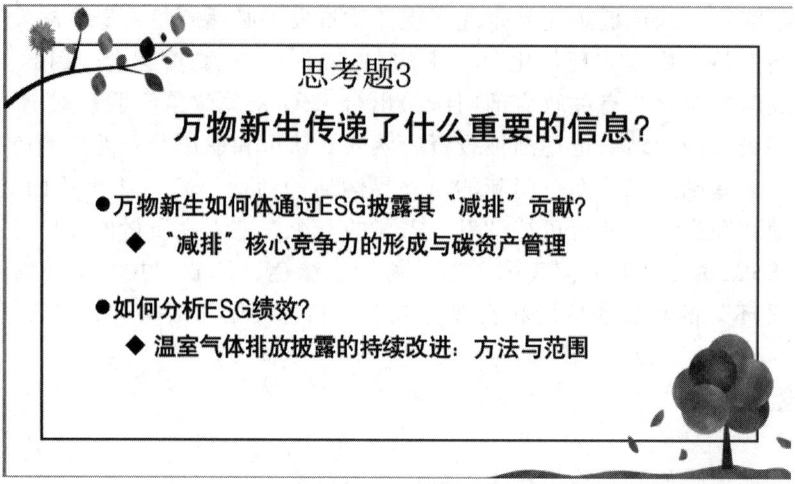
思考题3
万物新生传递了什么重要的信息?
●万物新生如何体通过ESG披露其“减排”贡献?
◆ “减排”核心竞争力的形成与碳资产管理
●如何分析ESG绩效?
◆ 温室气体排放披露的持续改进：方法与范围

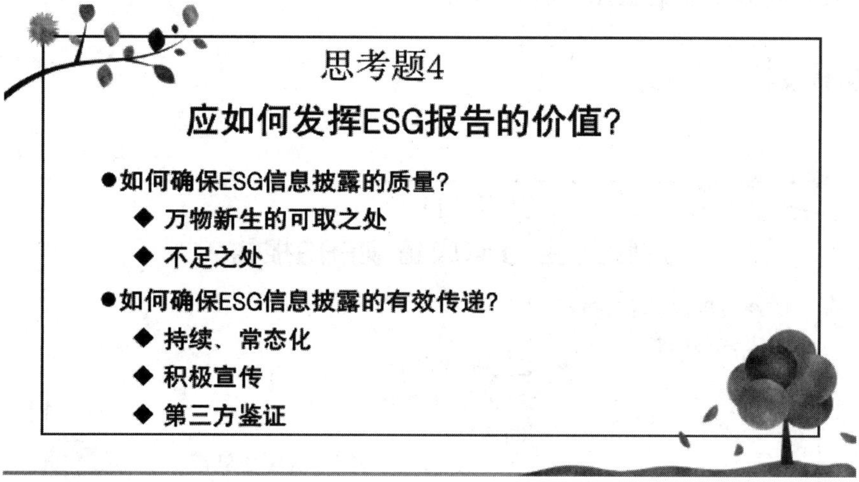
思考题4
应如何发挥ESG报告的价值?
●如何确保ESG信息披露的质量?
◆ 万物新生的可取之处
◆ 不足之处
●如何确保ESG信息披露的有效传递?
◆ 持续、常态化
◆ 积极宣传
◆ 第三方鉴证

企业投融资风险专题

案例 3

“大跃进”背后的融创

潘柳芸　黄雪容

专业方向： 财务管理

适用课程： 财务管理理论应用研究

选用课程： 财务分析方法、公司资本运营

编写目的： 本案例旨在引导学生关注激进财务政策与企业财务危机之间的关系，理解盲目扩张与高杠杆对企业可能会产生的不利影响。通过本案例，一方面，学生可以学习和分析外部环境对于企业战略实施的影响；另一方面，学生可以进一步深入分析盲目扩张策略与高杠杆策略对企业的影响。

知 识 点： 负债融资、并购、债务危机、现金流

案例正文

一、案例背景介绍

（一）融创概况

融创中国控股有限公司（以下简称“融创”）成立于 2003 年，创始人为孙宏斌先生。融创以地产为核心主业，布局地产、服务、文旅、文化等板块，2010 年 10 月 7 日在香港联交所上市，股票代码为 HK. 1918。

经过 20 年的发展，融创已是我国房地产行业的龙头企业，是领先的文旅产业运营商、物业持有者、会议会展物业持有者及运营商，其坚持产品引领和创新，持续进行城市开发与产业整合运营，力争创造更长远的价值。目前，融创的房地产业务和物业业务已经基本完成了一线、二线及三线的全国化布局，项目主要位于全国一二线重点城市。融创的业态主要依托于住宅和商业，但商业较弱，致力于以“贵族化”为目标的高品质住宅开发，通过高品质的产品与服务，整合优质资源，为中国家庭提供美好生活场景与服务，成为中国“美好城市共建者”。尽管多数房企认为并购风险高，在自身体系建设尚不完善的情况下对并购望而却步，但融创却一反常态，通过收购土地、拍卖和拍卖后重组、合作、开发土地储备等方

式获得规模扩张。从2011年到2017年，融创逐渐加快了扩张的步伐，先后并购了金科地产、融科智地、北京链家、乐视网、万达文旅、北京融智瑞丰、联创融锦等企业以及中渝置地、莱蒙国际、杭州金瀚、西安天朗、江苏四方、武汉美联等单体项目。在高速扩张的道路上，融创"一边开车一边换轮胎"，通过与绿城、佳兆业、雨润、融科和万达等一系列对手交易中逐步建立起自身在收购并购方面的绝对优势，一度成为房地产行业中的翘楚。

（二）组织架构

融创中国的总体架构主要分为三大板块：公司总部、区域公司和项目公司。公司总部设在北京市，下设董事会、总经理室、财务部、法务部、人力资源部、市场部、技术研发部、房地产研究院等多个职能部门。总部负责公司的整体规划、决策和战略管理，以及对各个区域公司和项目公司的管理和协调。区域公司是指公司在全国各地设立的分支机构，主要负责地区的开发、销售和运营管理。目前，公司已在中国大陆、中国香港、中国澳门、新加坡、美国等地设立了区域公司。每个区域公司都有自己的管理团队和运营模式，负责区域内所有项目的开发和销售工作。区域公司向公司总部汇报工作并接受管理。项目公司是指公司在各个城市为特定项目而设立的子公司，主要负责特定项目的开发和销售。每个项目公司都有自己的管理团队和运营模式，负责项目的策划、土地储备、规划设计、建设、销售等全过程，项目公司向区域公司汇报工作并接受管理。2022年2月，融创对公司的组织架构进行了调整，将原来的七大区域调整为九大区域，新设了西北区域集团，管理山西、陕西、甘肃和宁夏四个省区。同年12月，融创再一次进行了新一轮组织架构调整。首先，在总部成立了地产经营运营中心，负责地产业务的全部流程管理；同时下设经营管理组、产品与营造管理组、营销与客户关系部以及成本与采购管理部。其次，成立资本与融资中心，负责集团资本管理、融资管理和资产相关股权管理工作；下设业主管理部、经营计划组、资产合作组和系统支持组。集团层面调整完成后，融创的部分区域还将迎来新一轮调整，主要是区域人员下沉到项目，一线业务员进一步精简。针对此次组织结构调整，融创对外解释称是为了减小管理跨度、减少管理层级、提高管理效率，提高综合经营管理能力，进一步聚焦深耕市场空间大、更加匹配公司发展战略的核心城市。

（三）经营情况

融创坚持以地产为核心主业，围绕"地产+"全面布局，下设融创地产、融创服务、融创文旅、融创文化、融创会议会展、融创医疗康养六大战略板块。业务覆盖地产开发、物业服务、会议会展、旅游度假、主题乐园、商业运营、酒店运营、医疗康养、IP开发运营和影视内容制作发行等各方面。2010年融创的合同销售额为83.3亿元，此后10年合同销售额逐年增长，至2021年合同销售额达5 793.6亿元，合同销售额的年增长速度总体呈现较快的增长趋势（见图3-1）。在资产规模方面，截至2021年年底，融创的总资产规模为2 465.5亿元，同比增长24.6%。在项目布局方面，融创的项目布局涉及全国多个省份和城市，主要集中在一线及核心二线城市。公司的优质地产项目包括融创城、融创时代、融创九里等。财务状况方面，截至2021年年底，融创净负债率为59.2%，尽管同比下降了3.2个百分点，但是仍保持着高杠杆的态势。

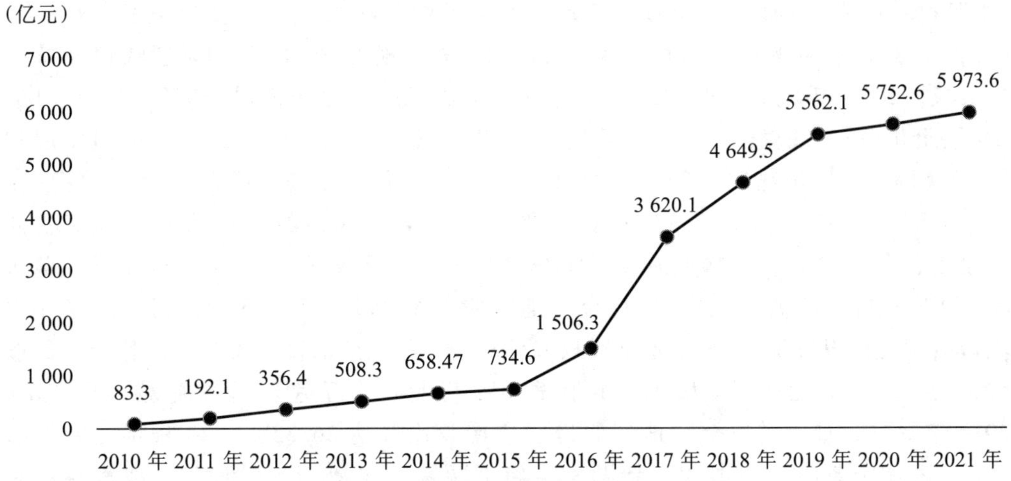

图 3-1　2010—2021 年融创合同销售额

伴随着房地产市场的快速发展，孙宏斌开始担心起融创的业务发展模式，他认为融创只依靠单一的业务经营模式显然已经不能适应现今的企业规模。为了让融创能在市场中站稳脚跟保持在行业中的领先地位，孙宏斌意识到加快跨界投资速度、协同发展新业务板块和主业、寻求多元化发展的重要性。因此，融创及时调整自己的战略布局，重点实施多元格局的并购扩张战略。其积极优化融资战略，利用企业债为企业谋求长期且成本低廉的资金，奠定了企业能实施大规模并购扩张的基础。凭借自身的资金优势，融创快速并购进入新行业，通过入股链家、控股乐视、收购万达文旅等实现了企业版图的扩张。此外，融创还投资了互联网、影视娱乐、智能家居、高级酒店、二手房和长租公寓等多个行业，逐步实现了多元化经营发展格局。

二、当之无愧的并购之王

（一）高歌猛进，争做“地产一哥”

融创在过去的几年间不惜斥巨资频繁收购并购其他公司，充分彰显了其试图扩大商业版图以成为行业巨头的野心。董事长孙宏斌曾说过：“除了融创，所有的房地产公司都可能会爆雷。”这句话充分展现了孙宏斌对融创发展前景的自信，同时也暗含了融创在收购和并购方面的实力。

自 2015 年起，融创开始了大规模的并购扩张。2015 年 7 月 26 日，融创以总代价 32 亿元收购中渝置地成都 7 个项目全部股权和股东贷款。2016 年 1 月 4 日，融创增持上海浦东新区东郊项目，股权增至 58%；1 月 13 日，收购苏州新友项目 95% 股权；1 月 15 日，收购上海枫丹 37.855% 股权及债权；2 月 1 日，收购苏州德尔太湖湾全部股权和债权；2 月 25 日，收购中牟美盛 70% 股权及未偿还贷款；3 月 20 日，与上海摩克成立合营公司，享有 80% 的股权；5 月 19 日，用 43.94 亿元收购莱蒙国际 7 个项目公司的所有股权；8 月 22 日，以 20.54 亿元收购杭州金翰 50% 的股权和债权；9 月 19 日，斥近 140 亿元巨资并购联想控股附属公司融科智地旗下 41 个目标公司相关股权和债权；9 月 21 日，以近 40 亿元收购金科地产

16.96%股权；11月30日，用36.63亿元从恒大手中收购青岛嘉凯城项目的全部股权；12月20日，以8.59亿元收购杭州金泓17.34%的股权、杭州金翰17.34%股权以及杭州都城34%的股权。2017年1月8日，用15.1亿元拿下成都顺宇置业公司全部股权；次日通过增资以26亿元获得北京链家6.25%的股权；13日，以60.41亿元收购乐视8.61%股权，以79.5亿元获得增发后乐视致新33.5%的股权，以10.5亿元收购乐视影业15%的股权；3月1日，以6.87亿元和16.17亿元分别收购北京融智瑞峰30%的股权债权和成都联创融锦49%的股权；3月10日，收购上海隆视50%的股权；5月12日，以102.54亿元收购天津星耀80%股权和债权；5月25日，增持金科地产股份至25%；5月31日，以21亿元收购重庆华城富丽房地产开发有限公司60%股权和债权；6月5日，收购大连润德乾城全部股权债权，代价为32.32亿元；7月10日，以巨资632亿元收购万达13个文旅城项目和76个酒店。2018年2月3日，增持金科地产股份，总持股比例达26.33%。2019年先后收购阳光100旗下一家重庆公司70%股权、新湖中宝旗下两家公司90.1%的股权、成都会展和时代环51%的股份。2020年先后接盘山水文园全部项目和新湖中宝两个项目。2021年以107.1亿元收购彰泰旗下两家公司。

在土地储备方面，融创也花了很多精力。从2012年开始，融创就在全球范围内进行了大规模的土地收购，致使融创土地储备量一度位于行业内的领先地位。从近几年经营来看，融创2019年斥巨资126亿元收购泛海国际项目1号地块和上海董家渡项目地块，之后又收购了长江实业大连西岗山地皮。而2021年又以36%的高溢价率在上海普陀区拿地。由此可见，融创土地储备量总体上并没有呈现收缩态势。综合来看，在过去几年中，融创以精准的收购策略，通过频繁的并购行动成为了当之无愧的“并购之王”（见图3-2）。

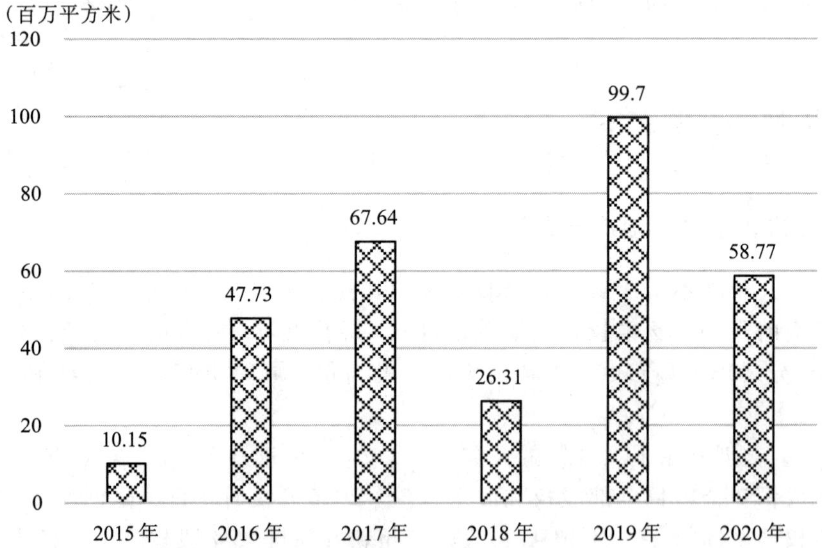

图3-2　融创2015—2020年新增土地储备

（二）激进扩张，谁与争锋

融创自成立以来就注重并购和投资，不断扩大自己的业务范围和规模。自2016年到

2018 年，号称“并购之王”的融创已经投入 1 200 亿元左右用于并购扩张。其中不乏引发社会广泛关注和热烈讨论的事项。如收购金科股份、控股乐视、收购万达文旅等。

1. 收购金科

融创始终坚持聚焦区域深耕战略，从业务范围布局来看，融创在全国的房地产开发业务几乎覆盖国内一二线及环一线城市，并被划分为北京、华北、上海、华中、东南、西南广深和海南八大区域进行管理。融创在西南区域的土地储备量最高，因此是未来的重点发展区域。作为融创走出天津后首次布局的城市——重庆，如果融创能够收购已经在重庆长期稳定发展后的企业集团，这无疑会加快融创在西南地区的扩张速度，让融创在西南地区更快地立稳脚跟以谋求发展。2015 年 8 月，金科股份向特定对象非公开发行股票，导致公司控制权旁落，这为融创并购金科提供了契机。2016 年 9 月，融创旗下全资子公司天津聚金物业管理有限公司以 40 亿元购得金科 16.96% 的股份，融创间接成为金科股份的第二大控股股东。此后融创又通过旗下另外两家子公司在二级市场上多次增持金科股份，至 2018 年 2 月 3 日，融创对金科的总持股比例已达 26.33%。虽然距离金科股份的实际控制人还有点差距，但是不排除未来还会继续增持甚至超过实际控制人所持股份。

2. 控股乐视

2016 年乐视爆发资金链断裂危机，孙宏斌力排众议，斥 150 亿元巨资投资乐视，企图救乐视于水深火热之中。乐视是一家以视频产业、内容产业和智能终端为核心业务，形成“平台 + 内容 + 终端 + 应用”生态系统的国内互联网企业。乐视网的生态圈囊括内容生态、手机生态、大屏生态、体育生态、汽车生态、互联网金融生态和互联网及云生态七大板块。其垂直产业链整合业务包括互联网视频、影视创作和发行、智能终端、应用市场、电子商务、互联网智能电动汽车等方面。孙宏斌认为融创自身业务可以和乐视相结合，并购乐视后可以实现“互联网 + 房地产”战略，并借助乐视这个娱乐平台加快资源整合开发影视小镇、汽车小镇等新业务。因此，2017 年 1 月 13 日，融创通过旗下子公司以人民币 60.41 亿元收购乐视网 8.61% 的股份，以 79.5 亿元获得增发后的乐视致新 33.5% 的股权，以 10.5 亿元收购乐视影业 15% 的股份。2017 年 7 月 21 日，乐视网发布公告称董事会已选举孙宏斌为公司第三届董事会董事长，乐视法人代表由贾跃亭变更为梁军，孙宏斌正式掌控乐视网。

3. 收购万达

万达集团致力于打造商业、文化、金融三大产业集团。其中，万达文旅集团是国内领先的旅游文化创意、品牌输出管理企业，拥有大型文化旅游城规划设计、建设、运营全产业链。万达集团创办人兼董事长王健林一直想让万达回归沪深 A 股市场，因此他下定决心，决定打包出售文旅和高级酒店业务，使万达与房地产脱离干系，企图以纯商业企业身份申请回 A 股。而融创若与万达在电影等多个领域达成战略合作将对其在文旅领域的探索大有裨益。因此双方一拍即合，2017 年 7 月 10 日，融创以 632 亿元的价格收购万达 13 个文化旅游城项目和 76 个酒店，2018 年 10 月 29 日，融创持有万达文化管理 100% 股权，13 个万达文旅城的规划设计、建设管理、品牌许可、运营咨询与管理等服务全权交给融创。至此，这场融创与万达的世纪并购案落下帷幕。

三、现金流之殇

（一）市场疲软，销售下滑

在进行大规模扩张后，融创得到了前所未有的快速发展。2015—2020 年，融创的销售额逐年增长，销售增势迅猛。这一阶段公司的财务状况与融创的大规模并购扩张相吻合。然而随着中国房地产市场的发展，竞争越来越激烈，而市场环境的变化往往会对房地产开发商的业绩产生很大的影响。融创并购后的一些项目，往往是在市场环境变化的时候进行的，因此在这种情况下，融创的业绩会受到很大的影响。如融创在 2018 年收购绿城中国后，遭遇了房地产市场调控政策的影响。中国政府采取了一系列措施来限制房地产市场的过热，包括限购、限贷和加强监管等措施。这些措施导致了中国房地产市场的放缓，影响了融创的业绩。此外，2019 年新冠疫情暴发，对全球经济造成了很大的冲击，也对融创的业绩产生了负面影响。且 2021 年融创的年度报告显示合同销售额 5 973.6 亿元，同比增长 4%；收入约 1 983.9 亿元，同比下降约 14%；毛亏 17.9 亿元，同比下降约 103.7%。根据 2021 年财报，受行业环境影响以及对资产价值评估的审慎态度，融创大幅计提各类减值约 520 亿元，盈利状况因此受到影响，最终出现近五年来的首次亏损。其中，经营溢利由 2020 年的 492.4 亿元降至 -461 亿元。不仅融创，整个房地产行业都遭遇了寒冬。2021 年下半年，由于政策监管、恒大爆雷以及预售监管变严等原因，导致了房地产行业遇冷，百强房企销售额同比下降 3.5%，大部分房企出现了销售乏力。融创作为 2021 年为数不多正增长的企业，赢得一些加分。但也可以看出 2020 年后融创的销售增速在放缓，销售下滑趋势明显，在近期商票等负面舆论愈演愈烈背景下，销售下行压力将进一步增大。

此外，融创近几年来经营活动产生的现金流量净额呈现较大波动，2017 年明显上升，2019 年又急剧下降，2020 年又开始上升，2021 年降为负值。如此大起大落反映出融创控制经营现金流的能力较弱。而投资产生的现金流每年都是负数，且金额较大。2016 年、2017 年和 2019 年融创的投资净额都高于经营现金流量净额，说明即使融创坚持对外投资，但并未获得合理收益，由此可见融创的投资能力较弱。融创 2015—2021 年相关财务数据如表 3-1、图 3-3 所示。

表 3-1 融创 2015—2021 年相关财务数据 （单位：千元）

年份	营业收入	经营活动净现金流量	投资活动净现金流量
2015	23 010 943	15 942 031	-12 531 885
2016	35 343 492	4 616 030	-34 478 916
2017	65 873 515	75 099 369	-120 168 735
2018	124 745 623	52 054 706	-34 078 864
2019	169 316 010	27 254 052	-62 000 968
2020	230 587 337	73 710 110	-17 227 465
2021	198 386 734	-40 050 605	-32 865 904

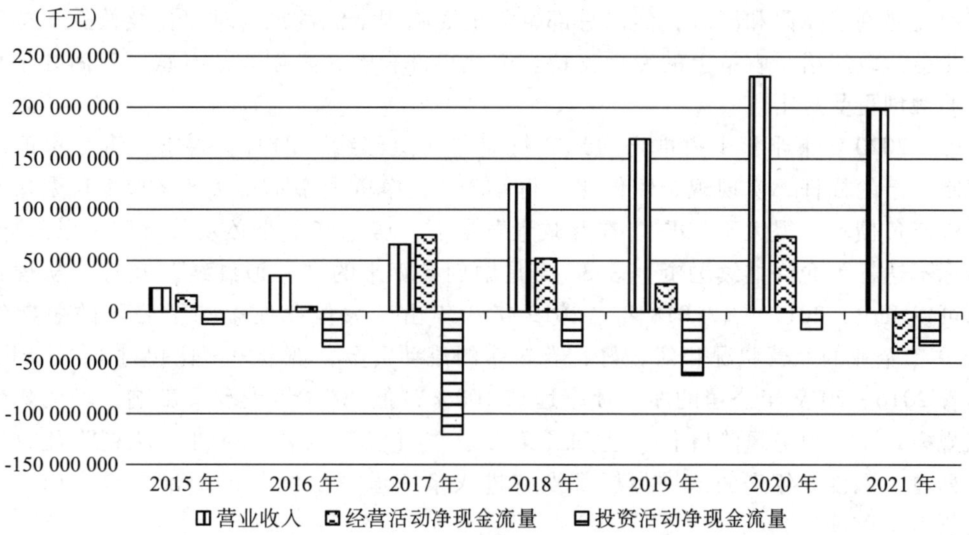

图3－3 融创2015—2021年相关财务数据

（二）审计师变更，年报迟迟未出

2022年3月28日晚，融创发布公告称，公司预期无法于2022年3月31日或之前发布2021年未经审核的年度业绩。公司股份将于2022年4月1日上午9时起在香港联合交易所有限公司暂停买卖。受此消息影响，29日早盘，融创一度跌超21%，截至收盘，融创跌17%，融创最新港股市值由269亿港元降至222亿港元。对于不发布2021年未经审核年度业绩的原因，融创公告声称有3点：首先，经考虑目前尚未完成的部分财务报表编制工作的预期工作量及所需时间；其次，近期因国际评级机构下调公司评级引起有关境外贷款的问题，公司正积极与相关债权人沟通解决方案；最后，融创房地产境内公开债展期事项等对财务报表影响的不确定性。基于上述3方面原因，公司预期无法于3月底前完成集团2021年度财务报表的编制，但公司会在切实可行的情况下尽快刊发集团2021年经审核年度业绩。

（三）债务压顶，冲破"三道红线"

融创的融资方式主要是借贷，通过发行公司债券、永续资本证券等债务融资方式获得资金，股权融资方式较少。债务融资虽然一定程度上可以保留对公司的控制权，但也存在财务成本高、还债压力大等弊端。前期为了寻求多元化发展，截至2017年，融创在上海证券交易所分别发行公司债券和非公开发行境内公司债券累计10笔资金，共计250亿元。2018年4月，融创更是发行了迄今为止房地产企业最大规模5年期高收益债券，合计募集资金11亿美元。融创在近几年内大量举债，7年来企业的资产负债率维持在80%以上，公司的财务风险较高，容易造成资金链断裂，导致企业破产。且公司近几年的流动负债快速增长且占比较大，企业资金短缺，面临较大的债务偿还压力。此外，公司近6年的受限制现金数额在逐年增长，表明企业部分资产的流动性差。然而在如此高的债务压力下，融创也没有降低负债，在近几年仍然大手笔拿钱买地进行土地储备（见表3－2）。

2021年9月24日，一封融创绍兴分部的求救信在社交媒体广泛传播。该信件称分部现金流流动性遇到了障碍和困难，然而总部融创也面临现金流危机，难以持续拨款支持地方项目，因此恳请政府给予政策上的专项支持。受此事件影响，融创股债双跌，让尚处于水深火热之中的融创再受打击。

此外，2020 年下半年中央推出房地产行业“三道红线”的监管要求，责令房地产企业必须控制自己的杠杆，实现现金短债比不得小于 1、净负债率不得大于 100% 和剔除预收账款后的资产负债率不得大于 70%。在此政策背景下，房地产企业必须及时调整以降低杠杆，否则指标不达标不允许继续融资。表 3－3 是融创 6 年来的“三道红线”指标，从现金短债比一列可以看出，2017 年、2018 年、2019 年 3 年由于大量拿地影响了公司的短期偿债能力。2020 年企业的经营状况相对较好，有较多的流动资金，现金短债比超过 1，达到了合格线。尽管 2016—2019 年公司的净负债率远超 100%，但 2020 年受政策影响，融创降低了有息负债规模，企业财务风险降低，达到了第二道“红线”的合格标准。从剔除预收后的负债率一列看，融创 6 年来的该项指标都没有进入第三道“红线”的标准要求之内，因此触碰了第三道“红线”。

表 3－2　　融创 2015—2021 年流动比率、受限现金和资产负债率

年份	流动负债（千元）	受限制现金（千元）	资产负债率（%）
2015	64 495 140	4 371 010	83.19
2016	168 594 116	17 726 623	87.92
2017	385 708 430	28 285 601	90.27
2018	471 252 579	44 017 011	89.80
2019	620 881 215	47 787 028	88.12
2020	683 915 445	33 935 611	83.96

表 3－3　　融创 2015—2020 年“三道红线”指标

年份	现金短债比	净负债率（%）	剔除预收的负债率（%）
2015	1.56	75.9	80.98
2016	1.60	121.52	86.32
2017	0.87	202.1	87.67
2018	0.83	149.39	85.87
2019	0.57	172.8	84.15
2020	1.08	96.41	78.69

（四）频频爆雷，深陷违约泥潭

1. 爆雷

2022 年 5 月 12 日，融创发布公告称：未能在 30 天宽限期内支付 4 笔美元债到期利息，合计未付利息为 1.047 亿美元（约合人民币 7.04 亿元），这意味着融创官宣爆雷。此次境外债违约是融创境内债违约风险的延续，说明随着今年房地产市场的进一步下行，融创的现金流已经不容乐观。在融创爆雷期间，其资产负债率飙升，表明企业财务状况恶化。2019 年融创中国的资产负债率已经超过了 80%，处于较高的水平，这说明公司的债务风险在增加。

同时，融创的利润下降严重，甚至出现了亏损的情况。2019年，融创中国的净利润为负数，这说明公司的经营能力受到了很大的挑战。

2. 遭投资者、供应商及施工队围堵

2020年下半年，恒大爆发债务风险，融创开始出售贝壳股票，甚至不惜支付1.3亿元赔偿金终止与万达酒店的合约。此外，融创2020年11月将杭州项目公司转让，回笼资金超过16亿元。在“三道红线”之下，融创一系列行为足以看出其对现金流的渴望。尽管融创在不断回流资金，但公司的应付账款仍在不断增加。2021年中报显示，融创的应付账款占流动负债的比例达到了32.9%，占总负债的24.9%。孙宏斌将此称为“地产戴尔”模式，通过合理拖欠土地款、工程款和广告款等诸多款项，不断占用建筑商和供应商的资金，引起上下游企业的不满，因此才有了后来的融创被供应商堵门，还有被上市公司通过公告讨债等事件。

3. 债股双杀

2021年2月28日，融创的股价开盘后急转直下，跌幅一度达17%。至收盘时，融创蒸发了16%的市值。债券方面也不容乐观，境内债“21融创03”跌10%，美元债“SUNAC 7 1/2 02/01/24”等跌幅超过6%，此次暴跌受近期融创诸多负面新闻影响。据悉，融创的大量商票是在2021年2月开出的，2022年2月底将会集中到期，市场主要还是对融创的偿债能力有一定的担心。此前，多位债权人在微博等社交平台投诉融创商票逾期未兑付，涉及全国多个区域，金额从几万元到上百万元不等，也有媒体早在春节前就报道融创商票逾期。融创后来发布公告称公司所有债券均按时、足额偿付利息，不存在违约或者延迟本息的情况，公司生产经营也并没有出现重大不利变化。虽然此次公告能起到一定安抚投资者的作用，但很难完全打消投资者的疑虑。

4. 信用评级下调

2021年2月4日，穆迪投资者服务公司发布公告，将融创中国控股有限公司的企业家族评级从“Ba3”下调至“B1”，将其高级无抵押资产评级从“B1”下调至“B2”，评级展望由“稳定”调整为“负面”。2022年3月22日，穆迪再次宣布将融创企业家族评级从“B1”下调至“Caa1”，将高级无抵押评级由“B2”下调至“Caa2”，评级展望维持负面。评级的下降意味着发债融资渠道的堵塞，也反映了融创的流动性和再融资风险的增加。2022年4月20日，由于经审计的财务业绩延迟公布或更换审计师，惠誉宣布将融创的评级由“BB”下调至“CC”。4月28日，标普认为随着流动性的减弱，融创面临着越来越大的再融资风险，因此将其评级下调为“B-”，列入负面信用观察清单。

四、困难重重的自救之路

（一）孙宏斌的道歉

2021年3月25日，融创发公告称公司近期面临阶段性流动性困难，预计无法按照原先设定的2021年4月1日如期兑付债券“20融创01”的本息以及“21融创03”的利息。这一次的公告不是以往的土地储备买卖，也不是加快并购的交易，而是一个面对过去有些悔意的激进青年在失魂落魄时的无助表态。在发布年报时，孙宏斌说道：“在过去一年多的时间里，融创面临了成立以来前所未有的挑战和经营压力，本人借此机会代表董事会向各位股东、债权人、客户、合作方等相关各方表达最诚挚的歉意。”在这样水深火热的情况下，融创没有像其他房企选择对到期债务违约躺平，而是想尽办法与商票持有人沟通展期，向他们展示了最大的诚意。

孙宏斌个人也一直在努力，他先是自己带队走遍各家金融机构，设法处置项目资产，并成功卖了贝壳的股票、上海虹桥的写字楼、杭州的酒店、昆明的文旅项目、配股，并且积极卖董家渡项目给信达（虽然因为疫情搁置了）。除此之外，孙宏斌更是唯一一个以无限连带责任担保、赌上全部身家勇往直前的企业家。2021 年 11 月 14 日晚，融创发出公告表示，公司董事会主席孙宏斌将自有资金 4.5 亿美元以无息借款的形式给到公司。孙宏斌这一输血融创的行为一方面是为了缓解公司运营和债务的压力，另一方面企图对外界释放出利好信号，增强外界对融创发展前景的信心，同时也给融创的相关利益者打一剂强心剂。然而随着时间推移，公司各类债券接连到期，融创的问题越来越大，仅凭孙宏斌个人之力还是难以彻底解决问题，4.5 亿元对融创来说只是杯水车薪罢了。

（二）喘息还是新挑战

1. 境外债务重组

爆雷之后，融创的发展让人担忧。要想活下去，孙宏斌和融创不得不通过多种方式自救。2021 年的年度报告发布的同时，融创还发布了一则关于境外债重组的公告。融创拟将债务中 30 亿—40 亿美元的现有债务及若干股东借款转换为普通股或股权挂钩工具。同时将剩余现有债务兑换为期限 2—8 年的新的以美元计价的公开票据。此外，该公司若干资产的处置所得款项净额将作为偿还新票据的额外资金来源及向支持重组方案的债权人提供同意费。

2. 股权转让

2021 年下半年，融创通过多种渠道回流资金约 300 亿元，2022 年 1 月又相继出售了昆明融创文旅城 2 期 40% 股权以及武汉一江源项目、武汉甘露山文创城等部分项目股权。2022 年 11 月 28 日，融创将其持有的泛海建设控股有限公司 89.7% 的股权转让给了中信信托和芜湖华融资本创誉投资中心，二者持股比例分别为 64.7% 和 25%，融创的持股份额降到了 10.3%，获得资金超 120 亿元。除了卖项目，融创也在积极推动债务展期，孙宏斌押上了自己的信誉和青岛阿朵小镇以及郑州中原文旅城等项目才换来了“20 融创 01”债务展期通过。

3. 内部组织架构重整

除此之外，融创管理层还制定了多项计划，探索了多种措施，对内部组织架构进行了调整。2021 年年报中称：“本集团已调整组织架构更扁平化，减少管理层级，提升管理效率，并有效控制成本和开支。”融创内部新一轮组织架构调整具体来看有合并有新设，主要集中在三方面：一是成立地产经营运营中心，承担地产业务的经营管理职能，负责地产业务的全流程管理工作。二是成立资本与融资中心，负责集团资本管理、融资管理以及资产相关股权管理工作。三是相对于上述职能部门的合并，此次调整还成立了资产运营管理中心，主要承担融创持有资产的业主管理职能，负责相关运营管理工作。

但是这一系列自救措施是否真的能够帮助融创扭转乾坤仍未可知。

五、姗姗来迟的年报

2022年12月9日，难产8个月之后，融创2021年的年报终于姗姗来迟。截至该份年报获批日，融创还有到期未偿付借贷本金685.3亿元人民币。孙宏斌在年报发布会上对公司过去一年出现的问题向各方道歉，并表示会尽快完成债务重组和恢复稳定经营，争取在2023年回归良性、健康的发展轨道。该年报披露，融创与境外债权人和境内公开市场债券投资人积极磋商债务展期事宜，已达成借贷展期49.7亿元，与其他境内贷款人达成借贷展期约259.6亿元。此外公司积极寻求与资产管理公司或金融机构的合作以获得新增融资。年报还写道，公司适时进行资产处置、致力于达成若干业务合作，以寻求新增融资或额外资金流入，帮助公司渡过难关。

融创的这一系列自救行为和多套组合拳，最终是帮助其再次登顶曾经的房地产巅峰还是只能黯然割肉离场？让我们一起期待融创的明天。

六、启发思考题

1. 分析融创进行大规模并购的战略环境。

2. 融创的流动性危机表现在哪里？融创高杠杆的成因是什么？

3. 融创陷入债务危机的内外动因是什么？激进扩张策略会给企业带来怎样的经济后果？

4. 随着“三道红线”政策的出台，降杠杆成为所有房地产企业的头等大事，试结合“三道红线”政策，分析融创可以采取的应对举措。

5. 融创的债务危机给其他房地产企业带来什么经验借鉴和启示？

案例使用说明书

一、教学目的与用途

1. 适用课程：本案例主要适用于财务管理理论应用研究、财务分析方法、公司资本运营等课程。

2. 适用对象：本案例适用于财务管理和会计学专业本科生和研究生，同样适用于具有一定工作经验的MBA、EMBA和MPAcc学生的案例教学。

3. 教学目的：对于房地产行业来说，伴随公司规模的进一步发展，通过并购扩张或资本市场的运作获得市场的领先地位越来越成为房地产企业发展的方向。本案例以描述融创中国的并购扩张之路为主线，重点分析融创债务危机的成因、表现和后果。通过本案例的阅读和分析讨论，引导学生全面掌握并购相关知识以及债务融资相关知识，培养学生分析和解决问题的能力。

二、启发思考题

以下思考题于课前布置给学生，帮助学生熟悉案例并思考案例中呈现的关键问题，这些问题将作为课堂讨论的基础。

1. 分析融创进行大规模并购的战略环境。
2. 融创的流动性危机表现在哪里？融创高杠杆的成因是什么？
3. 融创陷入债务危机的内外动因是什么？激进扩张策略会给企业带来怎样的经济后果？
4. 随着“三道红线”政策的出台，降杠杆成为所有房地产企业的头等大事，试结合“三道红线”政策，分析融创可以采取的应对举措。
5. 融创的债务危机给其他房地产企业带来什么经验借鉴和启示？

三、分析思路（见图3-4）

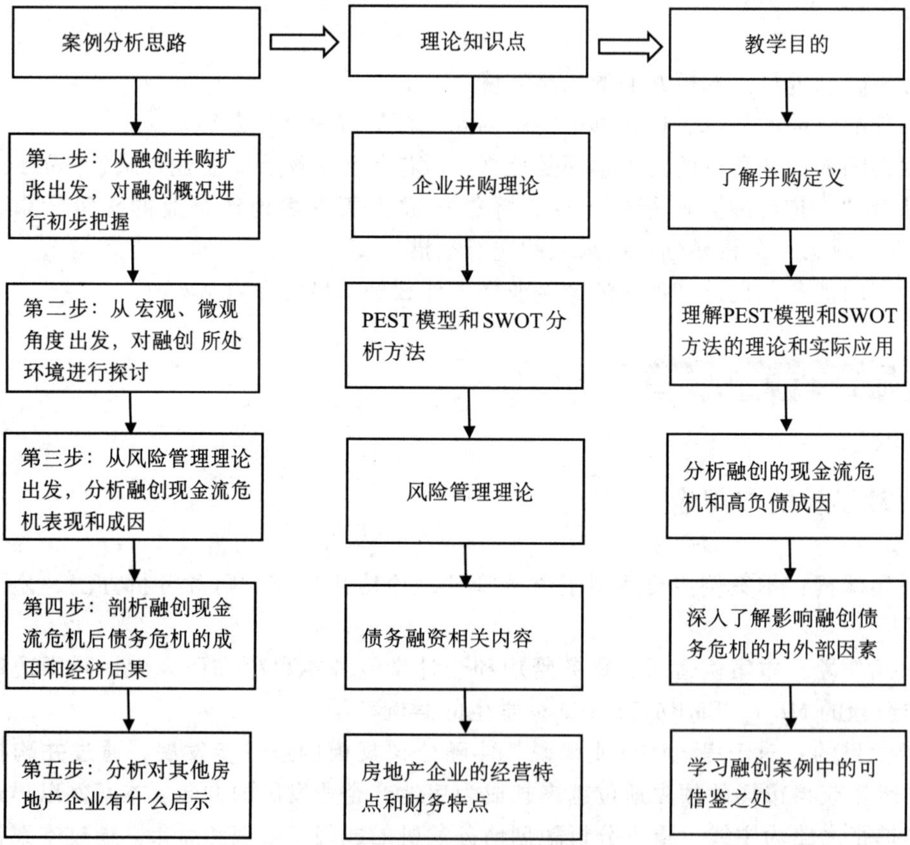

图3-4 融创案例的分析思路

四、理论依据及分析

启发思考题1：融创进行大规模并购的战略环境。

【理论依据1】PEST模型分析

PEST分析是一种常用的政治、经济、社会和技术环境分析方法，它可以帮助组织了解外部环境对其业务的影响。以下是PEST分析方法各要素的详细说明：政治（Political）：涉及政府对商业活动的管制和监管。例如，政策法规变化、政治稳定性、税收政策等。经济（Economic）：涉及经济力量、经济增长趋势和消费者行为等。例如，通货膨胀、利率、汇率和就业率等。社会（Social）：涉及人口统计数据、文化价值观和社会趋势。例如，人口增长、教育水平、生活方式和健康意识等。技术（Technological）：涉及新技术、可持续性和知识产权保护等。例如，数字化进程、创新趋势、竞争力和专利保护等。通过对这些因素进行分析，PEST模型可以帮助组织了解外部环境对其业务的影响，并能够更好地适应和应对变化。

【理论依据2】SWOT分析

SWOT分析方法是一种常用的策略规划工具，用于评估一个组织、产品、项目或个人的优势（Strengths）、劣势（Weaknesses）、机会（Opportunities）和威胁（Threats）。这种分析可以帮助组织或个人发现问题，并为实现目标提供指导。以下是SWOT分析的详细步骤：

（1）定义所要分析的问题或目标。

（2）收集信息。收集与问题或目标有关的可比较和有代表性的数据，例如，市场趋势、竞争对手、客户调查、内部运营过程等。

（3）评估优势和劣势。将收集到的数据分析整理，找出所要分析的问题或目标的内部优势和劣势。例如，组织的重要资源、技能、品牌知名度、员工水平等。

（4）评估机会和威胁。将收集到的数据分析整理，找出所要分析的问题或目标的外部机会和威胁。例如，市场趋势、政策变化、经济状况、新技术等。

（5）分析结果。将步骤（3）和步骤（4）中的结果进行比较和分析，找出优势和机会之间的联系，以及劣势和威胁之间的联系。

（6）制定策略。根据分析结果，制定针对优势、劣势、机会和威胁的具体战略和行动计划，以达到所要解决的问题或达成目标。SWOT分析方法的优点在于它简单易行，容易理解和操作。不过，该方法也存在一些缺点，例如，可能忽略了某些重要因素，而且评估结果有时也会受到主观因素影响。因此，在使用该方法时需要注意数据的准确性和合理性，以及评估结果的客观性。

【案例分析】

从PEST模型来看，政治方面，从2007年开始，政府为了稳定房地产市场的发展，开始不断紧缩信贷政策，先后出台了十多项政策措施抑制“炒房热”，为“高热”的楼市降温。2015年12月底中央经济工作会议为未来房地产行业发展定调，会中提出“促进房地企业兼并重组，提高产业集中度”，这是首次提出促进房地产行业兼并。此次会议传递出的信号是：房地产企业进行兼并重组可以促进资源流动和配置，帮助优势企业做大做强，扶持非优势企业发展，该项政策的提出也进一步推动了并购狂潮的到来。

经济方面，在金融危机的影响下，房地产行业的销售也受到了冲击，许多高杠杆经营的房地产中小企业由于难以获得持续的现金流入而陷入发展的困境，因而不得不通过出售资产等方式进行自救。而一些大企业抓住了机遇，通过并购其他中小企业得以喘息。与此同时，他们深刻吸取危机带来的经验教训，提升自身应对风险的能力。随后在政府宏观调控下，情况得以好转。然而2016年我国进入经济结构改革和产业结构升级的关键阶段，在此背景下，房价又开始了新一轮的疯涨，房地产市场竞争更加激烈，其未来增长空间受到挑战，经济增长乏力，在此情境下融创谋求进一步发展的压力骤然攀升。

社会文化环境方面，随着人口的快速增长和人们对生活环境要求的不断提高，城镇化发展速度加快。2021年我国城镇化率达64.72%，随着城市化水平的提升，人们对住房的需求也在不断增长。然而人口城镇化带来的消费红利并非经久不衰，房地产行业增速下滑成为必然。

技术方面，消费者对于住房品质和生活环境以及品牌价值认可度的要求提高，需要融创关注产品的质量和服务体验。通过创新设计等方式提升产品的科技和质量，让消费者体会到科技带来的舒适和便捷，不断改进消费者的服务体验。在房地产竞争日趋激烈的环境下，留住消费者是房产企业赢得长久发展的关键。

从SWOT分析来看，首先，内部优势方面，融创拥有巨大的土地储备量。其次，其能通过多元化的融资渠道，获得稳定的资金来源。此外，企业还坚持“精品”战略，严格执行全过程精品标准，形成特有的竞争优势。最后，融创能稳步推进“地产+多产业”的跨界布局。

内部劣势方面，首先，企业的资产负债率偏高，资产利用效率低。其次，大规模举债的债务融资行为让企业面临较高的债务偿还压力。最后，多业务整合能力有待提高，核心产品的竞争力被削弱。

外部机会方面，国民经济得到稳步发展，人民生活水平不断提升；房地产行业正处于产业优化升级的完善阶段等。

外部威胁方面，城市消费红利进入下半场，行业内竞争对手增多，竞争激烈；房地产市场法规性约束、房产税的增加以及契税的调整遏制房地产行业的发展；土地供应力度缩减，土地资源的稀缺和不断增长的开发需求间的矛盾日益凸显。

启发思考题2：融创的流动性危机表现在哪里？融创高杠杆的成因是什么？

【理论依据1】

当企业现金流出与现金流入在时间上形成不一致时会引发现金流量风险。企业的现金净流量出现问题，往往会导致企业生产经营陷入困境、收益下降，还会使企业形象和声誉受损，使企业陷入财务困境，导致企业破产。

【理论依据2】

企业高杠杆主要是通过债务融资获得资金，而企业高负债往往是为了加速企业并购扩张，筹得所需要的资金。此外，企业高负债也可能是为了以新贷还旧贷。

【案例分析】

融创的大规模债务违约事件是其债务危机的开端。2022年5月12日，融创发布公告称无法在30天的宽限期内支付4笔美元债到期利息。这意味着融创首次官宣爆雷，同时也表明融创此时的现金流已经不容乐观。从表3-4可以看出，融创的流动比率自2016年后总体呈现出下降趋势，表明企业流动资产在短期债务到期前可变现用于偿还债务的能力在降低。

此外，融创的受限制现金总体呈现增加趋势，表明受限流动的资产总额在不断增加。通过经营活动产生的现金净流量一列可以看出，融创的现金流量净额呈现较大的波动，2016 年下降，2017 年又开始上升，此后又开始下降，2020 年上升，2021 年直接下降到负值，如此大起大落，反映出融创的现金流并不定，也体现了融创控制经营现金流的能力较弱。

表 3－4 融创 2015—2021 年相关财务数据

年份	流动比率	受限制现金（千元）	经营活动产生净现金流量（千元）
2015	1.45	4 371 010	15 942 031
2016	1.5	17 726 623	4 616 030
2017	1.16	28 285 601	75 099 369
2018	1.3	44 017 011	52 054 706
2019	1.17	47 787 028	27 254 052
2020	1.22	33 935 611	73 710 110
2021	0.97	54 858 788	－40 050 605

融创的高杠杆原因是高负债收购。融创在扩张过程中频繁进行高负债收购，从而增加了其负债率和杠杆水平。从表 3－5 可以看出，融创的资产负债率水平较高，表明企业的资金来源中债务资金占比较多，而资产负债率高意味着财务风险相对较高，当现金流不足时企业会发生资金链断裂风险，从而导致企业破产。从流动负债率来看，2016 年有所下降，但此后逐渐上升，说明融创的短期偿债压力变大。首先，流动负债占比过多，由于其还款期限很短，很容易使企业背负更大的偿债压力。如果企业的回款周期较长，又无法找到充足的其他资金来源，很可能使企业的资金链出现断裂风险。其次，融创的高负债还和企业现金流不足相关。作为房地产开发商，融创需要持有大量土地储备以确保未来的开发项目，前期多元化扩张时融创就一直在土地储备上投入了大量资金。融创还不断加大投资规模，在资本市场上充当“白衣骑士”，大手笔投入资金救其他企业于水火之中。从投资活动产生的净现金流量一列来看，其数值都为负数且金额较大，部分年份投资净额都高于经营净流量，说明融创的投资能力较弱。除此之外，上文也分析了融创近几年经营活动净现金并不稳定的状况。因此，融创的经营净现金流量不稳定但每年还新增大量投资，资金流出多，只能通过大量融资补充资金，导致了融创的高杠杆。

表 3－5 融创 2015—2021 年相关财务数据和指标

年份	流动负债率（%）	资产负债率（%）	投资活动产生净现金流量（千元）
2015	67.12	83.19	－12 531 885
2016	65.40	87.92	－34 478 916
2017	68.57	90.27	－120 168 735
2018	73.23	89.80	－34 078 864
2019	73.34	88.12	－62 000 968
2020	73.49	83.96	－17 227 465
2021	89.17	89.40	－32 865 904

启发思考题 3：融创陷入债务危机的内外动因是什么？激进扩张策略会给企业带来怎样的经济后果？

【理论依据】

企业债务危机的形成是内外部因素共同作用的结果，就外部因素而言，一方面受国家宏观政策的影响。随着中国经济增长放缓和房地产市场调控政策的加强，企业所处的行业环境出现了较大变化，从而导致其面临更大的财务风险。另一方面受宏观经济环境影响。随着中国房地产市场的逐步饱和，市场竞争加剧，企业可能会受到来自其他房地产企业的竞争压力，从而导致其销售能力、盈利能力下降，加剧企业经营风险。

就内部因素而言，债务危机的产生主要是因为企业激进的扩张战略。首先，企业的快速扩张可能并不能及时评估市场的不确定性风险，而激进的扩张战略下企业会不断筹集资金和投入资金以防资金链断裂，如果企业在扩张过程中经营管理不善，则会导致资金无法及时回流，从而发生债务危机。其次，债务危机的产生还可能与企业的资本结构相关。企业要进行并购扩张需要充足的资金来源，因此往往会通过大量举债的方式获取资金，高成本融资一旦企业的现金无法及时回流就极易引发资金链断裂。

【案例分析】

融创债务危机的外部因素：

（1）宏观经济环境的变化。2018 年以来，中国房地产市场逐步进入“去杠杆”周期，政府加强了对房地产调控的力度，限制了房地产企业的融资能力，并提高了融资成本。

（2）财务监管政策的收紧。2018 年以来，监管部门加大了对房地产企业的财务监管力度，规范了各种金融业务和融资渠道，对于违规行为进行了打击。

（3）市场竞争加剧。房地产市场竞争激烈，各家企业都在大力扩张，加大市场份额，造成了市场供应过剩和价格波动，给企业带来了巨大的压力。销售的下行压力让企业资金回笼困难，自有资金不足时融创只能依赖外部融资获取资金，因此大规模的债务融资加大了企业的融资成本和还债压力。

（4）业绩承诺的压力。为了满足股东和投资者的期望，融创等房地产企业在业绩方面设置了较高的目标，但是实际情况和市场环境变化超出预期，难以完成承诺，导致公司信用受挫。

融创债务危机的内部因素：

（1）高负债率。融创在过去几年内通过大量的资本支出和借新还旧的方式扩张业务，从而导致了高负债率。纵观近几年融创的债务融资行为可以看出其资产负债率普遍维持在80%以上。除此之外，融创的流动负债占负债总额的比例在逐年增加，2021 年达 89.17%。高负债和流动负债的高占比意味着企业面临着较大的到期偿还债务压力。而企业经营活动的净现金流却长期处于波动状态，2021 年甚至是负值。在这种情况下，当企业的短期债务到期，而融创没有足够的现金流偿还债务就极易引发现金流断裂危机。因此，当市场有一点轻微波动时也会对公司的偿债能力产生重大影响。

（2）过度扩张。融创在过去几年内大规模扩张，投资了许多项目，包括房地产、文化、旅游等领域，其中比较出名的是控股乐视和收购万达。在这两个项目上，融创花了 800 多亿元。除此之外，融创还先后花钱收购了其他公司的股权债权，还持续不断进行土地储备。这种高速增长方式虽然可以在短期内迅速提高企业规模，但却难以维持企业长期发展，尤其是在市场不景气时，高速并购扩张会由于缺少对市场的准确分析而影响企业的投融资决策。

（3）现金回流不足。融创在过去几年的快速扩张伴随着的是公司的高负债率，2017年和2018年公司开发的项目数量急剧攀升，这个时期融创还大量进行土地储备，资本支出增加导致公司财务负担加重，对公司的现金流造成了不小影响。此外，房地产项目的销售通常需要较长的周期，在项目销售的同时企业不可能坐以待毙，其需要为下一个项目动工进行土地储备等工作，因此当销售未能及时回款而资产支出又不断在增加时会加剧企业的现金流危机。

（4）财务管理不善。融创过去在财务管理方面存在问题，如公司在过去的几年里曾经频繁地发行债券，但并没有将这些债券募集到的资金用于偿付之前的债务。此外，公司也存在某些不必要的开支，如购置豪华车及租赁等。财务管理不到位影响了资金的使用效率，造成投资浪费。

（5）低效运营。融创曾经在一些项目的建设中出现过低效率的情况，如公司在一些项目上投资较多，但却未能如期完成。这种情况会导致企业的现金流紧张，并加剧公司的债务压力。

综合上述来看，融创发生债务危机的原因主要分为内外部因素，外部因素主要受制于政府政策，内部因素则主要分为两方面，其一是债务融资多，偿债压力大；其二是企业内部现金回流困难，无法拿出足够的流动资金进行偿付。

激进扩张带来的经济后果：

（1）资本链风险加大。激进扩张需要大量的资金支持，通常需要依靠银行贷款、债券等融资手段进行资金筹集。如果企业在扩张时无法有效控制其财务杠杆率，将很容易加大资本链风险。如果市场形势出现变化或者出现意外情况，企业的财务状况将会急转直下，甚至引发企业破产。

（2）业务结构不合理。激进扩张的企业往往会伴随跨界并购，在这种情况下，企业在各个领域都有布局，但是每个领域的盈利能力并不相同。其中盈利能力较弱的业务会成为企业发展的瓶颈，阻碍企业进一步发展。此外，并购后往往会面临整合问题，如何完成发展模式和多元战略布局的转变、提升自身盈利能力和保证并购后运营顺利等都成为企业的挑战。

（3）造成资源浪费。激进扩张还会导致企业在某些领域过度投入，造成资源的浪费。例如，企业在某个区域购买了过多的土地，结果导致这些土地无法及时开发。这种情况会导致企业的资金流动性不足，限制了其他更有前途的领域的发展。

（4）费用上升。激进扩张通常伴随着大量的营销和宣传费用。尤其在扩张初期，企业需要花费大量的费用来推销自己的品牌，并打造自己在市场上的形象。这种费用的上升会给企业带来沉重的负担，并可能影响其整体的盈利能力。

（5）风险管控能力降低。激进扩张会使企业的经营范围变得更加复杂，需要面对更多的风险和挑战。如果企业不能够及时排除这些风险和挑战，就会导致企业的风险管控能力降低。一旦出现问题，企业的损失将会更加惨重。总体来说，激进扩张是一种短视的行为，其带来的经济后果往往会超过企业预期。对于融创而言，通过调整经营策略，避免激进扩张的做法，才能够保持企业的长久发展和稳定运作。

启发思考题4：随着“三道红线”政策的出台，降杠杆成为所有房地产企业的头等大事，试结合“三道红线”政策，分析融创可以采取的应对举措。

【理论依据】

2020 年下半年，为了对房地产行业进一步加强管理，抑制炒房热，控制房价稳定市场，中央推出了“三道红线”政策，用来约束房地产企业的融资，调整市场供求，从源头上遏制房价上涨趋势。“三道红线”的具体要求是：现金短债比不得小于1；净负债率不得大于100%；剔除预收款后资产负债率不得大于70%。

【案例分析】

在“三道红线”政策出台前，许多房地产企业都采取了“攻城略地”的发展战略，大规模进行土地储备进而开发、建设和销售。融创以逆周期扩张战略，在2015—2019年迅猛增长。2020年下半年，中央出台“三道红线”政策要求房地产企业加快降杠杆步伐，以实现房地产行业的稳定发展。因此，融创逐步将“控负债、降杠杆”纳入企业发展规划，在保障净负债稳定增长的基础上通过加快利润增厚权益以优化杠杆率。2020年年底，融创“三道红线”踩了一道，企业处于黄档，因此融创有息负债年增长率不得超过10%。对于常年依赖大规模举债获取资金的融创来说无疑是一个比较大的发展限制。因此融创不得不加快调整自身财务结构以谋求新的发展。截至2021年上半年，融创有息负债规模与2020年基本持平，为3 053.3亿元，其中一年内到期的债务为910亿元，较2020年下降0.7%，有息负债的增长势头得到抑制，债务结构进一步优化，但仍处于踩线状态。融创2021年中报显示现金短债比为1.1倍，净负债率和剔除预收后的资产负债率分别为86.6%、76.0%，总体而言，融创“三道红线”指标有所改善，但距离绿档还有一定差距。

因此，融创加快去杠杆的应对措施可以总结为“开源”和“节流”两方面。首先，“开源”可以通过股权转让处置非核心资产实现现金回流。企业将本公司的非核心资产进行出售，一方面可以为企业“减负”，另一方面可以及时补充企业发展所需要的资金，使企业能得到一定的喘息。其次，加快引入战略投资者进行股权融资。融创的融资结构并不合理，债务融资占比较高，股权融资较少。高额的债务融资加大了企业到期还款的压力，也造成了企业超高的资产负债率。因此，融创可以通过配股、增发股票等方式引入战略投资者进行合作以去杠杆。“节流”方面，融创应该放缓拿地速度，调整自己的发展节奏，减少盲目投资，避免不必要的资金流出和资金浪费。

启发思考题5：融创的债务危机给其他房地产企业带来什么经验借鉴和启示？

【理论依据】

房地产行业的经营特点具有经营难度大、经营风险高和政策性强三个方面。首先，经营难度大表现在开发产品的投入周期长且投入成本高，而根据企业经营的经济规律，在整个产品周期内资金不可能只单向流进不流出，因此房地产企业在经营的中后期需要加大产品价值的实现，这样才能保证资金的流动性，实现以较低的成本实现最大的收益。其次，房地产行业的投资收益普遍较高，而风险和收益对等，因此房地产企业在生产经营过程会面临更多的不确定性风险。最后，受国家政策、经济情况等多方面因素影响，房地产行业的发展往往会被政府进行严格监管和管控。从财务特点上看，房地产行业一般会表现出高负债率和融资难两方面特点。房地产企业的经营特点决定了其必须不断进行投入才能获取收益，而当企业自有资金不足时，通过债务融资获取资金就成为企业的不二选择。而债务融资往往会增加企业的债务压力，造成企业的高负债率。房地产开发周期长的特点使得企业不得不采用负债经营模式，负债率的提升会难以保证债权人的债权实现，因此会增加房地产企业在融资过程中的阻碍。

【案例分析】

(1) 创新融资渠道。相对于传统的融资途径，创新融资渠道发展面临较大优势。可以通过在几个重点领域的突破，以点带面，不断增强自身发展的动力，形成自我突破、自我推动的良性循环。比如，首先采用数字货币或加密货币进行融资。这种方式相对传统的融资方式更具有创新性，能够吸引更多的投资者。其次利用区块链技术进行融资。使用智能合约等区块链技术可以确保融资过程更透明、更安全，并且降低交易成本。还可以开发房地产众筹平台融资。通过在互联网上建立房地产投资平台，使得更多的个人和机构可以参与到房地产投资中来。最后可以探索新的融资模式，如租赁融资和信托融资等，以满足不同投资者的需求。但无论采用何种方式，房地产企业都需要遵守相关法律法规，并确保其融资渠道的稳定性和可持续性。

(2) 调整发展速度。企业发展并非越快越好，高速盲目扩张会忽略发展中的不确定因素，影响企业的长期可持续发展。因此，企业要把握好自己的实际情况，脚踏实地，遵守企业发展的规律，视自身资金和管理能力调整发展的节奏。盲目的没有效率的发展不可取，否则，企业只能为“速度”所累。

(3) 创新销售渠道。销售渠道的畅通可以加快销售回款，改善房地产企业的长短期偿债能力。通过配合互联网技术发展，借助线上平台为产品打开销路、加快建设线上售楼平台、入驻各类直播平台等方式加大线上营销，实现较好的引流效果。通过创新营销思路，将线上引流和线下销售相结合，进一步强化销售，加快资金回流，以便更好地应对企业风险。

(4) 审慎扩张、重视风险管理。融创的快速扩张是导致其债务危机的主要原因之一，因此其他企业应该考虑采用更稳健的扩张策略，根据市场需求和可持续发展计划确定适当的扩张规模和节奏。同时，企业应该注重财务风险的管理。融创过度依赖短期借款和中长期债务，增加了其财务风险。因此其他房地产企业应该吸取教训，尽可能减少财务杠杆，通过多元化融资方式来减轻财务风险。

(5) 学会及时自救。融创债务危机发生后通过债务重组、变卖资产、股权转让以及进行组织结构调整的等方式为企业“回血”，在一定程度上减轻了公司的债务负担。其间，通过出售资产回笼了部分现金，较少了债务金额，优化了资产管理效能，提升了公司化解风险的信心。债务重组减轻了公司的经济负担，增强了企业的“造血”能力，为化解债务危机提质增效。

五、关键要点

(一) 关键点

本案例的关键点是通过对融创中国的并购扩张之路进行阅读分析，掌握融创“大跃进”过程中的债务危机成因和后果，并拓展延伸到其他房地产企业为其他企业发展提供经验和启示。

（二）关键知识点

1. 并购理论和并购环境特征。
2. 债务危机的表现。
3. 债务危机的成因和经济后果。
4. 风险化解防范措施和自救行为。
5. 给其他企业的经验教训。

（三）关键能力点

1. 学会分析企业大规模并购扩张的原因和后果。
2. 学会分析企业应对债务危机的风险防范措施和自救行为。
3. 学会分析房地产企业如何应对债务危机。

六、建议课堂计划

（一）课前准备

本案例可以通过案例讨论课进行，采用“任务型”教学方式，在教师指导下，学生自愿组成5—6人的小组。课前发放案例以及启发思考题供学生阅读，对案例有一个初步了解，为课堂上的讨论交流做准备。

（二）课中计划

1. 案例导入

由教师对案例进行简单介绍并进行问题引入，明确学生发言的要求，对案例的介绍可以采用融创发展历程或使用视频等方式引入，但是注意时间的控制，对案例的导入包括：

（1）融创的概况（发展历程、并购扩张路径等）；

（2）融创大规模扩张后的经营状况；

（3）融创债务危机表现、成因及应对举措；

（4）融创在“三道红线”高压下的生存方式；

（5）融创如何迎来新发展。

2. 分组讨论

按照分好的组给学生一定时间进行案例讨论，在指定时间内就启发思考题形成小组统一意见。

3. 小组发言

组织小组各派一名代表进行发言，其他小组对发言提出疑问或是进行补充。

4. 归纳总结

教师对各小组的发言进行评价并进行补充说明，给出建议性答案，让学生对案例有更深刻的理解。

（三）课后计划

引导学生持续关注融创的发展和最新企业动态，进一步收集最新资料。鼓励学生在课后做进一步交流讨论，并于本门课程结束后每人提交一份案例读后感，读后感中报告此次案例讨论该学生的职责分工以及未来的研究计划。

案例 4

“神雾系”股权质押：支持还是掏空?

杨海燕　陈琳琳

专业方向：财务管理

适用课程：财务管理理论应用研究

选用课程：内部控制与风险管理、公司治理、公司资本经营

编写目的：本案例旨在引导学生关注我国民营系族企业集团股权质押行为，充分了解控股股东股权质押的动机、资金流向和经济后果。通过本案例，一方面，学生可以学习和分析民营系族企业集团这种组织形式对股权质押行为的影响、股权质押的“支持”和“掏空”动机对质押资金流向的影响以及由此产生的经济后果；另一方面，学生可以进一步思考如何更好地利用股权质押手段趋利避害，防范风险，实现企业可持续发展。

知 识 点：股权质押、民营系族企业集团、金字塔股权结构、支持假说、掏空假说

案例正文

1996 年，改革开放的春风已经吹遍了神州大地，这也是神雾集团董事长吴道洪从博士后流动站出站后的第一年，这一年他创办了神雾公司。凭借着扎实的专业知识，他发明了蓄热式烧嘴技术，并在中国倡导蓄热式烧嘴技术，引领了中国节能燃烧技术的发展方向。神雾公司也凭借着先进的技术迅猛发展，很快便发展成了有 11 家子公司的神雾集团，高光时期，旗下两家上市子公司（神雾环保和神雾节能）股价一度上涨至 40 元并在此价格上波动，成为资本市场上炙手可热的明星企业，吴道洪也被美国《新闻周刊》列为“改变世界的企业家 100 人”，被北京市评为“优秀创业企业家”。然而，越来越多的资本激发了吴博士的野心，为了尽快构建属于自己的商业帝国，吴道洪在两家子公司借壳上市后，疯狂进行股权质押，甚至不惜牺牲其他股东的利益，最终使神雾节能陷入流动性危机，神雾环保无奈退市，而自己被终身禁入证券市场，最终只能“长太息以掩涕兮”了吧！

选错了，走歪了，往后走的每一步，都得付出代价！让我们一同来体会吴道洪在资本市场上“神雾双雄”股价飙升时的春风得意，面临流动性危机时进行高额股权质押如夏雷轰轰的紧张之势，疯狂资本运作、重组失败爆雷后，禁入市场只身一人如独立寒秋的悲凉之景。

一、春风得意：神雾双雄崭头角

（一）“神雾系”公司双双上市

翻开民营系族神雾集团实际控制人吴道洪的履历，年轻时的他真称得上是有理想和勇气的知识分子。从1984年进入国防科技大学本科学习到1994年北航博士毕业，这十年，他一直在和燃烧打交道。在北航读书期间，他无意看见向外散发水雾的空气加湿器，突发灵感利用加湿器雾化原理制作了民用灶具，并获得了全国大学生科技发明二等奖，而这种雾化燃烧的灵感也就是神雾集团名称的由来。

他曾说过，“希望能将自己所学的燃烧与雾化技术相结合并应用到民营领域，为国家节省大量能源”，多么的踌躇满志！当朋友听到他的这个理想时说“为什么你不去做?”他并没有觉得是调侃，而是真正去实践了，他立即联系了西安的一家陶瓷厂，在取得良好效果后，又将燃烧节能技术推广到钢铁公司、火力发电厂，就这样挣到了人生的第一桶金。

1996年，他向学校系主任借了2万元创立了神雾公司；1999年，吴道洪得到了科技部、世界银行的资助，发明了神雾集团第二代技术“蓄热式烧嘴技术”，当时这项技术在国际上也是前沿成果；2005年，他投资2 000万元收购了具有中石化和美国市场背景的专业设计公司——华福公司；2007年，他收购了江苏省冶金设计院……神雾公司逐渐成长为拥有一支240余人科研队伍、各类工程研究中心、工程实验室以及国内唯一大型节能减排科研基地的公司。缔造出“燃烧神话”的吴道洪在收获诸多国家级荣誉的同时，他也满怀信地心说出了自己的目标——将神雾建成世界500强企业！

“但是仅靠销售产品和EPC工程总承包的商业模式完成这个梦想几乎是不可能的，如果能同时投几十个20亿元左右规模的节能项目，一年就能有上百亿元的利润！”他不禁畅想。于是他用资本为自己铺设了一条发展道路：通过兼并、重组、股权转让、上市等多种手段将神雾集团做大做强。2010年，神雾集团完成B轮融资，拿到了软银中国3 000万美元，这与2001年神雾公司通过A轮融资筹措到600万元，时隔了9年；2011年，它与优势资本、中路资本和汉理资本进行C轮融资，此时这些投资机构的高管都纷纷入驻神雾董事会；2014年，神雾集团陆续控股了9家投资管理机构，其中就包含北京万合邦，资本入局后，2015年和2016年，神雾集团通过资本运作，“神雾系”旗下两家子公司双双成功借壳上市（见图4－1），吴道洪初步完成了金字塔股权结构的搭建（见图4－2），踏上了“神雾系”的扩张之路，股价也迎来了一路上涨，当时的他和集团真可谓“春风得意马蹄疾，一日看尽长安花”！

（二）股权质押助力集团发展

“两家主要的公司已经完成了上市，现在要做的就是签订尽可能多的订单，让企业更上一个台阶！”吴道洪信心勃勃地说道。于是“神雾系”子公司神雾环保上市后，在手的订单数量和金额连年增加，特别是在2016年之后，神雾环保的在手大额订单多达21个，订单金额达75亿元，这个金额是神雾环保当年营业收入的15倍，在2017年，订单金额甚至高达159亿元（见表4－1）。

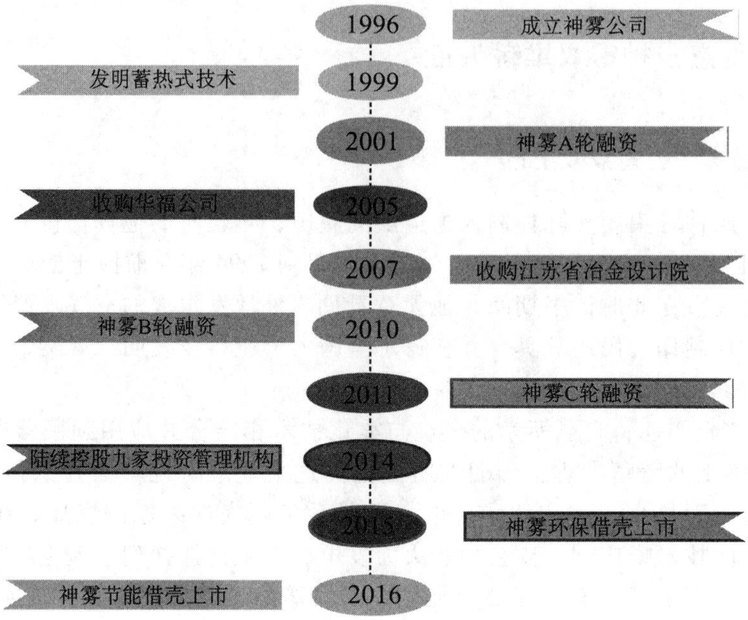

图4-1 神雾集团发展历程

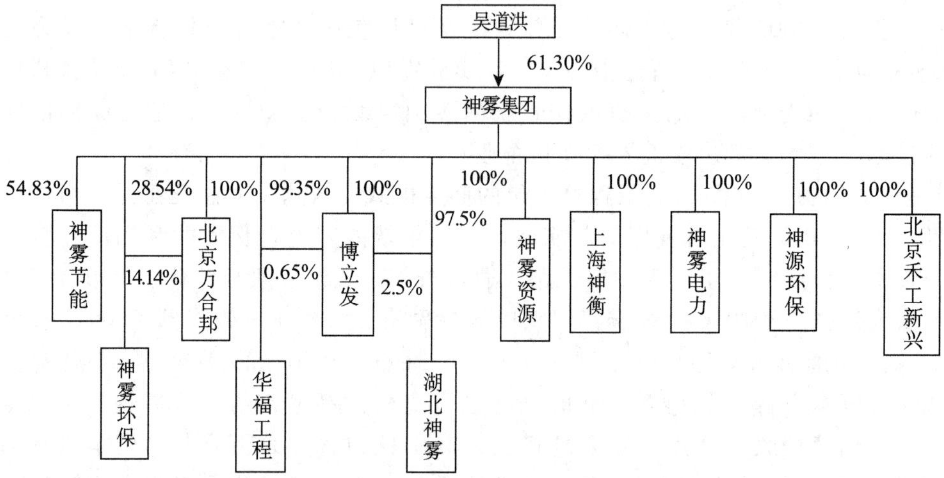

图4-2 神雾集团股权结构

数据来源：神雾集团两家子公司公告。

表4-1　　神雾环保股权质押期间重大合同签订情况

公司名称	年份	重大订单新增数量（个）	订单金额（万元）	期末在手订单（个）
神雾环保	2014	4	123 744	6
	2015	2	101 892. 65	8
	2016	7	751 071. 16	20
	2017	7	1 595 715	20
	2018	1	650	21

数据来源：神雾环保年度报告。

而“神雾系”的主要销售模式是EPC模式，这种模式企业一般需要垫付大量的资金来建造环保设施，销售的比例回款较慢。例如，神雾环保2017年签订的10.86亿元的山西襄矿电石项目回款比率是0，2014年签订的10.11亿元的新疆圣沃电石工程项目，在2017年回款金额也仅为46.98%。再看另一家子公司——神雾节能，它的关联方金川项目的应收账款达9 465.62万元，印度尼西亚Solway项目有7 640万美元的应收账款，大河项目有315万美元的应收账款，回款率却不足10%。

吴道洪为了快速发展集团，短时间内签订了多个重大合同，但公司回款能力不足，账面实际资金较少。这让“搞技术”出身的他又遇到了难题：“公司资金链断裂，后果不堪设想，我必须要在短时间内融到足够的钱，可是发行债券和向银行借款太要命了，限制条款多不说，金额也有限，就靠它们融资，我这几十个项目迟早要黄！”辗转反侧之际，这一次他选择了股权质押——资本市场民营上市公司频频使用的一种短期融资手段。

公告显示，“神雾系”两家子公司在借壳上市后就没有停止过股权质押的步伐，神雾节能和神雾环保质押的比例高达97.22%和99.78%，融资金额超过100亿元（见表4-2），可以说是“无股不押”。

表4-2　“神雾系”2014—2018年股权质押情况

公司	项目	2014年	2015年	2016年	2017年	2018年
神雾环保	市值（万元）	264 896	1 303 440	1 097 000	—	—
	股数（万股）	11 426	26 087.5	49 905	—	—
	次数	3	5	11	—	—
	公告用途	无公告	无公告	无公告	—	—
神雾节能	市值（万元）	—	—	517 700	455 300	101 900
	股数（万股）	—	—	11 600	20 262	5 640
	次数	—	—	3	13	10
	公告用途	—	—	补充流动资金	补充流动资金	补充流动资金

数据来源：东方财富Choice数据。

而反观“神雾系”其他融资渠道，2014—2018年内运用增发配股和发行债券的方式较少（见表4-3），仅发行了“16环保债”和“17苏冶S1”两次债券，总募集资金不超过10亿元。“神雾系”通过发债、发股和借款募集的资金有限，这与“神雾系”的大额资金支出并不匹配。

表4-3　“神雾系”2014—2018年其他融资情况

公司名称	项目	2014年	2015年	2016年	2017年	2018年
神雾环保	长期借款（万元）	0	0	10 000	0	0
	债券（万元）	0	0	43 741.35	0	0
	增发配股（万股）	0	11 529	0	0	0
神雾节能	长期借款（万元）	—	—	42	20 500	0
	债券（万元）	—	—	0	19 835	0
	增发配股（万股）	—	—	34 941	0	0

数据来源：神雾环保、神雾节能公告。

随着国家对环保的重视，节能环保行业迎来了一阵春风，一大批节能环保企业如雨后春笋般涌现出来，而“木秀于林，风必摧之”，接连不断的政策春风和鲜花掌声，让吴道洪越发膨胀，随着市场竞争加剧和宏观经济环境变幻，他的神雾集团能经受住烈火燃烧？能在大浪淘沙过程中做大做强吗？

二、夏雷轰轰：高额质押埋隐患

“黑云翻墨未遮山，白雨跳珠乱入船”，夏天的天气总是让人始料不及，一开始还晴空万里，忽而就雷声轰轰，狂风大作，似要下大雨一般。神雾集团的发展此时也进入了夏季，表面上看似发展得如火如荼，但高额的股权质押实则让集团危机四伏，时刻都有可能变天，雷声轰轰，黑云翻墨。

（一）造血不足 关联交易极限输血

1. 神雾双雄面临资金压力

神雾双雄上市之后，虽然陆续签订了多个重大合同，但经营所获资金并不能支持公司各项运营的发展，造血能力不足。“神雾系”短期借款连年上涨，此外，公司的预付账款、其他应付款在2016年之后上涨尤其明显（见表4－4和表4－5），这与“神雾系”2016年与2017年频繁高比例的股权质押呈现出一致趋势。

表4－4　神雾环保运营资金压力统计　（单位：亿元）

项目	2014年	2015年	2016年	2017年	2018年
短期借款	3.59	3.4	5.34	7.2	8.69
长期借款	0	0	1	0	0
其他应付款	1.01	0.33	0.49	0.58	2.92
预付账款	0.53	1.3	1.52	15.52	16.57
经营活动现金净流量	2.70	1.09	2.17	－13.58	－3.81
投资活动现金净流量	－1.60	－1.05	4.28	－1.06	0.06
筹资活动现金净流量	－4.36	－0.87	8.27	－1.06	0.16

数据来源：神雾环保年度报告。

表4－5　神雾节能运营资金压力统计　（单位：亿元）

项目	2016年	2017年	2018年
短期借款	1.25	5.93	6.93
长期借款	0.004	2.05	0
其他应付款	0.43	0.44	1.7
预付账款	2.3	10.83	10.17
经营活动现金净流量	－1.04	－4.00	－1.01
投资活动现金净流量	3.64	－5.53	0.02
筹资活动现金净流量	－1.23	8.59	－0.55

数据来源：神雾节能年度报告。

2. 关联交易极限输血

“最近的经营环境太紧张了，若集团继续这样下去，公司股价触及或接近平仓线，我质押了那么多股票，随时都有控制权转移的风险，我得想想办法。”吴道洪心急如焚。他清楚地知道集团目前造血不足，却没有慢下脚步脚踏实地提升公司真正实力，而是选择了让一张漂亮的财务报表去掩盖这一问题。不知何时，吴道洪的心态开始变了，他似乎不再是当初那个埋头十年研究燃烧技术的意气风发的少年了，或者说可能是因为资本的急功近利在推着他往前走，他没有选择了。

在高比例股权质押期间，神雾环保营业收入的关联交易比重从50%上升到86.01%（见表4-6）。另外，神雾节能前身金城股份公告了收购江苏院的《收购报告书》，其中披露了神雾集团的经营状况，在神雾节能未借壳上市时，神雾环保提供了84.79%的利润，神雾集团旗下其他子公司如神雾电力、神源环保、湖北神雾等子公司都是与神雾环保同处于环保行业的高新企业，注册规模在神雾环保的50%左右，神雾集团的整体经营现金净流量出现较大的负数，神雾环保的现金流量却是微薄的正数（见表4-7）。

表4-6　　神雾环保2014—2018年营业收入

项目	2014年	2015年	2016年	2017年	2018年
营业收入（亿元）	3.01	12.15	31.25	28.09	0.51
关联交易占营业收入比重（%）	25.32	50.00	78.37	86.01	0

数据来源：神雾环保年度报告。

表4-7　　2015年神雾环保与神雾集团净利润

项目	营业收入（万元）	净利润（万元）	经营现金流量净额（万元）
神雾集团	293 705.47	20 694.96	-118 214.85
神雾环保	121 468.03	17 548.22	10 931.49
占比	41.36%	84.79%	—

数据来源：2016年江苏院《收购报告书》。

3. 令人费解的预付账款

神雾集团处于环保行业，又主要从事工程承包服务，资金需求量大，存在一些预付款项并不足为奇。但在2017年，大信会计师事务所对神雾环保和神雾节能都出具了保留意见的审计报告，原因之一就是存在大额的预付账款。

从财务报表看，2017年“神雾系”的资金流动整体很紧张，但神雾节能和神雾环保却双双付给一家没有关联关系的公司——湖北广晟工程有限公司合计近10亿元（见表4-8），而仅凭神雾这两家上市公司当时的经营利润和其他筹资方式并不足以支付这高昂的预付款，并且在“神雾系”年末支付完预付款后，事务所表示“神雾系”实际并没有发生材料入库采购，而是在下一年年初发生了退回，实在蹊跷。2018年，事务所又出具了无法表示意见的审计报告，表示无法判断神雾系内部的关联交易和利益输送问题。

表 4-8　“神雾系”预付账款情况

项目	年份	预付款金额（万元）	预付方
神雾环保	2017 年	62 158	湖北广晟工程有限公司
		54 530	湖北大道天成商贸有限公司
		17 300	中利建设集团有限公司
	2018 年	7 300	上海讯飞实业有限公司
神雾节能	2017 年	22 000	湖北广晟工程有限公司
		13 050	上海讯飞实业有限公司
		12 900	上海领程贸易有限公司
		10 513	南京恒荣电气系统有限公司
		7 964	江苏宏大特种钢机械厂有限公司
	2018 年	9 763	其他

数据来源：“神雾系”年度报告。

（二）资金紧张 织出巨额担保网

神雾集团在高额频繁股权质押的同时，为了维持集团整体的发展，对两家上市公司还进行了高额的担保，形成了复杂的担保链条（见图 4-3）。由此可以看出神雾集团内部担保比较复杂，特别地，集团对两家上市子公司担保的金额较大，如果这两家子公司经营不善，对其他子公司的潜在影响也是巨大的。

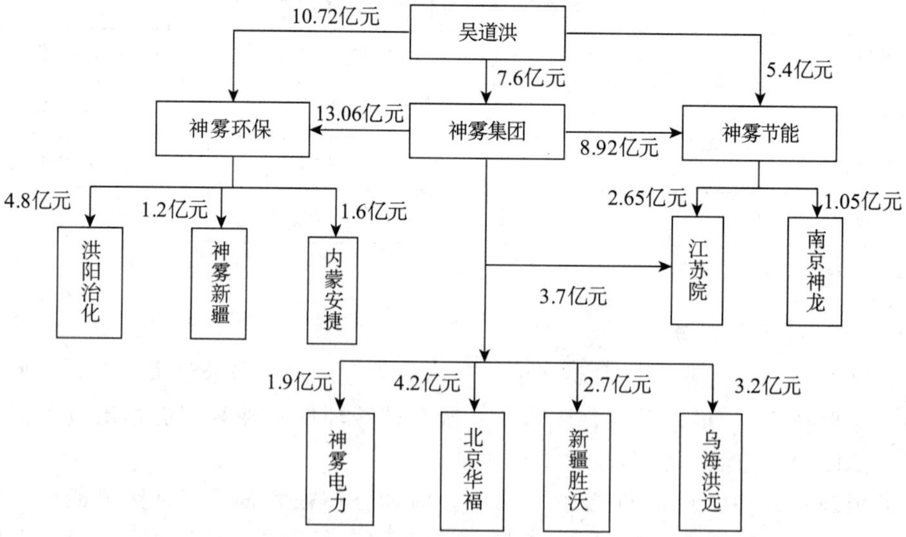

图 4-3　“神雾系”内部担保链条

数据来源：两家子公司公告和 Wind 数据库。

另外，2019 年，证监会要求神雾节能对自身违规担保行为进行自查，神雾节能发布了违规担保公告，称 2019 年偿付了违规担保 2 亿多元，而这 2 亿多元正是为面临流动性危机的神雾环保进行担保的。

三、独立寒秋：高额质押终爆雷

（一）重组失败 债券实质违约

2018年1月16日，神雾环保和神雾节能均宣布停止重大资产重组，这场精心筹划了200多天的重组最后以失败告终，消息一出，两家公司股票纷纷下跌（见图4－4和图4－5），一部分股权质押股票触及平仓线，高比例股权质押的流动性风险逐渐凸显，补充质押压力增大，最后神雾环保的多笔股权质押回购实质违约，股权被司法冻结，神雾集团的主体信用评级下调从A－下调至BBB级，神雾环保的主体信用评级下调至BBB+级，神雾集团的融资渠道受阻，2018年神雾环保账面上的流动资金只有900万元，完全陷入了资金的流动性危机，神雾环保发行的"16环保债"发生了实质性违约，资本市场一片哗然。

"神雾系"本来是备受资本市场青睐的环保企业，发展一片向好，却发生了债券违约，致使神雾环保股价大跌，同时股价下跌也传染给了神雾集团另一家子公司神雾节能，给神雾系造成了严重的影响。

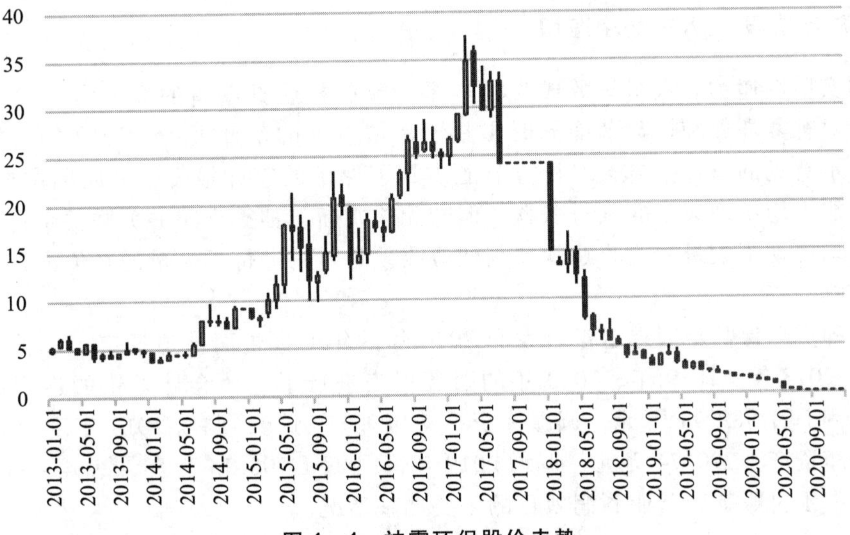

图4－4 神雾环保股价走势

（二）幻想破灭 无奈愿赌服输

神雾节能借壳金城股份上市时，神雾集团给出的业绩承诺是：神雾节能全资子公司江苏院2016年、2017年和2018年扣除非经常性损益后归属于母公司股东的净利润不低于3亿元、4亿元和5亿元。据神雾节能2016—2018年的审计报告显示，神雾节能这三年的扣除非经常性损益后归属于母公司股东的净利润依次为3.3亿元、3.4亿元、－7.01亿元，神雾节能仅在2016年完成了业绩承诺，这意味着，2018年它就面临着对原金城股份的利润补偿。

大比例的股权质押让神雾系的财务行为愈加激进，无形之中给神雾集团埋了一颗"地雷"，股价下跌使神雾集团整体陷入流动性危机，神雾集团自然没有完成三年前签订的对赌

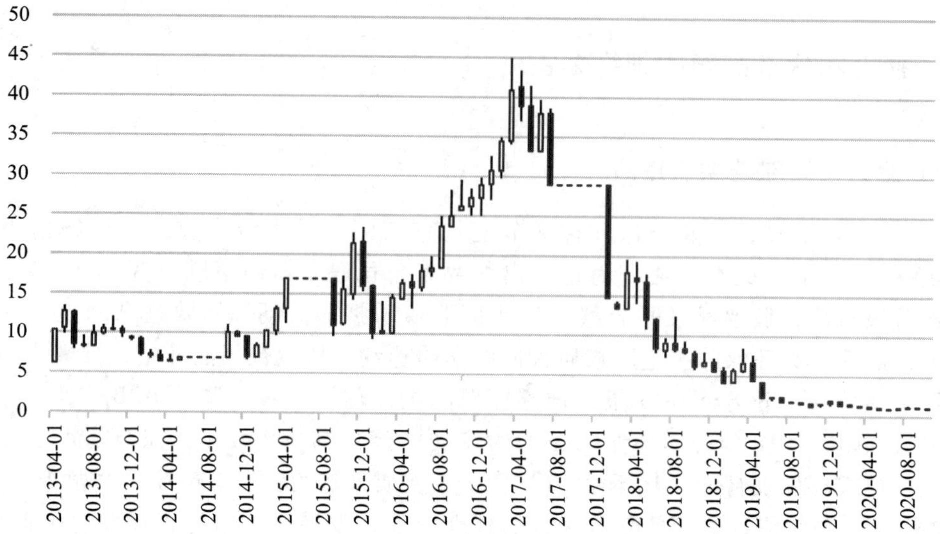

图 4－5　神雾节能股价走势

协议，吴道洪进军世界 500 强的梦想破灭了，留给他的只剩下对赌失败后的巨额赔偿了！

（三）财务造假 禁入市场空悲切

债券的实质性违约和重组失败成为神雾系大额股权质押爆雷的导火索：2018 年大信会计师事务所对神雾环保和神雾节能同时出具了保留意见的审计报告；2019 年对神雾环保出具了无法表示意见的审计报告，对神雾节能出具了保留的审计报告，其原因主要是：第一，两家子公司账上均出现大额的预付账款，但却无法判断与神雾集团的关联关系；第二，两家子公司账上均出现了大量的应收账款和其他应收款且对它进行了大量的减值准备，对财务报表有重大影响。

最后，神雾环保甚至因迟迟没有发布 2020 年的年度报告而被迫退市了，神雾节能则是对 2017 年、2018 年、2019 年、2020 年的财务报表进行了重大会计差错的追溯调整：调减 2017 年度净利润 1 989. 71 万元，调减净资产 1 989. 71 万元；调增 2018 年度净利润 198. 97 万元，调减净资产 1 790. 74 万元；调增 2019 年净利润 1 790. 74 万元，表 4－9 还展示了资产和净利润中预付账款和营业利润项目的主要调整情况。

表 4－9　　神雾节能 2017—2019 年部分账务调整情况　　（单位：元）

项目		2017 年	2018 年	2019 年
预付账款	调整前	1 083 270 729. 84	1 016 781 841. 71	252 784. 52
	调整后	86 416 956. 91	29 390 273. 39	252 784. 52
	调整金额	996 853 772. 93	987 391 568. 32	0
营业利润	调整前	401 576 971. 52	－700 075 167. 53	－1 694 572 247. 15
	调整后	133 833 365. 31	－699 391 499. 03	－1 683 820 936. 33
	调整金额	267 743 606. 21	－683 668. 50	－10 751 310. 82

数据来源：神雾节能公告。

“万里悲秋常作客，百年多病独登台”，此时的神雾集团已经进入了萧瑟的秋天，昔日所作所为已经不堪回首，患病多年的神雾集团偏偏这时候要登上“高台”：多项大额会计调整引起监管部门注意，证监会介入调查，最终神雾系掌门人吴道洪因为恶意操纵证券市场、内幕交易、信息披露被终生禁入证券市场。面对这样的境地，曾经满面春风的少年郎会作何感想呢？恨、遗憾还是悲伤？无论如何，往事已不可追，我们需要为自己曾经的选择付出代价，神雾系通过股权质押这种融资方式获得资金得到了一时的发展，却引发了爆雷事件，这值得我们深思。

四、尾声

“水能载舟亦能覆舟”，资本可以让企业获得养料维持发展，也可以让企业走向覆灭。吴道洪选择借用政策春风和技术优势，通过PPP、EPC模式让神雾集团进入欣欣向荣的春天，也选择了借用机构管理者的资本运作经验让神雾环保和神雾节能通过借壳快速上市。面对现金流周转压力时，他一次又一次选择了频繁高额的股权质押去支持自己的“燃烧梦”，置“质押红线”于罔闻，让集团进入炎热紧张、随时可能变天的夏季，稍有不慎资本就可能如洪水猛兽般颠覆神雾集团；面对业绩压力时，他选择用一张漂亮的财务报表继续延续自己的梦想，但这张报表并不是新燃料或者新技术，它只是杯水车薪，很快神雾环保便退市、神雾节能在风中摇摇欲坠，集团进入萧瑟的秋季，而他，被终生禁入证券市场，即使胸中有万千愁闷，也不敢尝浊酒一杯吧！

人或者事物在世间会经历多少春秋我们不得而知，但总会面临选择，在事业发展的十字路口，坚守初心很重要，选错了，走歪了，往后走的每一步，都得付出代价！即使股权质押能让企业快速融资，但也应该把握好质押的程度，切莫在一切都离自己而去的时候，才发现自己早已陷入沼泽深渊无法自拔。

五、讨论题目

本案例要求学生结合案例材料，梳理民营系族企业集团组织形式、金字塔股权结构、股权质押概念和作用、股权质押动机（支持假说、掏空假说）、委托代理理论、利益相关者理论、公司治理理论等知识点，并讨论以下问题：

1. 什么是民营系族企业集团？“神雾系”实际控制人通过金字塔股权结构拥有上市公司神雾节能和神雾环保的控制权和现金流权分别是多少？

2. 谈谈你对股权质押的认识，民营系族企业集团这种组织形式如何影响“神雾系”控股股东股权质押行为？

3. 结合本案例与相关理论，分析“神雾系”股权质押资金流向反映出控股股东的“支持动机”还是“掏空动机”？

4. 股权质押的经济后果有哪些？结合本案例，分析“神雾系”股权质押资金流向对公司产生什么影响？

5. 根据“神雾系”股权质押后果，思考如何更好地利用股权质押手段趋利避害，防范风险？

六、主要参考文献

[1] 辛清泉，郑国坚，杨德明．企业集团、政府控制与投资效率［J］．金融研究，2007（10）：123－142.

[2] 马永强，陈欢．金融危机冲击对企业集团内部资本市场运行的影响——来自我国民营系族企业的经验证据［J］．会计研究，2013（4）：38－45，95.

[3] La Porta RL，Lopez－De－Silanes F，Shleifer A. Corporate Ownership Around the World［J］．Journal of Finance，1999，54（2）：471－517.

[4] Claessens，S.，Djankov，S.，Lang，L. H. P. The Separation of Ownership and Control in East Asian Corporations［J］．Journal of Financial Economics，2000（58）：81－112.

[5] Federico M，et al. Should Monetary Policy Lean against the Wind?［J］．Journal of Economic Dynamics and Control，Elsevier，2014，vol. 43：146－174.

[6] 毛淑珍，李童．金字塔控股结构文献综述与研究展望［J］．财会通讯，2021（9）：92－96，106.

[7] 谢德仁，郑登津，崔宸瑜．控股股东股权质押是潜在的"地雷"吗？——基于股价崩盘风险视角的研究［J］．管理世界，2016（5）：128－140，188.

[8] 徐龙炳，汪斌．股权质押下的控股股东增持："价值信号"还是"行为信号"？［J］．金融研究，2021（1）：188－206.

[9] 王雄元，欧阳才越，史震阳．股权质押、控制权转移风险与税收规避［J］．经济研究，2018，53（1）：138－152.

附录：

附表 1　　控股股东历次质押神雾环保股票统计

质押起始日	股东名称	质押方	质押股数（万股）	累计占所持股份比例（%）
2016－12－15	神雾科技集团股份有限公司	华创证券股份有限公司	11 442.50	99.78
2016－10－14	神雾科技集团股份有限公司	华融证券股份有限公司	4 185.00	91.95
2016－10－14	神雾科技集团股份有限公司	华融证券股份有限公司	2 838.00	91.95
2016－10－13	神雾科技集团股份有限公司	华融证券股份有限公司	7 221.00	91.95
2016－10－13	神雾科技集团股份有限公司	华融证券股份有限公司	1 116.00	91.95
2016－06－22	神雾科技集团股份有限公司	长城国瑞证券有限公司	4 500.00	97.97
2016－07－18	神雾科技集团股份有限公司	嘉兴辰诺投资合伙企业（有限合伙）	4 450.00	97.97
2016－06－03	北京万合邦投资管理有限公司	四川信托有限公司	5 350.00	100.00
2016－05－27	北京万合邦投资管理有限公司	四川信托有限公司	60 92.50	100.00
2016－05－09	神雾科技集团股份有限公司	东北证券股份有限公司	1 000.00	33.71

续表

质押起始日	股东名称	质押方	质押股数（万股）	累计占所持股份比例（%）
2015-04-07	神雾科技集团股份有限公司	中国长城资产管理公司北京办事处	1 710.00	33.71
2015-12-15	神雾科技集团股份有限公司	申万宏源证券有限公司	8 750.00	97.97
2015-09-10	神雾科技集团股份有限公司	平安证券有限责任公司	3 500.00	35.34
2015-07-23	神雾科技集团股份有限公司	中国长城资产管理公司北京办事处	2 395.00	8.31
2015-06-01	北京万合邦投资管理有限公司	国开证券有限责任公司	5 350.00	100.00
2015-05-27	北京万合邦投资管理有限公司	国开证券有限责任公司	6 092.00	42.66
2014-09-24	北京万合邦投资管理有限公司	平安证券有限责任公司	3 276.00	57.34
2014-09-24	北京万合邦投资管理有限公司	平安证券有限责任公司	2 437.00	100.00
2014-06-04	北京万合邦投资管理有限公司	东方证券股份有限公司	5 713.00	100.00

数据来源：神雾环保公告整理所得。

附表2　控股股东历次质押神雾节能股票统计

质押起始日	股东名称	质押方	质押股数（万股）	累计占所持股份比例（%）
2016-12-07	神雾科技集团股份有限公司	天风证券股份有限公司	6 300	29.48%
2016-12-13	神雾科技集团股份有限公司	华林证券股份有限公司	2 000	29.48%
2016-12-28	神雾科技集团股份有限公司	中国长城资产管理公司北京办事处	3 300	44.65%
2017-02-24	神雾科技集团股份有限公司	天风证券股份有限公司	3 600	36.92%
2017-05-29	神雾科技集团股份有限公司	长江证券（上海）资产管理有限公司	2 832	36.92%
2017-05-22	神雾科技集团股份有限公司	长江证券（上海）资产管理有限公司	2 168	51.23%
2017-05-25	神雾科技集团股份有限公司	长江证券（上海）资产管理有限公司	1 133	51.23%
2017-05-26	神雾科技集团股份有限公司	长江证券（上海）资产管理有限公司	867	56.95%
2017-07-19	神雾科技集团股份有限公司	华创证券股份有限公司	864	57.31%
2017-07-28	神雾科技集团股份有限公司	华创证券股份有限公司	864	59.78%
2017-10-10	神雾科技集团股份有限公司	华创证券股份有限公司	1 272	59.78%
2017-10-10	神雾科技集团股份有限公司	长城国瑞证券有限公司	467	59.78%
2017-10-11	神雾科技集团股份有限公司	长城国瑞证券有限公司	605	66.49%
2017-10-24	神雾科技集团股份有限公司	山西证券股份有限公司	1 910	71.96%

续表

质押起始日	股东名称	质押方	质押股数（万股）	累计占所持股份比例（%）
2017 - 10 - 27	神雾科技集团股份有限公司	中原证券股份有限公司	1 980	77.62%
2017 - 12 - 15	神雾科技集团股份有限公司	上海启想投资管理有限公司	1 700	82.49%
2018 - 01 - 17	神雾科技集团股份有限公司	长江证券（上海）资产管理有限公司	1 133	82.49%
2018 - 01 - 17	神雾科技集团股份有限公司	长江证券（上海）资产管理有限公司	867	82.49%
2018 - 01 - 17	神雾科技集团股份有限公司	李振涛	1 200	88.52%
2018 - 01 - 24	神雾科技集团股份有限公司	华创证券有限责任公司	115.2	88.52%
2018 - 01 - 24	神雾科技集团股份有限公司	华创证券有限责任公司	115.2	88.52%
2018 - 01 - 24	神雾科技集团股份有限公司	华创证券有限责任公司	169.6	88.52%
2018 - 01 - 24	神雾科技集团股份有限公司	周水荣	700	88.52%
2018 - 01 - 25	神雾科技集团股份有限公司	天风证券股份有限公司	740	88.52%
2018 - 01 - 26	神雾科技集团股份有限公司	华林证券股份有限公司	300	96.36%
2018 - 02 - 01	神雾科技集团股份有限公司	山西证券股份有限公司	300	97.22%

数据来源：神雾节能公告整理所得。

债券名称：神雾环保技术股份有限公司 2016 年非公开发行公司债券

债券简称：16 环保债

债券代码：118579

发行规模：4.5 亿元

备案机构：深圳证券交易所

债券期限：本次债券为 3 年期固定利率债券，在第 2 年末附发行人上调票面利率选择权和投资者回售选择权。

债券利率：8%

起息日：2016 年 3 月 14 日

付息日：2017 年至 2019 年每年的 3 月 14 日

担保措施：本次债券由神雾科技集团股份有限公司、吴道洪提供全额无条件不可撤销的连带责任保证担保

附图 1 “16 环保债”具体情况

数据来源：神雾环保公告。

债券名称： 江苏省冶金设计院有限公司 2017 年非公开发行创新创业公司债券（第一期）
债券简称： 17 苏冶 S1
债券代码： 114287
发行规模： 人民币 2 亿元
发行人： 江苏省冶金设计院有限公司
债券期限： 3+2 年，附第 3 年末发行人上调票面利率选择权和投资者回售选择权
债券利率： 7%
发行时间： 2017 年 12 月 29 日
担保措施： 本期债券由北京中关村科技融资担保有限公司提供全额无条件不可撤销的连带责任保证担保

附图 2 “17 苏治 S1”具体情况

数据来源：神雾节能公告。

附表 3 **神雾集团利润表主要数据** （单位：亿元）

	2014 年	2015 年	2016 年	2017 年	2018 年
营业收入	32.42	29.37	45.73	48.21	1.18
营业成本	30.22	27.63	42.25	57.08	34.28
利润总额	2.90	2.75	4.42	-8.71	-34.31
净利润	2.54	2.07	2.86	-10.21	-35.28

数据来源：Wind 数据库。

附表 4 **神雾环保利润表主要数据** （单位：亿元）

	2014 年	2015 年	2016 年	2017 年	2018 年
营业收入	3.01	12.15	31.25	28.09	0.51
营业成本	2.26	10.15	23.91	24.13	13.77
利润总额	0.20	1.99	7.99	3.98	-14.17
净利润	-0.19	1.75	7.08	3.55	-14.94

数据来源：神雾环保年报。

附表 5 **神雾节能利润表主要数据** （单位：亿元）

	2015 年	2016 年	2017 年	2018 年
营业收入	6.54	8.65	13.16	0.13
营业成本	4.58	4.78	9.14	7.12
利润总额	2.00	3.91	4.10	-7.01
净利润	1.71	3.33	3.48	-7.01

数据来源：神雾节能年报。

案例使用说明书

一、教学目的与用途

1. 适用课程：财务管理理论应用研究、内部控制与风险管理、公司治理、公司资本经营等相关课程的教学研讨。

2. 授课对象：MPAcc学生，拓展适用于所有管理类的专业硕士（如审计专业硕士、工商管理专业硕士）、学术性硕士及高年级本科生。

3. 教学目标：本案例描述了“神雾系”构建民营系族企业集团版图和进行股权质押融资的全过程，让学生系统地了解民营系族企业集团这种组织形式如何影响控股股东股权质押行为，股权质押的“支持”和“掏空”动机如何影响质押资金流向以及由此产生的经济后果；全面掌握股权质押的含义、特征、作用、动机、资金流向和经济后果；深入思考防范民营系族企业集团股权质押风险的方法。

二、讨论题目

1. 什么是民营系族企业集团？“神雾系”实际控制人通过金字塔股权结构拥有上市公司神雾节能和神雾环保的控制权和现金流权分别是多少？

2. 谈谈你对股权质押的认识，民营系族企业集团这种组织形式如何影响“神雾系”控股股东股权质押行为？

3. 结合本案例与相关理论，分析“神雾系”股权质押资金流向反映出控股股东的“支持动机”还是“掏空动机”？

4. 股权质押的经济后果有哪些？结合本案例，分析“神雾系”股权质押资金流向对公司产生什么影响？

5. 根据“神雾系”股权质押后果，思考如何更好地利用股权质押手段趋利避害，防范风险？

三、案例分析准备

教师可以根据自己的教学目标来灵活使用本案例，这里提出本案例的分析思路，仅供参考。

本案例根据案例情节设置案例问题，根据案例问题学习相应的理论知识予以解答。案例问题沿着“民营系族企业集团”—“股权质押动机”—“股权质押资金流向”—“股权质押经济后果”—“防范质押风险对策”的逻辑脉络展开，其中涉及的理论知识包括民营系族企业集团组织形式、金字塔股权结构、股权质押概念和作用、股权质押动机（支持假说、掏空假说）、委托代理理论、利益相关者理论、公司治理理论等，便于学生理解和掌握公司财务、公司治理的相关知识点。具体可参考图4-6的分析思路与框架。

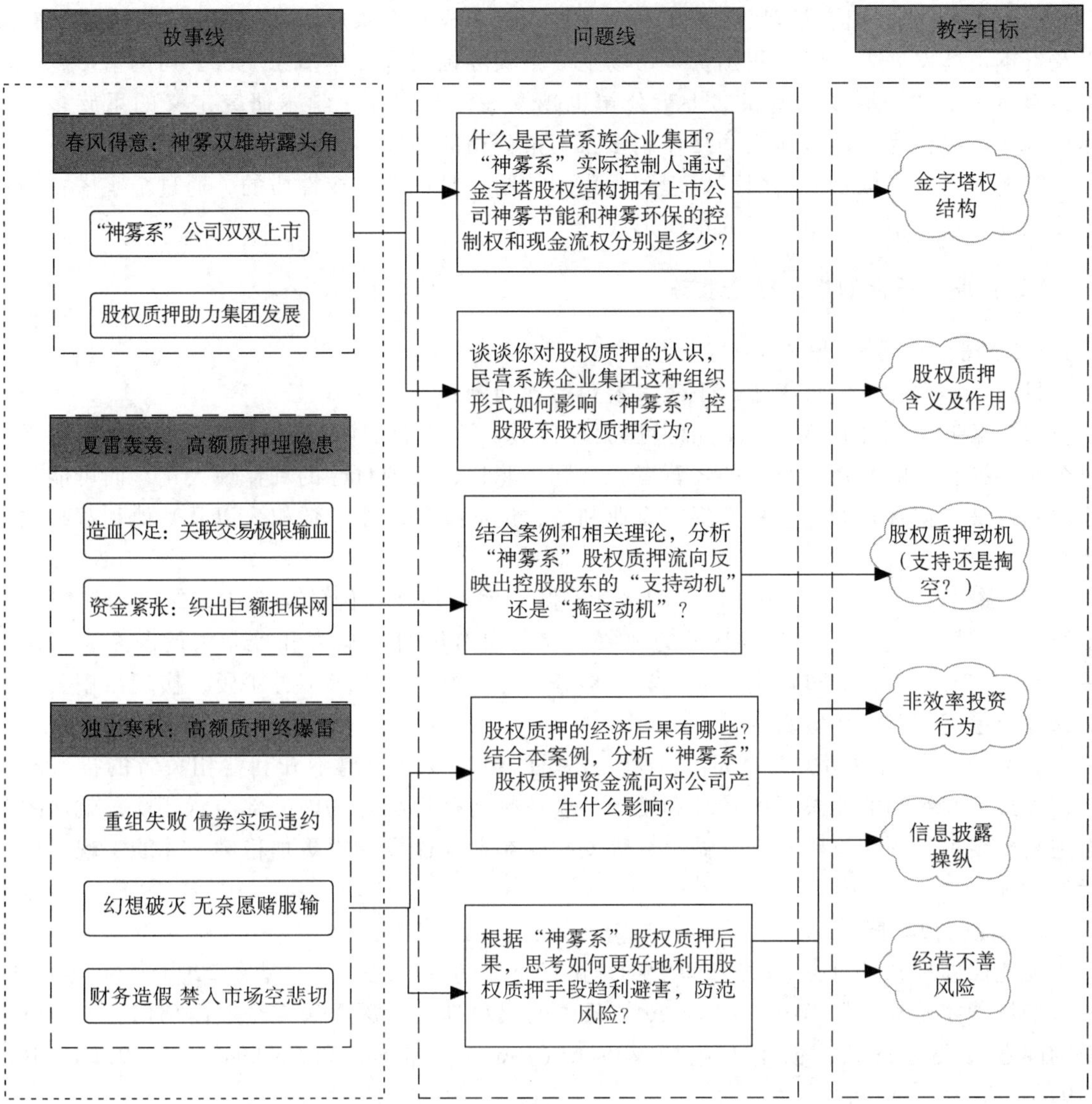

图 4-6　案例分析逻辑图

分析准备如下：

（一）民营系族企业集团介绍

企业集团是一种相当流行的组织形式，尤其在新兴市场中扮演着重要角色。在经济学视野中，企业集团被定义为一系列公司通过股权金字塔或交叉持股形成的一种联合体（辛清泉，2007）。相对于独立企业，组建集团能够对集团内各分部的战略、财务、人事等方面进行集中或间接的管控，通过内部市场的交易，降低信息不对称性与交易成本，使其成为应对外部环境不确定性的有效机制。

基于不同的研究需要，学者们赋予系族不同的定义。有学者认为企业系族是通过直接或间接拥有多家上市公司控制权的“金字塔”式大型企业集团（马永强等，2013）；也有学者拓宽了上述定义的边界，认为在资本市场上由两家以上的企业通过复杂的股权结构、控制关系和人事关系等安排构成有紧密关系的企业群，就形成一个系族。由于企业拓展、融资需要以及资本市场发展等原因，我国资本市场上一个实际控制人控制多家上市公司的情形越来越多，媒体对于“一控多”所属的上市公司也越发关注，因此，学术研究定义的系族多指实际控制人以股权为纽带直接或间接控制多家上市公司的情况。

综上，民营系族企业集团可以理解为集团控制人是民营产权性质的，通过金字塔权结构直接或间接控制多家上市公司的组织形式。

（二）股权质押的相关理论准备

1. 公司治理问题

目前，学术界主要集中于以下三大公司治理问题：

（1）经理人对于股东的“内部人控制”问题。当企业的所有者及其他利益相关者无法对企业实施有效的监督，企业的经营者就会利用职权，实现自己的利益最大化，而可能将企业的利益最大化置若罔闻，从而损害企业利益，进而损害股东、债权人以及其他利益相关者利益。

（2）终极股东对于中小股东的“隧道挖掘”问题。在我国的企业中，终极股东对于中小股东的“隧道挖掘”问题是常见的现象。对公司有绝对影响力和控制力的股东，可以利用自己手中的权力，通过设定关联交易、债务担保、操纵报告等多种手段，实现占用公司资源，以及进行利益输送等目的。

（3）企业与利益相关者之间的问题。公司的健康发展，离不开利益相关者的投入和参与，也离不开对利益相关者的管理和维护。企业想要获得良好的内外部经营环境，就必须考虑到利益相关者的切身利益，并做出合理安排，企业才能发展得更加稳健，才能实现基业长青的目标。

2. 委托代理理论

委托代理理论是过去50多年里契约理论最重要的发展之一。它是在20世纪60年代末，一些经济学家不满足于Arrow－Debreu体系中的黑箱理论，深入研究企业内部信息不对称和激励问题发展起来的，创始人包括Wilson（1969）、Spence和Zeckhauser（1971）、Ross（1973）等。

委托代理理论遵循的是以“经济人”假设为核心的新古典经济学研究范式并以“委托人和代理人之间利益相互冲突”和“委托人和代理人之间信息不对称”为基本前提。在委托代理关系中，当利益相互冲突而信息对称时，委托人与代理人就能找到最优策略解决代理问题；当利益没有冲突时，即使信息不对称，代理问题也并不存在；而当委托人与代理人的利益相互冲突且信息不对称时，代理人的“道德风险”随之而生，代理人从自身利益最大化出发，利用信息优势损害委托人的利益，即产生代理问题。由于信息不对称和委托人代理人利益冲突的普遍性，代理人的道德风险屡见不鲜，故委托代理理论的中心任务就是研究在利益相冲突和信息不对称的环境下，委托人如何设计最优契约激励代理人，所以委托代理理论不仅具有理论意义，更具有现实意义。

基于委托代理理论，以下两方面的利益冲突会因为控股股东股权质押而产生：一方面，控股股东在实行股权质押后会为了稳定股价、规避控制权转移风险而通过直接侵占公司资源，以销售资产转移定价为主的间接方式，高风险违规担保以及以关联交易为主进行利益输送等方式侵占中小股东的利益，加剧与股东之间的代理冲突；另一方面，债权人作为外部投资者，虽然提供了相关资金，却无权参与企业的日常管理与经营决策，仅能通过企业披露的会计信息来了解整个企业的经营管理状况，所以大多数债权人并不能时刻监督债务人，控股股东在股权质押后可以通过粉饰公司报表的方式加剧控股股东与其他利益相关者之间的信息不对称，加大信息风险，并采取过度发放股利、过度投资或投资不足的行为对债权人的权益进行侵占，从而加剧第二类代理冲突。

3. 信息传递理论

反映公司重要信息如资金状况、经营状况和公司治理机制的信号，可以在不同利益主体间进行传递。信号根据性质的不同可以分为利好信号与利空信号两类，针对这两种信号，管理者会采取不同的措施。管理者会及时披露利好信号，而采取盈余管理、信息管理、会计舞弊等手段降低利空信号带来的负面影响从而稳定股价。控股股东股权质押的动机有两个，满足企业的融资需求或大股东掏空：为了满足融资需求，控股股东为了避免控制权的转移会通过盈余管理操纵财务信息，虚增企业在报告期间内的经营业绩与利润，加大企业的信息风险；为了满足大股东掏空，控股股东会对企业资产进行侵占，从而增加企业的经营风险与财务风险。

4. 利益相关者理论

利益相关者理论被公认为是由多德在《公司管理者是谁的受托人》一书中提出。利益相关者理论对委托代理理论进行了一定程度的发展，它在讨论公司治理问题上选择了更为广泛的对象，研究企业与包括股东、管理层与员工、消费者、供应商、竞争者、政府、债权人、媒体、社区等更广大的组织、群体及个体之间的关系，这些组织、群体及个体毫无例外都会在企业运作过程中发挥不同的作用，并与企业产生不同程度的利益关系。

四、案例分析关键点

（一）什么是民营系族企业集团？“神雾系”实际控制人通过金字塔股权结构拥有上市公司神雾节能和神雾环保的控制权和现金流权分别是多少？（讨论问题1）

1. 理论依据：金字塔股权结构

（1）金字塔股权结构的含义。金字塔股权结构是企业集团采用的一种和水平结构相对应的多层级多链条的所有权安排结构，终极控制人处于金字塔股权结构的顶端控制一级子公司，再由一级子公司控制二级子公司，依此类推，最终形成金字塔形状的股权结构。

（2）金字塔股权结构的普遍性。金字塔股权结构普遍应用于各国企业集团。除英美上市公司股权高度分散之外，世界上绝大部分国家和地区的企业集团都有较大的股权集中度，La Porta 等（1999）通过对全球 27 个富有经济体的大公司进行研究，发现了金字塔结构的普遍存在性。Claessens 等（2000）的研究结果也表明，金字塔结构在欧洲大陆、亚洲和南美洲也广泛存在，而且这种结构在家族企业集团中更为常见。Federico 等（2014）指出包括西班牙、葡萄牙、希腊、意大利等一些欧洲国家不允许有多重投票权，于是上市公司的金字塔结构被广泛应用，且更多出现在新兴市场中。

（3）金字塔股权结构的特征。金字塔股权结构的首要特征是控制权和现金流权分离。

金字塔股权结构含有多个层级，即每一条控制链都至少含有两个公司，在金字塔股权结构中，任一控制链条的中间公司持股比例小于100%，就会造成控制权和现金流权的分离。用（控制权－现金流权）或（控制权/现金流权）的数值可以衡量两权分离度。（控制权－现金流权）越大或（控制权/现金流权）越小则表示两权分离度越大。两权分离使得最终所有者可以通过拥有相对较小的现金流股份控制大量的公司，行使超过其现金流权利的控制权，这偏离了传统的“一股一票”原则，引发了终极控股股东和中小股东的代理问题，两权分离度越高，终极控制人通过控制权强化机制进行私利获取的动机和能力越大。

2. 案例分析要点

控制权反映了终极控股股东的投票权以及对公司重大事项的决策权，可以用每条控制链上直接持股比例最小值的和来计算；现金流权反映了终极控股股东按照实际出资额所占有的股份份额，代表对公司的实际所有权，可以用每条控制链直接持股比例乘积之和来计算。

“神雾系”实际控制人通过金字塔股权结构拥有上市公司神雾环保的控制权为54.83%；拥有神雾环保的现金流权为26.16%；拥有上市公司神雾节能的控制权为42.48%；拥有上市公司神雾节能的现金流权为33.6%。

（二）谈谈你对股权质押的认识，民营系族企业集团这种组织形式如何影响“神雾系”控股股东股权质押行为？（讨论问题2）

1. 理论依据：股权质押的含义及作用

股权质押是指公司股东将自身股份质押给银行或其他金融机构，以此获取短期借款或为第三方贷款提供担保的行为。

股权质押主要用来融资和担保。当企业面临融资约束时，股权质押可以将股权转化为资本，帮助上市公司解决融资难题。上市公司可以在短时间内借用股权质押获得大量资金，与其他融资方式相比，更为便捷灵活迅速，且并不影响控股股东对公司的决策权。另外，股权质押也在一定程度上降低了质权人的风险，在出质人无法及时清偿债务时，质权人可以选择直接抛售其质押的股票来弥补损失，此时控股股东面临控制权转移的风险。

2. 案例分析要点

（1）民营系族企业集团面临更多的融资约束。基于中国的制度背景，按产权性质划分，可将企业划分为民营企业和国有企业。与国有企业相比，民营企业融资更难已经是不争的事实：无论是在债务融资还是股权融资方面，都受到更多的体制性歧视。而股权质押具有门槛低、融资速度快、不会影响出质人对公司的控制权的优点，从而广泛受到民营企业的喜爱，从表4－10中也可以看出，民营企业控股股东的新增股权质押次数和股权质押比例更高。

表4－10　2007—2021年国有与民营企业控股股东股权质押情况

企业性质	新增股权质押次数（次）	股权质押比例超过30%（家）	股权质押比例超过50%（家）
民营企业	23 668	1 505	1 442
国有企业	4 644	389	378

数据来源：CASMAR数据库并由笔者整理而得。

（2）民营系族企业集团发展需要更多的资金支持。集团不同于独立企业，与其有关联关系的企业涉及多个，公司发展规模更大，所需资金的体量也更多。而集团通过借款，发行债券等方式筹集资金有限，难以在短时间内满足集团项目的资金需求。在案例中，“神雾系”运用增发配股和发行债券的方式较少，仅发行了“16环保债”和“17苏治S1”两次债券，总募集资金不超过10亿元。“神雾系”通过发债、发股和借款募集的资金有限，这并不满足“神雾系”的大额资金需求。

而集团控制人往往拥有企业大量股份，通过股权质押就可以在不损失控制权的情形下筹措到大额资金，如“神雾系”的控制人仅在2016年就通过质押神雾环保的股份获得了109亿元的资金。故民营系族企业集团更倾向选择股权质押这种行为。

（三）结合本案例与相关理论，分析“神雾系”股权质押资金流向反映出控股股东的“支持动机”还是“掏空动机”？（讨论问题3）

1. 理论依据：股权质押动机

关于股权质押的动机，现有研究主要从两方面讨论：一方面是支持动机，认为股权质押是一种有效的融资手段；另一方面是掏空动机，认为控股股东进行股权质押的目的是侵占上市公司利益进而损害中小股东权益。

（1）股权质押与支持。控股股东会出于缓解融资约束以求得企业发展而进行股权质押；也会出于稳定股价的动机进行股权质押，徐龙炳（2020）认为股东股权质押后往往会有股东增持行为，对稳定股价起到了积极作用；王雄元（2018）从税务的角度说明了股东在质押后会出于防范控制权转移的动机积极进行税务筹划；还有学者认为质押后股东会为迎合外部投资者高送转分配的偏好，减少股利的发放，以维持市值；除此之外，还有文献表明在股东股权质押比例较高时，股东会增加现金持有量、积极推行员工持股计划、积极进行向上的真实盈余管理，降低对金融资产的投资，进行市值管理行为等。

（2）股权质押与掏空。有些学者从公司治理视角出发，认为质押加大了现金流权和控制权的分离程度，更加容易激发第二类代理，加大了代理成本，加剧了股东掏空上市公司利益的动机；还有学者认为质押后会损害公司价值，股权质押成为了股东变相套现、侵害中小股东权益的工具，同时股东可能会出于掏空动机增加金融资产的投资，也可能会降低研发支出的投入，抑制企业的创新水平。

2. 案例分析要点

（1）支持动机。

①缓解企业融资困境。从“神雾系”2014—2018年除了股权质押以外的融资渠道来看（见表4-3），“神雾系”运用增发配股和发行债券和银行借款筹集的资金有限，例如，通过发行债券募集资金未超过10亿元，这并不符合神雾系大额的资金需求；但通过股权质押就可以获得大额资金，神雾系控股股东在2016年就通过股权质押募集了160多亿元资金（见表4-2），这极大地缓解了企业面临的资金短缺的困境。

②发展集团，维持股价。吴道洪将两家子公司上市后，为了快速发展集团采取的是较为激进的发展战略。以神雾环保为例，它在手的订单数量和金额连年增加，特别是在2016年之后，神雾环保的在手大额订单达21个，订单金额达75亿元，是神雾环保当年营业收入的15倍，在2017年订单金额甚至高达159亿元（见表4-1）。

而神雾系的销售模式一般需要垫付大量的资金来建造环保设施，销售的比例回款较慢，账上实际资金较少，如神雾环保2017年签订的10.86亿元山西襄矿电石项目回款比率是0，

2014 年签订的 10.11 亿元新疆圣沃电石工程项目，在 2017 年回款金额也仅为 46.98%。另外，神雾环保的经营业绩也并不足以支持环保建设的预付款，加之它通过其他方式筹集的资金又较少，而恰好正是这两年，神雾环保的股权质押频繁，通过股权质押募集了 109 亿元资金，这募集的资金完全能够满足预付合同款项的需要。

③维持集团基本运营。“神雾系”进行了频繁的高比例质押，而质押资金流向的披露却流于形式，神雾节能仅有的公告显示质押是为了补充流动资金。“神雾系”短期借款连年上涨，公司经营所获资金并不能支持各项运营的发展；此外，公司的预付账款、其他应付款（内部资金占用）在 2016 年之后上涨尤其明显（见表 4－4 和表 4－5），这与“神雾系”2016 年、2017 年频繁高比例的股权质押也呈现了一致的趋势，可以推测，股权质押资金不仅要偿付借款带来的利息支出，还要被集团内部所占用。

（2）掏空动机。

①用于关联交易营造良好业绩。首先，神雾环保的营业收入主要依靠关联交易。在 2014 年到 2018 年间，神雾环保营业收入中关联交易的比重从 50% 上升到了 86.01%（见表 4－6），这意味着在整个集团内部，神雾环保产生现金的方式还依赖着“神雾系”其他关联方，而根据 2016 年收购江苏院的《收购报告书》显示（见表 4－7），神雾环保已经是神雾集团的骨干公司，能为集团提供 84.79% 的利润，这说明其他关联方的盈利能力较差，而神雾环保的关联营业收入占比达 80% 以上，那么关联方的资金从何而来？推测是神雾环保的质押资金实质上在集团内部转了一圈又回到了神雾环保公司中，给其营造良好业绩以维持股价，预防被平仓的风险。

其次，集团利润仅由一两家子公司提供。神雾集团旗下有 11 家子公司，在神雾节能未借壳上市时，神雾集团的利润由神雾环保提供了 84.79%，神雾集团其他 60% 的业务都是亏损的，神雾集团旗下其他子公司如神雾电力、神源环保、湖北神雾等子公司都是与神雾环保同处于环保行业的高新企业，注册规模在神雾环保的 50% 左右，神雾集团的整体经营现金净流量出现较大的负数，神雾环保的现金流量却是微薄的正数（见表 4－7），很可能其他子公司的经营都处于亏损状态，吴道洪通过关联交易等手段让神雾环保的营业状况为正数。同时恰好在 2015 年，神雾环保高额的股权质押是为了补充流动资金，但 2015 年账面显示除了神雾环保，神雾集团整体几乎都处于亏损状态（集团整体现金净流量为负），那么它们付给神雾环保的这些资金从何而来？股权质押的资金很可能已经在集团内部拆解，营造了 2015 年盈利的现象。

最后，大额的预付款项。2017 年，大信会计师事务所对神雾环保和神雾节能都出具了保留意见的审计报告，原因之一就是存在大额的预付账款。从财务报表看出，2017 年神雾系的资金流动整体很紧张，但神雾节能和神雾环保都双双付给一家没有关联关系的公司——湖北广晟工程有限公司合计近 10 亿元（见表 4－8），而仅凭神雾两家子公司的经营利润和其他筹资方式并不足以支付高昂的预付款，并且在神雾系年末支付完预付款后，事务所表示神雾系并没有发生材料入库采购，而是在下一年年初发生了退回。同时会计师事务所在 2018 年又出具了无法表示意见的审计报告，表示无法判断神雾系内部的关联交易和利益输送问题，故可以合理推测神雾系存在着利益输送问题。

综上，“神雾系”为发展集团需要大量资金，神雾系实控人通过股权质押获得大额资金后用以垫付合同开工所需的预付款。正是因这种激进的发展策略，给了神雾集团业绩压力，吴道洪在面临因质押而发生控制权转移的风险时，一方面利用自己的控制权地位将资金转移给其他公司（形成预付款），以实现掏空动机；另一方面又通过财务造假伪造业绩以维持较高的股价，但最终也因财务造假被罚，被终生禁入证券市场（见图 4－7）。

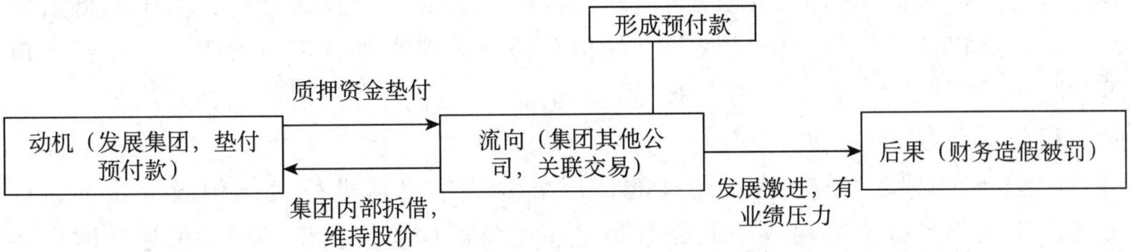

图 4－7　利用质押资金购买"业绩"

②用于违规担保。民营企业神雾集团内部担保链条复杂，为实现集团内部实现资金输送提供了天然的条件。2019 年，证监会要求对神雾节能的违规担保行为进行自查，神雾节能发布了违规担保的公告，称 2019 年偿付了违规担保 2 亿多元，而这 2 亿多元正是为面临流动性危机的神雾环保进行担保的，但 2018 年末神雾节能的现金净流量与净利润都为负数，账上的银行存款都不足以偿还，资金从何而来？推测神雾系实际控制人出于维持集团基本运营需要，股权质押的资金先流向了集团内部子公司，为其他子公司提供了融资条件，在偿还违规担保借款时，又占用了集团内部其他子公司的现金，同时复杂的担保链条也让神雾环保在爆雷后将影响迅速传染给了集团其他公司（见图 4－8）。

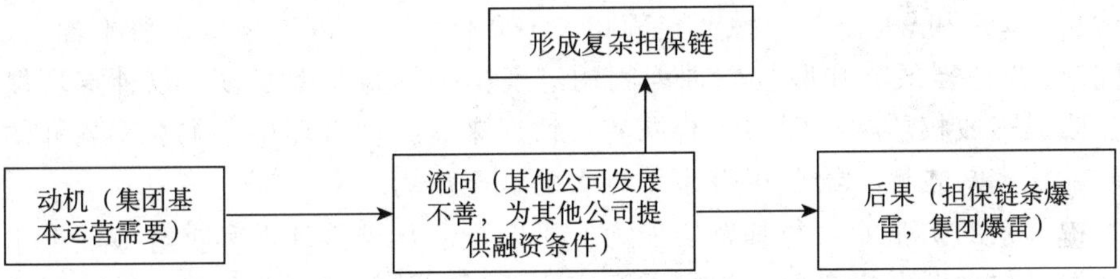

图 4－8　"神雾系"出于集团基本运营形成"担保链"

（四）股权质押的经济后果有哪些？结合本案例，分析"神雾系"股权质押资金流向对公司产生什么影响？（讨论问题 4）

1. 理论依据

（1）非效率投资行为。上市公司资产主要来源于负债和所有者权益，若公司投资获得了收益，股东获得的收益会远大于债权人；若公司投资失败，债权人将被迫与股东共同承担风险。首先，当上市公司股东进行股权质押时，质权人就成为上市公司的外部债权人，因此，控股股东在发生股权质押后，很可能会出现机会主义，进行更多的资金占用行为和采取更激进的投资扩张策略，加剧公司的非效率投资；其次，当股价下跌时，高比例股权质押的股东会面临平仓风险，因此，为了规避平仓风险，大股东会通过过度投资或扩张来寻找公司业绩的新增长点；最后，大股东将股权质押给质权人后，相关股权的最终控制人不会改变，但质押股权的一部分现金流权已经归质权人所有，控制权与现金流的分离加剧了大股东的利益侵占动机，大股东就有动机通过过度投资或扩张来获取私利。综上，大股东质押行为会促进企业过度投资。

（2）信息披露操纵。上市公司流通股流动性高且计价标准明确，是融资市场上的重要抵押品之一。全流通时代到来后，股东用所持上市公司的股份进行质押时，债权人以股价为基础对抵押物进行价值评估的情况逐渐增多。因此，大股东股权质押后，为了降低股价崩盘风险，防止控制权转移，很可能采取利己的信息披露策略来进行市值管理。因而，上市公司在大股东股权质押期间会隐藏坏消息而释放好消息，使得上市公司信息披露质量下降，侵害中小股东和公司利益。

（3）经营不善风险。在市场不景气的情况下大股东仍然进行大比例股权质押，这就是在向市场传递大股东资金紧缺或企业经营不理想的负面信息。在市场环境低迷的时候，大股东高比例质押的消息一方面会加速公司股价的下滑，另一方面也会激化企业内部经营本身的问题，公司的控制权和管理层的稳定性也会受到影响，从而对上市公司的稳定经营产生极大的负面影响。另外，公司股价的持续下跌，大股东就很有可能因股价跌破平仓线和无法按时回购股票被强制平仓，这又会进一步引起管理层的动荡甚至是控制权发生转移，最终加剧公司经营恶化。大股东正常的股权质押行为并没有直接导致企业业绩恶化，但是，高比例的股权质押行为向外界传递了多种负面消息，进而影响到了公司内部，这会导致企业的经营情况日渐不善。

2. 案例分析要点

（1）神雾系的过度扩张。根据“神雾系”2014—2018 年的股权质押情况，可知“神雾系”两家子公司在借壳上市后就没有停止过股权质押的步伐，神雾节能和神雾环保质押的比例都高达 97.22% 和 99.78%，融资金额超过 100 亿元，可以说是“无股不押”。

与此同时，“神雾系”在股权质押期间的过度扩张行为非常明显。以神雾环保为例，根据神雾系控股股东股权质押期间重大合同签订情况来看，神雾环保期末在手累计的订单逐年上升，但回款比率却较慢，给公司带来了巨大的资金压力。

另外，神雾系的扩张能力与其融资能力并不匹配。从神雾环保和神雾节能上市后的现金流量情况来看，在内源融资方面，神雾系两家主要子公司的核心业务能力并不强，经营活动产生的现金流十分有限，甚至神雾节能 2016—2018 年三年的经营活动净流量都为负数，因此神雾系只能依靠外部融资来满足扩张需求，神雾系在上市后的几年投资活动和筹资活动流入量都很大，自由现金流也在多年间出现负值，过度扩张超过了神雾系的融资能力的承受范围，神雾系也面临着巨额资金缺口。

（2）财务造假被罚。高额的股权质押让神雾集团筹集了大量的资金，但也给了神雾系实际控制人吴道洪很大的压力——维持好股价不下跌。2018 年大信会计师事务所对神雾环保和神雾节能同时出具保留意见的审计报告，2019 年因为两家公司的大额预付款和其他应收款等原因又对其出具了非标准审计意见。

最后神雾环保因迟迟没有发布 2020 年的年度报告而被迫退市，神雾节能则是对 2017 年、2018 年、2019 年、2020 年的财务报表出现了重大会计差错进行了追溯调整。之后证监会介入调查，神雾系掌门人吴道洪因为恶意操纵证券市场、内幕交易、信息披露被终生禁入证券市场。“神雾系”借助自身的金字塔权结构通过关联交易营造良好业绩，向外界散发积极信号来抑制平仓风险，但却降低了近年来神雾系的信息披露质量，甚至出现了财务造假的情况。

（3）股价暴跌，面临业绩补偿。神雾系控股股东的高比例质押，一方面向外界传递了公司资金紧缺的负面消息，另一方面也造成了控股股东控制权和现金流权分离，强化了控股股东的利益侵占动机。此外，由于重组失败和债券违约等负面消息，神雾系控股股东面临着控制权转移的风险。控股股东股权高比例质押间接地对企业造成了多方面的负面影响，最终反映在经营上就是企业绩效不佳，加上“神雾系”最开始是通过借壳上市的，与原上市公司实控人签订了对赌协议，经营不佳还面临着业绩补偿，另外，神雾两家子公司股价暴跌，也给中小股东造成了巨大损失（见图4－9）。

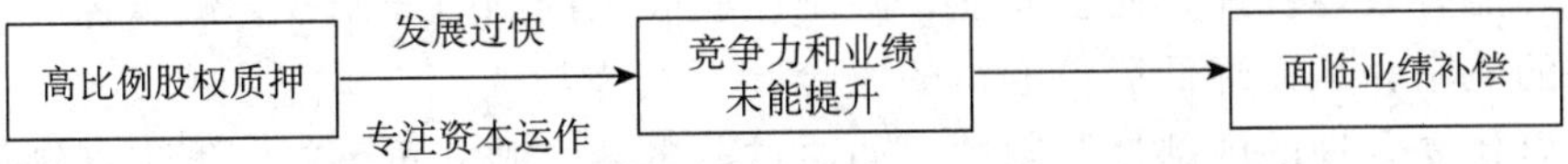

图4－9 高比例股权质押面临业绩补偿的逻辑推导

（4）债券实质违约。2016年3月14日，神雾环保发行了“16环保债”，募集资金4.5亿元，担保人吴道洪。当时，“神雾系”被资本市场看好，股价一路上涨，但因为神雾集团一系列激进的财务行为让子公司神雾环保的偿债能力急剧下降，之后神雾集团又让神雾节能和神雾环保进行重大资产重组，停牌半年多重组却以失败告终，导致两家公司股票下跌，一部分股权质押股票触及平仓线，高比例股权质押的流动性风险逐渐凸显，补充质押压力增大，最后神雾环保的多笔股权质押回购实质违约（见图4－10），股权被司法冻结，神雾集团的主体信用评级下调从A－下调至BBB级，神雾环保的主体信用评级下调至BBB＋级。神雾集团的融资渠道受阻，2018年神雾环保账面上的流动资金只有900万元，完全陷入了资金的流动性危机，神雾环保发行的“16环保债”发生了实质性违约，资本市场一片哗然，“神雾系”本来是备受资本市场青睐的环保企业，发展一片向好，却发生了债券违约，致使神雾环保股价大跌，同时股价下跌也传染给了神雾节能，给神雾集团造成了严重的影响。

图4－10 高比例股权质押引发债券违约的逻辑推导

（五）根据“神雾系”股权质押后果，思考如何更好地利用股权质押手段趋利避害，防范风险？（讨论问题5）

股权质押越来越成为资本市场受欢迎的融资方式，无论是出于支持动机还是掏空动机，控股股东都可以通过这种方式获得大额资金。而证监会等监管机构并没有对上市企业进行股权质押募集的大额资金的用途和资金流向披露做出明确的规定，这让某些企业可以选择不披露股权质押所得资金的用途或者披露的信息流于形式。而高额的股权质押一旦爆雷，对企业和中小股东的损失都是巨大的，因此我们需要采取相应措施防范股权质押可能引发的风险。

案例分析要点如下：

（1）披露股权质押的资金流向的实质性信息。在“神雾系”案例中，神雾环保进行大比例股权质押却没有披露资金的去处，神雾节能对股权质押资金流向信息仅披露了“补充流动资金”，披露的信息形同虚设。另外，如果大比例的股权质押发生在内部控制不健全的民营系族公司中，加上股权质押募集的资金没有披露明确的流向，就很容易出现利益输送和大股东的“隧道挖掘”行为。为了企业发展所募集的资金并没有落到实处，却给资本市场和中小股东造成了巨大损失，十分痛惜，所以建议对股权质押所获资金的用途做出实质性披露的要求，比如披露质押资金的具体数目，具体流向，以及质押资金的阶段使用状况以及股东大会的意见等，促进信息披露向高质量发展。

（2）上市公司应完善内部治理，规范股权质押资金的用途。神雾系的一股独大和内部控制制度不完善，让大股东能便利地利用股权质押的资金进行利益输送，掏空上市公司。完善的内部治理能有效地发挥其监督职能，限制控股股东的绝对控制权，减少控股股东攫取其他股东利益的概率，从而降低股价崩盘的风险。

公司可以建立合理的内部控制制度，如通过董事会、独立董事等制度来抑制可能的关联交易造成的利益输送问题；完善全面风险管理机制，如风险管理部门可以在质押比例达到一定限值时，定期检查控股股东股权质押的资金用途，并评估该用途是否会导致个人偿债能力下降或者过度投资，最大限度保障其他股东的权益。

（3）对控股股东股权质押达到较高比例时给予更多的关注。股权质押因为诸多优势为上市公司在面临融资约束时提供了一项解决思路，给企业集团的发展提供了支持。但也正因股权质押获取资金相对便捷的优势，控股股东往往会选择高比例质押，更容易引起企业爆雷事件，损害其他股东的利益。有文献表明在高比例的股权质押下股东更加容易出现利益输送行为，虽然在2018年的质押新规中指出了“单一上市公司的质押比例不能超过整个股本的50%”，但其实即使是一家上市公司的控股股东也很难质押整个股本的50%，这项规定有些流于形式，约束力度不强。因此在企业控股股东或其他大股东股权质押达到较高比例时，相应监管部门就应更加予以重视，对控股股东或者其他大股东的质押比例做出更明确的限制，例如对控股股东或者其他大股东做出其持有股份的50%的限制等，在“神雾系”的案例中，还应重点关注预付账款、其他预付款等账户的异常情况，对于处境相同的企业集团，可能也会出现类似的问题，可以给相关监管部门提供借鉴。

（4）对投资者的建议。如果一家公司频繁地进行高比例股权质押，那么这个公司的资金流动性基本上就存在问题，投资者就需要更加注意对目标公司的风险把控，切不要因为一时的概念大热和资本的炒作而盲目投资，而是更需要关注企业的实际经营状况，特别是对于短期内扩张较快的民营企业更加需要慎重和理性投资。以民营系族神雾集团为例，在频繁的大比例股权质押期间，神雾集团旗下两家子公司的股价似乎并没有受到影响，反而还呈现上升的趋势，为什么呢？其中有很大一部分原因是当时环保的概念大热，资本市场中许多个人投资者相信只要该企业“前景广阔”，遵循市场的发展趋势，未来公司的价值就会上涨，而忽视了对公司本身的风险评估，这样并不理智。对于个人投资者，更应该理性投资，树立良好的风险意识，特别对高比例股权质押的公司，切不要因为当时大热的概念而蒙蔽双眼。

五、建议的教学组织方式

（一）课堂时间计划

本案例可以作为专门的案例讨论课来进行。表4-11是按照时间进度提供的课堂计划建议，仅供参考。整个案例讨论课程时间控制在 90 分钟，从案例教学实施过程来看，涉及课前、课中、课后三个阶段。

表 4－11　　　　课堂时间计划表

<table>
<tr><th colspan="2">时间</th><th>内容</th></tr>
<tr><td colspan="2">课前</td><td>1. 提前一周将案例发放给学生，并提出讨论问题，要求学生进行初步的思考，包括民营系族企业集团特点、股权质押动机、股权质押资金流向、股权质押经济后果、防范质押风险对策，对难点做好提问准备
2. 要求学生在课前阅读案例相关书籍和资料</td></tr>
<tr><td rowspan="4">课中</td><td>案例引入（10—15 分钟）</td><td>1. 介绍民营系族企业集团特点及其股权质押背景
2. 帮助学生回顾案例背景、内容与问题，为小组讨论作准备</td></tr>
<tr><td>小组讨论（20—30 分钟）</td><td>1. 将学生分组，每组要求 5—6 人
2. 以小组为单位围绕启发思考题进行小组交流与讨论</td></tr>
<tr><td>集体讨论
（30 分钟）</td><td>1. 每个小组派一名代表阐述小组讨论结果
2. 每个小组汇报时间不超过 10 分钟
3. 每个小组就启发思考题提出不同的意见
4. 教师根据意见中存在的问题进行适当提问和延伸，其他小组成员做进一步讨论</td></tr>
<tr><td>归纳总结
（20 分钟）</td><td>1. 教师就讨论结果做进一步讲解与补充
2. 就案例中涉及的知识点进行讲解</td></tr>
<tr><td colspan="2">课后</td><td>1. 布置课后作业，要求以小组为单位完成案例分析报告
2. 鼓励学生课后与教师进行讨论</td></tr>
</table>

（二）案例提问计划（见表 4－12）

表 4－12　　　　案例分析不同阶段对应的问题

阶段	问题
案例分析的导入阶段	1. 谈谈对民营系族企业集团的认识 2. 对比国有企业和民营企业控股股东股权质押的差异
案例分析的主体阶段	1. 什么是民营系族企业集团？“神雾系”实际控制人通过金字塔股权结构拥有上市公司神雾节能和神雾环保的控制权和现金流权分别是多少 2. 谈谈你对股权质押的认识，民营系族企业集团这种组织形式如何影响“神雾系”控股股东股权质押行为 3. 结合本案例与相关理论，分析“神雾系”股权质押资金流向反映出控股股东的“支持动机”还是“掏空动机” 4. 股权质押的经济后果有哪些？结合本案例，分析“神雾系”股权质押资金流向对公司产生什么影响
案例分析的总结阶段	根据“神雾系”股权质押后果，思考如何更好地利用股权质押手段趋利避害，防范风险

（三）课堂板书设计（见图4－11）

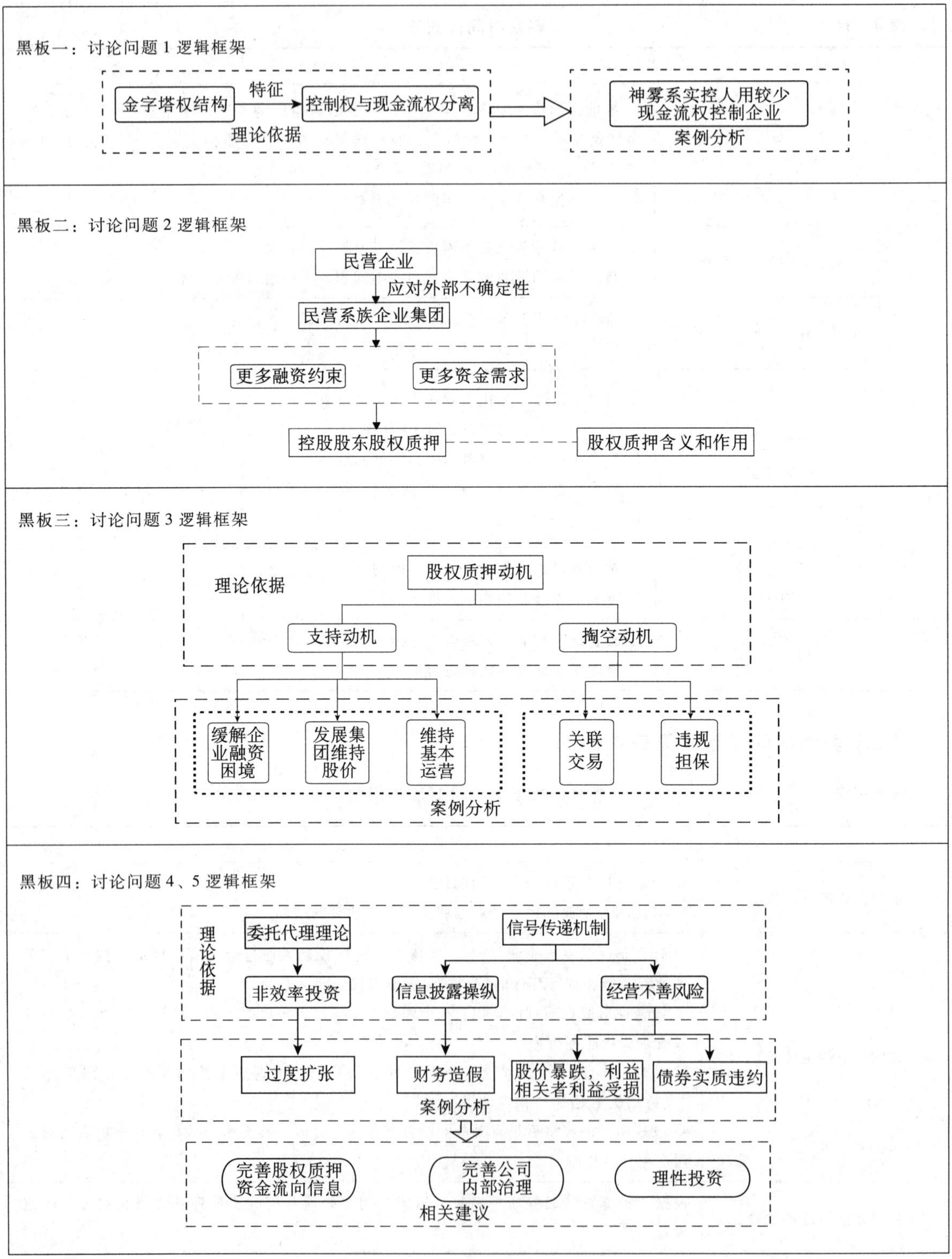

图4－11　课堂板书设计

案例 5

“蛇吞象”：天齐锂业并购 SQM 的财务风险探究

邹武平　盘玲玲

专业方向： 财务管理

适用课程： 财务管理理论应用研究

选用课程： 财务分析方法、公司资本经营

编写目的： 本案例旨在让学生深入剖析案例企业并购中存在的财务风险，综合运用所学的理论知识，创新性地提出风险防范方案，提升学生解决实际问题的能力。

知 识 点： “蛇吞象”式并购、财务风险

案例正文

在“蛇吞象”式并购中，并购方通常借助外部资金，去并购资产规模、营业收入远超自身的目标企业。新能源公司天齐锂业作为全球锂业巨头之一，自上市以来通过并购，迅速扩大了自身的规模。天齐锂业 2014 年拦截式收购全球锂业巨头泰利森，2018 年并购 SQM，同样都是“蛇吞象”式并购，但 2018 年并购 SQM 却与之前的收购结果大相径庭，致使天齐锂业陷入债务危机。本案例就天齐锂业并购 SQM 所出现的财务风险进行研讨。

一、并购双方基本情况

（一）天齐锂业公司概况

天齐锂业的前身，是 1995 年在四川省射洪县太和镇注册成立的射洪锂业。2004 年 6 月，射洪锂业被天齐锂业以 1 144 万元的价格收购，更名为四川天齐锂业有限责任公司，2007 年四川天齐锂业有限责任公司改制为四川天齐锂业股份有限公司。2010 年 8 月，四川天齐锂业股份有限公司登陆深圳证券交易所上市（证券代码：002466）。2016 年 5 月，四川天齐锂业股份有限公司正式变更中文全称为“天齐锂业股份有限公司”。

天齐锂业公司是世界最大的锂产品供应商之一，主要业务包括锂矿资源开发、锂产品加工、锂矿贸易三大板块。在四川、江苏、重庆和澳大利亚等地设有资源基地、生产基地和分支机构。天齐锂业的主要产品品种包括化学级锂精矿、技术级锂精矿、工业级和电池级碳酸

锂、工业级和电池级氢氧化锂、无水氯化锂、金属锂等锂化工产品。

天齐锂业自上市以来，从一家不起眼的企业变成锂行业的龙头企业，这得益于天齐锂业的发展战略——并购扩张。天齐锂业自上市就加快了并购的步伐，并购的方向主要涉及锂行业的上游。天齐锂业上市以来主要并购事件如表 5-1 所示。借助收购，天齐锂业的经营业绩实现了高速增长。公司的营业收入和净利润从 2014 年开始大幅飙升，至 2017 年，营业收入从 14.22 亿元增长至 54.70 亿元，净利润从 1.31 亿元增长至 21.45 亿元，三年间，二者分别增长了 2.85 倍、15.37 倍。天齐锂业盈利能力大幅增强源于其超高毛利率。2014—2017 年，其综合毛利率分别为 32.23%、46.94%、71.25%、70.14%，净利率也从 2014 年的 19.79% 上升至 2017 年的 47.74%。

表 5-1　天齐锂业 2010 年以来并购事件　（单位：万元）

完成日期	并购事件	交易金额	所属行业链
2014-04-09	四川天齐矿业 100% 股权	8 830.78	下游
2014-05-28	文菲尔德 51% 股权	367 983.86	上游
2015-03-17	日喀则扎布耶 20% 股权	31 265.02	上游
2015-04-28	Galaxy Lithium International 100% 股权	44 924.35	中游
2016-11-05	SQM 2.1% 股权	139 714.90	上游
2018-11-25	SQM 23.77% 股权	2 592 716.39	上游
合计		3 185 435.30	

（二）SQM 简介

SQM 总部位于智利首都圣地亚哥，成立于 1968 年，注册资本 4.77 亿美元，是纽交所上市公司。SQM 主要从事特种植物肥料、钾肥、锂及其衍生品、碘及其衍生品和工业化学品的生产和销售，是全球最大的碘、硝酸钾生产企业和领先的碳酸锂和氢氧化锂生产商。在美国、比利时、西班牙、墨西哥、意大利、德国、泰国、中国及南非等 20 多个国家设有分支机构。

根据 Roskill 报告，以 2017 年的产量计算，SQM 是世界最大的锂化工产品生产商。公司在智利、阿根廷、澳大利亚拥有三处锂矿资源基地。公司拥有 Salarde Atacama 盐湖的开采配额，主要产品为氯化钾等钾肥，碘、锂盐等盐湖开发相关产品。SQM 还拥有澳大利亚的 Mt. Holland 锂矿 50% 股权和 Cauchar-Olaroz 盐湖 50% 股权。按照公司扩产规划，未来有望形成锂资源产能 31.5 万吨，权益产能 27 万吨。由图 5-1 可看出，SQM 在全球锂化工产品生产企业中的成本略高于雅保，排名第二，拥有低成本的锂精矿作为原料，以此生产的碳酸锂等锂化工产品拥有较低的成本曲线。

SQM 的股本构成包括 A 类股和 B 类股，其中 A 类股占已发行股份总数比 54.26%，B 类股占比 45.74%（见表 5-2）。根据 SQM 公司章程，A 类、B 类股股东在董事选举时的主要区别在于：SQM 公司的董事会由 8 名成员组成，其中 A 类股股东有权选举 7 名董事，B 类股股东有权选举 1 名董事，并由 A 类股股东选出的董事决定董事长人选；B 类股股东选举的董事可不经董事长批准召集临时董事会会议等。SQM 的 A 类股股东可以推荐更多的董事并决定董事长，但 B 类股股东推荐的董事在提议召开临时董事会会议上拥有更多的自主权。

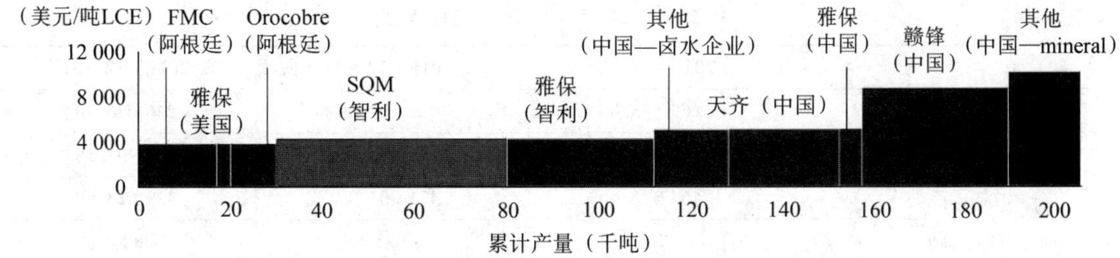

图5－1 全球各主要锂化工产品生产企业的碳酸锂提锂成本

同时SQM的公司章程中规定：任一股东持有的持股比例数量不得超过有表决权的32%，A类股和B类股的有表决权的股份数量也不得超过37.5%，因此截至2017年年底SQM的第一大股东Nutrien集团持A类股比例是44.85%，Pampa集团持A类股比例是50.32%，两者所持比例不一样但拥有相同的表决权，都为37.5%（见图5－2）。

表5－2 SQM的股权结构表

	股数	占比	不同权利	相同权利
A类股	142 819 552	54.26%	有权选举7名董事、决定董事长人选	同等的分红权、平等的表决权
B类股	120 376 972	45.74%	有权选取1名董事、可不经过董事长的批准召开临时董事会议	
合计	263 196 524	100%		

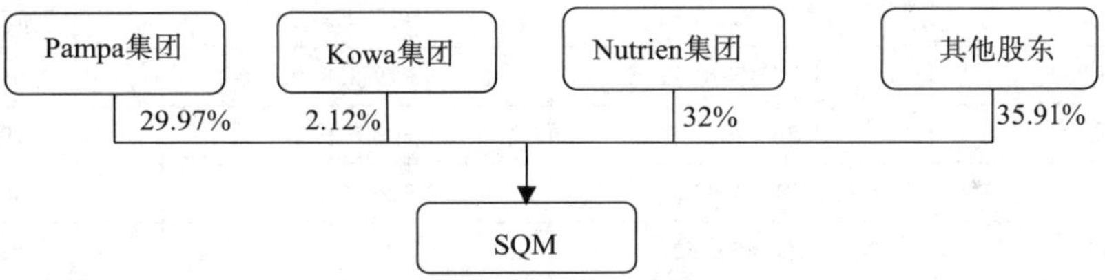

图5－2 并购前SQM的股权结构

（三）并购前双方财务状况（见表5－3、表5－4）

表5－3 天齐锂业2015—2017年资产负债表摘要 （单位：万元）

	2015－12－31	2016－12－31	2017－12－31
流动资产	171 066.75	391 413.74	786 514.22
非流动资产	580 566.18	729 179.69	997 471.50
总资产	751 632.94	1 120 593.43	1 783 985.72
流动负债	164 474.56	296 877.58	252 973.73
非流动负债	179 947.15	244 263.25	467 514.52
总负债	344 421.70	541 140.83	720 488.26
股东权益	407 211.24	579 452.60	1 063 497.46
总负债及总权益	751 632.94	1 120 593.43	1 783 985.72
资产负债率	45.82%	48.29%	40.39%
流动比率	1.04	1.32	3.11

数据来源：Wind数据库。

表 5 -4　　**SQM 2015—2017 年资产负债表摘要**　　（单位：万美元）

	2015 - 12 - 31	2016 - 12 - 31	2017 - 12 - 31
流动资产	269 685.00	233 507.00	246 626.10
非流动资产	194 692.00	188 358.00	182 997.50
总资产	464 376.00	421 864.00	429 623.60
流动负债	70 293.00	58 035.00	74 804.50
非流动负债	154 048.00	133 102.00	130 072.30
总负债	224 341.00	191 137.00	204 876.80
股东权益	240 036.00	230 727.00	224 746.80
总负债及总权益	464 376.00	421 864.00	429 623.60

数据来源：SQM 年报。

参考中国人民银行授权中国外汇交易中心公布，2015 年 12 月 31 日的美元汇率 1 美元 = 6.4936 元，2016 年 12 月 31 日的汇率 1 美元 = 6.9370 元，2017 年 12 月 31 日的汇率 1 美元 = 6.5342 元。SQM 2015—2017 年资产负债表用人民币表示如表 5 - 5 所示。齐天锂业 2005—2017 年利润表用人民币表示如表 5 - 6 所示。SQM 2015—2017 年利润表用人民币表示如表 5 - 7 所示。

表 5 -5　　**SQM 2015—2017 年资产负债表**　　（单位：万元）

	2015 - 12 - 31	2016 - 12 - 31	2017 - 12 - 31
流动资产	1 751 226.52	1 619 838.06	1 611 504.26
非流动资产	1 264 251.97	1 306 639.45	1 195 742.26
总资产	3 015 471.99	2 926 470.57	2 807 246.53
流动负债	456 454.62	402 588.80	488 787.56
非流动负债	1 000 326.09	923 328.57	849 918.42
总负债	1 456 780.72	1 325 917.37	1 338 705.99
股东权益	1 558 697.77	1 600 553.20	1 468 540.54
总负债及总权益	3 015 471.99	2 926 470.57	2 807 246.53

数据来源：根据 SQM 年报及汇率计算。

表 5 -6　　**天齐锂业 2015—2017 年利润表**　　单位：万元

	2015 年	2016 年	2017 年
营业总收入	186 687.67	390 456.42	547 003.99
营业总成本	135 993.89	176 150.35	204 869.15
营业利润	51 450.83	221 655.83	342 589.65
利润总额	51 305.30	215 868.55	345 159.73
减：所得税费用	8 722.50	37 212.51	83 996.80
净利润	42 582.81	178 656.04	261 162.93

数据来源：Wind 数据库。

表5-7　SQM 2015—2017年利润表　（单位：万元）

	2015年	2016年	2017年
营业总收入	1 122 308.37	1 345 306.28	1 409 637.99
营业总成本	890 058.27	1 034 771.48	1 005 783.92
营业利润	232 250.10	310 534.81	403 854.07
除税前利润	188 814.41	278 756.41	388 517.00
减：所得税	54 396.89	92 241.29	108 580.76
持续经营净利润	137 125.35	189 040.19	279 936.24

数据来源：根据SQM年报及汇率计算。

2017年SQM的流动资产是天齐锂业的2.05倍，总资产是天齐锂业的1.57倍，净利润是天齐锂业的1.08倍，2017年度天齐锂业的营业收入约为54.7亿元，同期SQM占比23%的营业收入约为33.5亿元，SQM同期收入比天齐锂业高61.26%，由此可见天齐锂业的总资产规模、净利润和营业收入都远远不及SQM，双方企业实力存在巨大悬殊，是“蛇吞象”式并购。

2018年并购后，天齐锂业的长期股权投资出现了大幅度的增长，由表5-8可看出，天齐锂业2018年长期股权投资与2017年长期股权投资相差2 974 775.01万元，主要是因为2018年天齐锂业完成对SQM 23.77%股份的收购，此次并购天齐锂业仅取得参与权，天齐锂业对其采用权益法进行核算，加上原先2016年对SQM的2.1%的投资从可供出售金融资产重分类为长期股权投资。2018年长期股权投资占总资产的68%，其中SQM的长期股权投资的账面价值为2 970 951.36万元，占天齐锂业总资产的67%、非流动资产的73%和长期股权投资的98%。

表5-8　天齐锂业长期股权投资占总资产比

	长期股权投资（万元）	总资产（万元）	长投占总资产比（%）
2015-12-31	52 766.41	751 632.94	0.07
2016-12-31	55 602.98	1 120 593.43	0.05
2017-12-31	66 044.67	1 783 985.72	0.04
2018-12-31	3 040 819.68	4 463 392.68	0.68
2019-12-31	2 515 290.74	4 659 685.48	0.54
2020-12-31	2 346 512.66	4 203 556.44	0.56
2021-09-30	2 316 517.26	4 265 547.27	0.54

数据来源：Wind数据库。

二、天齐锂业并购SQM的背景

2012年以来，我国新能源汽车的销量从1.76万辆一路狂飙，一举占据全世界一半以上的市场份额。传统汽车利用化学能转化为动能驱动汽车前进，能量承载物质为汽油，所依赖的资源是石油，新能源汽车利用电能转化为动能驱动汽车前进，能量承载物质为锂离子，所依赖的重要资源则是锂资源，锂之于新能源汽车，正如石油之于燃油车。我国的新能源汽车推广应用财政补贴政策成为驱动高镍三元材料发展的重要力量，市场上三元材料的用量占比有望稳步提升，氢氧化锂由于熔点低和固有的化学特性，应用后可增加高镍三元材料的稳定性，市场上更需要高质量的电池级单水氢氧化锂。

新能源汽车的黄金发展带动同时期的碳酸锂价格也从2014年的不足4万元/吨飙升至2017年最高时的17.5万元/吨。但由于下游需求旺盛，锂盐生产企业的竞争主要表现在生产原料供应与产品质量方面：一方面，我国锂资源主要集中在青海、西藏、四川等地区，受资源禀赋、开发条件、提锂技术等限制，国内卤水锂和矿石锂的开发程度都较低，因此我国锂原料对外依赖度高，大部分锂原料来自澳大利亚或南美洲；另一方面，锂盐产品质量至关重要，其品质高低直接影响下游电池及整车安全性、稳定性。伴随着锂资源战略地位的逐渐凸显，提升锂资源开发速度，优化锂产业的水平质量，是现阶段我国锂资源相关行业加速发展、稳步提升的重要内容。

2014年，天齐锂业通过一系列专业的国际资本运作，再加上中投公司的支持，用短短3个月时间募资40亿元，成功上演"蛇吞象"并购泰利森，从而获得了世界品位最高、储量最大的锂辉石矿场格林布什（Greenbushes）的控制权。此次并购后正赶上新能源汽车市场爆发带来的锂市场上升周期，公司年营收从2013年的4亿元增长到2018年的62亿元，净利润则从4 000万元暴增至22亿元；股价也翻了近10倍，市值一度逼近900亿元。这次的"蛇吞象"式并购给了天齐锂业巨大的信心。

2015年底，Pampa集团宣布出售其所持SQM的股份，天齐锂业与彬彬集团介入交易。2016年9月，天齐锂业以自有资金2.09万美元购买航石资本持有的SQM发行在外的B类股5 516 772股，约占其发行在外股份总数的2.10%。2017年11月，Nutrien集团应国家要求以响应国家反垄断政策，向外抛售其下SQM的32%股权，为天齐锂业"蛇吞象"式并购SQM创造时机。

三、天齐锂业并购SQM的过程

2018年4月25日，SQM集团公司经会议决议，批准出售SQM公司并授权董事会相关人员全权负责并处理和签署与此次并购交易的相关文件。

2018年5月17日，天齐锂业召开第四届董事会第十六次会议审议通过了关于本次收购SQM公司23.77%股权的协议方案，拟以65美元/股的价格从Nutrien集团手中收购SQM公司62 556 568股A类股（Nutrien集团持有的剩余股份已通过减持方式退出），约占SQM总股本的23.77%，总交易价款为40.66亿美元（按照2018年5月17日中国外汇交易中心受权公布的人民币汇率中间价折合人民币约258.93亿元）。天齐锂业和全资子公司天齐锂业智利与交易对方Nutrien及其3个全资子公司签署协议。

2018年6月22日，第二次临时股东大会审议通过《关于签署购买SQM公司23.77%股权的协议的议案》及与本次并购相关的资产重组议案。

2018年8月9日，公司2018年第三次临时股东大会审议通过了《关于全资子公司申请并购贷款暨为全资子公司提供担保的议案》，同意公司全资子公司向中信银行股份有限公司成都分行牵头的跨境并购银团申请贷款25亿美元，向中信银行（国际）有限公司牵头的跨境并购银团申请贷款 10 亿美元。

2018 年 12 月 5 日（智利当地时间），天齐锂业完成了本次交易的价款支付和 SQM 公司 62 556 568 股 A 类股份（占 SQM 已发行的 A 类股股份的 43.80%）转让过户手续。至此，加上原持有的 SQM 公司 B 类股份 5 516 772 股（占 SQM 已发行的 B 类股股份的 4.58%），天齐锂业通过其子公司合计持有智利 SQM 公司总股份的 25.86%，成为 SQM 第二大股东。鉴于任一股东（包含其关联方）行使 A 类股表决权或 B 类股表决权的比例分别不得超过 SQM 已发行的拥有表决权的 A 类股或 B 类股的 37.5%，天齐锂业与第一大股东 Pampa 集团享有的标的公司 A 类股表决权相同，均为 37.5%。此次并购后 SQM 的股权结构如图 5－3 所示。

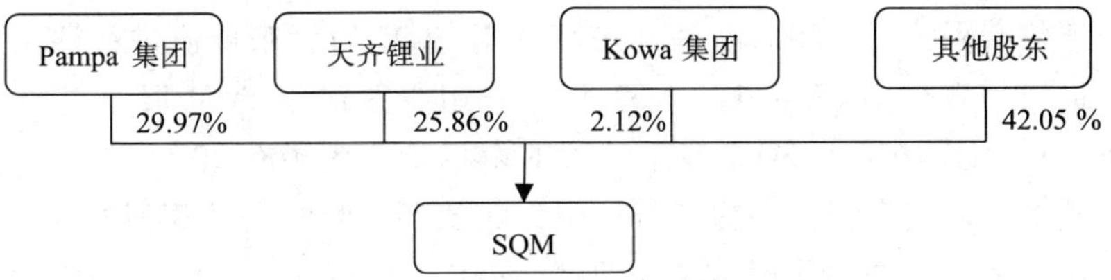

图 5－3 并购前 SQM 的股权结构

四、天齐锂业并购 SQM 的估值、融资及支付情况

（一）估值情况

在本次交易中，天齐锂业聘用专业的估值机构开元资产评估有限公司对 SQM 的价值进行评估，本次估算以持续经营为前提，采用收益法和市场比较法对 SQM 进行评估。开元资产评估有限公司的估值依据为 SQM 年报数据、委托方提供的由 SQM 出具的部分文件资料、Wind 资讯平台、行业分析资料、上市公司公开信息资料以及其他与估值相关的资料。由于天齐锂业和 SQM 地处于不同的国家，此次并购属于跨国并购，开元资产评估有限公司的评估只能依靠 SQM 公开披露的信息和财务会计报表（见表 5－9），以 SQM 持续经营的假设为前提，对 SQM 的价值进行评估。

表 5－9 SQM 2015—2017 年合并利润表 （单位：万美元）

	2015 年	2016 年	2017 年
营业总收入	172 833.00	193 932.00	215 732.30
营业总成本	137 067.00	149 167.00	153 926.10
营业成本	118 558.00	132 829.00	139 482.20
营业开支	18 509.00	16 339.00	14 443.90
营业利润	35 766.00	44 765.00	61 806.20
加：利息收入			1 349.00
减：利息支出	5 828.00	4 695.00	5 012.40
加：权益性投资损益			

续表

	2015 年	2016 年	2017 年
其他非经营性损益	-860.00	114.00	
非经常项目前利润	29 077.00	40 184.00	59 459.00
加：非经常项目损益			
除税前利润	29 077.00	40 184.00	59 459.00
减：所得税	8 377.00	13 297.00	16 617.30
持续经营净利润	21 117.00	27 251.00	42 841.70

数据来源：Wind 数据库。

开元资产评估有限公司采用收益法和市场法对 SQM 的股东价值进行评估，根据评估机构出具的估值报告，截至 2017 年 12 月 31 日，采用收益法下 SQM 股东权益的市场价值为 160.05 亿美元，采用市场法下 SQM 股东权益的市场价值为 166.80 亿美元。因 SQM 主营业务涉及的板块较多，矿资产资源和化工行业中无法找到与目标公司相似的公司，最终开元资产评估有限公司采用权益法的估值结论，即截至 2017 年 12 月 31 日，SQM 股东权益的市场价值为 160 亿美元，对应的 23.77% 的股权价值应为 38.04 亿美元。

在本次交易中，天齐锂业最终并没有以评估机构开元资产评估有限公司给出的 SQM 评估价值作为交易价格，而是出于自身判断和谈判能力，最终以收购价为 65 美元/股的价格收购 SQM 23% 的股份，截至 2018 年 5 月 17 日，SQM 的 A 类股的收盘价为 55.10 美元（根据当日智利比索与美元的汇率收盘价折算），纽约证券交易所 B 类股的收盘价为 54.96 美元，本次交易价格较 2018 年 5 月 17 日 A 类股和 B 类股价格分别溢价 17.97% 及 18.27%。此次并购总价 40.66 亿美元，与评估价格 38.04 亿美元相差 2.62 亿美元，相对溢价 6.89%。

根据协议天齐锂业可以派出 3 名董事，且占股 20% 以上，天齐锂业判断能够对该公司产生重大影响，故按权益法进行核算，根据 SQM 的盈利情况确认长期股权投资的账面价值。天齐锂业此次并购取得的是参与权并不是控制权，天齐锂业将其列为长期股权投资。

受 2018 年以来锂行业调整价格持续下降、国内新能源汽车补贴降低及缩减扩产计划等影响，2019 年天齐锂业对长期股权投资——SQM 进行减值测试，经测试，对 SQM 计提减值准备约 52.79 亿元人民币（见表 5-10），而 2019 年当年天齐锂业的营业收入也仅 48.41 亿元人民币，远远不够所计提的长期股权投资减值准备，将近 53 亿元的减值准备严重拖累天齐锂业当年的净利润。

表 5-10　天齐锂业长期股权投资——SQM　（单位：万元）

	2018 年	2019 年	2020 年
期初余额	0.00	2 970 951.36	2 459 905.92
追加投资	2 972 970.53	0.00	0.00
减少投资	0.00	3 423.35	0.00
权益法下确认的投资损益	4 928.01	40 251.29	17 478.61
其他综合收益调整	0.00	268.52	-7 695.15
其他权益变动	0.00	0.00	0.00

续表

	2018 年	2019 年	2020 年
宣告发放现金股利或利润	13 411.43	69 246.17	26 619.88
计提减值准备	0.00	527 937.65	0.00
其他	6 464.25	49 041.92	-146 597.90
期末余额（账面价值）	2 970 951.36	2 459 905.92	2 296 471.61
减值准备期末余额	0.00	527 937.65	493 784.64

数据来源：天齐锂业年报。

（二）融资情况

此次并购需要支付的资金总额约 42.26 亿美元，其中交易价款为 40.66 亿美元，融资服务费、交易顾问费用和印花税等交易税费预计约 1.60 亿美元。天齐锂业通过公司澳洲全资子公司 TLAI1 向中信银行股份有限公司牵头的跨境并购银团（以下简称“境内银团”）贷款 25 亿美元，通过公司澳洲全资子公司 TLAI2 向中信银行（国际）有限公司（以下简称“境外银团”）牵头的跨境并购银团贷款 10 亿美元，借款金额占本次交易金额的 82.82%，剩下的资金由天齐锂业自有资金补齐。此时可以测算出债务杠杆为 7.26∶35 = 1∶4.82，也就是说，天齐锂业利用 7.26 亿美元的自有资金撬动了 35 亿美元的债务融资，资金杠杆为 4.82 倍（银团贷款/自有资金 + 初始托管资金）。

此次并购 SQM 的交易价格约为 40.66 亿美元，参照签署日 2018 年 5 月 17 日中国人民银行授权中国外汇交易中心公布的汇率中间价 1 美元兑人民 6.3679 元计算，成交金额约为 258.9 亿元。

天齐锂业的资金来源于企业自有资金、境内银团贷款境外筹集资金和境外银团贷款并购银团贷款三部分，为了顺利获得贷款，天齐锂业将其持有的 23.77% 和其子公司的资产和股权进行质押，境内和境外银团采用余额包销方式进行承销，无论银团资金情况如何都得按时发放贷款，这就保障了资金及时到位以支付并购金额，推进此次并购成功。

天齐锂业融资结构中债务融资占融资金额的 82.82%，剩下的 17.18% 为企业自有资金，融资金额以负债融资为主。天齐锂业融资安排、融资结构如图 5 - 4、表 5 - 11 所示。

天齐锂业对于 35 亿美元巨额贷款的还款安排主要以长期借款为主，A 类和 C 类合计 23 亿美元应于 2020 年 11 月 29 日到期，B 类贷款 12 亿元应于 2023 年 11 月 29 日到期（见表 5 - 12、表 5 - 13）。

如表 5 - 14 所示，并购前 2017 年天齐锂业的财务费用仅约为 0.5 亿元，并购当年 2018 年的财务费用急速上升为 4.7 亿元，同比增长 751.4%，主要是为完成购买 SQM 23.77% 股权新增银团借款 35 亿美元导致利息支出增加、当年 2 月份发行 3 亿元公司债券利息支出和美元对澳元汇率上升导致汇兑损失增加所致，因这场豪赌所引起的 35 亿美元贷款所产生的利息吞噬天齐锂业大部分利润。2019 年的财务费用约为 20.28 亿元，同比增长 330.74%，并购贷款 35 亿元产生利息费用合计约 16.50 亿元人民币，同时期天齐锂业天齐锂业的营业收入仅为 48.41 亿元，财务费用约占营业收入的 42%，表示 2019 年天齐锂业的营业收入近一半需要用于支付并购 35 亿美元所产生的利息。2020 年 1 月天齐锂业偿还 C 类贷款 4.16

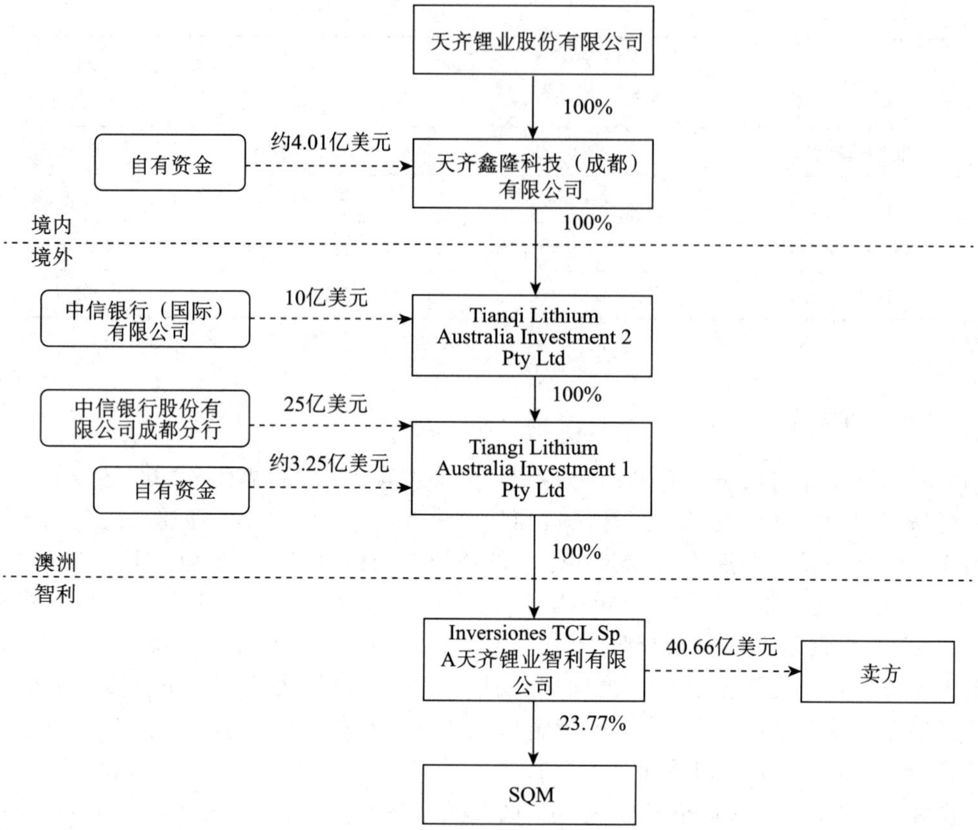

图 5-4 天齐锂业融资安排

表 5-11 天齐锂业融资结构

主体	资金来源	贷款类别	金额（亿美元）	期限	占比（%）
TLA2	中信银行（国际）有限公司牵头的跨境并购银团	C	10	1+1	82.82
TLA1	中信银行股份有限公司成都分行牵头的跨境并购银团	A	13	1+1	
TLA1	中信银行股份有限公司成都分行牵头的跨境并购银团	B	12	3+1+1	
天齐鑫隆	自有资金		4.01		17.18
TLA1	初始托管资金		3.25		
合计			42.26		

数据来源：天齐锂业公告。

表 5-12 天齐锂业 35 亿美元贷款还款安排

贷款类别	金额	期限	计息时间	付息安排	还款安排
A	13 亿美元	1+1	2018 年 11 月 29 日	3 个月	到期后一次还本付息

续表

贷款类别	金额	期限	计息时间	付息安排	还款安排
B	12亿美元	3+1+1	2018年11月29日	6个月	三种安排：①3年到期后一次性还本；②3年到期后偿还30%，第4年偿还70%；③3年到期后偿还30%，第4、第5年分别偿还30%、40%
C	10亿美元	1+1	2018年11月29日	3个月	到期后一次性还本

数据来源：天齐锂业公告。

表5-13　　2017—2021年天齐锂业短期、长期负债情况　　（单位：万元）

	2017-12-31	2018-12-31	2019-12-31	2020-12-31	2021-09-30
短期借款	84 160.21	193 821.26	319 099.03	273 678.11	185 749.52
占总负债比	11.68%	5.93%	8.47%	7.91%	7.19%
一年内到期的非流动负债	22 668.48	66 294.16	1 640 317.17	2 095 752.23	135 991.92
占总负债比	3.15%	2.03%	43.52%	60.57%	5.26%
同期增长	57.64%	192.45%	2374.30%	27.77%	-93.51%
长期借款	143 334.73	2 532 605.93	1 225 471.18	438 608.76	1 519 305.34
占总负债比	19.89%	77.46%	32.52%	12.68%	58.78%
同期增长	7.30%	1 666.92%	-51.61%	-64.21%	246.39%
负债合计	720 488.26	3 269 670.27	3 768 740.53	3 460 304.02	2 584 651.02

数据来源：天齐锂业年报整理。

亿美元，剩余未偿还本金为30.84亿美元，产生的利息约为14.09亿元人民币，本年度财务费用约为13.3亿元，同比减少34.45%，虽然财务费用减少但财务费用依旧侵蚀天齐锂业营业收入的大部分，对公司经营业绩影响依然较大。2021年，天齐锂业为了获得银团贷款延期，增资扩股引进IGO获得资金约14亿美元，其中12亿美元用于偿还银团贷款12亿美元及利息，2021年中报显示天齐锂业的财务费用同比减少40.23%，但天齐锂业沉重的财务压力依旧没减，将于2022年11月25日到期的银团贷款本金约为6.68亿美元。

表5-14　　2017—2021年天齐锂业财务费用　　（单位：万元）

	2017年年报	2018年年报	2019年年报	2020年年报	2021年中报
利息支出	12 704.56	41 513.21	204 541.57	182 010.40	66 094.20
减：利息收入	3 218.45	6 265.49	895.94	707.02	161.24
加：汇兑损益	-4 945.01	11 016.07	-2 024.84	-49 692.95	13 042.35
其他	990.03	828.09	1 222.36	1 346.07	498.03
财务费用	5 531.12	47 091.88	202 843.16	132 956.50	79 473.33

数据来源：天齐锂业年度报告整理。

此次收购，天齐锂业自筹资金7.26亿美元，向银团借款35亿元，杠杆率高达5倍。为了完成收购标的1.57倍于天齐锂业总资产的SQM，天齐锂业原先设置的方案先通过银团借款解决并购资金问题，之后再通过H股上市融资偿还本金和利息。天齐锂业在2018年向香港联交所递交上市申请，以期募集100亿—200亿元资金来偿还SQM的并购贷款，希望通过此次股权筹资将资产负债率从73.26%降至行业正常水平。但锂化工产品在经历2016—2018年初的价格高涨后，行业内供需关系发生变化，锂化工产品由2018年的17万元/吨下跌至2019年6月底的8万元/吨，若强行发行H股，天齐锂业无法获得理想的估值，也会导致股东利益的稀释，因此天齐锂业取消了H股上市筹资的计划，将资金筹资方向放在A股上。2018—2021年，天齐锂业尝试多种融资途径解决贷款压力，包括发行可转换公司债券、发行境外美元债、向全体股东配股和增资扩股引进IGO等融资方案，但只完成了2起融资方案。

天齐锂业并购SQM后主要依靠股权融资进行再融资。如表5－15所示，天齐锂业2017—2021年前三季度偿还债务所支付的现金分别是30.18亿元、16.02亿元、36.8亿元、64.57亿元和115.69亿元，2019年天齐锂业通过配股的方式筹集资金29.05亿元，2021年以TLEA的49%股份引进战略投资者IGO筹集资金约14亿元，因此2019年和2021年前三季度筹资活动可以满足偿还债务支付所需要的现金，但天齐锂业对将于2020年11月29日到期的18.84亿美元债务束手无措，导致这一年筹资活动现金流入量比需要偿还债务支付的现金远远少了21亿元，筹资活动产生的净流量出现负数，对天齐锂业的现金流产生巨大压力，天齐锂业不得不和银团签署展期函，以股权质押、引进IGO和偿还不少于12亿美元的条件获得了喘息机会。

表5－15　2017—2021年前三季度天齐锂业现金流量表

	2017年	2018年	2019年	2020年	2021年前三季度
吸收权益性投资收到的现金	160 446.89	—	290 849.12	—	907 102.91
取得借款收到的现金	413 807.89	2 700 004.46	656 306.59	426 529.51	297 142.99
收到其他与筹资活动有关的现金	2 666.39	29 955.03	18 184.40	3 218.50	—
筹资活动现金流入小计	576 921.17	2 729 959.49	965 340.11	429 748.01	1 204 245.90
偿还债务支付的现金	301 824.95	160 153.41	368 024.75	645 685.68	1 156 859.42
筹资活动现金流出小计	350 526.01	375 628.99	562 387.78	781 970.77	1 279 275.10
筹资活动产生的现金流量净额	226 395.16	2 354 330.50	402 952.33	－352 222.76	－75 029.20

数据来源：Wind数据库。

截至2021年12月，天齐锂业累计通过配股募集资金和引进IGO偿还35亿美元债务的46.17%，共计16.16亿美元，天齐锂业累计未偿还银团借款18.84亿美元，其中将于2022年11月25日到期的借款有6.84亿美元，将于2024年11月29日到期的借款有12亿美元，约占35亿美元债务的53.83%（见表5－16）。

表5－16　天齐锂业后期实际银团贷款还款情况　（单位：亿美元）

主体	贷款类别	贷款金额	2019年	2020年	2021年	截至2021年12月31日未还金额	到期时间
TLA1	A	13	—	—	8.57	4.43	2022年11月25日
TLA1	B	12	—	—	—	12	2024年11月29日

续表

主体	贷款类别	贷款金额	2019 年	2020 年	2021 年	截至 2021 年 12 月 31 日未还金额	到期时间
TLA2	C	10	—	4.16	3.43	2.41	2022 年 11 月 25 日
合计				4.16	12	18.84	

数据来源：天齐锂业年报整理。

（三）支付情况

天齐锂业此次并购 SQM 采用现金支付方式。

此次天齐锂业为了获得银团的资金支持，将公司主要控股子公司的股权和资产以及参股公司的大部分股权质押给了并购贷款银团，导致公司进一步借款融资的能力大幅受限，公司只能依靠自身的经营利润及 SQM 的分红偿还并购时产生的巨额贷款。

如表 5－17 所示，2017—2021 年第三季度天齐锂业的营业收入呈现下降的趋势，2021 年有所回暖；净利润和归属于母公司股东的净利润的变动趋势一致，整体呈现“V”字形，2019 年下降的幅度最大，下降幅度远超营业收入下降的幅度，这也是天齐锂业自上市以来净利润第二次出现负数，2020 年的净利润依旧为负数，若天齐锂业 2021 年的净利润依然为负数，其将面临 ST 的危险；销售毛利率呈现下降的趋势，到 2021 年第三季度有所反弹。天齐锂业并购前营业收入、净利润及归属母公司股东的净利润均呈上升趋势，只不过增速较慢。2019 年营业收入、净利润及归属母公司出现跳楼价式的下降，净利润及归属母公司股东的净利润由正转为负数。

表 5－17　2017—2021 年第三季度天齐锂业利润　（单位：万元）

	2017 年	2018 年	2019 年	2020 年	2021 年前三季度
营业总收入	547 003.99	624 442.00	484 061.53	323 945.22	387 271.86
同比增长（%）	40.09	14.16	－22.48	－33.08	59.58
净利润	261 162.93	280 434.07	－548 233.46	－112 737.52	69 714.84
同比增长（%）	46.18	7.38	－295.49	79.44	221.88
归属母公司股东的净利润	214 503.88	220 011.22	－598 336.25	－183 376.57	52 980.95
同比增长（%）	41.86	2.57	－371.96	69.35	148.02
毛利率（%）	70.14	67.60	56.56	41.49	53.28

数据来源：Wind 数据库。

从经营现金净流量的数量来看（见表 5－18），天齐锂业 2017—2021 年天齐锂业的经营活动产生的净流量呈下降趋势，2019 年和 2020 年的下降比例达到－34.95%和－70.34%，2021 年第三季度有所回升，但相对应的企业需要偿还债务支付的现金 2017—2021 年第三季度分别是 30.19 亿元、16.02 亿元、36.8 亿元、64.57 亿元和 115.69 亿元，分别是当年经营活动产生的现金流量金额的 0.98 倍、0.44 倍、1.56 倍、9.27 倍、8.38 倍，天齐锂业仅仅依靠自身的经营利润根本无力支付迫在眉睫的债务。

表 5－18 2017—2021 年第三季度天齐锂业现金流 （单位：万元）

	2017 年	2018 年	2019 年	2020 年	2021 年前三季度
销售商品、提供劳务收到的现金	553 197.72	684 560.00	552 113.15	343 218.61	336 808.51
经营活动产生的现金流量净额	309 461.89	361 997.53	235 492.70	69 643.42	138 002.04
经营现金净流量同比增长（%）	74.21	16.98	－34.95	－70.43	107.47
偿还债务支付的现金	301 824.95	160 153.41	368 024.75	645 685.68	1 156 859.42
营业收入现金含量	1.01	1.10	1.14	1.06	0.87
净利润现金净含量	1.18	1.29	－0.43	－0.62	1.98

如表 5－19 所示，2017—2021 年前三季度，天齐锂业资产负债率分别为 40.39%、73.26%、80.88%、82.32%、60.59%，呈上升趋势，在天齐锂业并购 SQM 当年更是突飞猛进达到了 73.26%，之后两年一直居高不下，2021 年第三季度偿还了部分银团贷款之后才有所下降；同期行业可比公司资产负债率均值分别为 46.9%、48.04%、50.97%、46.84%、45.87%；天齐锂业的资产负债率在并购前偿债能力表现一直优于同行业水平，但并购 SQM 后资产负债率一直远超行业均值，居高不下。

表 5－19 2017—2021 年天齐锂业与同行业资产负债率 （单位：%）

	2017－12－31	2018－12－31	2019－12－31	2020－12－31	2021－09－30
天齐锂业	40.39	73.26	80.88	82.32	60.59
行业均值	46.90	48.04	50.97	46.84	45.87

数据来源：国泰安数据库。

2017—2021 年天齐锂业的现金流量比率呈下降趋势，2021 年有所上升，2020 年下降的增幅最大（见表 5－20）。

表 5－20 2017—2021 年天齐锂业与同行业流动比率、速动比率短期偿债能力表

		2017－12－31	2018－12－31	2019－12－31	2020－12－31	2021－09－30
流动比率	天齐锂业	3.11	0.88	0.29	0.11	0.51
	行业均值	2.35	1.79	1.81	2.07	1.91
速动比率	天齐锂业	2.92	0.75	0.25	0.07	0.38
	行业均值	1.58	1.19	1.22	1.44	1.31
现金流量比率	天齐锂业	2.09	0.30	0.19	0.04	0.17
	行业均值	0.51	0.31	0.32	0.46	0.30

数据来源：国泰安数据库。

2018—2021 年第三季度，天齐锂业并购后在购建固定无形长期资产支付的现金金额分别达到 34.28 亿元、37.35 亿元、9.63 亿元和 6.53 亿元，累计 87.76 亿元，分别占当期经营活动现金净流量的 94.69%、158.62%、138.26% 和 47.29%（见表 5－21）。

表 5－21 2017—2021 年资本支出与经营现金净流量 （单位：万元）

	2017 年	2018 年	2019 年	2020 年	2021 年前三季度
购建固定无形长期资产支付的现金	155 952.65	342 758.76	373 539.70	96 286.28	65 256.14
经营活动现金净流量	309 461.89	361 997.53	235 492.70	69 643.42	138 002.04
资本支出占现金净流量比（%）	50.39	94.69	158.62	138.26	47.29

数据来源：天齐锂业年度报告。

此外，在建项目的发展并不及天齐锂业预期。第一期氢氧化锂项目自 2016 年 9 月至 2021 年 6 月底已将近投入澳元 7.41 亿元，折合成人民币 35.97 亿元，预期 2019 年年底可达到预计可使用状态，但天齐锂业因缺乏足够的资金、专业的人才和新设备还未达标等原因暂缓调试，直到 2020 年引进 IGO，天齐锂业 2020 年年底重启第一期氢氧化锂的调试工作。第二期氢氧化锂工程自 2017 年 10 月至 2021 年 6 月底已投入 12.52 亿元，但因资金匮乏暂停第二期项目的建设。目前，第一期氢氧化锂项目和第二期氢氧化锂项目累计实现收益均为零（见表 5－22、表 5－23）。

表 5－22 2016—2020 年天齐锂业财务数据表 （单位：万元）

	2016 年	2017 年	2018 年	2019 年	2020 年
营运资金	94 536.15	533 540.48	－51 911.06	－1 589 351.00	－2 395 816.42
息税前利润	225 419.65	350 690.85	410 463.60	－245 177.58	27 543.40
营业收入	390 456.42	547 003.99	624 442.00	484 061.53	323 945.22

数据来源：国泰安数据库。

表 5－23 2016—2020 年天齐锂业财务数据表 （单位：万元）

	2016－12－31	2017－12－31	2018－12－31	2019－12－31	2020－12－31
留存收益	175 530.78	372 135.06	569 305.22	－49 587.92	－232 964.49
期末权益市值	3 199 105.93	6 042 190.89	3 330 634.75	4 457 885.94	5 784 157.48
总资产	1 120 593.43	1 783 985.72	4 463 392.68	4 659 685.48	4 203 556.44
总负债	541 140.83	720 488.26	3 269 670.27	3 768 740.53	3 460 304.02

数据来源：国泰安数据库。

五、讨论问题

1. 天齐锂业“蛇吞象”式并购 SQM，可能面临哪些估值风险？你认为应如何防范这些风险？

2. 天齐锂业“蛇吞象”式并购 SQM，面临哪些融资风险？你认为应如何防范这些风险？

3. 天齐锂业“蛇吞象”式并购 SQM，面临哪些支付风险？你认为应如何防范这些风险？

案例使用说明书

一、本案例要解决的关键问题

本案例将天齐锂业并购 SQM 的财务风险作为研究对象，以“蛇吞象”式财务风险相关理论作为依据，对目标企业选择及估值风险、并购实施阶段的财务支付方式、融资方式选择等风险进行梳理分析，为今后企业“蛇吞象”式并购提供一定的财务风险控制经验。

二、案例讨论的准备工作

为了有效实现本案例目标，学生应该具备下列相关知识背景：

（一）理论知识背景

1. 相关概念

（1）杠杆并购。杠杆并购始于20世纪80年代美国投资银行。具体操作是并购方为并购设立 SPV 并管理目标公司的利润，同时从投资银行或其他渠道获得过渡贷款。并购完成之后，通过发行债券将债务转移给目标公司，利用目标公司的资产和目标公司业务产生的现金流来偿债。由于中国和西方的资本市场发展不同步，杠杆并购的使用受到了一定的限制，但自第五次并购浪潮以来，杠杆收购的本土化逐渐得到了认可。

（2）“蛇吞象”式并购。并购模式一般有三种：一是并购方资产规模远大于目标企业，则为以大并小并购；二是并购方资产规模与目标企业相当；三是并购方资产规模远小于目标企业，就是“蛇吞象”式并购。

“蛇吞象”式并购是指并购方借助外部资金，并购资产规模和营业收入远超自身的目标企业，以较少的自有资金进行资本运作。“蛇吞象”式并购的出现得益于杠杆并购的发展。

2. “蛇吞象”式并购相关理论

（1）信息不对称理论。在并购的过程当中，由于并购方与目标企业分别代表不同公司的利益，两者之前对目标企业所掌握信息的程度不一样，就导致了信息不对称。通常来说，并购方掌握的信息越全面、真实和准确，就越能清晰判断出目标企业公开发布以及内部提供的信息的真伪性，更加理性地看待目标企业的真实价值，从而作出正确的判断。一般而言，信息不对称导致并购方通常处于劣势方，很难通过评估机构掌握到目标企业非公开的信息，这会导致并购前并购方对目标企业估值偏差，导致估值风险。

（2）代理成本理论。当企业的规模逐渐扩大，股东和公司管理层因各自的立场和目的存在差异而导致其作出不同的决策。通常情况下，企业会采取一定的措施，比如股权激励、发放现金股利和完善管理机制等，以此来促进公司所有者和代理人目标的一致，代理成本应运而生。“蛇吞象”式并购的出现可以在某种程度上减少企业的代理成本。“蛇吞象”式并购可以借助外部融资方式并购资产规模、营业收入远大于自身的企业，甚至是龙头企业，因此管理层为了防止被并购的风险，会更加认真工作，无形中给管理层增加了压力，促使公司所有者和代理人目标一致，减少代理成本。

(3) 市场势力理论。市场势力理论认为企业之间的并购可以建立起行业壁垒，从而减少潜在竞争者的加入，更易于在行业中处于垄断地位，因此企业之所以并购不是为了提高自身效率，而是为了获得在市场中取得绝对地位，促进成本的降低和利润的增长。因此“蛇吞象”式并购的出现和发展让原先不具备经济规模效应的小企业可以迅速拥有一家生产链完整、产品成本较低和行业地位名列前茅的知名企业，从而迅速提高自身规模，有效整合市场资源，这也导致部分企业为了抢占市场绝对地位而盲目自信并购与战略发展不符合的目标企业，导致并购风险。

3. “蛇吞象”式并购的特点

(1) 并购双方体量悬殊。“蛇吞象”式并购区别于普通的并购，最大的区别就是并购方和目标企业两者之间的体量存在明显差距，目标企业通常在企业规模、市场经营、营业收入及技术等方面均优于并购方，这就导致在并购过程中存在身份落差。

(2) 高负债。因目标企业的体量过大，并购方的自有资金无法负担并购金额，需要借助外部融资的方式来获得剩余的资金。通常来说，“蛇吞象”式并购中并购方出资金额仅占并购总金额的10%左右，剩余所缺并购资金并购方会通过股权融资、向金融机构借款和发行债券等方式来筹集，形成了“蛇吞象”式并购的融资风险。

(3) 高风险。若“蛇吞象”式并购的资金通过杠杆的方式进行融资，则需要在规定的时间内偿还债务，面临债务违约的风险，同时因“蛇吞象”式并购会将子公司的资产和股权质押给借款机构，导致并购后后期融资方式受限，易引起再融资风险。

(4) 高收益。“蛇吞象”式并购可以通过杠杆融资充分发挥财务杠杆作用，以极少的自有资金并购具有资产、收益和行业优势的目标企业，可以快速实现生产规模的扩大、资源的整合和行业地位的提升。此外，大举借债时所支付的利息作为财务费用可以减少计税依据，减少并购方整体的负税压力。

（二）锂行业背景

锂行业是有色金属行业的稀有金属子行业的一部分，其自身相比于其他能源具有一定的优势，比如质量最轻、得失电子能力强和转移比例高，是制作电池的优质原料，被称为天生的“能源金属”。锂对于新能源汽车重要性就如汽油对汽车的重要性。

锂行业的上游主要是锂资源的开发，目前锂可以通过盐湖和挖锂矿石两种方式获得；中游主要负责初级锂化工产品和二次锂化工产品的生产，比如碳酸锂、氢氧化锂和氯化锂等；下游是锂产品的终端消费，经过化工产品的加工可制作应用到电池、航天和玻璃等领域中（见图 5－5）。锂行业具有下游受宏观经济因素影响而需求变动快速、上游供给链释放速度较慢、重资产等特点，是典型的周期性行业，对于锂行业来说，掌握了锂资源就相当于掌握了绝对话语权。

锂主要存在两种形式，一是锂矿石，包括锂辉石和锂云母；二是盐湖提锂，包括碳酸盐、硫酸盐和氯化物。锂资源在全球分布不均匀，如图 5－6、图 5－7 所示，锂资源储量从高到低分别是智利、澳大利亚、阿根廷、中国、美国等，我国排名第四，约占全球锂资源储量的6%，优质的锂矿石资源分布在澳大利亚，优质的盐湖分布在南美三角地区即智利、阿根廷和玻利维亚等，本次的目标企业 SQM 位于智利，其下拥有智利北部 Caliche 矿床和 Salar

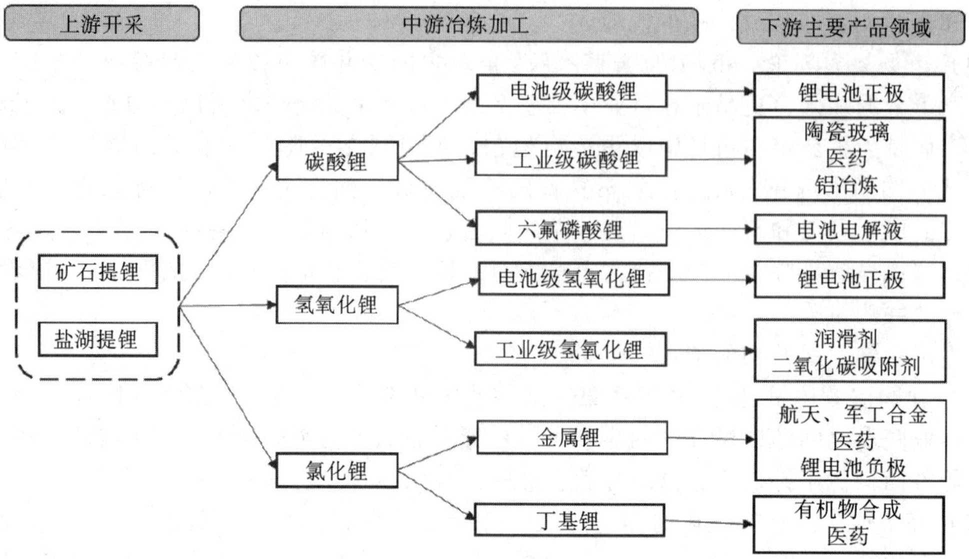

图 5-5　锂产业链

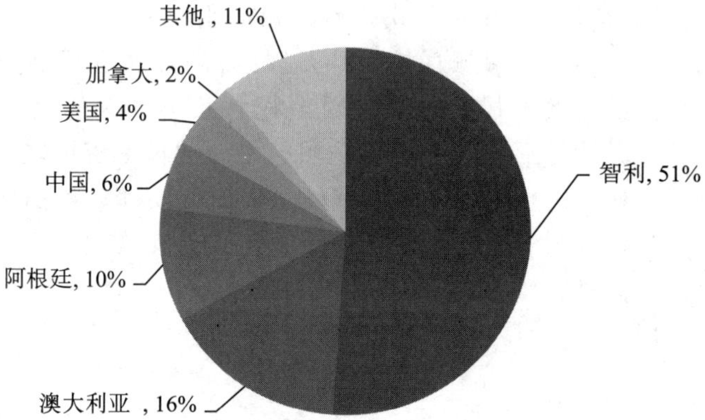

图 5-6　全球锂资源储备量分布情况

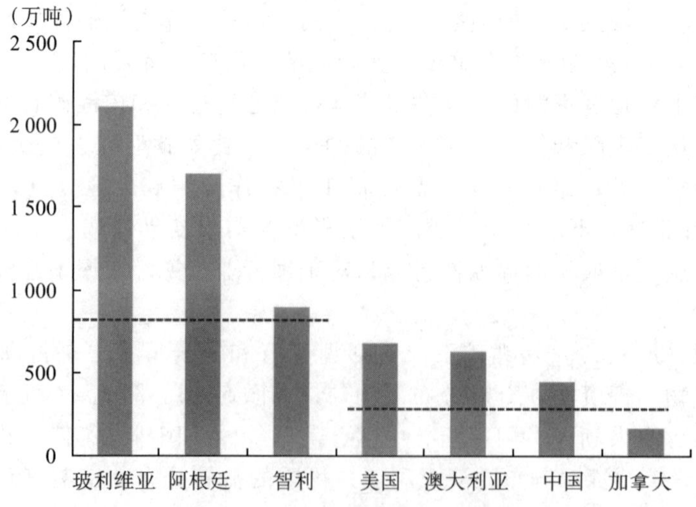

图 5-7　全球锂资源量分布情况

de Atacama 盐湖的开采权。虽然我国锂资源储量在全球中名列前茅，但锂资源量在全球中排名第六位，而玻利维亚与我国的情况相反，其锂资源储量不丰富但锂资源量占全球第一，这主要是因为我国锂资源主要分布在青海、西藏和四川等地，开发难度大和提锂成本较高等原因导致我国锂资源大多数依赖进口。

三、案例分析要点

（一）天齐锂业并购 SQM 财务风险分析

并购的关键之处在于：第一，选择合适的企业并支付合理的价格，而评估结果很大程度上来自企业对未来的预期，因此评估结果成为财务风险的重要节点之一。第二，资本结构则取决于公司并购资本的安排，即公司为并购而筹集资金的形式，这在评估和支付的决策过程中已经确定。第三，融资方式则为支付方式提供资金上的支持，并在一定程度上限制和影响着支付方式的选择。由此来看，评估、融资和支付这三个方面相互影响、相互制约，共同构成了“蛇吞象”式并购过程中的财务风险。

本案例从估值风险、融资风险、支付风险这三个方面展开分析。

1. 估值风险分析

估值风险主要是对目标企业的价值进行评估时所产生的风险，即由于并购方对目标企业的资产价值和获利能力估计过高而超过了自身的承受能力，导致面临较大的债务压力和经营困境。

从估值风险的角度来看，天齐锂业此次并购风险主要在于：

（1）信息不对称风险。在本次交易中，天齐锂业聘用专业的估值机构开元资产评估有限公司对 SQM 的价值进行评估，本次估算以持续经营为前提，采用收益法和市场比较法对 SQM 进行评估。开元资产评估有限公司的估值依据为 SQM 年报数据、委托方提供的由 SQM 出具的部分文件资料、Wind 资讯平台、行业分析资料、上市公司公开信息资料以及其他与估值相关的资料。由于天齐锂业和 SQM 地处于不同的国家，此次并购属于跨国并购，开元资产评估有限公司只能依靠 SQM 公开披露的信息和财务会计报表，数据的真实性及完整性存在缺陷。同时，财务会计报表作为目标企业所能提供信息的核心部分，目标企业的管理人员可能会存在为了提高公司价格，而有意隐瞒公司的财务潜亏损、负债等不利消息，夸大技术专利、品牌价值、市场地位等无形资产，评估机构无法对这些信息进行甄别，从而导致信息不真实、不准确或不完整等问题影响评估机构预估目标企业的未来收益能力，造成并购方决策人作出错误的评估结果，这就是信息不对称所导致的风险。

（2）SQM 的内在价值衡量风险。开元资产评估有限公司以 SQM 持续经营的假设为前提，对 SQM 的价值进行评估。2015—2017 年 SQM 营业收入和净利润都在不断上升，主要是因为新能源汽车行业带来的锂电池广泛的应用和良好的前景，以及全球市场锂产品需求大幅上升；由于锂产品保持供不应求的状态，使得锂产品的销售价格大幅增加，下游锂产品需求持续旺盛，锂及其衍生品业务的销售收入及毛利率均快速增长，SQM 业绩中锂相关业务板块的收益占比也快速扩大，其利润率也在各业务板块中居于第一位，带动整体利润；同时 2016 年、2017 年 SQM 的分红比率高达 100%。为了更加准确地评估 SQM 的市场价值，天齐锂业聘用了国内专业的评估机构开元资产评估有限公司进行评估。

开元资产评估有限公司采用收益法和市场法对 SQM 的股东价值进行评估，根据评估机构出具的估值报告，截至 2017 年 12 月 31 日采用收益法下 SQM 股东权益的市场价值为 160.05 亿美元，采用市场法下 SQM 股东权益的市场价值为 166.80 亿美元。因 SQM 主营业务涉及的板块较多，矿资产资源和化工行业中无法找到与目标公司相似的公司，最终开元资产评估有限公司采用权益法的估值结论，即截至 2017 年 12 月 31 日 SQM 股东权益的市场价值为 160 亿美元，对应的 23.77% 的股权价值应为 38.04 亿美元。采用收益法有利有弊，收益法考虑到了企业未来的收益增值，但它具有明显的缺陷，在预测营业收入、营业成本和未来现金流量等财务数据时受评估人员和并购方的主观判断影响较大，且因宏观环境的不可预测与多变性比如锂行业未来发展趋势、下游企业的利好政策和同行业之间的竞争等因素，因此加大了采用权益法结果的估值风险。

同时此次评估过程中，对 SQM 未来收益估值过于乐观，估值报告中的宏观环境均为对 SQM 未来发展有利的信息，缺乏对 SQM 所在国家、非财务报表信息和竞争对手的分析。SQM 作为一家智利企业，其生产经营以及阿塔卡玛盐湖的开采权都受当地的政府影响，这次 Nutrien 集团抛售股权这一决策也是响应当地政府反垄断政策。同时 SQM 的主营业务是锂资源开发和锂化工产品生产，极易受地质灾害、环境污染事故和操作不当的影响，而产生额外的支出。SQM 作为全球锂矿行业中的佼佼者，竞争压力更大，若无法在瞬息万变的宏观环境下保持自身的竞争优势，盈利能力会受到影响。

（3）天齐锂业过度自信。在本次交易中，天齐锂业并没有以评估机构开元资产评估有限公司最终给出的评估价值作为交易价格，而是出于自身判断和谈判能力最终以 65 美元/股的价格收购 SQM 23% 的股份。截至 2018 年 5 月 17 日，SQM 的 A 类股的收盘价为 55.10 美元（根据当日智利比索与美元的汇率收盘价折算），纽约证券交易所 B 类股的收盘价为 54.96 美元，本次交易价格较 2018 年 5 月 17 日 A 类股和 B 类股价格分别溢价 17.97% 及 18.27%。此次并购总价 40.66 亿美元，与评估价格 38.04 亿美元相差 2.62 亿美元，相对溢价 6.89%。

一方面，天齐锂业选择并购的时间恰好处在基础锂盐行业进入周期性调整期，锂及其化合物长期供大于求导致价格走低，锂行业出现了下降的趋势，此时并购无疑是在 SQM 市值最高峰的时点买下 SQM 这 23.77% 的参与权。另一方面，天齐锂业本次支付方式较为单一，全部采用现金支付，这也从侧面反映天齐锂业对自身融资能力及偿债能力的过度自信。然而 SQM 未来的盈利能力却不及天齐锂业的预期。

根据协议，天齐锂业可以派出 3 名董事，且占股 20% 以上，天齐锂业判断能够对该公司产生重大影响，故按权益法进行核算，根据 SQM 的盈利情况确认长期股权投资的账面价值。过高的估值给天齐锂业埋下了祸根，因天齐锂业此次并购取得的是参与权并不是控制权，天齐锂业将其列为长期股权投资，若 SQM 公司在未来的生产经营过程中也能会由于政策变动、行业竞争更加严峻等因素影响企业的经营业绩，在企业业绩明显下滑的情况下该项股权投资会出现减值风险。

受 2018 年以来锂行业持续调整价格持续下降、国内新能源汽车补贴降低及缩减扩产计划等影响，2019 年天齐锂业对长期股权投资—SQM 进行减值测试，经测试，对 SQM 计提减值准备约 52.79 亿元人民币，而 2019 年当年天齐锂业的营业收入也仅 48.41 亿元人民币，远远不够所计提的长期股权投资减值准备，将近53亿元的减值准备严重拖累天齐锂业当年的净利润（见表5-24）。

表5-24 天齐锂业长期股权投资—SQM （单位：万元）

	2018年	2019年	2020年
期初余额	0.00	2 970 951.36	2 459 905.92
追加投资	2 972 970.53	0.00	0.00
减少投资	0.00	3 423.35	0.00
权益法下确认的投资损益	4 928.01	40 251.29	17 478.61
其他综合收益调整	0.00	268.52	-7 695.15
其他权益变动	0.00	0.00	0.00
宣告发放现金股利或利润	13 411.43	69 246.17	26 619.88
计提减值准备	0.00	527 937.65	0.00
其他	6 464.25	49 041.92	-146 597.90
期末余额（账面价值）	2 970 951.36	2 459 905.92	2 296 471.61
减值准备期末余额	0.00	527 937.65	493 784.64

2. 融资风险分析

从风险评估的角度看，造成融资风险的主要有三个方面：一是融资结构的合理性风险，即各融资方式是否多元化，融资组合之间的比例是否恰当；二是融资成本风险，即根据并购方融资金额大小所选择的融资渠道是否让并购方的资金成本最低；三是财务杠杆比率风险，杠杆并购成不成功，关键就在于支点选取恰当与否，也就是要选择合适的财务杠杆比率，才能发挥杠杆的最大效用。对于大多数“蛇吞象”式并购来说，目标企业在资产规模和盈利收入上都远远赶超并购方，所需要的资金额一般数额比较大，依靠自身资金根本无法提供及时和足额的资金，这就产生了融资金额和融资方式之间的矛盾，其中包括成本问题、资金融资便捷性等，相互之间的不匹配就产生了融资风险。

从融资风险的角度来看，天齐锂业此次并购风险主要在于：

（1）前期融资压力大 融资结构不合理。此次并购SQM的交易价格约为40.66亿美元，参照签署日2018年5月17日中国人民银行授权中国外汇交易中心公布的汇率中间价1美元兑人民6.3679元计算，成交金额约为258.9亿元，是天齐锂业2017年资产总额的1.45倍、净资产总额的2.43倍和净利润的9.91倍。面对巨大的融资压力下，能否利用企业内部和外部的资金渠道按时筹集到足额的所需资金成为此次并购顺利进行的关键。

天齐锂业的资金来源于企业自有资金、境内银团贷款境外筹集资金和境外银团贷款并购银团贷款三部分，为了顺利获得贷款，天齐锂业将其持有的23.77%和其下子公司的资产和股权进行质押，境内和境外银团采用余额包销方式进行承销，无论银团资金情况如何都得按时发放贷款，这就保障了资金及时到位以支付并购金额，推进此次并购成功。

天齐锂业融资结构中债务融资占融资金额的82.82%，剩下的17.18%为企业自有资金，融资金额以负债融资为主，会给天齐锂业造成后期还本付息巨大的压力，财务负担较重，若后续资金流抵不上本金和利息，便有可能产生债务违约风险，从而制约其经营和偿债能力，这为天齐锂业的未来发展埋下了隐患。体现在财务报表上就是资产负债率畸高、流动比率下降至非正常水平等。

（2）还款安排不合理，融资成本过高。天齐锂业对于35亿美元巨额贷款的还款安排主要以长期借款为主，A类和C类合计23亿美元应于2020年11月29日到期，B类贷款12亿元应于2023年11月29日到期，2020年还本压力较大。

2017—2021年第三季度，一年内到期的非流动负债占总负债的比例居高不下，一年内到期的非流动负债占比分别是3.15%、2.03%、43.52%、60.57%、5.26%，2019年和2020年一年内到期的非流动负债较多，相对应的2017—2021年第三季度，长期借款占总负债的比例分别是19.89%、77.46%、32.52%、12.68%、58.78%，2018年同比增长16倍，2018年斥巨资并购SQM，为此向国内外银团借款35亿元，2019年和2020年的长期借款逐渐下降，主要是主要系中信银团35亿美元借款中部分将于2020年11月到期，重分类至一年内到期的非流动负债所致。

以上分析可看出天齐锂业将还款压力过分集中在2020年，导致后期资金流抵不过利息及本金而导致债务危机。

并购前2017年天齐锂业的财务费用仅约为0.5亿元，并购当年2018年的财务费用急速上升为4.7亿元，同比增长751.4%，主要是为完成购买SQM 23.77%股权新增银团借款35亿美元导致利息支出增加、当年2月份发行3亿元公司债券利息支出和美元对澳元汇率上升导致汇兑损失增加所致，因这场豪赌所引起的35亿美元贷款所产生的利息吞噬天齐锂业大部分利润。2019年的财务费用约为20.23亿元，同比增长330.74%，并购贷款35亿元产生利息费用合计约16.50亿元人民币，同时期天齐锂业天齐锂业的营业收入仅为48.41亿元，财务费用约占营业收入的42 %，表示2019年天齐锂业的营业收入近一半需要用于支付并购35亿美元所产生的利息。2020年1月天齐锂业偿还C类贷款4.16亿美元，剩余未偿还得本金为30.84亿美元，产生的利息约为14.09亿元人民币，本年度财务费用约为13.3亿元，同比减少34.45%，虽然财务费用减少但财务费用依旧侵蚀天齐锂业营业收入的大部分，对公司经营业绩影响依然较大。2021年，天齐锂业为了获得银团贷款延期，增资扩股引进IGO获得金额约14亿美元，其中12亿美元用于偿还银团贷款12亿美元及利息，2021年中报显示天齐锂业的财务费用同比减少40.23%，但天齐锂业沉重的财务压力依旧没减，将于2022年11月25日到期的银团贷款本金约为6.68亿美元。

（3）后期融资不及预期。此次收购，天齐锂业自筹资金7.26亿美元，向银团借款35亿元，杠杆率高达5倍。为了完成收购标的1.57倍于天齐锂业总资产的SQM，天齐锂业原先设置的方案是先通过银团借款解决并购资金问题，之后再通过H股上市融资偿还本金和利息。天齐锂业在2018年向香港联交所递交上市申请，以期募集100亿—200亿元资金来偿还SQM的并购贷款，希望通过此次股权筹资将资产负债率从73.26%降至行业正常水平。但锂化工产品在经历2016—2018年初的价格高涨后，行业内供需关系发生变化，锂化工产品由2018年的17万元/吨下跌至2019年6月底的8万元/吨，若强行发行H股，天齐锂业无法获得理想的估值，也会导致股东利益的稀释，因此天齐锂业取消了H股上市筹资的计划，将资金筹资方向转向A股市场。2018—2021年，天齐锂业尝试多种融资途径解决贷款压力，包括发行可转换公司债券、发行境外美元债、向全体股东配股和增资扩股引进IGO等融资方案，但只完成了2起融资方案。

天齐锂业并购SQM后主要依靠股权融资进行再融资。天齐锂业2017—2021年前三季度偿还债务所支付的现金分别是30.18亿元、16.02亿元、36.8亿元、64.57亿元和115.69亿元，2019年天齐锂业通过配股的方式筹集资金29.05亿元，2021年以TLEA的49%的股份引进战略投资者IGO筹集资金约14亿元，因此2019年和2021年前三季度筹资活动可以满足偿还债务支付所需要的现金，但2020年天齐锂业面对将于2020年11月29日到期的18.84亿美元债务束手无措，导致这一年筹资活动现金流入量比需要偿还债务支付的现金足足少了21亿元，筹资活动产生的净流量出现负数，对现金流产生巨大压力，天齐锂业不得不和银团签署展期函，以股权质押、引进IGO和偿还不少于12亿美元的条件获得了喘息机会。

截至2021年9月，天齐锂业累计通过配股募集资金和引进IGO偿还35亿美元债务的46.17%，累计未偿还银团借款18.84亿元，其中将于2022年11月25日到期的借款有6.84亿美元，将于2024年11月29日到期的借款有12亿美元，约占35亿美元债务的53.83%，加上天齐锂业近几年股东频繁减持，天齐锂业的财务风险和偿债压力依然严峻。

3. 支付风险分析

现金支付、股票支付和混合支付方式是企业并购中常用的三种支付方式。此次天齐锂业并购SQM采用现金支付的方式。但因“蛇吞象”式并购使其自身的资金不足以支付并购资金，采用现金支付方式时并购方能否在短时间内融到足够的资金并在规定时间内偿还成为并购中的重中之重。

为了获得银团的资金支持，天齐锂业将主要控股子公司的股权和资产以及参股公司的股权大部分质押给了并购贷款银团，导致公司进一步借款融资的能力大幅受限，公司只能依靠自身的经营利润及SQM的分红偿还并购时产生的巨额贷款，因此天齐锂业必须保证内部拥有充足稳定的现金流，才能保障35亿美元的债务能够按期偿还，不会影响天齐锂业的信誉和正常生产运营；一旦天齐锂业没有充足的现金流以支付债务，只能依靠累积下一期的债务来还这一期的债务，也就是常说的旧债新偿，最终导致并购成本的提高和并购风险的增加。

从支付风险来看，此次天齐锂业并购SQM的风险如下：

（1）自身盈利能力不足，现金流紧张。天齐锂业2017—2021年第三季度的营业收入呈现下降的趋势，2021年有所回暖；净利润和归属于母公司股东的净利润的变动趋势一致，整体呈现“V”字形，2019年下降的幅度最大，下降幅度远超营业收入下降的幅度，这也是天齐锂业自上市以来净利润第二次出现负数，2020年的净利润依旧为负数，若天齐锂业2021年的净利润依然为负数，其将面临ST的危险；销售毛利率呈现下降的趋势，到2021年第三季度有所反弹。天齐锂业并购前营业收入、净利润及归属母公司股东的净利润均呈上升趋势，只不过增速较慢。2019年营业收入、净利润及归属母公司出现跳楼价式的下降，净利润及归属母公司股东的净利润由正转为负数。

从经营现金净流量的数量来看，2017—2021年天齐锂业经营活动产生的净流量呈下降趋势，2019年和2020年的下降比例达到-34.95%和-70.34%，2021年第三季度有所回升，但相对应的企业需要偿还债务支付的现金2017—2021年第三季度分别是30.19亿元、16.02亿元、36.8亿元、64.57亿元和115.69亿元，分别是当年经营活动产生的现金流量金额的0.98倍、0.44倍、1.56倍、9.27倍、8.38倍，天齐锂业仅仅依靠自身的经营利润根本无力支付近在眉睫的债务。从现金净流量的质量来看，营业收入现金含量为销售商品所收到的现金与营业收入的比，若远低于1.1，则说明企业的营业收入没有产生真正的真金白银流入，而大多数靠应收账款等应收款来增加账面上的营业收入；净利润现金含量为经营活动现金净流量与净利润之比，通常来说大于1的企业体现其具有优秀的收现能力。天齐锂业的营业收入现金含量均在1左右上下浮动，其现金质量较差，净利润现金净含量受净利润负数的影响出现负数，体现天齐锂业的现金净流量质量中规中矩。

（2）偿债能力弱。2017—2021年前三季度，天齐锂业资产负债率分别40.39%、73.26%、80.88%、82.32%、60.59%，呈上升趋势，在天齐锂业并购SQM当年更是突飞猛进达到了73.26%，之后两年一直居高不下，2021年第三季度偿还了部分银团贷款之后才有所下降；同期行业可比公司资产负债率均值分别为46.9%、48.04%、50.97%、46.84%、45.87%；天齐锂业的资产负债率在并购前偿债能力表现一直优于同行业水平，但并购SQM后资产负债率一直远超行业均值，居高不下，这说明天齐锂业的长期偿债能力较差。

并购方选择现金支付方式支付并购资金，将面临较大的流动性风险。天齐锂业的流动比率和速动比率的基本走势是一致的，呈下降的趋势，2017年超过同行业均值，但2018年后急速下降，均小于当期同行业水平，说明天齐锂业资产中可快速变现的资产占比较小，面临债务危机的能力较差，债务违约风险较高。天齐锂业的现金流量比率2017—2021年呈下降趋势，2021年有所上升，2020年下降的增幅最大，2020年公司的短期偿债压力较大。这些变化都表明，天齐锂业"蛇吞象"式并购所产生的巨额债务严重削弱了公司的资金周转能力和运营能力。

（3）资本支出持续上升。天齐锂业并购后2018—2021年第三季度，在购建固定无形长期资产支付的现金金额分别达到34.28亿元、37.35亿元、9.63亿元和6.5亿元，累计87.76亿元，分别占当期经营活动现金净流量的94.69%、158.62%、138.26%和47.29%，可看出天齐锂业在面临并购贷款35亿美元所产生的巨额利息和较大的偿债压力下，依旧没有减少对固定资产的投资。而2019年和2020年的经营现金净流量根本无法负担公司在固定资产方面的投资，更不用说支付35亿美元贷款利息和本金，项目的推进大多数依靠外部融资方式来筹资。

雪上加霜的是，在建项目的发展并不及天齐锂业预期。第一期氢氧化锂项目自2016年9月至2021年6月底已将近投入澳元7.41亿元，折合成人民币35.97亿元，预期2019年年底可达到预计可使用状态，但天齐锂业因缺乏足够的资金、专业的人才和新设备还未达标等原因暂缓调试，直到2020年引进IGO，天齐锂业2020年底重启第一期氢氧化锂的调试工作。第二期氢氧化锂工程自2017年10月至2021年6月底已投入12.52亿元，但因资金匮乏暂停第二期项目的建设。

（二）"蛇吞象"式并购财务风险防范措施

1. 估值风险防范

（1）制定科学合理的公司战略，筛选理想的目标公司。"蛇吞象"式并购决定了企业在并购后其偿还债务要依赖目标企业未来的现金流，因此为了减弱"蛇吞象"式并购所带来较高的财务风险和后期的资金压力，并购方应基于企业长期发展的角度选择自身并购策略和目标企业。

首先，并购方应制定符合自身发展的战略。因为只有制定切实可行、科学有效的发展战略目标，才能准确定位、防止盲目扩张，也只有在此基础上才能制定出准确且符合公司发展的并购计划。企业管理层必须严格按照战略目标选择并购对象。其次，确定好目标企业后应对其进行综合评估，包括目标企业的内外部环境。因“蛇吞象”式并购的特征决定了偿还债务的主要来源是整合后目标企业将来的现金流量，因此应选择经营风险小、产品有较为稳固的需求和市场及发展前景较好等特征的目标企业。

（2）拓宽信息渠道，提高估值准确性。“蛇吞象”式并购产生的估值风险的绝大部分原因都是信息不对称，“蛇吞象”式并购中并购方与目标企业存在组织身份落差，在资料收集阶段企业价值评估风险因并购双方信息不对称而产生，因此，并购企业在并购前应该对目标企业进行全面的审查，对目标企业的财务状况、产业环境以及经营能力作出详尽的分析，以此为基础，选择真实价值接近目标企业估价的企业，这样有利于降低价值评估风险。

首先，可以考虑找高资质的中介机构，比如会计师事务所和专业的金融机构。如果是跨国并购会涉及两个或两个以上国家的企业，特别是受地域的影响，在信息的收集上会更加困难，在信息掌握不充分情况下，很容易作出错误的判断和决策，导致并购成本和风险增加，因此可以考虑选择目标企业当地的专业评估机构。同时也可以派遣专业团队跟随中介机构实地收集资料和信息。

其次，全方面了解目标企业，合理利用财务报表信息的同时也要多关注非财务信息。财务报表本身具有一定的局限性，不同的会计政策的选择会对企业盈利能力和偿债能力产生不同的影响，而且会计报表所反映的只是目标企业经营活动的一个侧面，因此在审阅目标企业报表的同时要结合其未反映的财务指标衡量企业价值。

（3）合理运用评估方法。不同的估值工具对企业估值结果的影响不同，资产价值法、收益法和贴现法都是常见的评估方法，在对被并企业估值过程中，要结合其实际经营情况、市场信息及企业的未来收益合理预期，选取适当的企业估值工具对被并企业进行评估。因为企业的价值是动态和静态的结合，它既体现在资产价值上，也体现在市场上，更多的则体现在收益水平中，所以通常单一的估值工具不能全面综合地反映被并企业的价值，多种评估方式的综合运用更有利于合理评估。

（4）选择合适的并购时机，增强管理层风险意识。天齐锂业并购SQM前，碳酸锂价格已从高峰时期的17.5万元/吨跌回至8万元/吨以下，但天齐锂业管理层忽视了市场的变化，过度自信地吞下SQM。因此进行“蛇吞象”式并购时应选择合适的并购时机，合理确定投资规模，理性投资，管理层要明白并不是所有的并购都对企业的发展有利，并购方需全面考虑与评估经济环境、产业周期、所处行业、财务资源等内外部因素，综合考虑自身的经济实力，寻求与自身业务较为契合匹配的并购时点，更好结合双方各自的优势发挥协同效应，形成一个双赢的局面。同时也要增强企业管理层的风险意识，建立健全财务风险预测和监控体系。提高企业管理层的风险意识可以从源头上防范企业并购的财务风险。

2. 融资风险防范

（1）扩展多元化融资方式，确定合理融资方式。“蛇吞象”式并购需要大量资金支持，自身资金无法满足并购需求。因此在“蛇吞象”式并购中更应该视野开阔，积极开拓不同的融资渠道。并购方应积极探寻新的融资方式，自身资金无法吞下体量较大的企业，可以考虑和国外企业联盟，共同完成并购，这种双赢的合作不但可以促使“蛇吞象”式并购成功完成，还可以使我国企业学到很多海外合作经验；并购方还可考虑与其他方设立并购基金，共担风险，共享收益。并购基金是近年较为热门的融资方式，企业通过联合私募股权投资企业、券商等金融机构设立并购基金，经由并购基金进行并购，既可以缓解并购方的资金压力，又可以借助金融企业的专家优势对“蛇吞象”式并购风险进行把控。总之，只有融资方式不过于单一，积极创新融资方式，才能筹集到富足的资金完成“蛇吞象”式并购。

（2）优化融资结构和融资安排。在并购中保证合理的融资结构和融资安排同样重要，企业的融资结构是否合理直接影响到企业并购整合的成败，融资结构即要确定债务成本和股权成本、长期负债和短期负债之间的比例，债务资本成本过高会使企业面临较高偿债风险，股权资本成本较高则会导致企业股权稀释。由于“蛇吞象”式并购很难完全依靠自有的可用资本完成一项并购活动，大部分通过外部资金进行融资，一些并购方为了降低自身的出资比例，往往以股票质押、资产抵押、集团担保等方式在股东层面进行大量融资，过高的债务融资杠杆率增加了并购方在整合期间所面临的财务负担。因此在“蛇吞象”式并购中并购方需要设计合理的融资结构和融资安排，充分利用财务杠杆保证融资结构的合理性，将融资成本降到最低。合理规划长期负债与短期负债的关系有利于规避企业偿债风险以及后续经营风险。

3. 支付风险防范

（1）采取多元化支付方式。“蛇吞象”式并购的支付方式主要有：现金支付、股票支付和混合支付三种，其中现金支付方式资金筹措压力最大。选择不同的支付方式会影响后续偿债能力，也会对并购方的财务报表产生影响。

因此，在选择支付方式之前，应当仔细考虑企业本身的财务状况，如流动比率、速动比率、股权结构、杠杆比率、资本成本、当前股价与股利水平等，对并购支付方式进行结构设计，采用多元化的支付方式，将支付方式安排成现金、债务与股权方式的各种组合，以满足并购双方的需要来取长补短。对于“蛇吞象”式并购因本身资金有限，更应合理规划支付方式，采取多元化支付方式，才能尽量减少后期资金链紧张。

（2）提高企业自身的造血能力。为了保证并购方拥有重组稳定的现金流来按期偿还债务，最根本的也是最重要的一条就是：提高企业自身造血能力，只有企业具备了相当的实力，才有能力支付并购所需的大量资金，应对并购过程中的各类财务问题，不会因资本结构不合理而导致企业财务状况恶化，或者现金短缺而制约企业自身的发展。否则一旦并购方没有充足的现金流，只能依靠累积下一期的债务来还这一期的债务，这就提高了并购成本，增加了并购风险。

（3）优化债务期限结构，科学规划支付时间。“蛇吞象”式并购的一大特点在于并购后整合期间巨大的偿债压力，因此是否能按时偿还并购时借款的本金和利息成为“蛇吞象”式并购成功的关键因素之一。天齐锂业并购 SQM 两年后资产负债率依旧居高不下，由此可见对现有现金进行合理规划和使用是十分必要的。为降低并购后企业偿付债务的压力，首先，在融资阶段就应该合理规划债务期限结构，合理分配长期负债与短期负债的比例。其次，融资时，收购方应当通过评估自身的资本结构、融资能力以及被收购方的资本结构来做好偿还计划，科学规划支付时间，把握好经营现金流流转的途径及方向。最后，为避免出现破产而导致杠杆并购失败，并购方应从净利润中提取一定比例的资金作为偿债储备基金，以满足偿债高峰出现时的现金需求。

四、教学组织方式

(一) 问题清单及提问顺序

本案例讨论题目依次为：

1. 天齐锂业"蛇吞象"式并购SQM，面临哪些估值风险？你认为应如何防范这些风险？

2. 天齐锂业"蛇吞象"式并购SQM，面临哪些融资风险？你认为应如何防范这些风险？

3. 天齐锂业"蛇吞象"式并购SQM，面临哪些支付风险？你认为应如何防范这些风险？

(二) 课时分配

1. 课前自行阅读资料：1—2小时；
2. 小组讨论并提交分析报告提纲：约1.5小时；
3. 课堂小组代表发言、进一步讨论：约1小时；
4. 课堂讨论总结：约1小时。

(三) 讨论方式

本案例可以采用小组式进行讨论。

(四) 课堂讨论总结

课堂讨论总结的关键是：归纳发言者的主要观点；重申其重点及亮点；提醒大家对焦点问题或有争议观点进行进一步思考；建议学生对案例素材进行扩展研究和深入分析等。

内部控制与风险管理专题

案例 6

螺蛳粉迎来春天：疫情背景下 S 公司风险管理的困惑与解惑

杨海燕　黄碧婷　陈敏嘉　陈翔仙　黄嘉欣　陈羽银　胡本人

专业方向： 会计、财务管理

适用课程： 财务管理理论应用研究，管理会计理论应用研究

选用课程： 内部控制与风险管理

编写目的： 本案例旨在引导学生关注疫情背景下我国中小企业生存状况，理解风险管理在中小企业可持续发展中的重要作用。通过本案例，一方面，学生可以学习和分析疫情对中小企业生存与发展的影响、中小企业在疫情下所采取的风险应对策略和面临的困惑、运用风险管理理论和风险坐标图的解惑之道及其效果；另一方面，学生可以进一步深入分析风险目标设定、风险识别与评估、风险应对与控制的风险管理过程及其对公司产生的影响。

知 识 点： 中小企业特点、风险管理理论、风险坐标图、利益相关者理论

案例正文

20 世纪 80 年代初的某个深夜，有几位刚抵达柳州的外地人，饿得前胸贴后背时发现了一家即将打烊的米粉摊，然而煮米粉的骨头汤已经用完了，唯一能用的是一锅煮螺的螺蛳汤。情急之下摊主只能用螺蛳汤煮米粉，并将青菜、花生等材料作为配菜。无巧不成书，用螺蛳汤煮的米粉获得了这几位外地人的好评。随后摊主逐步完善该做法的制作技艺，就这样逐渐形成了今天的螺蛳粉。

这无心插柳创造出的小吃逐渐发展壮大，成为闻名遐迩的柳州原创第一小吃。在这螺蛳粉浪潮中，涌现了很多发展螺蛳粉产业的企业，S 公司就是其中的代表。

一、案例背景介绍

（一）S 公司的“前世今生”

加工、包装、检验、发往世界各地……坐落在柳州螺蛳粉生产集聚区的 S 公司生产车间里，螺蛳粉的生产正在有序地进行。2015 年 9 月，一直从事义乌小商品生意的陈总瞄准了

螺蛳粉的商机，在柳州成立了S公司，并任职S公司执行董事兼总经理。S公司是一家集研发、生产、销售一体的食品企业，主营袋装螺蛳粉方便食品。2016年年底，公司的销售渠道已覆盖淘宝、京东、天猫等知名平台，全年销售总额突破3 000万元。2018年公司成立了运营中心，业务范围向外延伸。2020年，公司实现产值4.07亿元，荣获“柳州市农业产业化重点龙头企业”。

（二）S公司的机遇与挑战

近年来，螺蛳粉登陆“美食中国”“记录广西”等节目，吸引了越来越多的消费者走进尝鲜队伍，网红李子柒对螺蛳粉的推广更是在饮食界掀起了一波螺蛳粉浪潮。2020年年初，“螺蛳粉发货慢”“中国人到底有多爱吃螺蛳粉”“怎样实现螺蛳粉自由”等话题频频登上热搜榜，累计阅读量超过16亿次。新冠疫情暴发后，市场对于螺蛳粉的需求陡增，S公司的订单也随之增多，螺蛳粉产业迎来了全新的风口，S公司收到了更多的订单。但疫情给企业造成的人员流失、复工率低、成本增加、供应链断裂等风险也在急剧上升，S公司的机遇与挑战并存。

（三）事在人为

在涌动的螺蛳粉商机之中，陈总带领S公司通过“搭建电商团队、入驻电商平台、扩建厂房、升级生产设备”等途径不断发展壮大，树立了“打造全球领先的螺蛳粉创业集团”愿景，并布局螺蛳粉全产业链的“大产业”蓝图。

2021年4月26日，习近平总书记来到柳州螺蛳粉生产集聚区视察螺蛳粉产业发展情况，陈总作为螺蛳粉产业的代表，为习近平总书记介绍了S公司的生产经营情况。同年，陈总升级换代了全厂的主干设备，通过提升生产效率保质保量。

二、被动克时艰，愿景难以绘——疫情背景下S公司风险现状

主持人：欢迎各位准时收看我们的节目。2020年，新冠疫情给企业带来了一系列的困境，然而疫情之下，有一个行业却逆市上涨，这就是方便速食品行业。在疫情之下，方便速食类产品成为最早被大量采购、囤货的产品，根据华经产业研究院的数据，2020年中国方便食品行业市场规模为4 813亿元，同比增长6.9%，其中，袋装螺蛳粉销量节节攀升，柳州螺蛳粉行业的销售收入达到100亿元。但是，螺蛳粉企业多为中小民营企业，他们风险识别和应对能力有限，虽有产品需求上升之“喜”，亦有疫情带来的风险之“困”。今天我们特别邀请到了螺蛳粉生产企业S公司的执行董事兼总经理陈总，来听听他的讲述。

陈总：主持人好，大家好。袋装螺蛳粉是一个新生的行业，2014年才进入互联网线上销售渠道，由于袋装螺蛳粉需要一定的烹饪条件和时间，便利性不及方便面，且螺蛳粉口味相似，风味特殊，在方便食品市场上，螺蛳粉有较多的替代品。此外，袋装螺蛳粉行业内部竞争激烈，消费者在选购螺蛳粉时主要考虑口味和价格，在口味上，我们公司努力还原了正宗地道的螺蛳粉风味，但在价格上，还是很难和大品牌比拼，目前公司市场占有率还较小，在天猫2021年螺蛳粉热销榜单中排第18名。

主持人：我们知道，疫情下大部分企业普遍面临着复工难问题，S公司的情况是怎么

样呢？

陈总：我们公司同样受上游原材料供应商的影响，由于各供应商复工时间不定，导致生产原料供应不足、原料价格有所波动。并且以农副产品为主的原材料都需要二次加工且加工的生产周期比较长，许多预包装螺蛳粉厂商在年前只剩少许存货，跟不上螺蛳粉突增的需求。目前公司还面临产能恢复难的问题，停工造成了生产设备的空置、产能利用效率不足。加上各地防疫政策不同，有些返乡工人不能正常返岗，人手短缺也给我们的产能恢复带来困难。

主持人：螺蛳粉热潮源于网红助推和疫情经济的共同作用，从螺蛳粉百度搜索指数可以看出，螺蛳粉热度正在下降，如何在热度消散之后维持品牌的发展，是整个行业都在面临的风险挑战，S公司的情况又是怎么样的呢？

陈总：我们公司在创新变现和产品结构方面正在努力改变。公司的产品主要是水煮型和冲泡型，目前还没有市面上大受欢迎的干捞型螺蛳粉，而且尽管公司的产品有多种名称和包装，但实质上口味差异不大，没有让消费者形成记忆点，通过产品创新获得持续发展是我们努力的方向。

主持人：除了上述提到的困难，S公司的财务表现如何呢？

陈总：一方面，我们公司70%的螺蛳粉订单都来自线上销售，物流的停滞极大地限制了螺蛳粉的正常销售，这样一来，公司的资金存在极大的压力和不确定性。另一方面，公司为紧跟袋装螺蛳粉行业上升势头，加大对生产经营的投资力度，但在公司投入的资本中，有2 300万元是借贷所得，仅有700多万元来自企业自身的留存收益。公司通过借债扩大投资，债务资本占比逐年上升，2021年资本结构中债务占比达到了80%以上，需负担较大的还本付息压力。

主持人：感谢陈总的讲述，疫情下，中小企业面临着各种各样的困难，但是我们有决心应对危机，接下来我们通过影片，重现当时的场景，看看S公司是如何采取行动应对这些风险挑战的。

三、主动度时难，措施多管下——疫情背景下S公司的风险应对策略

2020年某日上午，财务部冯经理拿着公司经营业绩报告走进了陈总办公室："陈总，这是近几月公司经营业绩报告，请您过目。"陈总接过报告仔细翻阅，渐渐地他双眉紧锁，似乎对业绩不太满意。

随后，陈总与各部门经理进行了逐一交流。陈总叫来了人事行政部的王经理："小王，现在我们公司的螺蛳粉产品相对于其他家产品过于单一，我想组建一支研发队伍，专门研究新产品，你们帮忙物色一些优秀选手，招聘进来。此外，目前螺蛳粉海外市场也是很大的机会，我还需要一支电商团队，开展海外直播带货业务，拓宽海外市场。"

陈总看了看材料，又接着说："对了，还有复工复产的人员安排问题，要想保证公司正常运转人员复工问题安排妥当，吸取疫情初期的经验，周边疫情暴发时要有应急响应，及时安排好人员进入场内封闭式生产，保证生产正常进行。"

接到指令的王经理应道："好的陈总，我这就下去安排。"

王经理带领人事部门同事招聘了一批优秀人才，组建了研发部门研究新产品，还成立了

专业电商团队搭建起线上海外销售平台。

2020 年 S 公司发明的专利“一种螺蛳粉配料的自动炒锅”得到国家知识产权局确认授权，改变了柳州螺蛳粉产业“零”自主发明专利的落后局面。此外，S 公司自主研发出 20 多个新品种，开发了 2 个螺蛳粉项目，累计 15 个发明专利。2022 年 4 月 S 公司在外贸方面有 5 万多美元的收入，还有价值 40 多万美元未确认收入的在途物资，成功地通过“互联网 +”快车将产品销往世界各地。

几天后，陈总找到了采购部韦经理：“我了解到疫情导致螺蛳粉原材料价格上涨、原料短缺，我想我们可以通过提前给供应商打款的方式稳定货源，减轻供应商的资金压力，让他们能给我们优先供货，保证货源。”

韦经理听后表示赞同：“陈总这个想法很好，我们和供应商沟通一下，我想他们也很乐意和我们以这种方式合作。”

陈总又陆续与营销事业部康经理就物流阻塞问题进行了交流：“小康，疫情期间我们的产品经常受阻发不出去，货物堆积，后续你们和京东、三通一达谈谈合作，解决物流问题。”

在康经理的带领下 S 公司成功与京东、三通一达达成战略合作，使其在上海封控期间也能通过合作顺利将产品发到上海京东仓配中心。

最后，陈总与财务部冯经理沟通了财务风险应对方案：“小冯，疫情期间我们公司的现金流比较紧张，战略上还需扩张，但公司固定资产少借款难，我们可以利用供应链金融的新融资模式，依托于上下游大型企业的商业信誉和履约能力获得融资，这能解决公司大部分融资难题。此外，我还计划打造全产业链，实现整个产销过程全自动和智能物流一体化。”

冯总答道：“是的陈总，我们可以通过投资入股 C 食品有限公司，在上游建立原材料生产基地，实现原材料的自给自足，再投资入股 T 科技有限公司，发展物流配送服务，并成立 S 商贸公司，专门负责螺蛳粉的线上、线下销售事项，从而打造全产业链。”

陈总听后点头表示赞同，随后拟定了一份风险应对方案，经与董事会同意下达至各部门（见图 6 – 1）。在陈总的指导和带领下，各部门有条不紊地推进工作。

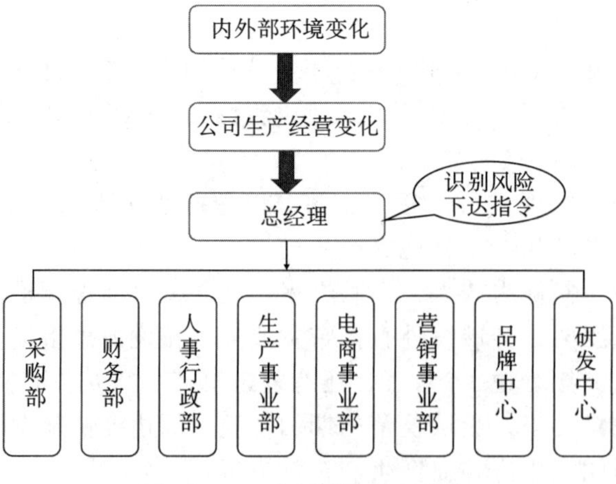

图 6 – 1　S 公司风险管理流程

四、风险管理弱，发展难长久——疫情背景下S公司风险管理的困惑

在S公司的主动应对风险下，公司的日常生产经营似乎日渐起色，但又似乎仍困境不断。陈总看着办公桌上堆积如山的风险提示文件，陷入沉思。做过义乌小商品生意的他虽有管理才干，但是经营一家商铺与经营一家企业始终有所差别，伏案良久后，陈总召开了公司部门负责人会议。

会上，陈总开门见山道："我最近对风险管理有了一些新的认识，从前我经营义乌小商铺时大小事由我一人决策问题不大，但现在我们经营的是一家现代企业，当前公司的风险管理由我统领，财务部加以辅佐。这样的风险管理模式会出现事件处理不及时、解决方案思考不全面、事件预防不到位等问题，前段时间营销事业部的广告宣传没跟上错失了一些市场机会，采购部购买原料时没有充分考虑到我们自己投资的原材料是否可用，研发中心对消费者的口味把握不够等，这些事情都值得我们反思。"

财务部经理听了陈总的话后也对当前公司的风险管理提出了自己的看法："除了陈总提到的问题，我们公司还存在各部门都主张要优先解决自己面临的困难，各部门派人到陈总办公室请求优先审批自己部门的事情，或是到我办公室请求多分配资金以解决部门困难等现象，我们没有系统性地评估风险的轻重缓急。我提议，我们现在就运用风险坐标图法分析一下我们所面临的风险。"

大家纷纷同意该提议，并展开了分析，依据风险水平R = 风险事件发生可能性分值 × 风险事件发生影响程度分值（见表6－1、表6－2），再参考风险水平表（见表6－3），得到风险评估汇总表和企业风险识别评价图。

表6－1　风险事件发生可能性维度表

	竞争风险	供需风险	生产风险	创新风险	投资风险	现金流风险
风险事件发生的可能性描述	较多情况下发生	较多情况下发生	有可能发生	较多情况下发生	一般情况下不会发生	有可能发生
风险事件发生的频率	70%—90%	70%—90%	30%—70%	70%—90%	10%以下	30%—70%
风险等级	高	高	中	高	极低	中等
分值	4	4	3	4	1	3

表6－2　风险事件发生影响程度维度表

	竞争风险	供需风险	生产风险	创新风险	投资风险	现金流风险
风险事件发生的影响程度描述	可能发生的损失较多	可能发生的损失很多	可能发生的损失一般	可能发生的损失很多	可能发生的损失较少	可能发生的损失一般
风险事件发生的影响	170万元≤直接经济损失＜340万元	340万元≤直接经济损失	85万元≤直接经济损失＜170万元	340万元≤直接经济损失	17万元≤直接经济损失＜85万元	85万元≤直接经济损失＜170万元
风险等级	高	极高	中等	极高	低	中等
分值	4	5	3	5	2	3

表 6-3　　风险水平表

R 值范围	风险范围
15≤R	高
4<R<15	中
1<R≤4	低

看着风险识别评价图，陈总总结道："我们在实际工作中侧重于投资风险、供需风险和生产风险，对竞争风险、创新风险和现金流风险重视不足，这与我们分析出来的结果不匹配，这是我们现在风险管理效果不够理想的原因之一。"

人事行政部经理补充道："我认为还有以下原因：第一，我们没有风险管理的成文规定、缺乏一套完整的风险管理报告体系；第二，我们没有完善的风险管理信息体系，公司内各部门信息沟通不畅；第三，我们没有建立起一套企业各部门、各业务、全体员工相互制约、相互联系的内部控制制度，缺乏事前预防、事中控制以及事后纠正机制。"

营销事业部经理又接着补充说："我们没有在制定战略的同时确定公司的风险承受能力以及审查公司的风险管理能力也是当前我们忽视的问题。如在螺蛳粉热卖时，我们似乎就只想将销量提上去，但是我们的原材料供应和物流保障的能力却不足。"人事行政部经理和营销事业部经理的话都得到了大家的认同。

大家在这次会上都对企业风险管理有了更深入的思考，会后，陈总让公司办公室小刘根据会议内容和公司实际情况整理出一份企业自查报告。

五、优化全流程，风险全管控——疫情背景下 S 公司风险管理困惑的解惑之道

（一）健全风险管理的组织架构

小刘向陈总汇报时说道："咱们公司的风险管理工作只在您的领导下进行，财务部加以辅佐，这样的风险管理模式会出现事件处理不及时、解决方案思考不全面和风险预防不到位等问题。"

陈总点了点头："我也发现了这个问题，咱们公司要建立风险管理组织、培育风险管理文化。

首先，公司的风险监管机制要改进，风险监管的责任不应由我一人承担，应改为董事会承担战略监督、实施治理的职责。

其次，为了能让公司各部门在执行中落实风险管理措施，应明确各部门的责任分配，建立完整的风险汇报体系。

再次，还要在全公司内培育风险管理的意识，形成全员风险管理的文化。

最后，我建议在人力资源规划中增加风险管理人才培养的方案，逐步搭建起一支风险管理的专业化团队。"

（二）科学评估风险

小刘说道："公司没有科学合理评估风险，在处理风险时没有依据一定的主次逻辑。"

陈总："是的，各个部门都主张将有限的人力、财力、物力投入到自己的部门当中，这一方面会使各部门间的协调性降低，另一方面会让公司无法合理解决面临的各种风险。今后要让各部门提炼出自身在日常经营中遇到的风险，列入风险清单；再对风险清单中的各个风险进行评估，这样可以从公司的宏观层面了解每个风险对公司的影响程度；然后按照风险的发生概率以及严重程度对各个风险进行排序，为评估风险大小提供依据，优化公司内部资源的分配，使各个部门的配合更加协调。"

（三）完善信息系统

小刘继续汇报道："目前咱们公司的风险管理信息体系也不完善。"

陈总点了点头："我也感觉到了，公司上下有关风险管理信息传递效率不高，这肯定会影响咱们公司的风险管理水平。"

小刘："陈总，我认为咱们需要建立健全的风险报告机制。要确保能够及时获取外部信息，包括：关注螺蛳粉行业协会的官方网站，实时了解行业动态信息；对原材料螺蛳、酸笋、酸豆角进行市场定期调研，了解供应商的成本信息和客户的需求信息。此外，由于咱们螺蛳粉加工行业多依靠本地原材料采购，因此应注意收集本地区的自然环境信息，实时监测天气变化，对可能发生的洪水、霜冻、冰雹或干旱等自然灾害，应提前采取措施，将损失降到最低。"

陈总："公司内部也要更新信息传递方式，除了传统的会议沟通之外，要充分利用信息技术手段进行网上沟通，比如建立专门的网络信息中心，利用内网或局域网进行部门之间、上下级之间的沟通和联系，确保企业的信息安全。"

（四）制定动态风险管理机制

小刘继续道："目前公司有个比较棘手的问题：没有在制定战略和经营目标时确定风险的承受能力。"

陈总："首先，要关注公司内外部的环境，也要关注不同商业环境对风险状况的潜在影响；其次，要确定好整个公司的风险偏好，是偏好高风险抑或是低风险；再次，将战略和风险偏好结合在一起考虑，并依据公司所处的不同阶段调整战略，这样可以保障将绩效偏差控制在可接受的范围内；最后，在确定企业目标时也应该把对风险的考量融入其中。"

小刘："最后一个问题是公司缺少对自身风险管理能力的审查，可能会导致公司拘泥于原有的风险管理体系。"

陈总："我们所处的是一个动态变化的内外部环境，所以只有对风险管理不断进行审阅与修订才能实现战略规划与经营目标。我认为，我们要对绩效的执行情况进行审查，对风险管理各要素在内外部环境引发的经营重大变化、风险管理及企业绩效工作中的运行情况进行评价，定期审查自身的风险管理能力，并根据需要及时进行调整，以提升企业的风险管理水平。"

六、好风凭借力，适者登青云——疫情背景下S公司风险管理的效果

S公司的风险管理措施实行了一段时日，陈总收到连连喜讯：

在公司风险管理年度工作会议上，研发中心负责人满怀喜悦地汇报了本部门近期在风险管理方面取得的成效：规范了产品研发流程，细分了市场，根据客户多样化需求开展深度研发，成功开发了多种口味的新产品。新产品的面世获得了消费者的接受，公司品牌旗舰店好评不断，螺蛳粉销售额上涨了 30%，店铺粉丝数由 11 万迅速上涨至 14.8 万，回头客达 10 万人以上。

生产部门负责人也不甘示弱：生产设备进行升级换代后，车间日产能已达 50 万袋以上，增长了 300%。此外，车间加强对农产品原材料扫描，对每一批次的半成品、产成品进行抽检，定期将产品送往检测机构进行卫生检测，截至 2023 年 2 月，公司产品均已通过多个国际食品标准认证。产品质量不仅获得了柳州市监管部门的点赞，还赢得了消费者的认可，品牌旗舰店退货率迅速降低至 5%，客户满意度高于同行业企业 18.38%。

销售部门在汇报时指出，S 公司成功开拓了淘宝直播、小红书、抖音、微信公众号等营销渠道，通过介绍产品加工过程及口味来吸引观众、提高知名度。尽管 S 公司旗下品牌在各平台的粉丝量均不超过 20 万（见表 6－4），但多个平台联动营销带来的经济效益却不可小觑，2022 年度 S 公司的营业收入首次突破 6 亿元，较以前年度增长 35%。

表 6－4　S 公司营销情况

新增营销渠道	粉丝量
淘宝直播	14.8 万
小红书	18.74 万
抖音	14.3 万
微信公众号	11.8 万
bilibili	6.98 万
微博	13.6 万

采购部门、电商事业部门也进行了相关的成效汇报：S 公司加入了当地政府牵头扶持的产业集群，大大稳定了原材料供货，降低采购成本，提高风险承受能力。在线上销售方面，S 公司线上全网布局已基本完成，线下全国成立了 9 家销售公司，拓展超过 200 家经销商，已有近 10 万个销售网点，并与全国头部超市达成战略合作，极大地推动了公司前向一体化战略的实施。此外，S 公司与多家物流企业签订合作协议，即便在疫情之下，也能将产品顺利送达消费者手中。不仅如此，公司还拓展了海外业务，通过与外贸公司合作，将产品远销至东南亚国家，仅 2022 年，S 公司螺蛳粉出口货值高达 900 万元，同比增长 120%。

S 公司重视完善内部控制制度，将总经理的“一言堂”革新为各个业务部门相互协作、相互制约的“生态圈”，有效降低了领导人“拍脑袋”决策、“拍胸脯”保证、“拍屁股”走人的决策失误风险。S 公司首次设立风险管理委员会，建设了动态的企业风险信息数据库系统，将风险管理纳入内部控制体系之内，贯穿供产销业务之中（见图 6－2）。风险管理部门通过分析信息系统数据核查各项管理制度的执行情况，出具检查报告，并主动收集外部信息，对疫情下所面临的严峻形势及开展业务的难点痛点进行风险监控和预警。S 公司还形成了一套风险管理考评办法，推动风险管理成效与部门绩效挂钩，员工风险管理意识不断加强。

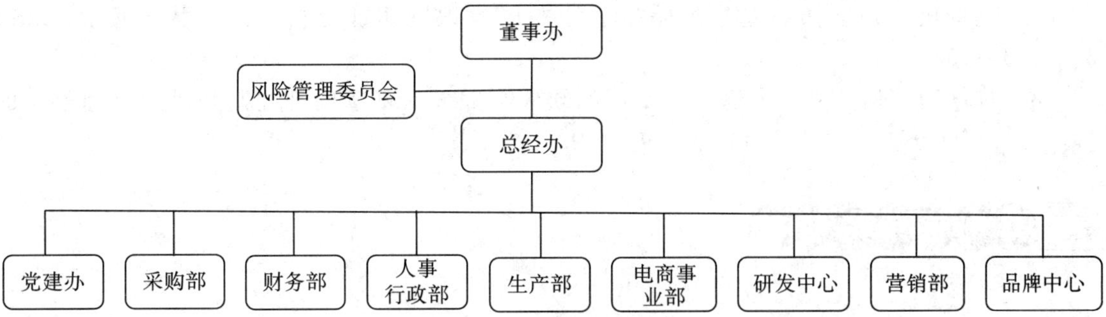

图6－2　S公司组织架构图

好风凭借力，适者登青云。在时代的风口，螺蛳粉企业如春笋般涌现，而更多的是稍纵即逝。S公司能够在激烈的市场竞争中抢得一席之地，源于其稳扎稳打的风险管理理念和措施，但世事瞬息万变，兵无常形，水无常势，风险常在，S公司的风险管理仍在路上。

七、讨论题目

本案例要求学生结合案例材料，梳理中小企业特点、风险目标设定、风险识别与评估、风险应对与控制、风险管理理论，风险坐标图，利益相关者理论等知识点，讨论以下问题：

1. 作为中小企业，新冠疫情给S公司带来了哪些风险？

2. S公司在疫情下都采取了哪些风险应对策略？

3. 在应对风险的过程中，S公司面临哪些困惑？

4. 结合本案例与相关理论，分析S公司风险管理困惑的解惑之道？

5. 结合本案例，分析S公司的解惑之道对公司产生什么影响？为何说螺蛳粉迎来了春天？

八、主要参考文献

[1] 舒伟，左锐，陈颖，文静．COSO风险管理框架的新发展及其启示［J］．西安财经学院学报，2018，31（5）：41－47.

[2] 周婷婷，张浩．COSO ERM框架的新动向——从过程控制到战略绩效整合［J］．会计之友，2018（17）：82－85.

[3] 黄敏．中小企业税务风险管理探究——基于COSO－ERM（2017）框架的视角［J］．财会通讯，2020（8）：136－141.

[4] COSO. Enterprise risk management－ integrating with strategy and performance（2017）executive summary［EB/ OL］．［2018－01－08］.

[5] 熊吉陵，张孝锋．中小企业的经营特点与战略选择［J］．企业经济，2006（11）：69－71.

[6] 刘宝童，苏艳丽，谢君平．疫情冲击下中小企业风险的特点与政策支持［J］．当代经济，2021，523（07）：72－75.

[7] 赵选民，张继伟．基于风险坐标法的风险识别实证分析 [J]. 财会通讯，2011 (2)：153－154.

[8] 许新霞，何开刚．内部控制要素的缺失与完善：基于内部控制和风险管理整合的视角 [J]. 会计研究，2021 (11)：149－159.

案例使用说明书

一、教学目的与用途

1. 适用课程：财务管理理论应用研究、管理会计理论应用研究、内部控制与风险管理等相关课程的教学研讨。

2. 授课对象：MPAcc 学生，拓展适用于所有管理类的专业硕士（如审计专业硕士、工商管理专业硕士）、学术性硕士及高年级本科生。

3. 教学目标：本案例描述了 S 公司在疫情背景下面临的风险现状，为应对风险所采取的策略及面临的困惑，以及解惑方案及其效果，让学生系统地了解疫情如何影响中小企业的生存与发展，中小企业面临的风险事项如何影响其风险管理策略的选择，在应对风险的过程中产生何种困惑及其解惑之道；全面掌握风险管理的含义、过程、方法和效果；深入思考疫情下中小企业应对风险的方法。

二、讨论题目

1. 作为中小企业，新冠疫情给 S 公司带来了哪些风险？

2. S 公司在疫情下都采取了哪些风险应对策略？

3. 在应对风险的过程中，S 公司面临哪些困惑？

4. 结合本案例与相关理论，分析 S 公司风险管理困惑的解惑之道。

5. 结合本案例，分析 S 公司的解惑之道对公司产生了什么影响？为何说螺蛳粉迎来了春天？

三、案例分析准备

教师可以根据自己的教学目标来灵活使用本案例，这里提出本案例的分析思路，仅供参考。

本案例根据案例情节设置案例问题，根据案例问题学习相应的理论知识予以解答。案例问题沿着“新冠疫情的影响”—“S 公司风险应对策略”—“S 公司风险应对困惑”—“S 公司解惑之道”—“S 公司解惑之道的效果”的逻辑脉络展开，其中涉及的理论知识包括中小企业特点、风险目标设定、风险识别与评估、风险应对与控制、风险管理理论，风险坐标图，利益相关者理论等，便于学生理解和掌握公司财务、风险管理的相关知识点。具体可参考图 6－3 的分析思路与框架。

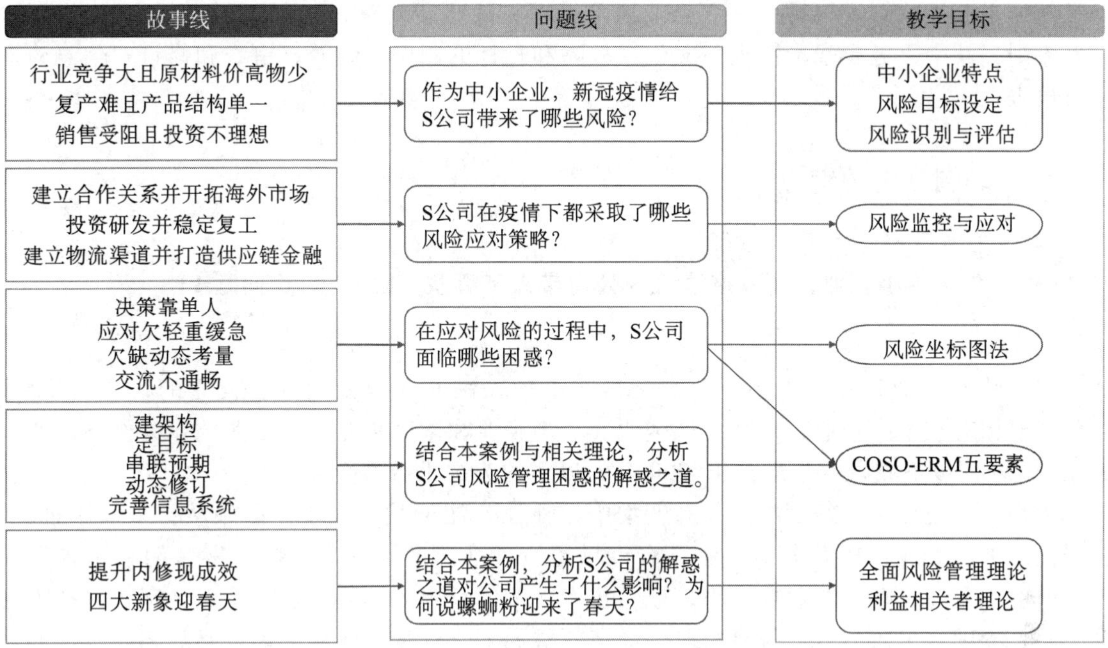

图 6－3　分析思路与框架

分析准备如下：

（一）新冠疫情对中小企业的影响

2019 年席卷而来的新冠疫情对各企事业单位都造成了不可忽视的影响，尤其对在我国 4 600万户企业中占比 99% 的中小企业而言影响更是巨大。2020 年年初一项由山东齐鲁人才网发起的面向山东 8 万家中小企业的调查问卷就显示：有六成中小企业表示难以撑过 3 个月，仅有 13.81% 的企业表示能支撑半年以上。中小企业疫情之下的生存问题即便是在后疫情时代仍不可忽视，2022 年年初由证券时报发起的关于中小企业生存发展的状况调查就显示有 16.49% 的中小企业表示企业若停工一天预计会有 10 万元以下损失；32.99% 的中小企业表示企业若停工一天预计会有 10 万—50 万元的损失；14.43% 的中小企业表示企业若停工一天预计会有 50 万—100 万元损失；36.08% 的中小企业则表示企业若停工一天预计会有 100 万元以上的损失。而这些都只是疫情之下中小企业生存困境的冰山一角。

（二）风险管理的相关理论准备

2004 年 COSO 委员会提出了《企业风险管理——整合框架》，实现了风险管理史上的一大突破。上述的风险管理架构推出后至今的十多年里，企业高层的风险意识明显增强，并越来越注重于对经营风险的有效控制。但同时，风险管理过程也显得更加复杂，各类新型风险涌现。于是，在 2014 年，COSO 委员会开始着手进行新 ERM 架构的升级换代，主要原因就是随着过去十年间内外部条件的复杂变迁，利益关联方也越来越关注于经营风险管理与对公司价值的创造，特别是在投资策略的制定与实施过程中，都体现出了对公司进行风险管理价值的操作，以加强风险管理与公司绩效之间的合作关系。因此，2017 年 COSO 委员会又推出了新的企业风险管理架构——《企业风险管理与战略绩效整合》，新框架下包含五个要素二十原则，其中，五要素指治理与文化、战略和目标的制定、绩效、审查和修订、信息、沟通与报告。

四、案例分析关键点

（一）作为中小企业，新冠疫情给S公司带来了哪些风险？（讨论问题1）

1. 理论依据

（1）中小企业特点。中小企业，是指在中华人民共和国境内依法设立的，人员规模、经营规模相对较小的企业，包括中型企业、小型企业和微型企业。以工业企业为例，从业人员在1 000人以下或营业收入在40 000万元以下的为中小微型企业。

中小企业规模小，经营决策权高度集中，往往专注于某一细小产品领域，采取小批量、多样化的生产方式，从而中小企业具有市场适应性强、市场反应快捷、富有创新精神等优势。但中小企业也存在企业规模小，产品技术含量低且生产能力分散等特点，存在着技术力量薄弱、管理水平落后、竞争能力差、经济效益低下、资金人才缺乏等重要缺陷。疫情冲击下中小企业风险的特点表现在供需链断裂风险升级、经营资金链断裂风险加剧、融资债务链困难重重、疫情防控压力持续不断等方面。

（2）风险目标设定。2017年COSO《企业风险管理——与战略和绩效融合》战略和目标制定部分指出，风险目标设定作为风险管理的开端，是风险识别、风险评估和风险应对的前提，企业在制定战略和业务目标的过程中要将风险管理纳入企业的战略计划。战略和目标制定首先要分析了解业务背景，组织可以深入了解内部和外部因素对其风险的影响；其次是确定风险承受能力，在创造、保持和实现价值的背景下定义风险偏好；再次是评估替代战略，一般从两个角度对战略进行评估，一方面是战略与企业的使命、愿景和核心价值不一致的可能性，另一方面是所选战略的影响；最后是制定业务目标，企业在建立符合和支持战略的各个层面的业务目标时考虑风险，业务目标可以将战略付诸实践，并形成企业日常运作的优先事项。

（3）风险识别与评估。2017年COSO《企业风险管理——与战略和绩效融合》指出企业要先识别影响战略绩效和商业目标绩效的风险，再评估风险的严重程度。

风险识别方面，企业应利用风险清单、数据跟踪、访谈等方法，通过正常的生产经营更新对风险的了解和认识，识别影响企业战略和业务目标的新的、正在出现的和不断变化的风险，这些风险包括业务目标的变化、商业环境的变化和发生以前不知道的新情况等风险。此外，识别风险的同时也要识别机会，有时机会是从风险中出现的。

风险评估方面，企业应使用标准化的风险术语和类别在多个层面（跨部门、跨职能、跨经营单位）进行风险评估。风险评估方法可以是定性、定量或两者相结合。定性评估方法有访谈、研讨会和基准测试等，通常在难以获得足够的数据时使用。定量评估方法有建模、决策树和蒙特卡洛模拟等，可以提高评估的颗粒度和精确度，并支持成本效益分析。风险评估为后续的风险应对措施选择提供信息。

2. 案例分析要点

从正文中总结各风险表现，识别风险类型，如表6－5所示。

表6-5　S公司风险总结

风险表现	风险识别	风险小类	风险大类
有较多替代品、行业内部竞争激烈	市场占有率低	竞争风险	市场风险
原材料短缺、价格涨	产品供应不足	供需风险	
复工复产难	成本上涨	生产风险	运营风险
热度消散、产品结构单一	企业发展停滞	创新风险	
物流停滞、销售受阻	现金紧张	现金流风险	财务风险
增加投资、负债比重大	投资回报率低	投资风险	

（二）S公司在疫情下都采取了哪些风险应对策略？（讨论问题2）

1. 理论依据

风险监控与应对。风险应对就是制定策略方案及其具体实施细节以降低风险程度或规避转移风险的过程。通常建立在风险分析评价的基础上。风险应对主要有减轻、转移、回避以及自留四种手段。风险应对需要因不同的风险类型而异。

风险监控涵盖风险控制与风险监视。风险控制可事前也可事后。风险的监控是指对项目风险所产生与发展的内外部环境及异常状态进行持续连贯的跟踪分析，为风险应对措施的选取提供依据。

2. 案例分析要点

（1）提前打款稳定供应商，保证原材料货源。面对原材料短缺的困难，S公司总经理分别评估了供应链上各个供应商受疫情影响的程度，确认其恢复运营及交货时长，并通过提前打款稳定货源，减轻供应商资金压力，与供应商建立长期合作伙伴关系。

（2）开拓海外市场，推动国际化进程。螺蛳粉销售市场不仅局限于国内，海外市场更是大有机会。为此，S公司组建了一支专业电商团队，搭建了线上直播销售平台，积极开展海外直播带货业务，拓宽海外市场。2022年4月，S公司在外贸方面有5万多美元的收入，此外还有价值40多万美元未确认收入的在途物资，通过“互联网+”的快车将产品销往世界各地。

（3）重视专利研发，推动技术创新。面对创新不足和产品结构单一的局面，S公司在研发上苦下功夫。2020年S公司发明的专利“一种螺蛳粉配料的自动炒锅”得到国家知识产权局确认授权，改变了柳州螺蛳粉产业“零”自主发明专利的落后局面。此外，S公司组建了专门的研发部门研究新产品，对螺蛳粉汤料、包装设计等方面细细雕琢。目前S公司已自主研发出20多个新品种，其中包括“民族团结款”等，此外还开发了2个螺蛳粉项目，累计15个发明专利。

（4）投资入股升级，打造全产业链。S公司通过投资上游供应商、成立中游销售公司、入股下游配送公司，打造全产业链。S公司投资入股C食品有限公司，通过延伸产业链，在上游建立原材料生产基地，实现原材料的自给自足。此外，S公司旗下还成立了S商贸公司，专门负责螺蛳粉的线上、线下销售事项。为发展物流配送服务，S公司投资入股T科技有限公司，实现整个产销过程全自动和智能物流一体化。

（5）稳定复工复产，保证正常生产。为解决企业复工复产问题，S公司吸取了2020年年初疫情刚暴发时被动生产的教训，主动对疫情作出研判，根据全国的疫情形势，安排人手进行轮流生产。当周边地区暴发疫情时，S公司便提前将员工召集进厂房中安置，以便疫情波及时也有足够的人手保证生产环节的正常运行。

（6）供应链金融，解融资难题。S公司利用“供应链金融”的新融资模式解决固定资产少、融资难问题。在该金融体系中，S公司依托于上下游大型企业的商业信誉和履约能力获得融资，例如，可利用应收账款质押进行贷款，为S公司解决了大部分融资难题。

（7）建立物流渠道，解决物流受阻问题。S公司为解决疫情期间物流阻塞、货物堆积的问题，与京东、三通一达达成战略合作，利用各快递的相对优势区域，在一定程度上解决疫情导致的物流链断裂难题。2022年4月，S公司的营销团队能顺利将螺蛳粉送往处于防控状态的上海也正是由于与持有疫区配送证的德邦深入合作，才能将产品发到上海京东的仓配中心。

（三）在应对风险的过程中，S公司面临哪些困惑？（讨论问题3）

1. 理论依据

风险坐标图法。将不确定性因素对企业的经营目标的负面影响降至可接受的水平的风险管理的过程中，风险坐标图法可用于评估企业面临的风险。该方法根据风险发生的概率和风险造成的损失程度两个维度用定性或定量的方法评估风险，前者构成风险坐标中的纵轴，后者构成风险坐标中的横轴，二者都通过划分“极低、低、中等、高和极高”的风险等级区分企业所面临的风险的程度大小，最后根据二者风险等级所属分值的乘积确定某项风险的风险水平（见表6－6至表6－8）。

表6－6　　风险事件发生可能性维度表

分值	风险等级	风险事件发生的可能性描述	风险事件发生的频率
1	极低	一般情况下不会发生	10%以下
2	低	较少情况下才发生	10%—30%
3	中等	有可能发生	30%—70%
4	高	较多情况下发生	70%—90%
5	极高	经常发生	90%以上

表6－7　　风险事件发生影响程度维度表

分值	风险等级	风险事件发生的影响程度描述	风险事件发生的影响（示例）
1	极低	可能发生的损失几乎为零	直接经济损失＜1万元
2	低	可能发生的损失较少	1万元≤直接经济损失＜10万元
3	中等	可能发生的损失一般	10万元≤直接经济损失＜100万元
4	高	可能发生的损失较多	100万元≤直接经济损失＜500万元
5	极高	可能发生的损失很多	500万元≤直接经济损失

表6-8　风险坐标图划分

可能性等级＼影响等级		极低	低	中等	高	极高
		1	2	3	4	5
极高	5	中	中	高	高	高
高	4	低	中	中	高	高
中等	3	低	中	中	中	高
低	2	低	低	中	中	中
极低	1	低	低	低	低	中

2. 案例分析要点

（1）S公司尚未建立风险管理组织架构。当前S公司的风险管理由总经理统领，财务部加以辅佐；S公司营销事业部的广告宣传没跟上错失了一些市场机会、采购部购买原料时没有充分考虑到其投资的原材料是否可用、研发中心对消费者的口味把握不够等都反映了缺乏风险管理组织架构的风险管理模式会出现事件处理不及时、解决方案思考不全面和事件预防不到位等问题。

（2）S公司没有科学合理地进行风险评估。S公司实际面对各种风险时出现了各部门都主张要优先将有限的人力、财力投入到解决自己部门面临的困难之中，缺乏对公司所有风险的科学评估，导致实际关注的风险点与风险评估出来的结果不匹配。根据案例正文，做出风险评估汇总表（见表6-9）和企业风险识别评价图（见图6-4）。

表6-9　风险评估汇总表

	竞争风险	供需风险	生产风险	创新风险	投资风险	现金流风险
风险事件发生可能性分值	4	4	3	4	1	3
风险事件发生影响程度分值	4	5	3	5	2	3
风险水平	16	20	9	20	2	9
风险程度	高	高	中	高	低	中

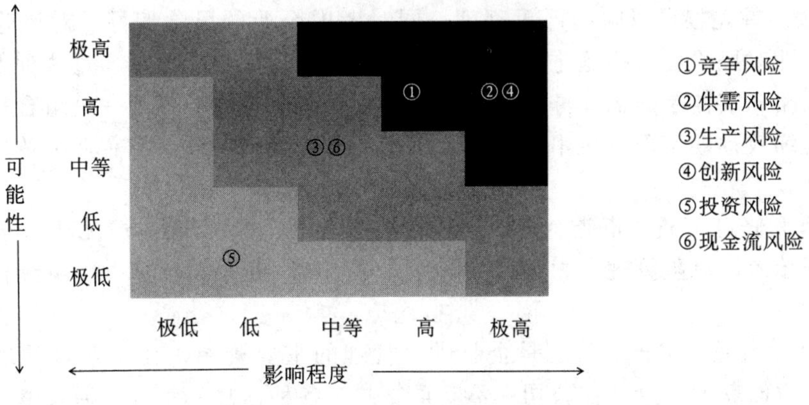

图6-4　企业风险识别评价图

（3）S公司的信息系统不完善。S公司没有风险管理的成文规定、缺乏一套完整的风险管理报告体系；没有完善的风险管理信息体系，公司内各部门信息沟通不畅；没有建立起一套企业各部门、各业务、全体员工相互制约、相互联系的内部控制制度，缺乏事前预防、事中控制以及事后纠正机制。

（4）S 公司缺乏动态的风险管理机制。S 公司没有在制定战略的同时确定公司的风险承受能力以及审查公司的风险管理能力，这反映了 S 公司缺乏动态的风险管理机制，可能会导致 S 公司拘泥于已定的风险管理对策、没有考虑风险管理机制与绩效的关系以及风险管理能力随着时间的推移该如何提高价值等。

（四）结合本案例与相关理论，分析 S 公司风险管理困惑的解惑之道。（讨论问题 4）

1. 理论依据

COSO－ERM 五要素。在公司的风险管理与内部控制理论研究方面，COSO 委员会一直占有着重要的领导地位，2004 年提出了《企业风险管理——整合框架》，实现了风险管理史上的一大突破。上述的风险管理架构推出后至今的十多年里，企业高层的风险意识明显增强，并越来越注重对经营风险的有效控制。但同时，风险管理过程也显得更加复杂，各类新型风险涌现。于是在 2014 年，COSO 委员会开始着手进行新 ERM 架构的升级换代，主要原因就是随着过去十年间内外部条件的复杂变迁，利益关联方也越来越关注经营风险管理与对公司价值的创造，特别是在投资策略的制定与实施过程中，都体现出了对公司进行风险管理价值的操作，以加强风险管理与公司绩效之间的合作关系。因此，2017 年 COSO 委员会又推出了新的企业风险管理架构——《企业风险管理与战略绩效整合》新框架下包含五个要素二十原则。

（1）治理与文化。治理与文化是企业风险管理的基础。管理思想确立了现代企业的精神基调，突出了现代企业风险管理的重要意义，并明确了对它的监管责任；管理文化则反映于现代公司的价值观和现代企业决策过程中。

（2）战略和目标的制定。企业在制定战略和业务目标的过程将风险管理纳入企业的战略计划中。通过对业务背景的了解，组织可以深入了解内部和外部因素对其风险的影响。企业在制定战略的同时确定其风险承受能力，而其业务目标可以将战略付诸实践，并形成企业日常运作的优先事项。

（3）绩效。首先根据风险的严重程度，同时考虑企业的风险偏好，对风险进行优先排序。然后，企业对风险应对措施进行选择，并监测该措施下的变化。通过这种方式，它对组织在追求其战略和实体层面的业务目标过程中所承担的风险量形成了一个组合视图，这样能将风险管理与绩效预期实现有机串联，多层次展现出风险管理框架与企业绩效的内在关联性和协同一致性。

（4）审查和修订。通过审查企业对风险的管理能力，以及现实情况相对于其目标的表现，企业应开始考虑风险管理能力随着时间的推移该如何提高价值，并将继续根据重大变化推动价值的创造。

（5）信息、沟通与报告。信息是企业风险管理的重要资源，在企业日常运作中，各部门不断从不同方面获取信息并在公司中不断重复共享各种信息，管理层通过整合各种信息来促进公司风险管理的工作。另外，公司还会通过网络系统来收集、管理和控制信息，通过使用每个组成部分的数据，对相应的业绩做出报告。

2. 案例分析要点

（1）治理与文化。

①实施董事会风险监督。S公司将风险监管的责任由总经理陈生一人承担转为总经理负主要责任，设立风险管理委员会。

②定义所期望的文化。S公司在规范各岗位的职责外，通过物质激励等方式激发员工的主人翁意识从而主动识别和应对风险，在公司形成全员风险管理的文化。

③吸引、发展和保留有才华的个体。S公司通过外部引进与内部培养两种方式，有针对性地在人力资源规划中增加风险管理人才培养的方案，逐步搭建起一支风险管理的专业化团队，以改变公司人才缺乏，创新不足的局面。

（2）战略和目标的制定。

①分析业务情境。预包装螺蛳粉目前是柳州市政府大力支持发展的产业。加上螺蛳粉在网络上走红，目前预包装螺蛳粉业务正处于上升期。

②定义风险偏好。S公司在进行战略制定时考虑了自身的风险承受能力，避免出现资本结构不合理等风险。S公司主要通过战略指标（资本支出、合并或收购金额等）、财务指标（偿债能力和营运能力等）和经营指标（质量目标、安全目标和客户集中度等）等定量指标，以及风险状况、风险能力、企业风险管理能力和成熟度等定性指标，来确定自身的风险偏好。

③评估可选战略。在评估备选战略时，考虑到S公司作为中小企业的资源和能力，存在抵押借款难的风险。但是柳州政府对于S公司这类螺蛳粉中小企业支持力度大，因此S公司也将寻求政府帮助作为辅助战略。疫情期间产品原料成本增加，S公司制定备选战略：下乡收集散户农户产品、寻找替代品或调高产品价格等。而疫情期间发货物流受限，S公司也实施寻求和多家物流合作、开发自己的物流等备选战略。

④形成业务目标。合理的业务目标能一定程度上避免产品长期积压，进而避免公司资源被占用。为了设定的目标能够真正落地实施，S公司设定具体可执行的绩效措施和目标。例如，设定公司当年投资回报率要达到5%以上，为了实现该目标，S公司需要继续开发能够引起消费者兴趣的新口味螺蛳粉，利用环保包装的概念打造自身品牌特色等。在设定具体目标时，也要留出宽容度——可接受的业绩变化，在风险偏好范围内与实现的业务目标有关的可接受的结果范围。

（3）绩效。

①识别风险。S公司识别的风险主要有：源于业务目标的变化（例如，S公司采用的螺蛳粉全产业链新战略或修改战略目标）；源于商业环境的变化（例如，消费者对速食食品喜好的变化，对公司产品的销售有潜在的不利影响）；与以前可能不适用于S公司的商业环境变化有关（例如，环境保护法等导致S公司承担新义务的法规变化）；S公司以前没有发现的风险（例如，发现公司生产经营中使用的原材料有不合规的倾向）；以前确定的风险，但后来由于业务背景、风险偏好或支持性假设的变化而被改变进而产生的新风险（例如，海外市场的开拓带来预期销售的积极增长，进而影响到生产能力）。

②评估风险的严重程度。S公司主要通过选择的措施来评估风险的严重程度。风险的严重程度和发生变化的概率会影响评估的频率。例如，与不断变化的商品价格有关的风险可能需要每天评估，但与不断变化的人口统计学或螺蛳粉新产品的市场偏好有关的风险可能只需

要每年评估。

③风险排序。严重性程度一样的风险可能会有不同的优先次序。也就是说，两个风险可能都被评估为“中等”，但管理层可以因为其中一个风险具有更大的速度和持久性，或者因为对一个风险的风险反应比对其他类似严重性的风险提供了更高的风险调整回报而给它更多的优先权。

④执行风险应对。组织识别和选择风险应对措施，风险应对措施要求S公司在业务背景、业务目标、绩效目标和公司的风险承受力范围内管理风险。S公司开展控制活动，以确保已选择的风险应对措施按预期进行。

⑤建立风险组合观。组合视图风险的类型、严重程度和相互关系。

（4）审查和修订。

①评估重大变化。组织识别和评估可能对战略和商业目标产生重大影响的变化。例如疫情的不确定性就对S公司的生产经营活动产生了影响，这些实质性的变化导致了新的风险诸如原材料不足、成本上升和员工复工难等问题。S公司分析这些变化因素如何影响企业业务目标的实现，修订风险管理，调整业务活动。

②审阅风险和绩效。由公司的风险管理机构成立轮值制的风险评估小组，通过调研、尽职调查等方式对重要风险进行分析，这既可以防范风险评估小组自身因经常性评估某项风险而产生的习以为常惰性，又可以实现加强风险管控的目标。落实风险管理工作，并不断完善运行机制。S公司的风险管理机构通过定期召开经营分析会，反馈风险管理效果，深入分析影响各经营指标实现的关键因素并依据企业面临的内外部环境的变化提出改进措施。

③企业风险管理改进。S公司具体通过制定风险管理考评的办法不断改进和完善企业风险管理，按照计划—执行—检查—处理的循环方式，对需要考察的对象进行持续的评价，并加以改进。

（5）信息、沟通与报告。

①利用信息系统。组织利用S公司的信息和技术系统来支持企业风险管理。S公司更新内部信息传递方式，除了传统的会议沟通外，充分利用信息技术手段进行网上沟通，例如，尽快全面推行OA系统；建立专门的网络信息中心，利用内网或局域网进行部门之间、上下级之间的沟通和联系，确保企业信息的安全。

②沟通风险信息。就螺蛳粉加工企业而言，S公司及时向内部和外部利益相关者传递风险数据和信息。

③对风险，文化和绩效进行报告。虽然S公司目前处于中小企业行列，董事会和管理层是融为一体的，但如果S公司以后实现了上市的战略目标时，也要推动董事会和管理层之间的有效沟通，组织对S公司各层次的风险、文化和绩效提供报告，这对于组织实现战略和业务目标以及在商业环境中抓住机会至关重要。

（五）结合本案例，分析S公司的解惑之道对公司产生什么影响？为何说螺蛳粉迎来了春天？（讨论问题5）

1. 理论依据

（1）全面风险管理理论。20世纪70年代到90年代，风险管理的全球性运动逐渐兴起，这是风险管理理论发展的重要阶段。20 世纪 90 年代初，JP 摩根银行提出了以损失为基础的风险管理方法，即 VaR（Value at Risk）法。VaR 法实现了风险的量化和标准化，逐渐被全球金融机构广泛使用。1992 年，Miller 从组织和控制的角度提出了整合风险管理（Integrated Risk Management，IRM）理念，强调风险的研究范围要扩大，企业要根据自身风险状况，在关注单个风险的同时，要对企业整体风险进行整合。2004 年，COSO 出版了《企业风险管理——整合框架》（Enterprise Risk Management - Integrated Framework）。ERM 以 1992 发布的内部控制框架为基础，结合《2002 年公众公司会计改革和投资者保护法案》（萨班斯法案）的要求，对风险、风险管理的定义、对风险管理目标、要素等内容的描述，构成了全面风险管理理论的核心。

（2）利益相关者理论。利益相关者管理理论是指企业的经营管理者为综合平衡各个利益相关者的利益要求而进行的管理活动。利益相关者包括企业的股东、债权人、雇员、消费者、供应商等交易伙伴，也包括政府部门、本地居民、本地社区、媒体、环保主义等的压力集团，甚至包括自然环境、人类后代等受到企业经营活动直接或间接影响的客体。这些利益相关者与企业的生存和发展密切相关，他们有的分担了企业的经营风险，有的为企业的经营活动付出了代价，有的对企业进行监督和制约，企业的经营决策必须要考虑他们的利益或接受他们的约束。从这个意义讲，企业是一种智力和管理专业化投资的制度安排，企业的生存和发展依赖于企业对各利益相关者利益要求的回应的质量，而不仅仅取决于股东。

2. 案例分析要点

（1）推动研发升级，提高消费者满意度。S 公司研发部门通过高新技术企业认定，实现了螺蛳粉高新技术企业“零突破”。为丰富产品类型，S 公司在分析现有顾客需求及潜在客户的口味后，成功开发了多种口味的新产品，在满足老顾客多样化需求的同时，以新品吸引新顾客，提高消费者满意度，进而提高产品竞争力。

（2）品控意识增强，提升产品质量。S 公司严抓品控，通过构建螺蛳粉综合检测中心服务平台，将螺蛳粉原料生产纳入食品安全追溯体系进行监管，实现螺蛳粉原料质量全程控制，大幅提升了产品的品质与安全。

（3）产品知名度提升，业务范围扩大。S 公司在多个知名社交、购物平台开通官方账号，开拓了营销渠道，通过直播介绍产品加工过程及口味吸引观众，多个平台联动宣传，有效增加了产品曝光率和知名度。S 公司在抢占国内市场的同时也瞄准了海外市场，以外贸公司为纽带，推动螺蛳粉销往海外市场，产品“飘香”至美国、加拿大、马来西亚等国家，S 公司的产品在海外实现了实力“圈粉”，海外业务稳步开展。

（4）推进了纵向一体化战略的实施。S 公司加入了市政府大力扶持的螺蛳粉原材料和工业产业集群，在产业集群内 S 公司能够对接到更多的原材料供应商，能以更低的成本、更高的要求、更快的速度购买各种投入品，有效提高了对原材料供应商的议价能力，降低了采购成本，推进了公司后向一体化战略的实施。此外，S 公司通过完善线上及线下销售布局，与大型商超达成战略合作，扩大销售渠道，推动了前向一体化战略的实施。

（5）风险管理体系得以完善。S 公司设立了独立的风险管理委员会，搭建专业化风险管理团队，将风险管理工作从总经理手中剥离，由风险管理机构围绕战略和商业目标实现对企业风险的监管，按照计划—执行—检查—处理的循环方式，有效防止了因总经理知识水平、个人偏见等因素造成的风险管控不到位，提高了风险管理能力。

（6）推动风险管理成效与绩效挂钩。随着风险管理与供产销业务相容，S公司形成了一套完备的风险管理考评办法，推动了风险管理成效与员工绩效挂钩，有效地激发员工积极性，促使员工更加积极主动地落实公司的风险管理措施，形成全员参与的风险管理氛围。

（7）数据收集更全面，内外部沟通更流畅。S公司在建设动态的企业风险信息数据库系统后，将战略、经营与财务等信息全面整合起来，实现数据的全方位采集、核实、储存与分析。此外，S公司在内部建立了有效的信息发布和交流系统，用以发布公司的规章制度、新闻简报以及技术交流，实现了工作流程的实时监控、跟踪、解决多岗位多部门的协同工作问题和实现文档的自动化管理，强化了公司内外部的信息沟通能力。

螺蛳粉迎来春天，除了S公司加强了全面风险管理建设之外，还包括外部环境的有力推动。①主流消费人群发生变化。从需求端看，过去几年发生的最大变化在于，主流消费人群从“75后”到“80后”，向“85后”到“95后”变迁。新消费人群所带来的变化是，消费者对方便速食的核心诉求，从过去“方便、便宜”向“方便、美味、健康、颜值、性价比”延伸。②政策助力螺蛳粉的破圈之行。螺蛳粉的顺利出圈，原因之一是柳州市地方政府给予的政策支持。近年来，柳州成立了专门的螺蛳粉工作小组，探索以工业化理念谋划螺蛳粉产业集群发展。通过完善顶层设计、建立标准体系、搭乘互联网快车、塑造文化属性等措施，将螺蛳粉产业打造成了颇具规模与发展潜力的产业。另外，政府还推出了一些扶持螺蛳粉产业的政策，比如支持买地、建厂房、设备补贴，奖励创新研发、支持相关比赛等。③网红经济助推螺蛳粉热度提升。疫情期间，螺蛳粉工厂因原材料补给不足，导致螺蛳粉身价大涨，螺蛳粉自带热度的特质使其频频空降微博热搜榜，多个品牌为利用螺蛳粉超高的话题与关注度而进行了联合营销，打破了用户对螺蛳粉的固有认知，形成社交话题，提高了螺蛳粉的知名度，形成了新的记忆点，螺蛳粉借力网红经济提升了自身的热度。④“宅经济”风口下螺蛳粉尽显家国情怀。2020年，受疫情期间居家隔离的影响，2020年1—5月方便食品消费增长了1.5倍，其中，2月实现增幅达21.3倍的爆发。可以看出，新冠疫情改变了人们的生活方式，由于人们复工困难，再加上物资紧缺和外出不便，方便实惠的袋装螺蛳粉极大地受到了消费者们的青睐。在疫情面前，广西众多企业第一时间调配库存螺蛳粉捐赠湖北等地，在体现深厚的家国情怀的同时，螺蛳粉的知名度也就此打响。

五、建议的教学组织方式

（一）课堂时间计划

本案例可以作为专门的案例讨论课来进行。表6-10是按照时间进度提供的课堂计划建议，仅供参考。整个案例讨论课程时间控制在90分钟，从案例教学实施过程来看，涉及课前、课中、课后三个阶段。

表6－10　　课堂时间计划表

<table>
<tr><th colspan="2">时间</th><th>内容</th></tr>
<tr><td colspan="2">课前</td><td>1. 提前一周将案例发放给学生，并提出讨论问题，要求学生进行初步的思考，包括新冠疫情的影响、S公司风险应对策略及其困惑、S公司解惑之道及其效果，对难点做好提问准备
2. 要求学生在课前阅读案例相关书籍和资料</td></tr>
<tr><td rowspan="4">课中</td><td>案例引入
（10—15分钟）</td><td>1. 介绍新冠疫情对中小企业的影响及风险管理理论
2. 帮助学生回顾案例背景、内容与问题，为小组讨论作准备</td></tr>
<tr><td>小组讨论
（20—30分钟）</td><td>1. 将学生分组，每组要求5—6人
2. 以小组为单位围绕启发思考题进行小组交流与讨论</td></tr>
<tr><td>集体讨论
（30分钟）</td><td>1. 每个小组派一名代表阐述小组讨论结果
2. 每个小组汇报时间不超过10分钟
3. 每个小组就启发思考题提出不同的意见
4. 教师根据意见中存在的问题进行适当提问和延伸，其他小组成员做进一步讨论</td></tr>
<tr><td>归纳总结
（20分钟）</td><td>1. 教师就讨论结果做进一步讲解与补充
2. 就案例中涉及的知识点进行讲解</td></tr>
<tr><td colspan="2">课后</td><td>1. 布置课后作业，要求以小组为单位完成案例分析报告
2. 鼓励学生课后与教师进行讨论</td></tr>
</table>

（二）案例提问计划（见表6－11）

表6－11　　案例分析不同阶段对应的问题

阶段	问题
案例分析的导入阶段	1. 谈谈新冠疫情对中小企业的影响 2. 了解风险管理的含义、过程和方法
案例分析的主体阶段	1. 作为中小企业，新冠疫情给S公司带来了哪些风险？ 2. S公司在疫情下都采取了哪些风险应对策略？ 3. 在应对风险的过程中，S公司面临哪些困惑？ 4. 结合本案例与相关理论，分析S公司风险管理困惑的解惑之道。
案例分析的总结阶段	1. 结合本案例，分析S公司的解惑之道对公司产生什么影响？为何说螺蛳粉迎来了春天？

（三）课堂板书设计（见图6-5）

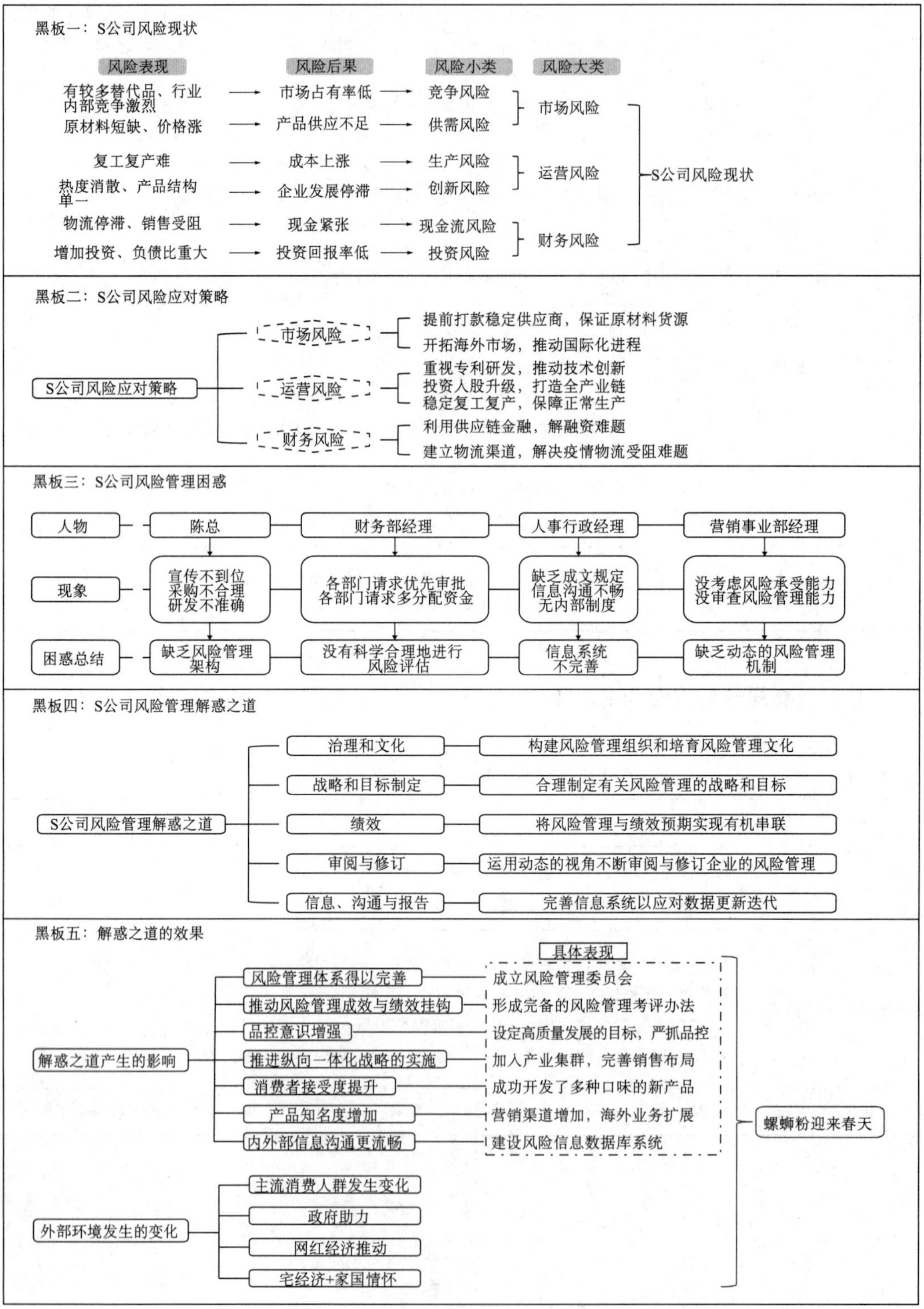

图6-5 课堂板书设计

案例 7

从鸿星尔克亏损捐赠看企业社会责任履行之道

曾富全

专业方向： 会计、财务管理

适用课程： 商业伦理与会计职业道德

选用课程： 内部控制与风险管理

编写目的： 通过企业亏损捐赠行为动机分析，探讨企业亏损捐赠的行为动机与捐赠效果，引出企业应如何遵守商业伦理、如何践行企业社会责任、如何进行捐赠的内部控制与风险管理的讨论与思考，找出符合商业伦理与内部控制要求的正确履行企业社会责任的有效之道。

知 识 点： 企业社会责任、商业伦理、内部控制、风险管理、绩效评价

案例正文

一、案例背景

鸿星尔克公司创建于 2000 年 6 月，是国内领先的体育运动品牌企业，2005 年在新加坡上市（股票代码为 BR9），是国内第一家在国外上市的运动品牌企业，但 2011 年因涉嫌财务造假被勒令停牌，后持续亏损，直到 2020 年 10 月在新交所退市。

鸿星尔克倡导年轻、时尚、阳光的生活方式，聚焦体育用品市场。产品覆盖服装、鞋及配件、儿童体育用品系列。鸿星尔克拥有广泛的营销网络，覆盖 32 省、市、自治区，包括一、二、三、四线城市，截至目前，在国内外拥有店铺 6 500 余家。在海外，产品行销欧洲、东南亚、中东、南北美洲、非洲等国家和地区，在全球 100 多个国家拥有商标专有权，并相继斩获“中国 500 最具价值品牌”“《福布斯》亚洲 200 佳”等殊荣。

鸿星尔克积极回馈社会，关爱残疾人，参与精准扶贫、助教助学等公益活动，积极投身抗灾抗疫工作。2019 年 5 月，被中共福建省统战部、工商联评选为“千企帮千村”精准扶贫行动先进民营企业，2020 年 12 月，获得由中华全国工商业联合会颁布的“抗击新冠疫情先进民营企业”，2021 年 4 月，荣膺中华全国总工会颁发的“全国工人先锋号”荣誉称号，2022 年 1 月，获得由中宣部、国家发改委授予的全国“诚信之星”殊荣。

二、鸿星尔克两次亏损捐赠上热搜

虽然鸿星尔克连年亏损被新交所强制退市，近年却因其亏损豪捐而频频被送上热搜引发广泛关注。

（一）2021 年河南水灾捐款 5 000 万元，鸿星尔克亏损豪捐上热搜

受 2021 年 6 号台风“烟花”和 7 号台风“查帕卡”接踵而至的影响，2021 年 7 月 17 日至 23 日，河南省遭遇历史罕见特大暴雨，发生严重洪涝灾害，特别是 7 月 20 日郑州市遭受重大人员伤亡和财产损失。灾害共造成河南省 150 个县（市、区）1 478.6 万人受灾，因灾死亡失踪 398 人，其中郑州市 380 人，占全省 95.5%；直接经济损失 1 200.6 亿元，其中郑州市 409 亿元，占全省 34.1%。2021 年 7 月 20 日 8 时至 7 月 21 日 6 时，河南中北部出现大暴雨，郑州、新乡、开封、周口、焦作等地部分地区出现特大暴雨（250—350 毫米），郑州城区局地 500—657 毫米；郑州城区局地最大小时降水量达 120—201.9 毫米（20 日 16—17 时）；河南郑州、新乡、开封、周口、洛阳等地共有 10 个国家级气象观测站日雨量突破有气象记录以来历史极值。

2021 年 7 月 21 日 17 时 45 分，鸿星尔克通过其官方微博发布消息“守望相助，风‘豫’同‘州’，我们在一起！鸿星尔克心系灾区，通过郑州慈善总会、壹基金紧急捐赠 5 000 万元物资，驰援河南灾区，河南加油！”同时，鸿星尔克总裁吴荣照转发该微博。

由于鸿星尔克此前于 2020 年 10 月被退市，加上连年经营不瘟不火，产品一直在低端徘徊，产品单价不超过 400 元，企业影响力早已大不如前，财务状况也没有起色（公开资料显示，鸿星尔克 2020 年仍处于巨额亏损状态，全年营收只有 28.43 亿元，却亏损了 2.2 亿元）。由于资金紧张，这么大的企业，甚至微博上连个“V”都没有加，人气一直比较低，因此，鸿星尔克的巨额捐款公告起初并没有受到过多关注。直到当天深夜，有网友开始注意到鸿星尔克的捐赠公告，并留言“感觉你都要倒闭了还捐了这么多”“感觉你们官微都舍不得开微博会员，却捐了和安踏一样的五千万，真的很了不起”等言论，开始使事件发酵，第二天，鸿星尔克即登顶微博热搜，引发广泛关注。

此后，大批网友冲到鸿星尔克的直播间，表示愿尽自己一份绵薄之力，支持良心国货。宣布捐款的第二天晚上，有超过 200 万人集体涌入平日人气低迷的鸿星尔克卖货直播间参与扫货、刷礼物、充微博会员（相关数据显示，鸿星尔克宣布 5 000 万元捐赠前一周的 2021 年 7 月 15—21 日，在淘宝直播平台上，其官方旗舰店直播间每日观看人次均不到 1 万），其产品销量直线提升，到了 7 月 23 日，观看人次更是高达 882.6 万。短时间内，鸿星尔克品牌官方旗舰店淘宝直播间销售额突破 1.07 亿元，3 个抖音直播间的累计销售额超过 1.3 亿元，点赞量达 4.2 亿，成为抖音最高点赞量。面对大量网友涌入鸿星尔克的官方直播间购买商品，鸿星尔克的总裁也连夜赶来答谢，一边感念，一边呼吁大家关注河南灾情，理性消费，主播也连连表示“请大家理性消费，不喜欢的款不要买！”23 日下午，鸿星尔克官方微博会员已经被网友赠送到 2140 年，同日“野性消费”网络用词开始走红。24 日，有网友质疑鸿星尔克存在诈捐，引发了一番鸿星尔克“翻车”的舆论。25 日，总裁吴荣照回应捐款质疑，郑州慈善总会和壹基金也在当天证实鸿星尔克捐款事宜，并不存在诈捐行为，结果一

出再次引起网民的疯狂点赞和野性消费。26 日，甚至有多地旅游景区和旅游部门称，穿鸿星尔克的鞋子可优惠甚至免费参观景区，此番跨界燃爆了鸿星尔克的热度。29 日，鸿星尔克称备货不足，多地仓库售空，公司系统也因大量订单而崩溃。自此之后，事件热度开始逐渐消减。相关数据显示，此后的几个月里，鸿星尔克直播间数据出现了断崖式下滑。抖音账号“鸿星尔克品牌官方旗舰店”8 月的预估销售额 3 970 万元，约为 7 月的 1/3。在接下来的半年里，单月 GMV 再也没有超过 2 000 万元。

（二）2022 年鸿星尔克豪捐 1 亿元，再次登上热搜

2022 年 7 月 30 日，鸿星尔克宣布向福建省残疾人福利基金会捐赠 1 亿元的款物，用于帮助困难残疾群体。鸿星尔克相关负责人在受访时表示，“我们向福建省残疾人福利基金会捐出总价值 1 亿元的物资和善款，是为了帮助困难残疾人及其家庭提升生活质量、共享美好生活，下一步我们将携手福建省残疾人福利基金会，以‘关爱残疾人 共享幸福生活’为主题，资助自闭症群体及其家庭、关注并扶助‘一户多残’家庭以及残疾退役军人等困难群体”。次日，“鸿星尔克再捐 1 个亿”的词条冲上热搜。8 月 1 日，近 20 万人涌入鸿星尔克淘宝直播间，粉丝们在直播间写下“踩了一年缝纫机又捐了”“你敢捐我就敢买”等语句。

虽然此次捐赠 1 亿元的款物让鸿星尔克再次登上热搜，且捐款额度翻倍，但热度并没有 2021 年 7 月向河南灾区捐款高，甚至在“鸿星尔克再捐 1 个亿”的热搜话题下，网上对鸿星尔克捐款动机出现不同的声音，除了称赞声之外，也出现了营销噱头的质疑声。“捐钱买热搜一条龙，这波营销只赚不亏”“鸿星尔克又做了一次‘漂亮’的营销”，甚至有网友直接发问“这到底是营销还是公益？”

（三）鸿星尔克热心公益并非蹭热点上热搜

面对安踏、李宁等众多国产运动服装品牌的崛起，市场竞争激烈，近年来，鸿星尔克已经开始逐渐走下坡路。2021 年天猫发布的“6・18”运动户外品类成交数据显示，安踏、李宁、匹克、特步以及 361°占据品牌、店铺成交额前五名，而作为国内第一家在国外上市的运动品牌企业的鸿星尔克甚至未能进入榜单。

虽然鸿星尔克经营遇到困难，但鸿星尔克哪怕经营亏损仍持续坚持做公益。公开报道显示，鸿星尔克长期捐赠款物，总价值数以亿计。除上述两次登上热搜的大额捐赠外，据网上不完全统计，鸿星尔克近年来还有以下主要捐赠：

2021 年 10 月，因山西水灾向山西省红十字会捐赠价值 2 000 万元物资。

2020 年 1 月，因疫情向壹基金捐赠价值 1 000 万元防疫物资。

2018 年 5 月，向福建省残疾人福利基金会捐赠价值 6 000 万元服装。

2012—2017 年，累计向福建省及福建对口支援的新疆、西藏地区贫困残疾人捐赠价值 2 500 万元服装。

正如鸿星尔克在其官网“社会责任”栏目所说的“社会责任感是企业发展慈善事业的动力：一个企业，不应该只是关心自己企业的收益，还应该负有强烈的社会责任感，回馈社会，帮助弱势群体。责任感是企业的必备素质。履行好企业的社会责任，能够助于增强企业的竞争优势。在鸿星尔克看来，企业是社会不可或缺的一部分，从社会中获取资源，就应该回报社会、负有一定的社会责任”。鸿星尔克不但这样说，也一直是这样践行。

三、企业亏损捐赠并不罕见

随着社会责任意识增强，企业在注重内部管理同时开始兼顾自身与社会和政府之间的关系，积极投身于公益活动之中，越来越多的企业甚至亏损企业也积极进行慈善捐赠。根据2017—2020年的《中国慈善捐赠报告》显示，企业捐赠占捐赠总量的比例分别为：64.23%、61.89%、61.71%和58.39%，均超过捐赠总量的50%，可见，企业是我国慈善捐赠的主要来源。表7－1是近10年我国上市公司中对外捐赠的亏损企业数量统计。

表7－1 我国上市公司对外捐赠数量统计

年度	对外捐赠的上市公司总数	亏损的上市公司数量	亏损捐赠的上市公司数量	亏损捐赠企业占对外捐赠企业的比重（%）	亏损捐赠占亏损企业的比重（%）
2012	1 426	252	119	8.35	47.22
2013	1 455	239	116	7.97	48.54
2014	1 753	266	179	10.21	67.29
2015	1 883	378	250	13.28	66.14
2016	2 054	259	160	7.79	61.78
2017	2 280	249	164	7.19	65.86
2018	2 376	485	317	13.34	65.36
2019	2 546	498	332	13.04	66.67
2020	2 945	634	421	14.30	66.40
2021	2 598	630	411	15.82	65.24

数据来源：上市公司年报整理。

从表7－1中数据可以看出，亏损企业对外捐赠并不罕见，近年来，对外捐赠的亏损企业占全部亏损企业的比例均在60%以上。企业通过对外捐赠践行社会责任，为促进社会公平、增进民生福祉、逐步实现全体人民共同富裕的事业作出了巨大贡献。

四、讨论题目

1. 企业亏损捐赠的动机有哪些？
2. 企业履行社会责任的方式有哪些？
3. 从商业伦理的视角，如何看待鸿星尔克等亏损企业的捐赠行为？
4. 从内部控制的视角，如何看待鸿星尔克等亏损企业的捐赠行为？
5. 分别从商业伦理、内部控制视角，讨论企业特别是亏损企业应如何正确履行企业社会责任。

案例使用说明书

一、本案例需要解决的关键问题

本案例旨在引导学员基于案例企业及其他亏损捐赠企业的捐赠动机分析，探讨在进行公益性捐赠中如何履行社会责任、遵循商业伦理与内部控制规范的要求，实现企业履行社会责任的可持续发展。

二、案例讨论的准备工作

为了有效实现本案例的目标，学员应该熟悉以下背景知识：

（一）理论背景

1. 企业社会责任理论

企业社会责任（Corporate Social Responsibility，CSR），是指企业在创造利润、对股东和员工承担法律责任的同时，还要承担对消费者、社区和环境的责任。企业的社会责任要求企业必须超越把利润最大化作为企业唯一目标的传统理念，强调要在生产过程中对人的价值的关注，强调对环境、消费者、对社会的贡献。

慈善捐赠是企业履行社会责任的诸多手段中最为直接的方式。CSR 模型以及相关理论都指出，社会责任中的最高层级责任是慈善捐赠行为。可以说，公司履行社会责任的最高体现正是慈善捐赠行为。企业可以根据自身的价值观念以及自身的意愿来确定是否进行慈善捐赠。企业进行慈善捐赠积极履行社会责任，有助于其得到社会大众的积极评价，对其的良好经营发展发挥着重要的作用。

2. 商业伦理理论

商业伦理（Business Ethics），也称企业伦理，是企业在处理内外部人与人关系时所应自觉遵守的道德方面的行为规范，即企业处理与利益相关者和社会关系时应当遵守的有关是非善恶的准则、规范。

商业伦理规范可以指导企业主体行为，并根据一定的商业伦理标准对企业主体的行为进行评价，对符合商业伦理的行为予以褒扬，对不符合商业伦理的行为予以谴责。与此同时，商业伦理还可以引导企业的行为，劝善戒恶，并辅之以社会舆论的赞扬和谴责，进而作用于企业的道德情感与道德文化。

3. 内部控制理论

内部控制，是指一个单位为了实现其经营目标，保护资产的安全完整，保证会计信息资料的正确可靠，确保经营方针的贯彻执行，保证经营活动的经济性、效率性和效果性而在单位内部采取的自我调整、约束、规划、评价和控制的一系列方法、手段与措施的总称。

内部控制由内部环境、风险评估、控制活动、信息与沟通、内部监督等五个要素构成。内部环境是其中的基础，并制约着其他要素能否有效地发挥作用。企业的内部工作环境如组织结构、企业文化等以及企业人员的因素和他们个人特征共同构成了内部环境的主体。风险评估主要包括风险的识别、分析与应对等措施。企业的风险评估能够有效帮助企业适应外部环境，防范内部风险。控制活动与风险评估存在着紧密的联系。控制活动如何选择与进行由风险评估的结果所引导。信息与沟通强调组织内部的有关信息应当被有效的传递与识别。组织内部要有序的开展横向交流与纵向交流。内部监督是监控与评估共同实施的过程。强调监控要具有持续性，评估要具有独立性，以起到及时发觉内控缺陷，及时进行汇报并加以改进的作用。内部控制五要素构成了一个有机联系、相互补充的整体。只有五要素共同发挥作用，企业的内部控制才能有效地运行。

内部控制五要素中的内部环境要素中就包含了企业履行社会责任的因素。具有良好社会责任感的企业，必然具有积极向善的良好企业文化和具备良好素养的企业管理者。而具有良好企业文化和具备良好素养的企业管理者的企业，其内部环境就能够为企业做好内部控制工作打下坚实的基础。此外，作为企业管控风险的制度体系，内部控制还能够对各种有损企业社会形象的风险来进行有效的防范和管控。

4. 信号传递理论

美国著名经济学家 Michael Spence 于 1973 年发表的《劳动力市场信号》中首次提出信号传递理论，他认为雇员相比于雇主而言更清楚自己的能力，所以劳动力市场存在信息不对称现象。而雇员的学历可以给雇主提供甄别信号，学历越高的雇员，能力也越强。因此，雇主可以将学历作为选择意向员工的甄别信号，来减少信息不对称所带来的风险。

可见，信号传递理论是基于信息不对称现象产生的，市场中存在着信息优势方和信息劣势方，信息优势方为了达到某种目的会通过一定方式向信息劣势方传递相关信号，改善市场效率，从而避免信息不对称导致的逆向选择与道德风险问题。

在不完全的资本市场中，为了避免逆向选择问题，信息优势方会主动选择某些信息作为信号传递给信息劣势方，进而吸引到投资者等利益相关者。企业的慈善捐赠披露就是一种信号传递。慈善捐赠就是企业向外界传递经营状况良好、具备持续发展能力的信号，因为企业进行慈善捐赠会消耗一定的资源，当企业处于亏损状态时，其首要目标就是实现扭亏，社会责任履行的意愿不高，通常不会进行慈善捐赠。与此同时，捐赠信息的公开披露，也能让企业受到社会关注甚至政府的褒奖，使捐赠企业更易获得相关资源。因此，这也可能导致一些亏损企业，即使企业面临一定的经营困难，业绩不佳，也不惜投入巨额财产物资进行慈善捐赠，因为亏损企业可以借助慈善捐赠行为给社会传递企业尚具有良好的财力与发展前景的信号，使其更易于获得外部资源，建立良好的声誉，获得更好的资本市场反应，为企业带来利益，以期能使企业迅速扭亏为盈。

（二）制度背景

我国现行的《中华人民共和国公司法》第五条规定，公司从事经营活动，必须遵守法律、行政法规，遵守社会公德、商业道德，诚实守信，接受政府和社会公众的监督，承担社会责任。可见，我国的公司法已把遵守商业道德（商业伦理）、承担社会责任列为对企业的法定要求。

我国于 2008 年制定的《企业内部控制基本规范》第一条就特别指出，为了加强和规范企业内部控制，提高企业经营管理水平和风险防范能力，促进企业可持续发展，维护社会主义市场经济秩序和社会公众利益，根据《中华人民共和国公司法》《中华人民共和国证券法》《中华人民共和国会计法》和其他有关法律法规，制定本规范。可见，我国企业加强和规范内部控制的目的就是要提高企业经营管理水平和风险防范能力，促进企业可持续发展，维护社会主义市场经济秩序和社会公众利益。其中“促进企业可持续发展，维护社会主义市场经济秩序和社会公众利益”也是对企业履行社会责任的基本要求。我国财政部颁布的《企业内部控制应用指引第 4 号——社会责任》第二十一条也明确指出，企业应当积极履行社会公益方面的责任和义务，关心帮助社会弱势群体，支持慈善事业。

按照《中华人民共和国企业所得税法》和《中华人民共和国企业所得税法实施条例》，企业发生的公益性捐赠支出，不超过年度利润总额 12% 的部分，准予在计算应纳税所得额时扣除。超过年度利润总额 12% 的部分，准予结转以后三年内在计算应纳税所得额时扣除。

为规范各类型企业的对外捐赠行为，加强企业财务管理，维护所有者权益，促进社会公益事业的发展，根据《中华人民共和国公益事业捐赠法》和《企业财务通则》的有关规定，财政部颁布了《关于加强企业对外捐赠财务管理的通知》（财企〔2003〕95 号）。

三、案例分析要点及解决方案

（一）需要学员识别的关键问题

本案例需要学员识别的主要知识点包括：企业社会责任的内容、商业伦理的内容与功能、内部控制五要素、企业慈善捐赠动机、绩效评价方法。具体而言，包括解决如下问题：

1. 根据企业社会责任、商业伦理、信号传递理论等理论，分析识别企业捐赠的动机；

2. 根据内部控制理论及《企业内部控制应用指引第 4 号——社会责任》，了解企业履行社会责任的方式以及企业内部控制的内部环境要素的构成；

3. 从商业伦理的视角，通过鸿星尔克等亏损企业的捐赠行为探讨企业亏损捐赠是否符合商业伦理；

4. 从内部控制的视角，通过鸿星尔克等亏损企业的捐赠行为探讨企业亏损捐赠是否符合内部控制的要求；

5. 通过企业亏损捐赠的绩效分析视角，针对亏损企业和大额捐赠形成的反差登上微博热搜来提升销量做法，探讨类似鸿星尔克这种亏损捐赠行为是否有助于企业的可持续发展。

（二）解决问题的可供选择方案及其评价

1. 关于企业捐赠的动机

企业捐赠的动机一般可以分为利他动机、利己动机和互利动机三类。

利他动机：指企业捐赠是为了帮助企业外部单位或者个人而不索取任何回报。持这种观点的学者认为，企业对外捐赠是企业履行社会责任的最高表现形式，是为了回报社会、分享经营成果、增进社会福祉等利他目的，是为了帮助社会，而不是出于经济目的。

利己动机：指企业捐赠是为了获取一定的利益。持这种观点的学者认为，企业作为以营利为目的的组织，所有活动都应该围绕营利目的，不应该不索取任何回报去对外捐赠，所有对外捐赠都应该对企业有利。也有学者认为，因为对外捐赠的决策是管理当局作出的，管理当局也可能为了管理层的私利而慷企业之慨，决策让企业对外捐赠。总而言之，企业对外捐赠的利己动机，对企业往往是出于战略需要、为了获取声誉资本、政治资源和更高的市场回报的动机，对管理当局往往是对外捐赠的决策者出于个人私利的动机。

互利动机：是利他和利己动机兼具的一种混合动机，是指企业捐赠既可以兼顾利他动机，又可以兼顾利己动机，是一种“双赢”行为。

2. 关于企业履行社会责任的方式

20 世纪 70 年代末，Carroll（1979）将企业社会责任看作多维度责任的结构组合，形象地将其称为“金字塔”结构（见图 7－1）。

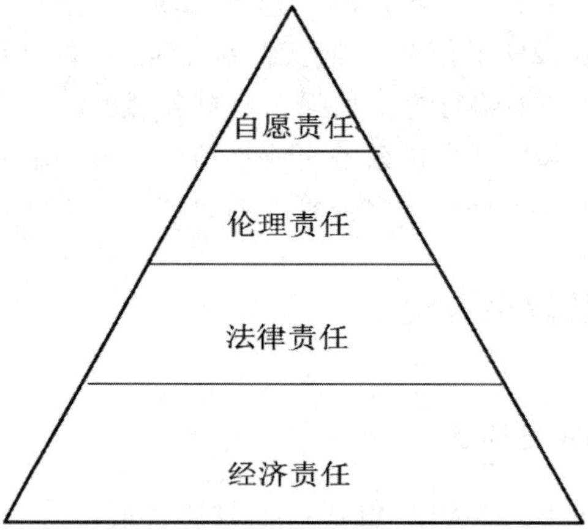

图 7－1　企业社会责任金字塔

Carroll（1979）将四个层次的企业社会责任由金字塔的顶部至底部依次分为：自愿责任、伦理责任、法律责任以及经济责任。其中，在金字塔最底层的经济责任，是社会责任的基础；法律责任在经济责任的基础上构建了企业向上成长的路径，企业承担经济责任必须在法律框架内完成；伦理责任促进企业遵循社会共同认可的道德和伦理规范；自愿责任是最高层次的社会责任，期待企业自愿承担裨益社会的责任，如慈善捐赠、灾害救助、保护环境等。Carroll 按照以上四个层次概括了社会责任的具体内容，也强调这四种责任并非互斥的，企业通常在实践中同时承担了几类责任。

企业履行社会责任的方式可以分为三个层次：第一层是法规层，即企业必须遵纪守法，这是企业履行社会责任的最基本要求，是企业不可逾越的红线，也是企业必须坚守的底线，具体包括遵纪守法、依法纳税、控制有害物质的排放等。第二层是利益层，即企业作为营利组织必须在经营过程中维护企业及其利益相关者的利益，这样才能有助于企业的长远发展，包括维护消费者权益、维护职工权益，对供应商和销售商诚实守信，保证投资者利益，保护环境等。第三层为道义层，即企业作为社会成员，也应讲究道义，在追求企业发展的同时，也要促进社会的和谐发展，这是企业对社会的回馈，包括对资源的节约，对社区居民的责任以及投身慈善事业等。

3. 关于企业亏损捐赠是否符合商业伦理

商业伦理的判断标准有如下原则：

（1）效用原则。效用原则认为“当且仅当行为产生的总效用大于其他替代行为的总效用时，该行为合乎伦理”。从效用的关联性和时间维度来看效用原则不仅要求考虑当事人自身行为的直接和当前后果，而且要求考虑所有可能方法为每个人带来的当前与可预见未来的成本、收益和任何显著的间接效应。此外，效用原则强调与其他所有可能行动方案的效用相比，应该选择能带来最大效用的行为方案。

（2）权利与义务标准。权利与义务理论的代表人物是德国古典哲学家伊曼努尔·康德。康德认为所有人都拥有某些道德权利与义务，不论履行这些权利与义务是否会为自己和他人提供任何效用。即每个人都有道德权利获得平等的对待，每个人也有义务平等对待他人。康德提出了三条道德原则，分别是：

第一，行动的时候，必须考虑是否希望自己的行为准则成为一个普遍的行为准则，如果不愿意就不应当为。

第二，行动的时候，要把每一个人包括自己当作目的，而不能仅仅当作手段来对待。不能仅把他人当作工具来利用，而是应该把人当作目的。

第三，自主自律的原则，即“自己立法自己遵守”的原则。这也称为道德判断的“可逆性”标准，即个人必须愿意让所有人都使用自己的行动理由．即使行为对象是自己。

（3）正义与公平标准。正义与公平分为三类：分配正义、应报正义、补偿正义。

分配正义是指社会中收益和负担的分配是公正的。约翰·罗尔斯将理性人群所处的虚拟状态称为原始状态，将他们对自身特点的不知情称为无知之幕。原始状态的人处于无知之幕下，不知道自己有哪些特点，被迫保持公正．不敢偏袒任何特殊群体，只能平等对待所有人。在这种情况下，人们只能选择平等自由权原则、差别原则和机会平等原则。这些原则就构成了分配正义的合理原则。

应报正义是指关于惩罚过失者的正义。只有满足三个条件时惩罚过失者才是正义的。第一是非无知和无能。也就是说，如果一个人不知道或者不能自由选择自己的行为，那么对他的行为进行惩罚是不公正的。第二是确信被惩罚的人真的犯有过失。依据不足信或不完整的证据进行处罚是不正义的。第三是处罚必须一致而且与过失相符合。只有当每个人都因为同样的过失受到同样的惩罚时，惩罚才是一致的，当惩罚的级别不大于过失者造成的伤害时，惩罚才与过失相符合。

补偿正义是指为个人因他人过失而遭受的损失提供补偿的正义。当一个人错误地给另一人造成损失时，过失者有道德义务或法律义务补偿受害者所遭受的损失。补偿额应该等于过失者对受害者造成的损失额。

（4）关怀伦理。关怀伦理，就是认为道德的任务不是遵循普遍和公正的道德原则，而是照顾和回应与我们有宝贵及亲密关系的特定人群。

在作出一项商业伦理决策时，运用单一的标准是有局限性的。理想的做法是对四项标准都予以考虑：第一是效用方面的问题，即是否达到效益最大、伤害最小；第二是权利方面的问题，即是否符合受影响之人的道德权利；第三是正义方面的问题即是否做到了效益与负担的公正分配；第四是关怀需求的问题，即是否适当关怀了亲密关系之人。

事实上，任何行为的伦理决策都难以面面俱到、同时满足四个方面的要求。因此需要对四项标准予以恰当权衡。一般情况下，四项原则的考虑次序是：权利标准先于正义标准，正义标准先于效用标准，亲密关系中关怀标准先于正义标准。但是，这一先后次序不是一成不变的，而是需要具体情况具体分析。比如，当某项决策的社会效用足够大时，就可能允许对个人权利的有限侵犯和对正义标准的有限背离；当不公平或不公正非常严重且非常广泛时，正义标准就可能超越权利标准，允许对个人权利的有限侵犯；当不公正非常严重、权利遭受严重侵犯、社会效益遭受严重伤害时，关怀标准也必须让位于公正、权利与效用标准。

根据上述商业伦理的判断标准和原则，企业亏损捐赠是否符合商业伦理，可以分别按照上述原则进行判定。

4. 关于企业亏损捐赠是否符合内部控制与风险管理的要求

财政部《关于加强企业对外捐赠财务管理的通知》（财企〔2003〕95 号）规定，企业对外捐赠一般应当遵循以下原则和要求：（1）自愿无偿。企业对外捐赠后，不得要求受赠方在融资、市场准入、行政许可、占有其他资源等方面创造便利条件，从而导致市场不公平竞争。（2）权责清晰。企业经营者或者其他职工不得将企业拥有的财产以个人名义对外捐赠，企业对外捐赠有权要求受赠人落实自己正当的捐赠意愿。（3）量力而行。企业已经发生亏损或者由于对外捐赠将导致亏损或者影响企业正常生产经营的，除特殊情况以外，一般不能对外捐赠。（4）诚实守信。企业按照内部议事规范审议决定并已经向社会公众或者受赠对象承诺的捐赠，必须诚实履行。

其中第（3）项原则明确规定：企业已经发生亏损或者由于对外捐赠将导致亏损或者影响企业正常生产经营的，除特殊情况以外，一般不能对外捐赠。说明国家对于亏损企业对外捐赠是明确不支持和鼓励的。

该通知也对企业对外捐赠的内部管理程序也进行了明确规范：企业对外捐赠，应当由经办部门和人员提出捐赠报告，捐赠报告应当包括以下内容：捐赠事由、捐赠对象、捐赠途径、捐赠方式、捐赠责任人、捐赠财产构成及其数额以及捐赠财产交接程序。企业财务部门应当对捐赠方案进行审核，并就捐赠支出对企业财务状况和经营成果的影响进行分析，提出审核意见后，按照企业内部管理制度提交企业董事会或者经理（厂长）办公会审议决定。对于重大的对外捐赠事项，国有及国有控股企业应当提交职工代表大会审议，上报国有资本持有单位备案后实施；公司制企业应当按照《中华人民共和国公司法》以及公司章程等有关规定执行。企业内部审计（监察）机构或者财务管理部门对企业对外捐赠行为应当进行检查，监督经办部门及其有关人员严格按照企业内部议事规范执行，制止随意对外捐赠行为。企业应当在财务会计报告中如实披露对外捐赠情况，注册会计师在审计企业财务会计报告时应当予以重点关注。

企业应该根据内部控制与风险管理的基本要求，结合财政部《关于加强企业对外捐赠财务管理的通知》（财企〔2003〕95 号）精神，制定企业对外捐赠的内部控制与风险管理流程并严格执行。

研究表明，良好的内控可以有效促进提高公司的社会责任履行水平。如果企业经营状况良好拥有足够的经济实力，内部控制能够充分发挥引导企业积极履行社会责任和追求良好社会形象的作用，促进企业积极进行积极捐赠；反之，如果企业经营不善甚至到了亏损的地步，企业首先应当解决的是自身的经营问题，而非对外捐赠，此时，内部控制不能再促使企业积极履行社会责任，更不能有利于对外捐赠。

企业亏损捐赠是否符合内部控制与风险管理的要求，需要根据企业是否制定企业对外捐赠的内部控制与风险管理流程并严格执行进行判断。

5. 关于亏损捐赠是否有助于企业的可持续发展

企业作为营利组织，盈利是头等大事。对外捐赠是一种自愿行为，毕竟需要付出公司财物，因此，企业需要量力而为。对于企业亏损捐赠，从政策层面来看，国家是不支持的，财政部《关于加强企业对外捐赠财务管理的通知》（财企〔2003〕95 号）就明确规定“企业已经发生亏损或者由于对外捐赠将导致亏损或者影响企业正常生产经营的，除特殊情况以外，一般不能对外捐赠”，目的也是为了保护企业，避免企业亏损捐赠影响其可持续发展。

另外，按照《中华人民共和国企业所得税法》和《中华人民共和国企业所得税法实施条例》，企业发生的公益性捐赠支出，不超过年度利润总额 12% 的部分，准予扣除。超过年度利润总额 12% 的部分，准予结转以后三年内在计算应纳税所得额时扣除。这可以看作是鼓励企业公益捐赠的条例制度，但对于亏损企业而言，产生年度利润是无法享受这一税收优惠的，会导致亏损企业的捐赠额需要企业完全承担，无法享受税前扣除的优惠，特别是连续亏损的企业。

当然，由于对外捐赠，可以给企业带来声誉口碑和企业经营实力较强等的良好社会形象，也可以有助于促进企业的进一步发展。

因此，亏损捐赠是否有助于企业的可持续发展需要综合权衡，对捐赠的长期效果进行正确评估才能得出。

（三）推荐解决问题的方案

1. 鸿星尔克亏损捐赠的动因分析

企业捐赠动机包括利他、利己、互利三大类动机，每一类动机都会有相应的经济后果指标体现出来，可以据此构建捐赠效应的分析评价指标体系，然后根据评价结果，看哪类动机的指标效果明显，从而推断其捐赠动机。

从鸿星尔克的多次捐赠行为来看，其动机可能较为复杂，需要尽可能多方面多角度的经济后果评价指标进行评价判定。但由于鸿星尔克于 2020 年 10 月以后从新交所退市，其公开披露的信息非常有限，对于 2020 年 10 以后的捐赠效果难以全面准确地进行评价。但从网站公开披露的信息来看，鸿星尔克 2021 年 7 月 21 日 17 点 45 分在其微博发布捐赠信息后，收获了极大的捐赠效果：鸿星尔克的官方微博关注从 26 万很快就疯涨到 156.5 万，抖音粉丝也在一天时间内从 30 多万暴涨到 500 万，其淘宝旗舰店关注人数则从 700 多万迅速上升到 1 250.2 万。在实际消费方面，网友也以实际行动为鸿星尔克带来了实实在在的利益：网友先是给鸿星尔克的官方微博充了足以使用一百多年的会员费，接着又冲到淘宝直播间“野性消费”、抢空了全部上架商品，再后来的几天以青岛门店为例的实体店也被清空。网友的消费热情也吓到了鸿星尔克的老板吴荣照。他紧急在直播间和个人抖音账号呼吁大众理性消费，不要神化鸿星尔克。然而这种理性呼吁反而让网友们更狂热了，老板的耿直和热诚感动了网友，无心插柳柳成荫，成了又一波反向宣传。消费者们的叛逆心理大大被激发出来，甚至笑称“仓库清空了也没关系，能抢到一条鞋带也行”。据京东数据，国潮品牌鸿星尔克 2020 年 7 月 23 日当日销售额同比增长超 52 倍；截至 24 日傍晚，鸿星尔克抖音直播间销售额突破 1 亿元，要不是多款产品被抢购导致缺货，销售额应该远不止于此。就这样，此前因涉嫌抄袭款式，被贴上无创新、低价等标签的鸿星尔克，经过这一次河南水灾捐赠就被热情的网友“野性消费”，推上了道德高地，摇身一变为“国民品牌”“有担当的企业”，人们不再称其产品是“次货土货”，而是“物美价廉”。

从鸿星尔克的这一次河南水灾捐赠效果来看，无疑是取得了互利动机的应有效果。但紧随其后的2022年再次捐赠虽然也再次登上热搜，且捐款额度翻倍达到1亿元，而热度并没有2021年7月向河南灾区的捐款高，甚至在“鸿星尔克再捐1个亿”的热搜话题下，网上对鸿星尔克捐款动机出现不同的声音，除了称赞声之外，也出现了营销噱头的质疑声。“捐钱买热搜一条龙，这波营销只赚不亏”“鸿星尔克又做了一次‘漂亮’的营销”，甚至有网友直接发问“这到底是营销还是公益？”

2. 鸿星尔克亏损捐赠行为的伦理分析

可以根据商业伦理的四个判定标准逐项分析：第一是效用方面的问题，即是否达到效益最大、伤害最小；第二是权利方面的问题，即是否符合受影响之人的道德权利；第三是正义方面的问题即是否做到了效益与负担的公正分配；第四是关怀需求的问题，即是否适当关怀了亲密关系之人。

3. 鸿星尔克亏损捐赠的内控与风险分析

内部控制五要素构成了一个有机联系，相互补充的整体。只有五要素共同发挥作，企业的内控才能有效地运行。其中，内部环境要素中包含了促进企业履行社会责任的因素。从内部控制五要素入手研究，可以发现作为内部环境中的积极向善的良好企业文化和具备良好素养的企业管理者都能够引导其积极通过抗疫捐赠的方式来履行社会责任。此外，作为企业管控风险的制度体系，内部控制的风险评估要素还能够对各种有损企业社会形象的风险来进行有效的预防。风险评估包括风险识别、风险分析与风险应对等。企业通过风险识别、风险分析与风险应对能够有效帮助企业适应外部环境，防范内部风险。控制活动与风险评估存在着紧密的联系，控制活动需要根据风险评估的结果来决定采取何种控制程序和控制方法。

可以按照内部控制五要素逐个要素进行分析，重点是从内部环境、风险评估、控制活动这三个要素入手，对鸿星尔克亏损捐赠是否有助于鸿星尔克内部环境优化、是否对鸿星尔克未来经营带来风险、是否符合鸿星尔克内部控制规定等进行分析。

4. 鸿星尔克亏损捐赠的可持续性分析

一般来说，公益性捐赠可以提高企业声誉，为企业树立了良好形象，让企业自身与社会形成良性互动，为企业的可持续发展提供了更好的保障。同时，捐赠形成的企业社会责任观在与企业文化慢慢融合，也会潜移默化地影响着企业员工，有利于在企业内部形成一种可持续发展观念。现有实证研究大多表明，公益性捐赠有利于企业可持续发展。

但对于像鸿星尔克这种尚处于亏损状态就进行大额捐赠的情况，可能也会对企业未来的可持续发展带来一定的不利影响，毕竟捐赠需要付出实实在在的财物，特别是现金捐赠的情况下。从网上介绍的情况来看，鸿星尔克2021年7月21日宣布捐赠5 000万元，截至当年11月1日，受捐方实际收到鸿星尔克捐赠到位的款物价值共3 027.4076万元，其中超过2 700万元为物资，只有300万元是现金，现金捐赠只有10%，加上鸿星尔克确认后续的2 000万元也是物资捐赠，实际上其现金捐赠只占捐赠总额的6%，绝大部分还是物资捐赠。物资捐赠通常会折算成为市场货币价值计算，但在鸿星尔克河南7·20水灾捐赠中，物资捐赠部分均按照出库价格进行认定，通过计件方式算出整体捐赠价格，也体现出鸿星尔克实实在在的一面。

而物资捐赠多是对企业库存积压的物资进行清仓，有助于减轻企业库存压力，但毕竟也是付出实实在在的物资，对企业也是一项支出，会减少企业盈利，对于类似鸿星尔克这种亏损捐赠很有可能就会雪上加霜，进一步增加亏损，影响企业的可持续发展。是否确实影响企业的可持续发展，需要对捐赠后企业业绩发展情况的持续观察和分析才能得出结论。

四、教学组织方式

（一）问题清单及提问顺序

1. 商业伦理与会计职业道德课程讨论问题清单及提问顺序

问题一：何为商业伦理？

问题二：如何判断企业的行为是否符合商业伦理？

问题三：请从商业伦理视角，讨论鸿星尔克亏损捐赠行为是否符合商业伦理？

2. 内部控制与风险管理课程讨论问题清单及提问顺序

问题一：何为内部控制？内部控制有哪五要素？

问题二：为什么针对企业社会责任专门制定了《企业内部控制应用指引第4号——社会责任》？社会责任与内部控制有何关系？

问题三：如何评价鸿星尔克亏损捐赠的效果？

问题四：请从内部控制视角，讨论鸿星尔克亏损捐赠是否符合内部控制的要求？

问题五：请从风险管理视角，讨论鸿星尔克亏损捐赠有何风险？应如何防范？

本案例的资料可以提前发放给学员，让学员能够提前了解案例情况，并查找相关资料，了解相关理论背景、行业背景及制度背景，为课堂讨论做好准备。

（二）课时分配

本案例可以运用于商业伦理与会计职业道德、内部控制与风险管理两门会计专硕课程，每门课程计划安排在120分钟之内完成该案例的研讨。首先通过由教师对案例的回顾将案例的背景、所涉及的基础知识与案例中涉及的重要问题做简要介绍和讲解，然后基于问题开展小组讨论，最后请学生对案例进行归纳总结，教师对案例所涉及问题进行一定程度的延伸和拓展。课后请学生自己选择一个亏损捐赠的企业案例，进一步深入研究企业应如何正确履行其社会责任。

（三）讨论方式

建议采用分小组的形式进行讨论，先给所有学生一定的自行准备时间，然后在课堂上针对每个问题分别进行小组内部讨论和所有小组集体讨论。具体做法如下：

1. 学生自行准备

在正式开始集中讨论前一到两周，就要把案例材料分发给学生。让学生有充分的时间阅读案例材料、查阅相关资料、收集必要信息，并积极地思考，初步形成关于案例中的所提问题的分析和解决方案。

2. 小组内部讨论

在课堂上将学生划分为由3—6人组成的几个小组。小组成员要多样化，这样他们在准备和讨论时，表达不同意见的机会就多些，学生对案例的理解也就更深刻。各个学习小组的讨论地点应该彼此分开。小组应以他们自己有效的方式组织活动，教师不应该进行干涉。各个小组派出自己的代表，发表本小组对于案例的分析和处理意见。

3. 小组集中讨论

各小组派出自己的代表，发表本小组对于案例的分析和处理意见，发言时间一般应该控制在30分钟以内，发言完毕之后发言人要接受其他小组成员的询问并做出解释，此时本小组的其他成员可以代替发言人回答问题。然后教师可以归纳出几个意见比较集中的问题和同学们提出的解决方案，组织各个小组对这些问题和解决方案进行重点讨论。这样做就将学生的注意力引导到方案的合理解决上来。

4. 课堂讨论总结

在小组和小组集中讨论完成之后，应该留出一定的时间让学生自己进行思考和总结。将讨论的各种观点进行分析总结，重点关注学生提出的新观点、新想法及不同角度、不同方式进行的思考。

5. 课后加深认识

请学生课后以Word形式写出总结作为课后作业，这样学生的体会可能更深，对案例以及案例所反映出来各种问题有一个更加深刻的认识。同时学生在本案例基础上自编同类案例，以进一步发现企业实践中的异同。

混合所有制改革与公司治理专题

案例 8

国祯环保的行稳致远：民营企业混改的对象选择与整合实施

邓德军　温天晓

专业方向： 财务管理

适用课程： 财务管理理论应用研究、管理会计理论应用研究

选用课程： 公司治理、公司资本经营

编写目的： 通过描述案例公司的混合所有制的改制过程，分析其“为何混”“和谁混”“怎么混”以及“混的如何”等问题，帮助学员利用资源基础观、社会资本理论、战略整合理论等相关知识，理解民营企业的混改行为，引导学员探究民营企业参与混合所有制改革的动因，选择“和谁混”的标准、具体的整改措施以及最终的混改效果，思考民营企业应该如何实现混改的目的，为企业的混改决策提供参考建议。

知 识 点： 混合所有制改革、资源基础观、社会资本、战略整合

案例正文

2020 年 12 月 14 日，深耕环保行业的老牌民营企业国祯环保与中国节能环保集团有限公司（以下简称“中节能”）完成过户登记手续办理。至此，中节能正式成为公司控股股东，国务院国有资产监督管理委员会成为公司实际控制人。通过长达三年的混改之路，国祯环保与其国有战略投资者形成了强强联合的局面，既拥有国企的稀缺资源与品牌优势，也有自身多年积累的人才技术优势、运营经验与灵活机制。混合所有制改革理论上能够帮助民营企业达到克服自身由于产权性质所固有的弱点，解决眼前问题与发展瓶颈，实现长期发展与战略转型的目标。但在现实操作中，有不少民营企业无法达到混改目标效果，甚至对自身产生了负面影响，因此对混改望而却步。民营企业该如何通过混合所有制改革达成预设目标？在混改的两个重要阶段——对象选择及整合实施中该如何激发效用最大化？

一、风口浪尖：站在岔路口的国祯环保

安徽国祯环保节能科技股份有限公司（以下简称“国祯环保”）创建于 1997 年，2014 年在深交所创业板上市（股票代码：300388），公司业务范围覆盖城镇污水处理、水环境综

合治理、工业污水处理、农村水环境治理以及供排水一体化等领域，具备投融资、设计、制造、建设、运营等系统化水治理综合能力。作为深耕该领域的老牌民营企业，一直以来国祯环保都具有明显的行业优势：水治理全产业链优势、运营管理优势、工业废水领域细分市场技术优势、技术研发优势，不仅是国家环保产业骨干企业，国家高新技术企业，安徽省首批创新型企业，省质量管理奖获得单位，更是多次入选“中国水业十大影响力企业”排行榜，入选安徽省产学研联合示范企业。然而多方因素的叠加影响，使得2017年对于所有环保民营企业来说都是煎熬的一年。

（一）政策收紧：民营企业的资金困境

在我国资产管理业务快速发展、企业投融资需求获得极大满足，同时存在着业务发展不规范、金融监管规避行为频发、多层嵌套资金空转、刚性兑付等问题的背景下，2017年11月，一行三会一局联合发布资产新规征求意见稿，主要提出了限制集中投资、控制杠杆率、消除多层嵌套、打破刚性兑付、提高债权投资要求、禁止资金池业务开展等方面的内容，并于2018年4月正式落地。资产新规旨在规范企业融资行为，推动表外融资向表内回归，但短期内由于资管规模与资金链条的快速收缩，对社会融资造成了不利影响，或造成社会融资规模增量负增长。此外，信贷门槛的提高、产品资金募集能力下降、金融机构业务开展受限等情况的存在，给民营企业带来了融资渠道受限、融资难度加大、资金短缺加剧、财务风险增加等难题。

（二）模式转变：PPP带来的机遇挑战

2014年以来，多个国家部委陆续颁布文件在社会多个领域以规范并推广运用政府和社会资本合作模式（PPP模式），各级政府及相关部门单位积极贯彻落实，PPP模式逐渐规范化并被广泛运用，在基础设施和公共服务领域加快推进。2015年5月颁布的《关于在公共服务领域推广政府和社会资本合作模式指导意见》明确指出，在水利、环境保护等公共服务领域应广泛采用PPP模式，环境保护关系着我国民生建设与经济良性循环发展，PPP模式的推广有利于合理风险分配、提高社会资源配置效率，在环保领域的推广利用具有广阔的前景。

这对当时的环保民营企业而言，面对这一崭新的项目运作模式，可供借鉴的经验较少，在实践中仍存在运作和规范方面的不完善之处。2017年后，国家更是密集出台了各类规范PPP项目、加强PPP业务风险管控的相关政策，政策的收紧对民营企业PPP项目的承接和融资都带来不利影响，国家产业、财政税务、宏观货币等方面的政策改革与调整，都会对PPP项目的承接、建设以及运营等产生重大影响，因此PPP模式的广泛运用，使得民营企业需要有更加敏锐的政策敏感性与风险应对能力。

（三）竞争激烈：同行挤压与潜在威胁

由于生态保护和环境治理行业无明显周期性特征，在政策的显著利好支持与保护生态环境的基本国策下，该行业在未来相当长一段时间内仍有良好的发展前景，将保持持续增长的态势。因此，尽管水务环保行业在资质、经验、技术以及资本等方面，都存在着较高的准入门槛与进入壁垒，国家在整个产业链上的把控也较为严格，有着较高且苛刻的技术要求，更需要企业拥有创造竞争优势的强大核心竞争力，但该行业仍面临着较大的潜在竞争者威胁。如 2018 年 5 月，家电行业巨头康佳集团宣布成立环保科技事业部，这意味着其未来将布局发展环保领域，水污染防治也是其主要业务之一，同年 6 月其中标辽宁省东港市 PPP 项目，预算金额 13 亿元，主要包括污水处理厂改扩建、污水管网改造完善、河道整治及生态恢复等。随着越来越多的传统企业通过业务拓展、并购合作等途径跨界环保行业，民营环保企业面临着越发严峻的市场环境和与日俱增的市场压力。

（四）混改盛行：民企求存与国资入局

2018 年前后环保行业的并购整合日益盛行，当时着手水处理业务的企业，都较为分散，面对严峻的市场环境，领先企业通过投资兼并相关领域企业、收购地方水务项目、成立合资公司等重组整合手段来抢占市场份额，并通过专业化且形成产业链的服务来获得市场青睐。与此同时，河道和水环境整治是近几年治理重点，但因其涉及因素多，项目治理难度大，仅由市场配置资源效率过低。为了完成国家使命实现战略目标，央企主动牵头负责国有资本的投资和运营，并与专业环保公司合作获取技术支持，公私合营优势互补。国有资本开始进入该领域的途径，除了响应政策自行开展环保相关业务，更有国有企业选择并购原有的环保企业，直接实现业务拓展和跨界经营，以完成环保行业从零散市场转向区域化、流域性环境综合治理的转变。

二、势在必行：国祯环保的漫长混改路

面对实体经济受到宏观政策影响，民营企业整体融资状况恶化，行业要求、经营环境与产业发展面临重大改变之局面，国祯环保毅然决然地在兴起之初便投入了民营环保企业兴混改的浪潮。

（一）开启混改之路

混改之前，国祯环保的第一大股东为安徽国祯集团股份有限公司（以下简称“国祯集团”），国祯集团由李炜创立，属于境内非国有法人，聚焦发展与社会民生密切相关的环保水务、生态循环、环境修复、环境卫生、健康管理等业务板块，连续数年跨入中国服务业企业 500 强行列，连续多次跨入安徽省百强企业行列。国祯集团共持有国祯环保股票 11 487 万股，持股比例为 37.58%，公司董事长李炜通过国祯集团间接持股成为国祯环保的实际控制人（见图 8-1）。

2017 年 11 月，国祯环保原控股股东丸红株式会社及其一致行动人丸红（北京）商业贸易有限公司，将其持有的公司股权以每股 18.08 元的价格转让给安徽省铁路发展基金股份有限公司（以下简称“安徽铁路基金”），转让价款 7.13 亿元。通过此次国有战略投资者的引入，安徽铁路基金直接持有了国祯环保 3 943 万股无限售条件流通股，约占国祯环保股份总数的 12.9%（见表 8-1）。

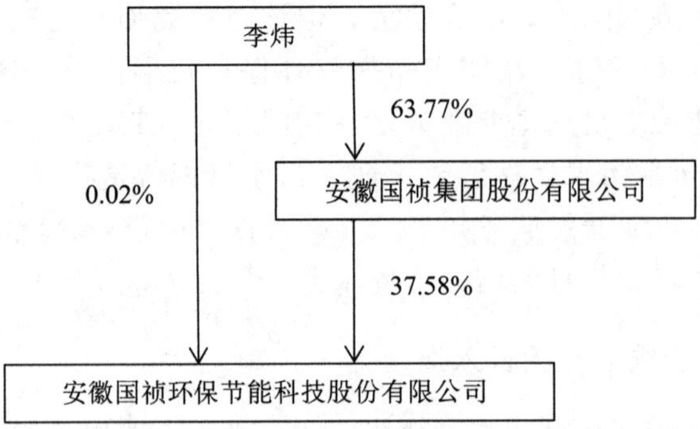

图 8－1 国祯环保与实际控制人之间的产权及控制关系

表 8－1　　　安徽铁路基金股份受让前后持股情况

股东名称	股份转让前		股份转让后	
	直接持股数量（股）	持股比例（%）	直接持股数量（股）	持股比例（%）
丸红株式会社	29 511 539	9.65	0	0
丸红（北京）商业贸易有限公司	9 924 981	3.25	0	0
安徽省铁路发展基金股份有限公司	0	0	39 436 520	12.90

安徽铁路基金成立于2013年3月，2016年8月完成股份制改革，是安徽省投资集团控股有限公司的控股子公司（持股89.03%），隶属于安徽省国资委（见图8－2）。安徽铁路基金持政府支持、市场运作、稳健经营、规范操作的策略，按照市场化原则参与高成长性项目投资及风险可控的资本运作，并形成了定增投资、母基金投资、股权直投、类固收投资四大业务板块。

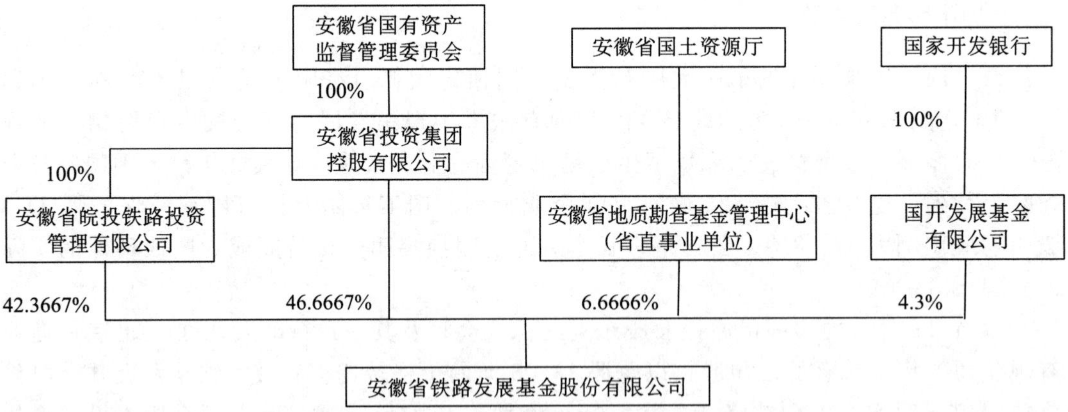

图 8－2 安徽铁路基金股权控制关系结构

借助安徽铁路基金的国有坚实背景，国祯环保或在资源、项目等方面获得帮助，同时国家开发银行持有安徽铁路基金4.30%股权，或给予国祯环保资金方面的支持。成功引入安徽省铁路基金成为公司第二大股东，国祯环保不仅优化了股东结构，而且对自身二级市场形象、市场开拓以及经营业绩等方面都将产生积极影响。

（二）混改深化阶段

2018 年 10 月，国祯环保召开了第六届董事会第四十四次会议，会议上审议并通过了关于公司创业板非公开发行 A 股股票的相应议案，并在接下来的多次会议中进行了修订。2019 年 6 月，国祯环保的非公开发行股票申请获得中国证监会核准批复，并于同年 7 月发行股份 10 979 万股，价格为 8.58 元/股，引入了中国节能资本控股有限公司（以下简称“中节能资本”）、长江生态环保集团有限公司（以下简称“长江环保集团”）以及三峡资本控股有限责任公司（以下简称“三峡资本”）三家国有战略投资者（见表 8－2）。

表 8－2　　定向增发对象及其获配股数、认购金额情况

序号	认购人全称	获配价格（元/股）	获配股数（股）	获配金额（元）
1	中国节能资本控股有限公司	8.58	58 275 058	499 999 997.64
2	长江生态环保集团有限公司		34 965 034	299 999 991.72
3	三峡资本控股有限责任公司		16 549 909	141 998 219.22
合计			109 790 001	941 998 208.58

三峡资本与长江环保集团的控股股东均为中国长江三峡集团有限公司（以下简称“三峡集团”），系同一控制下的企业，但其在资产、业务以及人员等方面互相独立（见图 8－3）。三峡集团于 1993 年经国务院批准，为建设三峡工程而成立，2017 年由全民所有制企业改制为国有独资公司，集团业务包括生态环保投资与运营、流域阶梯调度与综合管理、新能源开发与运营管理以及工程建设与咨询等。三峡集团历经近 30 年持续快速高质量发展，现已成为全球最大的水电开发运营企业和中国领先的清洁能源集团，成为国务院国资委确定的首批创建世界一流示范企业之一，并在深度融入长江经济带、共抓长江大保护的国家重大战略中，发挥着骨干主力作用，在促进区域可持续发展、推动清洁能源产业升级中作出了巨大贡献。

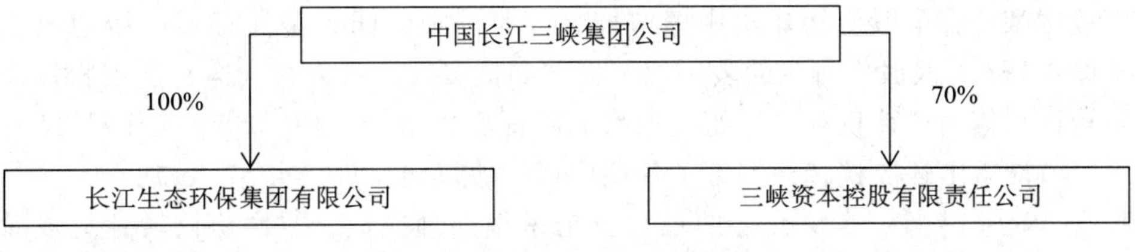

图 8－3　长江环保集团与三峡资本之间的关系

中节能资本由中国节能环保集团有限公司（以下简称“中国节能”）全资控股，中国节能是 2010 年由中国节能投资公司和中国新时代控股（集团）公司联合重组成立的中央企业，主营节能减排、环境保护业务，涵盖各自分市场，是我国节能环保领域规模大、专业全、业务覆盖面广、综合实力强的龙头企业，能够为一个区域整体绿色发展提供节能环保综合解决方案。中国节能深度参与了国家长江大保护、黄河流域生态保护和高质量发展、海南国家生态文明试验区建设等重大国家战略任务，2018 年 5 月，更是被推动长江经济带发展领导小组办公室确定为长江经济带污染治理主体平台企业。

通过此次国有战略投资者的引入，国祯环保的股权结构有了较大变化，国有股东占比大大增加，但国祯集团仍为其第一大股东，李炜实际控制人的身份并未改变，其第二大股东仍为其首次引入的国有战略投资者安徽铁路基金，三峡资本在此前已经从二级市场连续增持国祯环保 4.71% 股权，此次定增后三峡集团合计持有公司股权 11.64%，大于安徽铁路基金所持有的 10.61%，作为前五大股东之一的中节能资本持股 8.71%（见表 8－3）。

表 8－3　　2019 年定向增发后国祯环保大股东持股情况

序号	股东名称	持股数量（股）	持股比例（%）
1	安徽国祯集团股份有限公司	217 576 184	32.52
2	安徽省铁路发展基金股份有限公司	70 985 625	10.61
3	中国节能资本控股有限公司	58 275 058	8.71
4	三峡资本控股有限责任公司	42 909 010	6.41
5	长江生态环保集团有限公司	34 965 034	5.23

在“长江大保护”和“黄河大保护”等国家战略下，中国节能、三峡集团等央企将作为“国家队”主导行业格局，被国家赋能在其中发挥骨干和平台作用，重新建立行业生态圈的同时，面临着艰巨的环境治理与生态修复任务，也给环保行业带来了广阔的市场空间。国祯环保期望与中国节能和三峡集团展开深度合作，依托其背景借助其便利的同时，发挥自身技术研发优势、运营管理优势，实现公司跨越式发展。

（三）最终易主国资

2020 年是国祯环保发展历程中具有里程碑意义的一年，其混改工作最终落成，并更名易主中国节能顺利完成控股，公司央企混改正式起航。

2020 年 3 月 13 日，原国祯环保控股股东国祯集团通过协议转让方式，将自身持有的 10 058 万股国祯环保的股份转让给中国节能，同时国祯集团无条件且不可撤销地将其持有的国祯环保 4 197 万股股份对应的表决权、提名和提案权、参会权、监督建议权以及除收益权和股份转让权等财产性权利之外的其他权利委托中国节能行使。2020 年 8 月 27 日，国祯集团与中国节能就上述股权转让签订了各项协议，协议转让价格 12.7 元/股。

2020 年 12 月 14 日，本次交易的过户登记手续办理完成。本次协议转让完成后，中国节能、中节能资本分别持有国祯环保 10 058 万股、5 827 万股股份。中国节能及其一致行动人中节能资本合计拥有国祯环保 20 351 万股股份表决权，占公司最新总股本的 29.18%，国祯环保控股股东变更为中国节能，实际控制人变更为国务院国有资产监督管理委员会（见表 8－4）。

表 8-4　截至 2020 年年末国祯环保大股东持股情况

序号	股东名称	股东性质	持股数量（股）	持股比例（%）
1	安徽国祯集团股份有限公司	境内非国有法人	116 988 133	16.74
2	中国节能环保集团有限公司	国有法人	100 588 051	14.39
3	安徽省铁路发展基金股份有限公司	国有法人	70 985 625	10.16
4	中国节能资本控股有限公司	国有法人	58 275 058	8.34
5	三峡资本控股有限责任公司	国有法人	40 130 343	5.74
6	长江生态环保集团有限公司	国有法人	32 910 114	4.71

2020 年 12 月 14 日，在国祯环保召开的第六届董事会第七十四次会议上，审议通过了《关于拟变更公司名称及证券简称的议案》，鉴于公司控股股东发生变更，根据公司未来的发展规划需要，为树立公司长远的品牌影响力，提升公司的品牌价值，其对公司名称及证券简称进行了变更，公司将中文名称由“安徽国祯环保节能科技股份有限公司”变更为“中节能国祯环保科技股份有限公司”。2021 年 1 月，公司完成名称变更的工商登记，为使公司证券简称与公司名称保持一致性，公司决定将证券简称由“国祯环保”变更为“节能国祯”，证券代码“300388”保持不变。

三、大刀阔斧：战投入主后的整合推进

（一）拓展资金渠道

随着国祯环保进入运营期项目的逐年递增，PPP 项目占用资金大、回款周期长的特点，使公司的资产负债率居高不下，且高于 Wind 统计的水利环境与公共设施管理行业 2018 年均值 46.80%，应收账款也处于逐年增长态势（见图 8-4）。

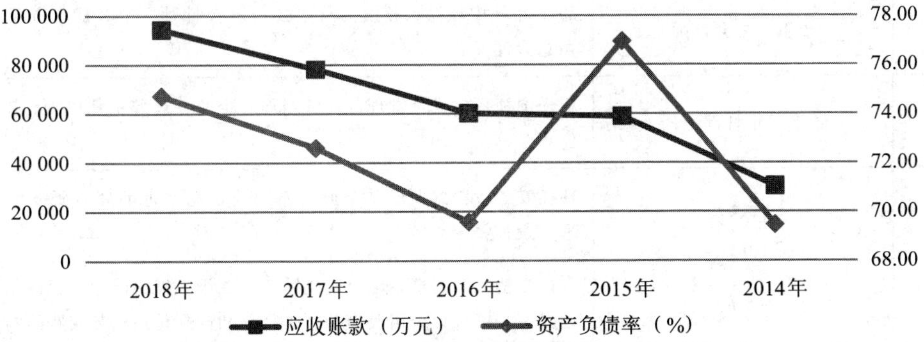

图 8-4　国祯环保财务风险情况

非公开发行通过股权融资的方式直接满足了国祯环保的流动资金需求，并实现了股权、债权融资的合理搭配，募集资金用于置换已通过自筹资金先行投入的合肥市小仓房污水处理厂 PPP 项目，该项目的污水处理产能占国祯环保污水处理产能总体规模的 7.8%，随着资金

的到位，其在一定程度上达到了优化财务结构、节约财务费用、提升偿债能力、降低融资成本的效果。加之国有战略投资者的信誉背书拓展了国祯环保的融资渠道，后期资金的继续投资，有望获取更多的项目，继续扩大污水处理规模，充实的资金更能帮助它加速扩张省外业务，扩大公司版图。

（二）完善治理结构

引入战略投资者只是混合所有制改革的其中一步，除了各类有形与无形资源的获取，双方沟通融合后的改善治理结构、降低股权集中度更是一项重要举措。外部有话语权及丰富经验的董事及监事的加入，让国有股东参与治理，优化治理结构，构成多元股东协同治理的局面，更是其实行混改达成预期效果的重要一环。

混改后的国祯环保董事会由9名董事组成，其中独立董事3名，中环保水务投资有限公司（以下简称“中环水务”）由中节能持股55%，在董事会中占3席，安徽铁路基金占有1席，国祯环保占2席（见表8-5）；监事会由5名监事组成，有2名来自中节能（见表8-6）。国有战略投资者在国祯环保董事会、监事会中的占比较大，引入的战略投资者列席其中，民营与国有背景的股东形成制衡，有利于重大议项的决策与监督。引入的新董事、监事除了是各公司高管以外，还具备各行业的专业知识背景，拥有更丰富的从业经历和更高的工作平台，特别是国有战略投资者派出在投资融资以及战略管理方面具有丰富经验的董监高，他们在公司重要决策中能够给出专业性和前瞻性的建议，有利于提高国祯环保决策的科学性和有效性。

表8-5　混改后的董事会结构及成员特征

姓名	职务	关键背景
王堤	董事长	任中环保水务投资有限公司董事长、党委书记
李炜	董事、联席董事长	历任国祯环保董事、董事长、名誉董事长
叶东	董事、副总经理	历任湖州中环原水有限公司总经理
王银仓	董事、总会计师	2018年任中环保水务投资有限公司总会计师、中节能水务发展有限公司总会计师
王利娟	董事、审计部主任	曾任国祯环保投资管理部业务经理、企业管理部主任助理、副主任、主任等
王银龙	董事	现任安徽省铁路发展基金股份有限公司总经理助理兼研究发展部总经理、投资一部总经理
刘纪鹏	独立董事	中国政法大学资本金融研究院院长、二级教授、博导；股份制和公司问题专家，擅长大公司股份制、集团化和国际化理论与实践的结合
郭勤贵	独立董事	现任北京德恒律师事务所合伙人/律师
俞汉青	独立董事	现任中国科学技术大学化学系环境工程实验室教授，主要从事水污染控制理论和技术的研究

表 8-6　混改后的监事会结构及成员特征

姓名	职务	关键背景
李松珊	监事会主席	任安徽国祯集团股份有限公司董事、总裁
李松筠	监事	任安徽国祯集团股份有限公司监事会主席
齐连澎	监事	任中国节能环保集团有限公司财务管理部高级专家一级（副主任级）
王成锋	职工代表监事	任中环保污水处理宿州有限公司（中环水务控股 80%）董秘兼综合管理部经理
王海宁	职工代表监事	任节能国祯审计副总监兼审计部经理

（三）吸收经营资源

成功引入安徽铁路基金后，其省内项目扩张方面更具优势，而三峡集团与中国节能作为长江大保护计划中的骨干企业，更是可以与国祯环保共同推进相关业务，帮助其承接更多更优质的项目。早在定增落地前，三峡资本就开始在二级市场收购国祯环保股权，协同效应也初显成效，2019 年 3 月国祯环保中标由长江环保集团作为牵头方的安徽省无为市城乡污水处理一体化（二期）PPP 项目，同年五月再次中标由长江环保集团作为牵头方的芜湖市城区污水系统提质增效（一期）PPP 项目。市政环保 PPP 项目将在未来一段时间内持续推进且按效付费有所强化，有了业务与项目的保证，国祯环保基于自身雄厚的行业实力与丰富的运营经验，加上引入国有战略投资者的行业龙头地位的指导与帮助，其将大大受益于市场格局的改变。

（四）引进人才技术

为了继续深化和巩固国祯环保在水处理领域的领先地位，不断扩大业务范围和市场规模，实现业务的协同对接，充分发挥公司水处理领域“技术 + 运营”的优势，必须借助相关先进技术和专业人才的支持。逆向混改后，国祯环保可与国有战略投资者，特别是同处环保行业的中节能和三峡集团通过产业集群，实现人才、技术和信息的共享和合作，横向拓展协同互补，发挥国有企业与民营企业双重优势。同时与中国节能有机融合，进行市场协同开发，2021 年与中环水务同心协力成功落地首个协同市场项目——山东莱阳项目，此项目能够有效优化区域营销结构与管理制度，进一步拓展企业服务广度与深度。

四、行稳致远：共谋引领其高质量发展

国祯环保混改基本上达成预设目标，总体上对其绩效产生了正向影响，在引入国有战略投资者后，通过资源的合理配置利用，尽管是在发生新冠疫情，行业平均绩效表现不景气的背景下，国祯环保的盈利能力、运营能力以及发展能力仍然有了一定的提升，展现了混合所有制改革的强大活力以及风险抵抗能力的增加。但在偿债能力方面，国祯环保与行业均值仍有一些差距，这与其项目业务与研发活动的频繁开展密切相关，但也提示了其仍需优化营收构成，深化战略转型，关注财务风险的重要性。

此外，国祯环保提高了自身研发能力、加大了社会责任的承担力度、不断稳固并提高行

业地位与口碑，帮助企业树立良好形象、铺垫光明前景。2021年11月3日，国祯环保参与完成的“城镇污水处理厂智能监控和优化运行关键技术”获得国家科学技术进步奖二等奖，此为公司获得的第三个国家科技进步奖，“间歇性重污染城市河流多源补水关键技术及应用”获得安徽省科学技术奖一等奖，“高排放标准下重点流域污水处理厂节能降耗关键技术及应用”获中国环保产业协会环境技术进步奖二等奖，进一步奠定了公司科研工作的领先地位。

国祯环保除了积极参与、支持国家水务市场化改革的政策研究，全面支持水务行业组织发展，还牵头、参与地区地方标准编写，支持城市生态建设，促进城市环境发展；多家污水处理厂与高校等合作建立“社会实践基地”，组织开展各类环境宣传活动，同时建立具有当地特色的“环境保护教育基地”，接待前来参观的大中小学师生、环保人士、公益组织、社区居民代表以及媒体记者等，通过图文并茂的方式和专业的讲解，宣传倡导绿色低碳理念，带动公众积极参与到环境保护点滴小事中。

国祯环保通过积极履行公司的社会责任，广泛参加社会公益事业，协助行业快速发展，获得了良好的社会口碑，提供高出客户预期的服务质量，树立了极具自身特色和竞争力的品牌和市场形象，受到国内外广泛的认可和赞誉国祯环保通过混改引入国有战略投资者且最终易主中国节能，吸收其政策、资源、资本以及市场等方面的优势，结合公司原有的经营活力和决策效率，力争达成把公司打造成全国水务行业龙头企业，以及国资委混改制标杆企业的目标，已颇显成效。

五、启发思考题

1. 民营企业参与混改的目的是什么？它与国企的混改目的有差异吗？
2. 企业选择混改对象的标准是什么？
3. 在混改过程中，混改主体与混改对象应该如何混才能最大限度实现双赢？
4. 应如何评估企业混改行为的效果？

案例使用说明书

一、教学目的与用途

1. 适用课程：本案例主要适用于财务管理理论应用研究、管理会计理论应用研究、公司治理等相关课程。

2. 适用对象：本案例适用于管理类专业MBA、MPAcc硕士研究生，同样适用于一些有一定工作经验、会计工作经历的学员和股票市场的投资者。

3. 教学目的：党的二十大报告提出了许多关于促进民营经济发展壮大、优化民营企业营商环境的重大论述，不仅为民营经济实现高质量发展亮起了明灯，还提醒我国民营企业要抓住即将来临的新历史机遇。引入国有战略投资者有助于民营企业获取自身缺乏的异质性资源，更好地运用自身在细分领域和专业技术上的优势，同时有利于国有企业发挥环保产业整合与行业升级的作用，真正达到“1 +1 >2”的效果。但现实中也不乏一些只“混”不“改”，未能激发混改活力帮助公司突破瓶颈的企业。因此，探讨民营企业如何通过混合所有制改革进行达成预设目标，获得正向反馈，为其他民营企业带来实际且具体的可借鉴参考，是具有意义的。本案例的教学目的在于描述国祯环保的混合所有制的改制过程，分析其“为何混”“和谁混”“怎么混”以及“混的如何”等问题，帮助学员利用资源基础观、社会资本理论、战略整合理论等相关知识，理解民营企业的混改行为，引导学生探究民营企业参与混合所有制改革的动因，选择“和谁混”的标准、具体的整改措施以及最终的混改效果，思考应怎样企业应该如何实现混改的目的，为企业的混改决策提供参考建议。

二、启发思考题

1. 民营企业参与混改的目的是什么？它与国企的混改目的有差异吗？
2. 企业选择混改对象的标准是什么？
3. 在混改过程中，混改主体与混改对象应该如何混才能最大限度实现双赢？
4. 应如何评估企业混改行为的效果？

三、分析思路

教师可以根据自己的教学目标（目的）来灵活使用本案例。这里提出本案例的分析思路，仅供参考。

本案例基于国祯环保进行混合所有制改革的背景，以国祯环保混改的对象选择与整合实施为切入点，探究民营企业如何结合外部实际条件与内部发展需求进行对象选择，通过描述国祯环保的具体整合实施，体现民营企业混改整合实施的具体过程。引导学生利用资源基础理论、社会资本理论、战略联盟理论以及协同效应理论等相关知识点对混合所有制改革进行更深入全面的了解，同时思考民营企业应如何正确匹配混合对象，混改的具体实施如何推进，以达成混改目标，促进企业的持续性、高质量发展。

案例的具体分析思路如下：

首先，阐述国祯环保的基本情况，包括企业的发展历程、所涉业务、所处环境和股权结构，帮助学生更加深入地了解企业背景，进而有助于学生分析国祯环保混合所有制改革的动机和期望。

其次，通过国祯环保混改动机与预设目标的了解，基于资源基础理论，以结果为导向对国祯环保引入的战略投资者进行匹配性分析，并据此得到民企混改引入战略投资者的选择标准。

再次，探究国祯环保如何进混改的整合动作，指出国祯环保在此过程中通过资源的合理配置和有效利用，真正达成了目标，帮助学生弄明白企业混改不应局限于“混”，更应重视“改”，引导学生分析民营企业通过混改取得资源后该如何进行有效整合。

最后，对涉国祯环保混合所有制改革效果进行详细的分析，进而引导学生进行该如何评估企业混改效果的思考，通过国祯环保混改正向绩效的激发，分析其对于其他民营企业的现实指导意义。基于国祯环保混改案例，引导学生思考应如何有地进行混改，明晰对象选择与整合实施在混改进行过程中的重要性。

具体的逻辑框架如图 8－5 所示。

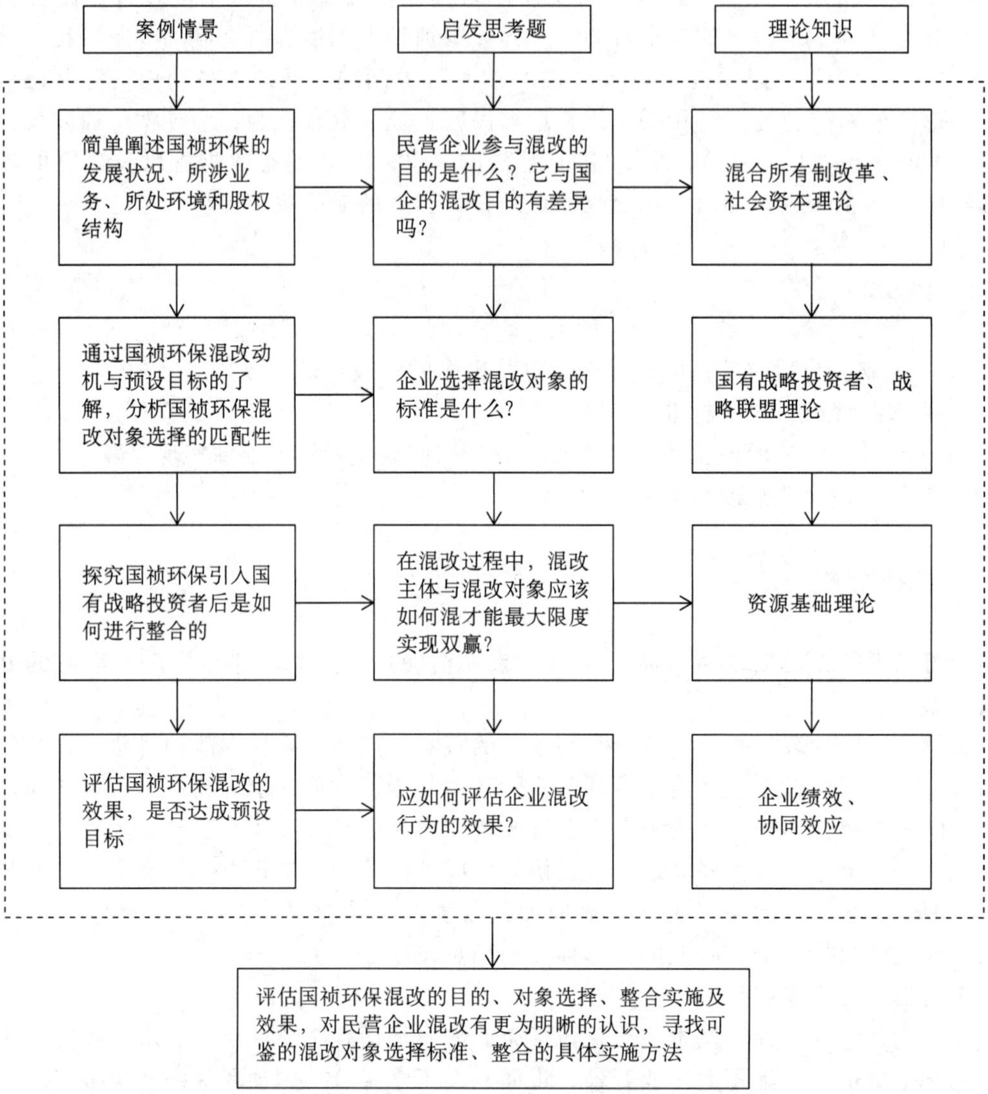

图 8－5 案例逻辑框架

四、理论依据及案例分析

（一）民营企业参与混改的目的是什么？它与国企的混改目的有差异吗？

【理论依据】

1. 混合所有制改革

1997 年，党的十五大报告提出了混合所有制的概念。1999 年党的十五届四中全会上鼓励了国有大中型企业，特别是优势企业通过上市、中外合资和企业互相参股等形式，改组为股份制企业，旨在探索公有制的多种有效实现形式，发展混合所有制经济。混合所有制改革在践行初期，主要被视为国有企业改革的重要途径和关键突破口，这一寄托于异质性资本合作共赢和社会经济包容性发展的美好愿景，也在不断地推进与深化发展。

2003 年党的十六届三中全会通过相关决定并提出大力发展国有资本、集体资本和非公有资本等参股的混合所有制经济。2013 年党的十八届三中全会明确了积极发展混合所有制经济的重要性，会上通过相关决定并指出混合所有制经济，即国有、集体以及非公有资本等交叉持股、相互融合，是我国基本经济制度的重要实现形式，更是有利于我国各种所有制资本的取长补短与协同发展。2015 年国务院颁布了《关于国有企业发展混合所有制经济的意见》，其中明确提出："鼓励国有企业通过投资入股、联合投资、并购重组等多种方式，与非国有企业进行股权融合、战略合作、资源整合，发展混合所有制经济。"

刘丽靓（2018）指出，推进混合所有制改革的内涵与关键在于实现互利共赢，其一方面放大了国有资本功能，另一方面扩展了民营资本发展空间，以更好地坚持公有制主体、促进多种所有制经济共同发展。混合所有制改革的本质是市场经济行为，"国"与"民"的双向选择，是增强国企竞争力、规范民企资本运作、完善现代企业制度的良好途径，更是经济发展和社会稳定的有力维护。

2. 社会资本理论

社会资本这一社会学概念最早由 Bourdieu（1980）提出，他指出一系列实际或潜在的资源总和组成了个体的社会资本，这种资源与长期以来彼此认可的关系所形成的网络密切关联，且多半受到制度约束。此后相继有学者基于不同视角来界定社会资本，其中 Burt（1992）基于资源理论指出：社会资本是通过人际关系网络所能获取的各种资源。Portes（1998）基于能力理论指出：社会资本是个体与社会其他人群之间的交往和联系，并通过该种联系来获取稀缺资源。随着研究的深入和经济的发展由此延伸出了企业社会资本这一经济学概念，其认为社会资本是商业机构间合作的产物，对企业起着积极的支持作用，其目的在于获取资源以谋求更大的利益。在中国当前经济转型的背景下，企业可以通过公共关系和私人关系两种层级的渠道来获取资源，其中以企业实际控制人或高管与资源提供单位的渠道连接的私人关系为基础，能更有效地获取资源并对企业产生积极影响。

【案例分析】

1. 民营企业混改目的

民营企业混改引入国有战略投资者，使其与政府部门建立政治关联与共生关系，可能有助于民营企业在融资便利、进入壁垒行业、行业扩张、私有产权保护等方面获得优势，为企业自身的生存与发展营造有利的环境，其目的主要分为以下三个方面：

（1）资金支持需求与获取融资便利。民营经济作为中国经济的重要组成部分，一直面临着融资难、融资成本高的问题，其原因在于我国金融体系中国有金融与民营经济之间的结构性矛盾。为了获取资金支持与融资便利，不少民营企业选择通过建立政治关联缓解该困难，于蔚、汪淼军和金祥荣（2012）借由经验证据表明，政治关联能显著缓解企业融资约束，信息效应和资源效应是该传导机制的核心。由于经营效率高经济绩效好的优质企业更容易获得政治关联，其信号效应在于能够向作为资金供给方的银行或者投资者，释放企业前景好绩效优的有效信号，以降低资金供求双方的信息不对称，有助于资金供给方识别优质企业。而政治关联的资源效应是通过增强民营企业的资源获取能力，如生产要素、政府补贴、产权保护以及优惠待遇等，来缓解融资约束的。此外国有资本一般具有强大雄厚的实力与财力，其入股能为民营企业带来直接的资金支持，借以解决民营企业可能面临的股权质押比例高、资金流动性差、债务负担沉重等制约企业发展的问题。

（2）寻求转型升级与扩大市场规模。随着我国经济新常态的日益凸显，为了适应经济转型发展阶段，不少企业试图通过战略转型以匹配新的市场竞争与环境要求，但在转型的过程中，除了资金上的需求难以得到满足，民营企业遭受着多方面“歧视”，包括制度和政策上的。通过引入国有战略投资者获得政治关联，能够有效帮助民营企业消除行业壁垒，进入政府管制行业以获取超额利润。此外，政治关联能够为民营企业提供产权保护，有利于防范地方政府或非政府组织施加的权利侵害，减少资源获取方面的歧视或额外附加条件，更能帮助民营企业获得项目审批、土地使用、政策扶持以及税收优惠等方面的好处。再者，多元化战略也是部分民营企业选择的重要转型战略，而具有政治关联的企业进行多元化转型，不论是采用相关多元化还是非相关多元化，都比无政治关联的企业更易改善企业短期经营状况，提升会计绩效。

（3）防范政策风险与应对市场变化。对民营企业而言，在当前地方经济制度不健全的环境下，政府和企业双方都具有较强的寻租动机和能力，作为法律保护的替代机制，政治关联可以保护企业产权免受政府掠夺，企业的政治关联还能够使得企业在政府的帮助下，避免因政策调整带来的经营风险。此外，在我国的经济制度与市场环境下，由于市场和众多资源被政府控制着，因此企业倾向于寻求政府的支持，以获得超额收益，为了获得与维护政治关联，企业管理层需要提高研究经济政策、研读政府报告的能力，并保持较强的政治敏感度，这样较强的政策解读能力有助于企业应对政策变化，保障企业利益。间接政治关联正向影响了中小企业的政策感知能力和市场感知能力，有助于提高企业的政策风险防范能力和市场变化应对能力。

2. 与国企改革目的的差异

国企混合所有制改革围绕着两大主题：宏观层面的“国有经济布局”，以及微观层面的“提升国企效率”，非公有资本通过多种形式参与其中，例如股权改造、重组并购等，其也被赋予了解决国企定位不清、经营效率低下以及竞争力不强等问题的重任。从社会责任与政治目标、管理者动机与权限范围等角度，可以解释为何多数国有企业的经营效率不比民营企业，而混改能显著提升国有企业效率。武常岐和张林（2014）通过实证研究发现，国有企业混改无论是选择何种方式，通过所有权转移抑或是控制权转移，均能在不同程度上提升其绩效。更有不少学者指出，国有企业与民营企业均有自身的优势与不足，而弃其所短，取之所长的混合所有制企业，在经营中表现更为突出。混合所有制改革的过程中将对国企运行中的多方面因素产生影响，韩沚清和许多（2019）基于企业内外部以及不同环节的影响逻辑，推导出混合所有制改革是通过调整股权结构、提高投资效率和内部控制有效性、优化激励机制、放松融资约束以及剥离政策性负担，直接或间接地影响国有企业绩效的。

从根本目的上来说，民营企业与国有企业混改的最终目的都是通过引入异质性战略投资者以汲取或缺资源来提升企业绩效，通过与对方优势互补来提高经营水平。而从具体看，两者需要汲取的资源又有所不同，国企混改倾向于摆脱其政治属性带来的负担，吸收民营企业的灵活经营与先进管理；民企混改偏向于获取政治关联，以获得其靠自身难以获取的资源。

总体来说，混合所有制改革的目的都是实现“国”与“民”取长补短、相互促进、共同发展。

（二）企业选择混改对象的标准是什么？

【理论依据】

1. 国有战略投资者

中国证监会对2020年修改和发布的《上市公司非公开发行股票实施细则》中战略投资者的概念进行了补充阐述，即具有互补性重要战略资源，谋求双方共进互补的长期利益，愿意长期持有企业较大比例股份，有能力履行相应责任承担相应义务，提升企业公司治理能力，帮助其提升公司价值，信用良好遵纪守法的投资者。除此之外，证监会还定义了战略投资者应当符合以下情形之一：一是能为企业带来核心技术，显著提升其核心竞争和营业能力；二是能够为企业带来领先的市场、渠道和品牌等资源，帮助企业拓宽市场，推动企业业绩提升。由此可见真正意义上的战略投资者，应当追求企业的可持续发展并创造价值，而不是靠投机套利以短期报酬为目的的。

国有战略投资者在以上条件加入了国资背景支持，有权代表国家投资的部门或机构以国有资产向公司投资，相比于普通的上市公司，国有股权在企业与政府、国有金融机构之间起到了链接纽带的作用，使公司更容易获得发展所需要的融资便利、关键资源和优惠政策。因此，国有战略投资者也成为民营企业再融资、产业升级和战略转型上的重要考虑引入对象。

2. 战略联盟理论

战略联盟是确保两个公司之间资源要素互补的重要手段，也是企业发展中组织互动的典范模式。基于资源基础理论，企业合作的主要动机是获得额外利益和共享资源，合作的主要形式是企业间的战略联盟，合作的实质是企业间资源要素的流动。Das和Teng（2000）指出，企业组成战略联盟，是企图将各自不具有流动性、可模仿性和可替代性的宝贵资源汇集在一起，以激发更大的价值创造潜力，其本质是资源的识取和配用。

只有通过仔细分析潜在合作伙伴的各个方面，并建立真正的匹配机制，战略联盟才能使各合作伙伴取得预期的成功。战略联盟中的对象选择，不仅仅是影响合作效果与联盟稳定性的重要影响因素，更是学术界该领域的重要研究内容。林莉和王岩（2007）指出，选择联盟伙伴一般需要考虑几个原则，包括可靠性、包容性、互补性、共赢性、灵活性等。Norheim－Hansen（2017）认为企业的战略伙伴应匹配其自身的发展需要，在某些方面相似或志同道合，并设想共同提高其在市场上的所占份额与竞争力。王雪原和王宏起（2012）指出，必须根据联盟的性质和对不同类型创新资源的具体需求，来制定选择联盟伙伴的标准。

【案例分析】

民营企业在混改的过程中，应该根据自身所需资源及发展目的，来慎重选择国有背景的战略投资者。战略投资者的引入可视为战略联盟的组成，战略联盟即两个或多个企业间相互达成的，以承诺和信任为特征的合作形式，拟通过资源共享、优势互补改进各自的竞争地位和企业绩效。在此视角下，在诸多导致战略联盟失败的原因之中，大多数学者均指出，错误的伙伴选择是最为重要的根由所在。同样地，正确的投资者选择对于保证混合所有制改革成功有着重要意义。袁磊（2001）指出了战略定位、联盟能力、共同体建立对于选择合适的联盟伙伴的重要性，同时还要考察潜在合作对象的资源潜力、竞争地位、协调能力、企业文化、管理经验和联盟记录等方面情况，以在未来达到预期的成功。

混改对象的合理选择、正确国有战略投资者的引入，是混改取得成功的第一步，基于战略联盟理论，许多混改失败的情况在一定程度上能够通过选择适当的引入对象来避免，因此，国有战略投资者要在很多方面做到与民营企业相互匹配，混改对象的选择标准应如下：

1. 契合的发展战略

混改作为企业实施战略和实现目标的手段，与战略投资者建立长期的合作关系，两者发展战略的不契合与战略目标的不一致，容易使得双方在混改过程中产生冲突并导致混改的失败。因此，在引入前民营企业与战略投资者双方应对彼此的发展目标和战略规划有深切的了解，以助于双方的合作顺利进行、目标成功实现。民营企业应结合自身的发展需要，选择价值理念相符、发展目标相同、发展规划一致的战略投资者，有利于自身发展战略更清晰，符合混合所有制改革赋予企业的使命，实现短板补齐或强强联合。

2. 互补的资源优势

资源互补有助于企业自身能力得到突破，与合作对象整体水平得以提升。基于资源基础理论，企业自身资源是有限的且难以自给自足，与其他互补性资源拥有者进行资源交换或共享，更有利于其获取关键资源，实现资源互补。同时也要注意所引入战略投资者所提供资源与自身的匹配度和兼容性，否则可能会造成自身在混改中的被动，例如两者的资源差异太大，或引进的技术和管理方式过于先进，造成企业处于混改中的被动地位，或不能很好地进行整合配置从而造成资源浪费。

3. 雄厚的实力背景

所拥有资产的规模与质量、市场与财务绩效、所处行业地位和信用声誉等，都属于战略投资者实力的考察范畴。基于社会资本理论，民营企业引入国有战略投资者，究其目的就是借助政治关联追求社会资本和稀缺资源，其本质上是出于对利益，特别是物质利益的追求和考量。建立了政治关联的民营企业更易于从政府相关机构获得资源和各种好处，而战略投资者拥有雄厚的实力背景，更能够直接给民营企业战略发展提供长期充足的资金保障，引导民营企业解决因产权性质所受到的限制与困难，用其拥有的专业管理能力促成双方协同发展。此外，投资者拥有相当的资产规模和市场渠道，强大的国资背景与知名度，则能够帮助其在资源获取上得到在更大程度的帮助，从而有助于混改成功的实现。

4. 明显的竞争优势

引入具有较强行业优势和竞争实力的战略投资者，有利于民营企业与产业链中各个环节协同发展，迅速将资源转换为符合市场需求的创新，进而高效地转换为新产品并推向市场，有助于增强民营企业的市场竞争力和创新能力。Prahalad 和 Hamel（1997）基于核心能力理论，企业所拥有的核心竞争力是其竞争优势的来源。李海舰和聂辉华（2002）综合相关理论研究，认为企业在激烈的市场竞争中脱颖而出，其优势是三个方面综合作用的结果：产业环境、战略群组以及核心能力。

因此，民营企业在对混改对象进行分析筛选时，应考虑其所处行业是否已衰退，对方在产业中的相对地位，是否具备获取及整合企业内外部有形与无形资源的能力。具体来说，民营企业与战略投资者的产业链或价值链之间高度关联，有利于提高资源的配置效率，发挥产业聚集的规模效应。选择产业中地位相对较高的企业，联系产业链上不同优势环节的企业，实现价值链上的各个环节最优化。

5. 良好的市场信誉

选择具有较高信誉的战略投资者，其在社会舆论、行业口碑、信用评级、市场认同等方面均有较好的形象，其能在以下四个方面助力民营企业取得混改成功。一是在战略投资者选择阶段，具有良好声誉的企业为了获得社会公众及投资人的青睐，在信息不对称的情况下往往更为主动地进行自愿性信息披露，有利于民营企业深入了解、确定目标并选择合适对象；二是对象确定后相关信息的公布，能够释放积极的信号，提升双方及外部利益相关者对此次混改成功的信心；三是具有良好诚信的企业更易于交流合作，信守双方承诺，保障了后续混改整合的推进；四是在资源获取良好声誉本就是能为企业带来持续性竞争优势的重要无形资产，其在金融机构及产业链中的良好口碑和影响力，能够为民营企业关键性资源获取带来更大便利。

民营企业混改对象与以上条件的契合度越高，越有可能达到理想的混改效果。当然，在对象选择时很难做到面面俱到，因此，企业结合其所在不同时期和背景，处于不同环境与条件下，对象选择的侧重点和必要项应有所不同，要做到因时制宜、因势利导、因情施策。

（三）在混改过程中，混改主体与混改对象应该如何混才能最大限度实现双赢？

【理论依据】

资源基础理论由经济学家 Wernerfelt 于 1984 年提出，其认为企业经营的首要目标是利用其资产、信息和能力等一系列有形或无形的资源进行生产活动。Barney（1991）将企业的资源分为物质资源、人力资源以及组织资源三种类型，并指出企业拥有的稀缺、不可模仿且具有价值的异质性资源，将使其获得持续性的竞争优势，这是企业间产生业绩差异的原因。Simon Newbert（2007）认为企业有能力对各种资源进行配置，而利用这些资源的过程和结果，能够促使企业在商业竞争中处于优势地位。黄旭和程林林（2005）指出独特与稀缺资源的持有与获取，并不必完全由企业内部自行供给与建立，而是可以通过合作或联盟方式去寻求另一家公司的外部资源。资源基础理论的核心是强调企业拥有控制各种异质性资源的能力，这种能力在企业运营过程中所发挥的关键性作用会随着时间的推进和研究的深入逐渐凸显出来。企业竞争力和价值的来源在于对内部所拥有的以及外部所获取的各种资源进行整合。

【案例分析】

混改整合一方面有助于企业配置利用零散资源，使之条理化并与自身有机结合，以搭建更为合理高效的组织结构，增强企业自身及其业务被竞争者模仿的难度，另一方面可提升企业的效率和产出，为其利益相关者创造更高的价值。有效的资源整合活动，尤其是在动态环境下，可以加强企业对相应资源、市场机会的有效利用，有助于企业获取竞争优势，提升经济绩效。基于资源基础理论，企业需要根据不断变化的外部环境来重新构建其内部资源基础，而资源既可能是其现有的，也可能是来自外部识别并获取的。资源配用是在对资源进行识取后必不可少且至关重要的步骤，其将企业所获取及拥有资源，转化为企业竞争优势与动态能力源泉的过程，其包括了资源配置和资源利用两个阶段。民营企业混改中的“怎么混”即为资源整合中的资源配用过程，包含了资源配置和利用两个主要阶段。

1. 通过资源配置实现互补与匹配

资源配置是指企业在获得需要的资源后，进行资源搭配使用和协调整理的过程，是资源整合中的重要环节，起到了承上启下的关键作用，能够体现获取资源的有效性和价值大小，实现战略资源之间协调互补，展示企业的独特优势，支持形成企业持续获取竞争优势的动态能力。在资源配置的具体过程中，涉及对不同类型资源的分析以及分配，混改企业所引入的战略投资者，即异质性资源的提供者，能够为其提供有助于提高竞争优势和企业价值的所有要素，既包括财务资本，还包括非财务资源。

（1）资金资源配置。外源融资是遇到瓶颈以及发展转型阶段企业的必要选择，由于民营企业自身的性质限制，信贷市场的信息不对称以及制度性的信贷歧视，使其难以获取充足的资金，引入战略投资者获取股权融资也成为了民营企业获取资金资源的方式之一。通过资金资源的合理配置，能够直接地缓解国祯环保对于资金的需求，一方面提高企业的偿债能力，降低财务风险；另一方面，大量的资金有助于企业承接更多的项目，开发更广的业务，提高企业效益和转型升级速度。韩蕾（2019）认为，财务整合是价值链系统性的多点嵌入，通过投入的加大和财务风险的降低，能够很好地提高盈利能力与偿债能力，提升财务绩效，助推其他方面的整合。

（2）非财务资源配置。非财务资源例如丰富的生产管理经验、优秀的人才、先进的技术、成熟的市场网络以及更为有效的监督机制，能够在极大程度上发挥异质性优势，在长远发展中更能体现其作用。王德发和王雪松（2023）指出，国民双方应深入且充分地进行资源的交换与组织，以保证在最大程度上发挥各自的优势，激发协同效应，创造共赢局面。邸丛枝和张子宁（2021）认为，民营企业作为混改的主体与主动方，引入国有战略投资者后应在保持自身核心竞争力和充分运用自身资源价值的同时，积极与国有战略投资者展开充分资源整合，包括在技术人才输送、拓展融资渠道、产品与客户共享、合作平台搭建与升级等，这样才能在最大程度上激发国有战略投资者具备的异质性资源优势与民营企业的自身活力。

（3）人力资源整合。在人才和组织管理等人力资源的整合方面，孙放（2021）指出股权结构调整应为组织再造的关键，在沟通渠道畅通的同时，通过治理结构体现的顶层设计能够最大限度地释放混改活力。民营企业通过组织管理资源的配置所获取的政治关联，是影响其内部控制执行的关键因素。对于国祯环保而言，一方面，国有战略投资者具有政治属性，其防止国有资产流失和加强政府监管的使命，让其能够通过内部治理以及外部监管两个途径，在企业治理中起到正面作用；另一方面，异质性股东进入形成的相互博弈和客观监督，有助于解决国祯环保单一产权造成的代理问题，将在很大程度上制衡股权结构，形成合理的治理体系与和谐的股东关系。

（4）技术资源整合。技术整合是企业解决创新研发问题的有效途径，通过战略联盟各方的协同管理，外部新引进技术与企业自身现有技术的有效融合，能够帮助国祯环保推陈出新，提高其研发能力。研发能力是企业提高核心竞争力、实现长期发展的必要因素，是一种稀缺且难以替代的核心资源，因此，有效的技术整合能够更大限度地帮助企业达成混改成效。魏江和王铜安（2007）指出技术整合的对象不仅是从外部吸收的新技术，还是与自身技术的新融合，其将技术整合的实施阶段分为三个主要部分，分别是技术的甄选、转移以及重构，企业的外部市场环境是技术整合的重要依据，实现产品、工艺和业务的创新是技术整合的核心目标。

（5）生产经营资源整合。在项目等生产经营资源的整合方面，应充分结合企业经营战略和技术创新战略，国祯环保对各方优势资源和突出环节进行整合，包括产品生产及服务策略的调整、生产作业及供销关系的改变、稀缺资源及战略能力的转移等，通过扩大服务范围及市场销路、优化企业客户关系及生产经营状况等，提高自身的整体效益与核心竞争力。

2. 通过资源利用实现优化与升级

资源利用过程是资源整合的最后一环与关键一步，通过利用经过识别、获取与配置的资源，实现资源价值，强化企业能力，拓展业务边界，建立竞争优势。在资源利用的过程中，将激发配置到各个生产部门或价值产生环节的各项资源的协同效应与价值创造，以达到混改成效。

（1）产业链完善与轻资产运营转型。对于身处环保水务行业的国祯环保而言，PPP竞争格局越发严峻与激烈，庞大的长江大保护、黄河流域生态保护市场业务与公司紧俏的资金和融资瓶颈，是众多水处理企业需要突破的难题，而主要依靠运营管理、科研技术及品牌推广获取合作机会与主要盈利的轻资产运营模式，将为国祯环保带来诸多优势。在收益方面，与传统项目的投资回报率相比，在轻资产运营模式下将有较大的提高，也更有助于在资金水平有限的情况下，扩大市场份额、开展多项业务。

引入国有战略投资者三峡集团与中国节能，大大增进了国祯环保内部资源和能力与外部环境与机会的合理匹配。中国节能作为规模庞大、业务广泛、资源充足，以节能环保为主业的央企，旗下已有数个环保水务平台，考虑到同业竞争，结合国祯环保优质高效的运营能力，两者以轻资产运营模式展开深度合作，能在最大程度上进行资源利用，充分体现并发挥国祯环保在污水处理及水环境治理领域的竞争优势，同时有效拓展业务版图，获取更多项目资源，进一步提升自身的行业地位与盈利能力。

以国祯环保与长江环保集团等组成的联合体，中标芜湖市城区污水系统提质增效（一期）PPP项目为例，该项目运营范围包括建设61.5万吨/日的污水处理厂，以及相关泵站与管网的搭建，总投资为45.10亿元，政府付费净现值为90.58亿元。国祯环保在项目公司中持股约5%，预计需要投入资本金约6558万元。同时负责整个项目运营及移交相关工作。这种轻资产运营模式有助于国祯环保以较小的投资规模撬动较大的运营收益，发挥其积累的运维方面以技术创新为引领的全产业链服务能力，从重资产传统运营型企业向轻资产平台服务型企业转型能够在最大程度上发挥其在系统解决方案上的高水准业务整合能力，与国有战略投资者实现不同优势的协同互补。

（2）创新发展与智慧水务平台搭建。随着新一代信息技术的迅猛发展，结合物联网、云计算、大数据、遥感遥测等技术的运用，智慧水务逐渐成为环保水务行业管理与发展的新方向。国祯环保同样要在主营业务的各个工艺环节中融进现代新兴科学技术，在现有的传统环保产业工艺上，开展技术革命和科技创新，形成自己的知识产权，体现出公司的专业化与科技化水平，并通过工艺操作标准化、数字化提高市场竞争能力，实施功能特色化，打造具有特色和竞争力的智慧水务平台。并初步组建成了一套模型构建、总量分配、智慧水务平台的标准构建方法，提高了公司在水环境治理领域的技术核心竞争力。同时还能够通过建立数据化模型及大数据分析，实现污水厂运营的自动纠偏、异常报警及专家诊断功能，结合公司信息化项目智慧水务平台建设，实现污水处理厂少人化、无人化及自动化控制的项目《基于精确控制的节能降耗关键技术集成系统研究》处于在研中。随着资金、技术及管理等资源的获取，将其分配利用至研发投入上，显著提高了智慧水务相关项目量，且在发明专利、论文成果及平台搭建上取得了较大飞跃。

引入国有战略投资者后，国祯环保既能获得国有企业的资金及平台优势，还能借鉴和引进其优秀的运营管理能力，同时自身拥有多年积累的技术实力、创新能力及灵活机制，这将为其下一步从“治水”到“智水”的技术创新模式发展注入强劲动力。国祯环保将通过建立技术研发、产业化研发的体系保障，依托省级院士专家工作站等产学研合作平台，投入重大水专项，强化前瞻性技术、系统性技术、研发与智慧水务领域的创新研发，来开启自身的智慧水务新时代。

（3）找准战略方向与核心竞争力构建。通过国有战略投资者的引入、稀缺异质性资源的获取与合理配置，国祯环保进行了一系列的调整与变化，除了股东构成和治理结构的优化、运营模式的成功转型、创新模式的不断推进，国祯环保还形成了围绕自身主营业务和国家战略要求、不断因地因时制宜的发展战略。在主业经营方面，国祯环保始终坚持以污水处理为主营业务内容的战略主导，2021 年国祯环保采取“市场拓展年”战略，依托战略投资者的国家战略地位以及其带来的优越生产经营资源，积极抢占市场拓展业务。在服务国家战略方面，国祯环保设立了“双典范”战略目标，即鞭策自身积极与中国节能水务板块展开协同合作与信息资源共享，在市场开拓和企业运营上最大程度发挥双方优势，早日使自身成为混改典范价值企业以及行业典范价值企业的双重目标。

异质性资源以及企业利用资源的特有方式成就了其竞争优势，战略管理能够在极大程度上培植企业运用这些差异性资源的核心能力。国祯环保进行混合所有制改革后获取了政治关联，此后的资源配置与利用，才是国祯环保获得核心竞争力、提高自身价值的关键所在，而给其在管理方式、经营理念以及价值导向等方面都带来了正向影响。在管理方式上，通过将党委作用列入公司章程，坚持党建引领，发挥党委作用，为实现高质量可持续发展提供坚强动力。在经营理念上，易主国资后，国祯环保以央企管理制度和流程为标杆，进一步构建科学完备、先进有效的制度体系，并坚持在制度框架内规范运行管理者权利。在价值导向上，国祯环保将更为积极地承担社会责任，踊跃投身国家重大战略工程部署，实现社会效益与经济效益的统一与最大化。

（四）应如何评估企业混改行为的效果？

【理论依据】

1. 企业绩效

企业绩效作为在一段时间内，员工通过特定工作或活动所获得成果的记录，能够反映过去一定经营期间内的企业效益和管理者能力，并提示企业未来的收益情况与可持续发展与否。杨富（2016）指出，企业绩效的研究和实现一直依赖于会计学、会计公允价值的考量与使用，以及各项能力与资产的有效评估，使得多方利益相关者与学者对企业的经营表现有了更为直观的了解。特别是在会计学的新发展对企业绩效的研究有重大影响的背景下，非财务指标的反映与评价将得到更好的解决。

对企业完整的财务和非财务信息进行全面表述，将使得基于会计制度的企业管理更加科学和高效。企业混改效果的评述应分为财务绩效和非财务绩效两个方面，财务绩效可通过盈利、偿债、运营以及发展四个方面能力的对应指标来衡量，非财务绩效可从影响企业竞争能力与长期发展的研发能力、社会责任、行业地位以及协同效应等等方面来进行分析。

2. 协同效应

协同的概念由 Ansoff（1965）最早提出，被认为是企业与其他企业通过各种手段相联系后匹配的理想状态，也是企业取得有形或无形利益的潜在机会。Ansoff 认为从理论上来说协同效应可以通过以下变量来描述：销售收入、运营成本、投资需求以及变化速度。Sirower（1997）指出，协同效应放在竞争环境中考虑，因此判断企业是否获得了协同效应，应至少满足以下两个条件之一，一是企业进一步限制了当前或潜在竞争对手的竞争威胁，二是企业能够开拓或侵占新的市场，使得整体达到“1 + 1 > 2”的效果。J Fred Weston（2001）将协同效应分为管理协同效应、经营协同效应以及财务协同效应，这也是当前学术界一般采用的分类方式。

【案例分析】

1. 财务效果分析

财务指标是衡量公司运营情况及绩效好坏的重要工具，国祯环保混改行为的效果可从国祯环保引入战略投资者前后的各项能力与行业平均水平进行比较与分析，通过自身的纵向对比，可以得到国祯环保实行混改前中后的绩效变化情况，而通过与同行企业的横向对比，可以更为直观地体现国祯环保的市场竞争力，并在一定程度上解释指标的变动原因，以检验此次混改对国祯环保财务绩效的影响。在同行对比方面，选择 Wind 数据库中水利、环境和公共设施管理业采用整体法计算得出的各年各项盈利能力、偿债能力及运营能力相关财务指标。

（1）盈利能力分析。盈利能力能够直观地体现国祯环保的资本增值能力，也能在一定程度上反映出其经营管理环节出现的问题，本案例选用营业利润率、销售毛利率、净资产收益率来分析其混改前后，在一定时期内收益多少及获取水平高低的变化情况。

①营业利润率。营业利润率表示公司通过生产经营活动获得利润的能力，受益于国家环保政策的利好，释放大量市场机会，2014—2017 年，行业平均营业利润处于较快增长阶段，2018 年随着去杠杆政策的出台、PPP 相关政策的收紧，以及后续新冠疫情肆虐的影响，行业平均营业利润率持续下跌。如图 8 - 6 所示，尽管行业营业利润率总体上处于下降态势，国祯环保仍保持着较好的上涨趋势，特别是在混改完成的 2020 年后，达成了公司历史最高营业利润率 11% 以上，即使是在新冠疫情的影响下营业利润率也未有大幅下滑。

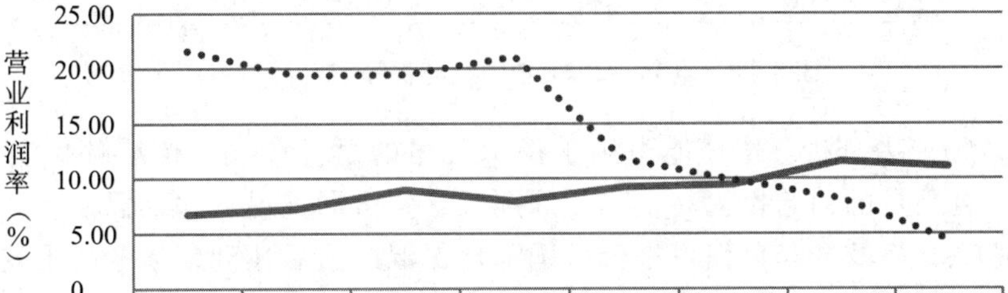

	2014 年	2015 年	2016 年	2017 年	2018 年	2019 年	2020 年	2021 年
国祯环保	6.73	7.24	8.94	7.94	9.20	9.45	11.53	11.09
行业均值	21.56	19.39	19.45	21.06	11.70	9.88	8.15	4.44

图 8 - 6　2014—2021 年国祯环保营业利润率变化情况

②销售毛利率。如图 8－7 所示，尽管 2014 年起国祯环保的销售毛利率低于行业平均水平，但至其开始混合所有制改革后的 2018 年，其销售毛利率不仅摆脱了行业持续下降的趋势，还在 2019 年超过了行业平均水平，在接下来的 2020 年与 2021 年持续高于行业均值增长速度。

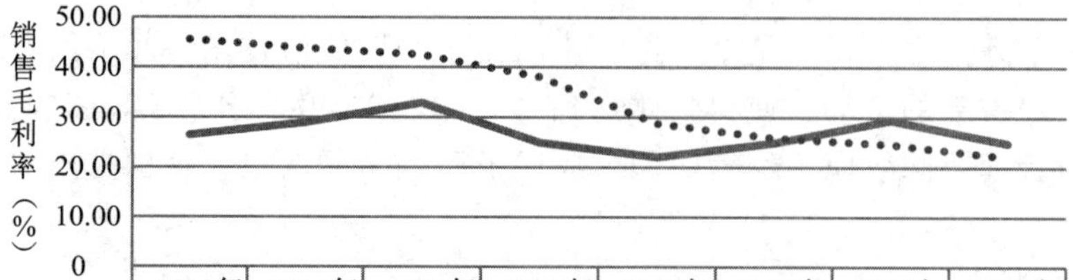

	2014年	2015年	2016年	2017年	2018年	2019年	2020年	2021年
国祯环保	26.43	28.88	32.89	24.88	22.03	24.89	29.44	24.85
行业均值	45.47	43.76	42.46	38.03	28.76	25.90	24.60	22.03

图 8－7　2014—2021 年国祯环保销售毛利率变化情况

③净资产收益率。如图 8－8 所示，引入战略投资者的 2018 年，国祯环保实现了对同行平均净资产收益率的赶超，尽管 2018 年至 2020 年国祯环保的净资产收益率与行业均值同样有所下滑，但一直高于行业平均水平，在 2021 年更是逆势上涨，不断拉大差距、扩大优势，体现了混合所有制改革的强大活力。在业务高度契合、优势资源互补的基础上，通过资源的整合利用，国祯环保与中国节能通过协同合作，抓住机遇、抢占市场，在市场开拓与项目运营中激发盈利能力的不断增长。

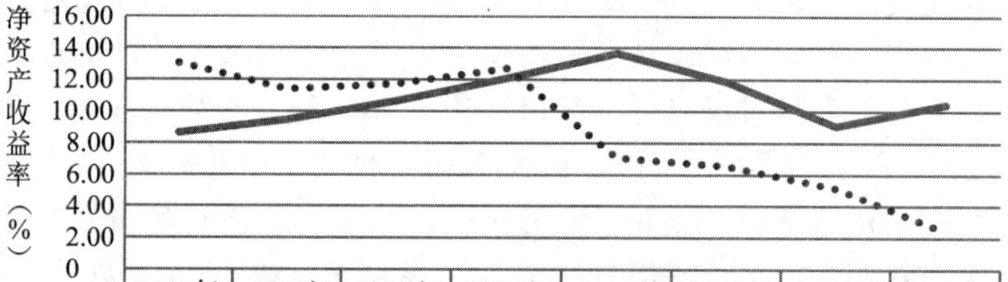

	2014年	2015年	2016年	2017年	2018年	2019年	2020年	2021年
国祯环保	8.64	9.45	10.65	12.07	13.65	11.85	9.08	10.43
行业均值	13.02	11.40	11.72	12.69	7.07	6.54	5.16	2.40

图 8－8　2014—2021 年国祯环保净资产收益率变化情况

（2）偿债能力分析。偿债能力用于提示公司的财务风险，传统环保企业多采用重资产运营模式，且项目的初始投入高，建设周期长，资金回笼慢，需警惕财务风险。本文选用流动比率、速冻比率及资产负债率来分析国祯环保混改前后还到期债务的承受能力或保证程度的变化情况。

①流动比率。流动比率用以衡量流动资产对流动负债的保障程度，考察的是短期债务偿还能力，从图 8－9 可以看出，尽管在完成混改后的 2020 年及 2021 年，遭遇新冠疫情的不良影响，公司的流动比率能够处于历史较高水平，展现出了一定的抗风险能力，但国祯环保的流动比率相比行业均值仍较低。

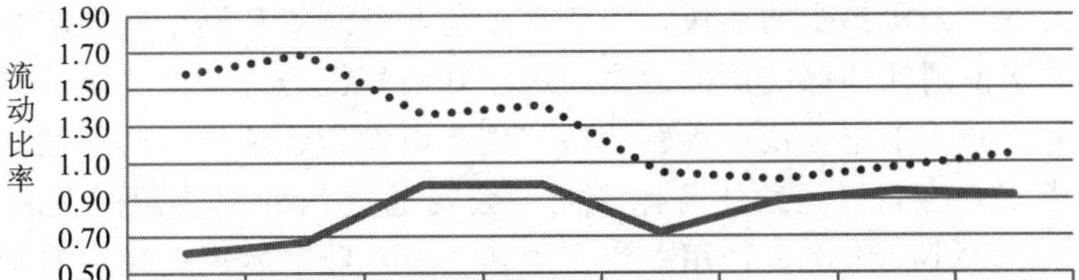

	2014年	2015年	2016年	2017年	2018年	2019年	2020年	2021年
国祯环保	0.61	0.67	0.98	0.98	0.72	0.89	0.94	0.92
行业均值	1.58	1.69	1.36	1.41	1.05	1.01	1.07	1.14

图 8－9　2014—2021 年国祯环保流动比率变化情况

②速动比率。速动比率表现的是公司流动资产中可以立即用来偿付到期债务的能力大小，从图 8－10 可知即使在实施混改后，国祯环保的速动比率依然低于行业平均水平，并没有持续且明显的好转，即使 2018 年后有了较大幅度的增长，追赶至 2016 年的最高水平 0.88，但在 2021 年仍然是小幅下滑且处于行业平均水平之下。

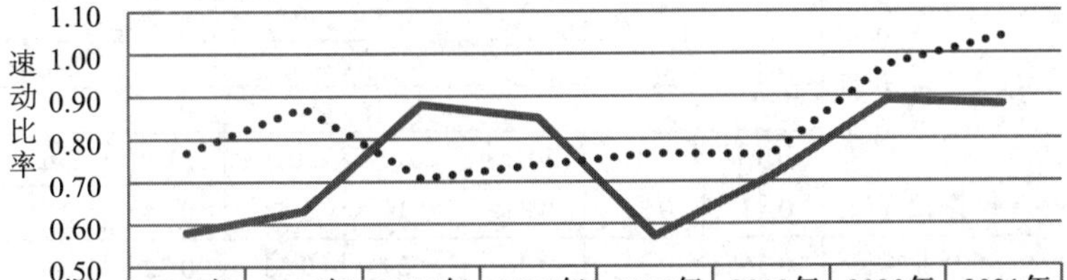

	2014年	2015年	2016年	2017年	2018年	2019年	2020年	2021年
国祯环保	0.58	0.63	0.88	0.85	0.57	0.71	0.89	0.88
行业均值	0.77	0.87	0.71	0.74	0.77	0.76	0.97	1.04

图 8－10　2014—2021 年国祯环保速动比率变化情况

③资产负债率。资产负债率表示了公司总资产中通过负债筹集部分的比例，是评价公司负债水平的综合指标，同时也衡量了公司利用债权人资金进行经营活动的能力，反映了公司进行筹资活动的安全程度。从图 8－11 不难看出，国祯环保的资产负债率长期高于行业平均水平，即使是混改后也未能明显缩小两者之间的差距。

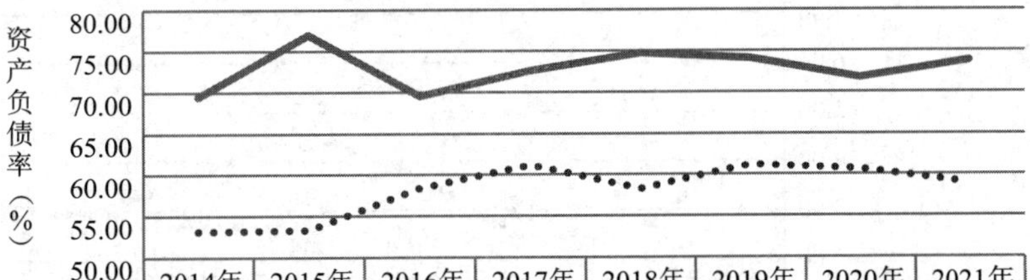

	2014年	2015年	2016年	2017年	2018年	2019年	2020年	2021年
国祯环保	69.47	76.95	69.57	72.61	74.71	74.10	71.74	73.80
行业均值	53.14	53.26	58.34	61.16	58.28	61.19	60.62	58.95

图 8－11　2014—2021 年国祯环保资产负债率变化情况

中国节能的入驻，让国祯环保完成了从优秀民营企业到央企子公司的转型，通过授信系统的接轨，拓宽了融资渠道，降低了融资成本，融资能力得到加强，也增强了项目获取与推进的能力，实现了公司扩张的加速，但由于主营业务开展对资金的需求量大，回款速度相对较慢，从整体来说国祯环保的偿债能力并未得到明显提升，仍需注意这方面的风险，并通过持续激发财务协同，推进轻资产运营转型和创新研发，逐渐加强公司偿债能力。

（3）运营能力分析。运营能力体现的是公司通过内外部资源配置利用而对经营与财务目标产生作用的大小，本案例选用总资产周转率及应收账款周转率，对国祯环保混改前后运用各项资产及资源赚取利润的能力进行分析。

①总资产周转率。总资产周转率是公司年度内营业收入与平均资产总额的比率，衡量的是资产投资规模与销售水平之间的配比情况，从图 8－12 可见，整体上国祯环保总资产周转率变动方向与行业水平一致，但 2018—2020 年下降幅度较大且跌至历史最低水平 0.26，导致其营业收入的减少与资产规模的不断扩大，2021 年又有所提升追赶至同年行业均值，整体来看国祯环保的资产运营能力仍有待提高。

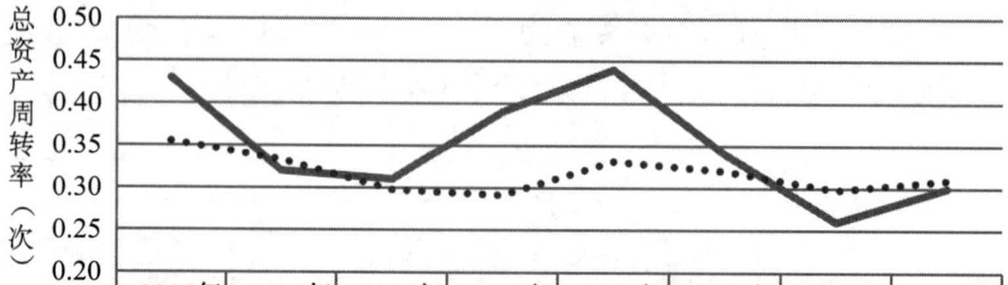

	2014年	2015年	2016年	2017年	2018年	2019年	2020年	2021年
国祯环保	0.43	0.32	0.31	0.39	0.44	0.34	0.26	0.30
行业均值	0.36	0.33	0.30	0.29	0.33	0.32	0.30	0.31

图 8－12　2014—2021 年国祯环保总资产周转率变化情况

②应收账款周转率。由于运营模式的特殊性，应收账款管理是环保水务行业企业需要特别关注的，图 8－13 显示，2014—2021 年，行业应收账款周转率整体处于下降态势，而 2016—2018 年，国祯环保的应收账款周转率有大幅增长，于 2018 年达到最高水平 4.65，远高于同年行业平均水平 2.70。在引入国有战略投资者后，国祯环保应收账款周转率有了较大幅度的下滑，缩小了与行业均值的差距，又在 2021 年有小幅增加，公司应收账款周转率略高于行业均值。

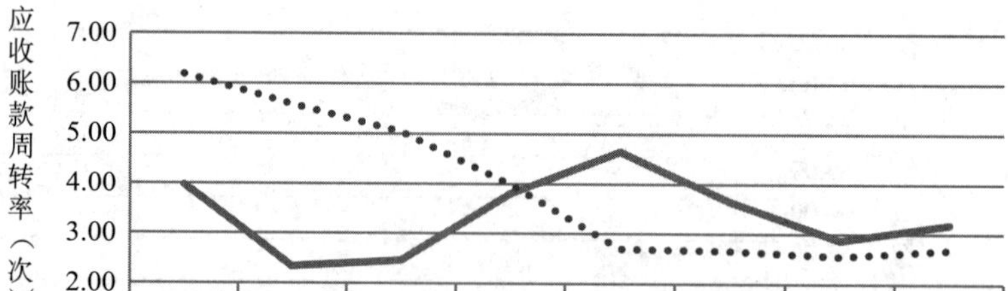

	2014年	2015年	2016年	2017年	2018年	2019年	2020年	2021年
国祯环保	3.97	2.34	2.46	3.80	4.65	3.64	2.87	3.18
行业均值	6.18	5.58	5.04	3.98	2.70	2.66	2.55	2.68

图 8－13　2014—2021 年国祯环保应收账款周转率变化情况

随着国有战略投资者项目资源的利用，国祯环保业务规模不断扩大，前期投资的 BOT、TOT、PPP 等项目也陆续投入运营，公司的应收账款呈不断增长态势，公司的主要客户为政府部门或其成立的实体，可信度较高，风险相对较小。目前国祯环保公司运营能力良好，应继续加以关注管控应收账款规模，并增强公司的资金回收管理。

（4）发展能力分析。发展能力能较好地考察公司的成长性，衡量的是公司通过自身生产经营活动，持续扩大规模、不断壮大实力的潜在能力和发展趋势。本案例选用净利润增长率、总资产增长率及营业收入增长率，以分析国祯环保通过混改不断扩大积累而形成的发展潜能是否巨大。本部分采用行业算术平均净利润、资产总计及营业收入的同比增长率与国祯环保作行业对比。

①营业收入增长率。国祯环保一直善于抓住市场机遇，由图 8－14 可见，随着环保水务行业市场需求逐渐放开，其营业收入一直处于上涨态势，且增长幅度超过行业均值。由于新冠疫情的暴发，工程项目进度受到一定程度的影响，2020 年国祯环保营业收入增长率呈负值，其中水环境治理综合服务收入同比增长 9.5%，但工业废水处理综合业务与小城镇环境治理综合服务收入同比下降了 21.84% 及 49.34%，但整体下降幅度略小于行业平均水平。得益于政府行政资源的利用，国祯环保合理利用政策红利降税降成本，同时持续推进生产运营优化，发挥地域分布优势，在行业平均营业收入增长率负向变动的情况下，国祯环保 2021 年营业收入仍得到了较大增长。

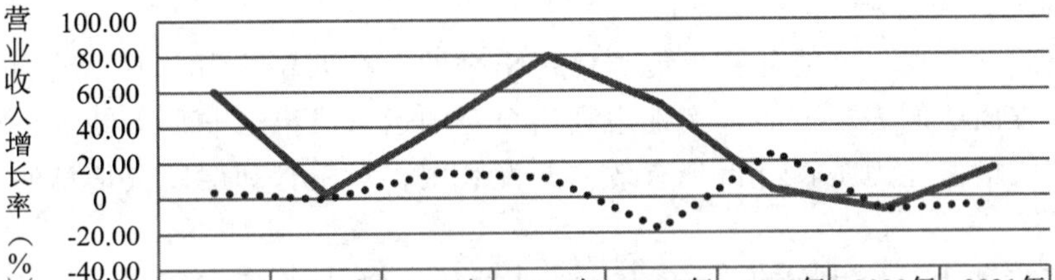

	2014年	2015年	2016年	2017年	2018年	2019年	2020年	2021年
国祯环保	60.24	2.31	39.80	79.67	52.44	4.08	−7.21	15.71
行业均值	3.58	−0.49	14.12	10.87	−18.16	24.87	−7.61	−4.37

图 8－14　2014—2021 年国祯环保变化情况

②净利润增长率。如图 8－15 所示，2015 年以来国祯环保的净利润增长率均高于行业平均水平，特别在引入战略投资者后，即使在疫情期间，在行业内净利润呈现负增长的情况下，国祯环保的净利润仍然保持着稳定的增长。这也得益于国祯环保深度参与长江大保护的经营战略，并以技术和创新为引领，即使是在营业收入负增长的 2020 年，其净利润仍有所增长，展现了其战略转型初见成效，智慧水务平台功能有所提升，运营及管理水平的提高。

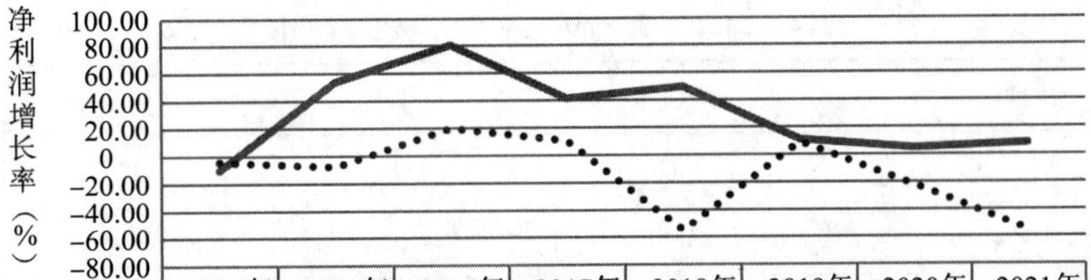

	2014年	2015年	2016年	2017年	2018年	2019年	2020年	2021年
国祯环保	−10.28	53.64	80.48	41.36	49.53	11.09	4.78	8.09
行业均值	−4.23	−7.78	19.75	10.59	−55.14	9.02	−22.05	−54.86

图 8－15　2014—2021 年国祯环保净利润增长率变化情况

③总资产增长率。图 8－16 显示，2016 年以后国祯环保的总资产增长率变动方向与行业水平相同，但一直高于行业均值，经过长时间的资产积累，国祯环保仍能保持增长率的正向发展，证明了其良好的发展能力，也表明通过混合所有制改革，国祯环保能够持续找到新的增长发力点，整合资源激发潜能，转型升级持续发展。

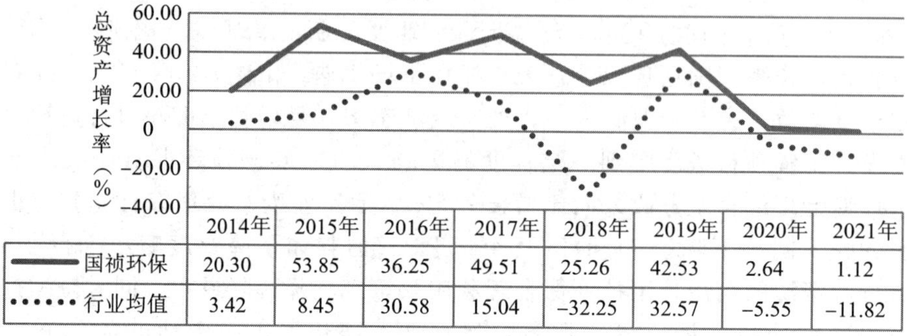

图 8－16　2014—2021 年国祯环保总资产增长率变化情况

2. 非财务效果分析

公司绩效并非仅仅是财务指标能够体现出来的，在创新能力、人才结构、社会声誉以及服务质量等方面中的表现更能真实地表现出自身的运营成果，非财务绩效往往更能反映出公司潜在的价值增值能力是否已得到有效的开发利用，对于管理层以及信息使用者而言更为合理与全面。

（1）研发能力。公司的研发活动是创造知识与能力的重要途径，根据资源基础理论，通过累计的研发能力有助于公司将外部的信息与资源加以吸收利用，并与自身资源进行整合，形成或应用于新产品、新服务或新体系。研发投入是公司开展研发活动的资金来源，研发人员是进行研发活动的关键主体，随着两者的提升，有利于提高公司研发能力，以提升核心竞争力促进其高质量发展。为服务公司的轻资产运营转型、智慧水务升级以及推进主营业务在多个领域的高质量发展，国祯环保在污水处理各项技术的新研发与产业化，输送系统与治理设备的智慧化管控等方面，均进行了研发项目立项，对研发人才的需求以及资金的投入都有了较大的提升。从表可看出国祯环保的研发人员数量及研发投入金额均有了较大增长，而 2021 年由于研发项目陆续进入收尾及结项阶段，所需的投入相对减少，因此有了小幅度的下滑，但整体的增长态势还是十分明显（见表 8－7）。

表 8－7　　2014—2021 年国祯环保研发人员及研发投入情况

年度	2014 年	2015 年	2016 年	2017 年
研发人员数（人）	58	79	142	156
研发人员占比（%）	3.61	4.31	6.94	6.43
研发投入金额（元）	22 914 259.95	24 541 975.93	45 889 152.19	54 317 472.53
研发投入占营业收入比例（%）	2.24	2.35	3.14	2.07

续表

年度	2018年	2019年	2020年	2021年
研发人员数（人）	197	297	373	316
研发人员占比（%）	7.01	9.94	11.73	9.91
研发投入金额（元）	61 792 048.29	76 145 186.60	62 556 079.41	35 377 592.46
研发投入占营业收入比例（%）	1.54	1.83	1.62	0.79

除了直接的资金及人员投入，作为国家高新技术企业和省级创新型企业，国祯环保还持续加大产学研合作平台建设，设立了国家级企业博士后科研工作站、省级污水处理工程技术研究中心、省级企业技术中心、省级重点工程实验室、省级院士工作站等，还与国内30多家高校科研院所建立了广泛的合作关系。截至2021年年底，国祯环保科技研发方面成果丰厚，并于2020年获得了国家科技进步二等奖，为年度行业内最高奖项（见表8－8）。

表8－8　截至2021年年底国祯环保科技研发成果

类型	数量（项）
国家水体污染控制与治理科技重大专项	2
国家863计划课题	4
国家科技支撑计划课题	2
主持和参加编制国家、行业、地方标准	34
发明专利	43
软件著作权	14

通过分析得知，国祯环保在实行混合所有制改革后研发活动越发活跃，研发投入越大，公司的获利能力越高，由此对绩效产生正向影响，这在高科技企业中越发显著，而在研发成果、相关荣誉方面的收获，也将为国祯环保的优势获取和运营发展注入强大活力。

（2）社会责任。公司各方面利益相关者的支持和参与，是与公司的发展壮大息息相关的，其承担的社会经济责任和采取的慈善举动会对公司的声誉，如知名度与可信任度，具有重要的正向影响，而企业声誉对企业绩效又起到积极的推动作用。

国祯环保长久以来都不忘关注和支持行业经济发展，积极履行公司的社会责任，广泛参加社会公益事业。公司下级多家污水处理厂与社会企事业单位广泛合作建立"社会实践基地"，组织开展各类环境宣传活动，同时建立具有当地特色的"环境保护教育基地"，接待前来参观的社会人士及宣传媒体，通过图文并茂和专业的讲解，宣传倡导绿色低碳理念，带动公众积极参与环境保护点滴小事中。

国祯环保利用安徽国祯慈善基金会，为社会开展各项捐款、参与志愿工作等，在助学、支教、救助方面，组织和实施了助学老区希望升腾、国祯爱心书屋、合工大助学基金、阳光救助基金、安大春晖支教计划、合肥同行杯轮椅马拉松赛、镔铁环保项目等多个公益项目，获得了良好的社会口碑。

国祯环保还在巩固拓展脱贫攻坚成果，开展乡村振兴工作中积极投入，安徽国祯慈善基金会积极响应“百社进百村”项目，在2020年4月至2021年11月对接安徽石台县仙寓镇大山村期间，发动上百家企业，3 000余名爱心员工参与扶贫采购，直接投入总计60余万元，有效影响并带动其他爱心企业投入扶贫物资总计200余万元。2021年通过“以购代捐”方式，负责推进采购广西富川血橙、硒米等农产品，采购金额共计60余万元，有力展现了其勇于承担社会责任的风采。

（3）行业地位。国祯环保作为老牌水务公司，一直拥有优秀的品牌知名度，而其抓住市场机遇，通过引入国有战略投资者，全力打造混改及行业双典范，实现了行业地位的稳固与提升。凭借多年技术与运营的经验沉淀，通过发展新业务，战略新转型，模式新升级，公司呈现稳健增长态势。混改完成后，公司控股股东中国节能作为长江污染治理主体平台，更是有利于把优秀民营企业集聚在主体平台之内，充分发挥公司的经营活力、决策效率以及各方优势，并吸收、配置和利用国有战略投资者的各项资源，在服务共抓长江大保护、粤港澳大湾区建设、长三角一体化发展等重大国家战略中发挥重要作用，共同打好污染防治攻坚战、持久战。2020年国祯环保获得国家科学技术进步一等奖、二等奖（两项），2021年蝉联获评“中国水业十大影响力企业”，行业地位不断提高。

（4）协同效应。企业竞争优势的来源在于其拥有的独特资源和能力，通过对异质性资源的正确配置，在利用的过程中将形成优势互补，获得了正向的绩效影响。而在动态环境中，维持或获取新的竞争优势除了取决于公司内外资源的持续利用，更需要激发协同效应以产生的更大的盈利能力与整体效应。

在管理协同方面，引入国有战略投资者将使国祯环保自上而下发生重大变革，董事会的改组与高层的换血带来了新的、不同领域的、来自不同公司的管理人才，实现了产权多元化；在各方利益互相约束、思想理念碰撞、引导加强合作的过程中，提高了管理水平，提升了管理效率，不仅使国祯环保的管理摆脱了出现“一言堂”的风险，还体现出了国有战略投资者在公司决策的作出与执行阶段，起到的协助与监督作用。

在经营协同方面，国祯环保通过与环保行业龙头强强联合强化了产业链、供应链的有效链接，实现价值的共生与共享，提高企业运营效率。国祯环保利用通过混改获取的各项资源更好地开展日常经营活动，此外其易主后，双方均提升了在环保行业的市场份额与话语权，国祯环保更是提高了自身的声誉与地位，有利于其项目的获取与开展、资金的回笼、运营模式的转变，从而获得更高的资本利用效率和更好的增长势头。

在财务协同方面，除了直接提供的资金资源，国有战略投资者还能通过自身雄厚的背景拓展国祯环保的融资渠道，2020年6月，国祯环保与国家开发银行安徽省分行签订《开发性金融合作协议》，得到了其为公司提供的长期稳定金融支持和全方位金融服务，有利于提升公司融资能力以及资金管理能力。在资金流出方面，轻资产运营大大减少了项目初始的投入量，提高了资金的使用效率和周转速度，凭借国有战略投资者的良好声誉和信用背书，降低了国祯环保的信贷成本，从两个方面极大程度地激发了财务协同效应。

在共谋协同方面，通过利用国有战略投资者的政府行政资源以及项目资源，国祯环保得以挤入原本仅仅依靠自身实力难以企及的国家政策释放出来的巨大市场，而本就处于行业龙头地位的国有企业作为战略投资者加入国祯环保后，更有优势进行本行业产业链上的业务布局，更好地把握政策导向，抓住市场机会扩大业务板块，共同增强行业影响力，进一步增加行业竞争力。

国祯环保通过资金项目、人才技术、生产经营、政府行政、组织管理等资源的利用，不仅实现了业务与市场的拓展，产业链与价值链的完善，轻资产运营的转型，数字化创新战略的推进，智慧水务平台的搭建，在管理、经营、财务与共谋几个方面更是激发了协同作用，在更大程度和更高层面上达到了混改的目标。

五、关键要点

（一）关键点

本案例的关键点包括以下三个方面：

1. 本案例主要是针对公司治理、财务管理理论与实务课程的相关知识点，通过对国祯环保混合所有制改革案例的详细讲解，让学生对民营企业混改这一行为有更为明晰的了解，认识到其对民营企业的影响。

2. 通过系统地阐述国祯环保混改中的对象选择与整合实施，引导学生思考民营企业混改动因，并以目标为导向分析其混改对象选择的匹配性，以及具体整合实施过程的有效性，以更好地认识到资源识取与资源配用在混改中的重要性。

3. 分析国祯环保混改的效果，引发学生思考提供能够帮助民营企业激发混改正向效果的建议，如民营企业混改对象选择标准、整合过程中的具体资源配用等。

（二）关键知识点

本案例围绕“民营企业混合所有制改革”这一行为背景，这要涉及以下关键知识点：民企混改目的、混改对象选择、混改整合实施、民企混改效果、财务分析。

（三）关键能力点

1. 运用理论分析的能力；
2. 分析与综合能力；
3. 批判性思维能力。

六、建议课堂计划

（一）时间计划

本案例可专门用于案例讨论课，旨在要求学生掌握民营企业混合所有制改革的相关知识点。如下是按照时间进度提供的课堂计划建议，仅供参考。整个案例讨论课程时间控制在90分钟，从案例教学实施过程来看，涉及课前、课中、课后三个阶段（见表8－9）。

表 8－9　　建议课堂计划

<table>
<tr><th colspan="2">时间</th><th>内容</th></tr>
<tr><td colspan="2">课前计划</td><td>1. 提前一周将案例发放给学生，并提出启发思考题，要求学生提前预习
2. 要求学生在课前阅读案例相关书籍和资料</td></tr>
<tr><td rowspan="4">课中计划</td><td>案例引入</td><td>1. 教师简要介绍本案例企业的行业背景、主要内容及所涉及的思考问题
2. 教师询问学生是否了解什么是混合所有制改革，是否考虑过如何推动我国民营企业混合所有制改革正向效应最大化</td></tr>
<tr><td>分组讨论
（15—25 分钟）</td><td>1. 将学生进行分组，每组成员 5—6 人
2. 以小组为单位讨论案例及思考题</td></tr>
<tr><td>课堂讨论
（30—40 分钟）</td><td>1. 每组选派代表阐述组内讨论成果
2. 小组汇报时间不得超过 10 分钟
3. 根据小组发言，教师对汇报过程中存在的问题进行追问，启发学生延伸讨论
4. 其他小组对汇报小组成果的提出质疑，进一步深入讨论</td></tr>
<tr><td>归纳总结
（15 分钟）</td><td>1. 教师根据每个小组的发言进行总结归纳，整理并向学生解释案例的关键问题，并进一步强调本案例所涉及的相关理论知识点
2. 引导学生在总结民营企业混合所有制改革中对象选择与整合实施的要点</td></tr>
<tr><td colspan="2">课后计划</td><td>教师布置相关课后作业</td></tr>
</table>

（二）课堂提问逻辑

1. 党的二十大报告提出了许多关于促进民营经济发展壮大、优化民营企业营商环境的重大论述，目前民营企业在发展的过程中面临着怎样的处境呢？

2. 越来越多的民营企业选择通过混合所有制改革来摆脱瓶颈、达成目标，为什么民营企业会选择引入国有战略投资者，其混改的目的是什么？

3. 引入对象的选择是民营企业混合所有制改革的初始关键，本案例讲述的国祯环保是如何进行对象选择的？

4. 混改不能只“混”不“改”，充分有效的混改整合实施是使得混改获得成效的重要环节，本案例讲述的国祯环保是如何进行混改整合的？

5. 在你们所了解的民营企业混合所有制改革案例中，是否取得了预期的成效，对民营企业产生了正向的影响？如何衡量民营企业混改的效果？本案例讲述的国祯环保是否通过混改达成了目标？

6. 民营企业混合所有制改革一直是学术界所研究、实务界所关注的重大热点之一，能否向民营企业提供一份可参考的混改对象选择标准，以及混改整合的具体实施建议，以激发其正向效应？

（三）课堂板书设计（见图 8－17）

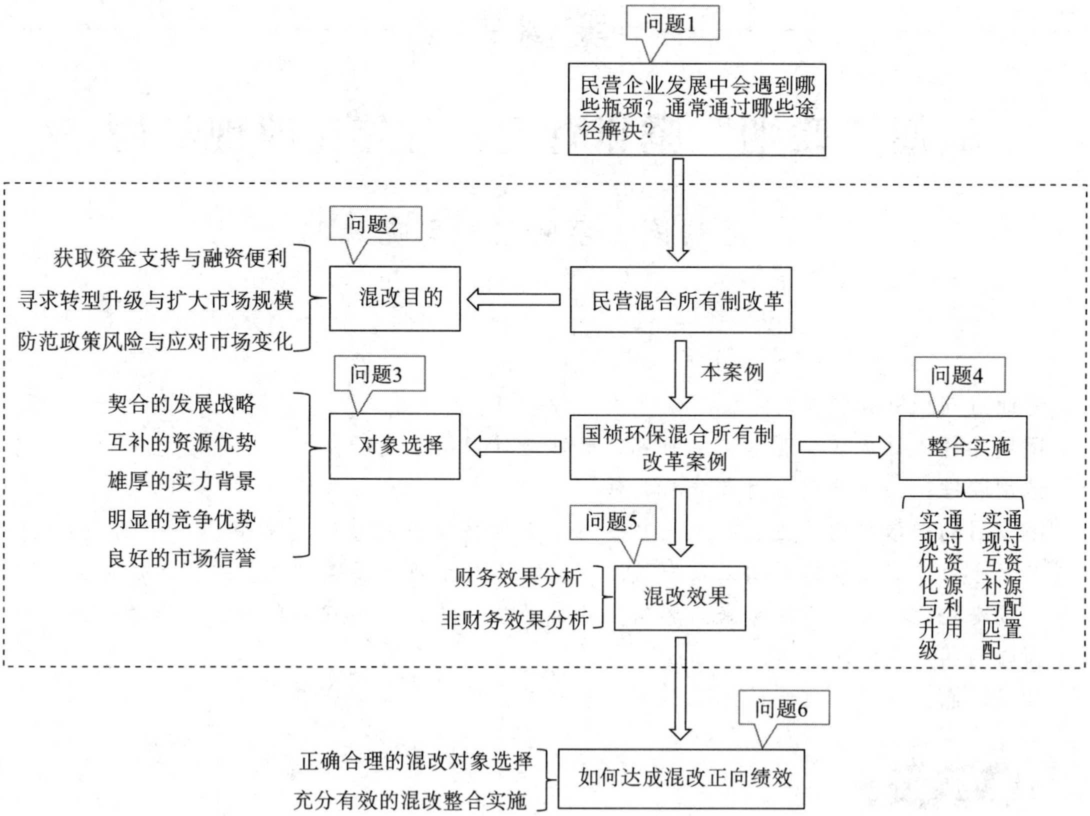

图 8－17　案例板书设计

案例 9

联通“联姻”腾讯背后：五年混改现新局

范利民　李骏祺　周晓云

专业方向： 财务管理

适用课程： 财务管理理论应用研究、管理会计理论应用研究

选用课程： 公司治理、财务分析方法

编写目的： 本案例旨在引导学生基于案例企业的发展现状，思考其所面临的经营困境，分析其混合所有制改革的影响以及发展趋势，在考虑企业发展需求的基础上，探究战略投资者给被投资企业和整个行业带来的影响，并帮助学生从公司决策者角度进行思考，分析公司治理面临的问题及解决对策。

知 识 点： 混合所有制改革、财务分析、员工持股、独立董事

案例正文

一、引言

2022 年 11 月 2 日，一则“联通与腾讯新设合营公司”消息引发热议，随后“腾讯副总裁已担任中国联通董事”话题更是登上微博热搜。一时间，各方解读和传闻纷纷扬扬。

一向敏感的资本市场反应迅速，当天中国联通 A 股股价直线拉升至涨停，甚至通信服务板块也随之上涨。

当晚，中国联通发布公告称该合营企业的组建正在推进过程中，尚未完成设立登记，对公司当前生产经营无重大影响，长远看有利于放大双方优势，壮大 CDN、边缘计算产业链。

联通与腾讯继混改之后的又一次联手，有何深意？对联通未来的经营发展有何影响？运营商一直被认为是网络建设者，但随着各行业的数字化转型，中国联通如何找到新的利润点？让我们回顾中国联通发展历程，深入剖析中国联通混改举措和成效。

二、联通混改相伴步履维艰

（一）曲折的发展历程

1. 初期困难

电信业是国民经济战略性产业，其健康发展，对国家和人民生活至关重要。20世纪90年代，为了尽快在基础电信市场形成竞争格局，中国联通在多方大佬的共同推动下于1994年7月19日成立。联通的建立，成为打破电信业垄断之首例，一时引起各方关注。初出茅庐，势单力孤，竞争力弱，故而国家推进电信业改革，以此扶持联通发展。然而，资金短缺，人才匮乏，融资混乱，像给准备跑起来的联通加上了枷锁，蹒跚4年，净资产只有23亿元，还有较高的资产负债率。数据流量、长途漫游还未开张，精心运营的通话业务份额较小。虽被寄予厚望，但却步步维艰，初期的联通就像一个早产儿，一出生就面临自身和外部危机。

2. 内忧外患

2002年1月8日这一天成了联通发展的里程碑——“千呼万唤始出来，犹抱琵琶半遮面”的CDMA，总算开始放号了！随着“进入新时空，享受新生活”的宣传语传遍大街小巷，联通欢喜，移动忧愁，担忧通信产业的人士长舒口气，普通的老百姓增加了选择的机会……这一切都源于CDMA的神奇力量。

虽然我国电信业发展迅速，移动用户人数超越美国成为第一，但是基础设备市场却被外商所占。基于战略考虑，只有抓住机会，进行产品升级换代，才能实现弯道超车，超过外国厂商，而日渐成熟的CDMA（Code Division Multiple Access，码分多址技术）就成为超车的“助推器”，现在这个“助推器”就紧紧掌握在中国联通手中，然而，对于这个“助推器”市场却不买账。不成熟的产业链，花费了联通高额的手机补贴，加上经验不足，补贴失误，“助推器”并没有起到助推联通前行的作用。

屋漏偏逢连夜雨，小灵通以低廉资费冲击联通低端市场。联通总工说道“几代通信不是问题的核心，而是市场究竟有多大？就拿现在的小灵通来说，我们都承认它是一种落后的技术，但市场却一直接受这一业务。在技术的问题上，过多的、人为的炒作是没有意义的，真正关键的是有了这些技术后你如何能够实现”。此外，联通内部GC两网左右互搏，加之人员紧缺，已无暇顾及迅速下降的市场占有率，内忧外患困扰着联通。

3. 重组之困

2008年电信业六合三重组形成了新移动、新联通、新电信的三足鼎立的局面，开启了3G通信的新时代。

第一，新移动由中国移动并入铁通组成，拥有自主知识产权的TD－SCDMA，不管在资金、战略还是人才方面都处于领先地位，实力雄厚，堪比魏国曹操，此次整改对于中国移动来说影响较小，2008年移动的净利润达到1128亿元，相当于联通和电信总和的三倍。

第二，中国电信收购联通C网形成了新电信，此次重组只需花较低的成本即可在短时间内对CDMA进行网络升级，利用庞大的CDMA用户基础实现根基的稳固，再加上品牌具有一定的影响力，此次重组对于电信好处明显。

第三，中国联通和中国网通形成了新联通，此次六合三重组对新联通影响最大，经过重组新联通业绩下滑，收入与利润不堪重负，实力更是不能与移动和电信相媲美。

（二）混改前夕内外交困

虽然2009年后，电信行业形成新移动、新联通、新电信的三足鼎立的局面。然而，在整个不论是移动用户还是固网用户，不论是市场份额还是盈利能力，中国联通的情况均处于相对劣势的地位。

自2014年开始，中国联通市场份额流失严重，发展动力不足，盈利水平发生断崖式下滑，特别是2016年，净利率和平均净资产收益率已经接近于0，资产负债率超过60%，资金短缺问题严重，长此以往将导致恶性循环。同时，在联通企业内部还存在着“一股独大”的问题，进而使得企业的治理结构难以发挥有效的监督作用，严重阻碍了企业未来的发展，企业迫切地需要提升自身的监督治理水平。

1. 竞争性薄弱带来市场占有率低

市场份额方面，不论是移动用户还是固网用户，中国联通在通信行业的竞争能力相对较弱。在2G时代中国移动一家独大，中国联通虽取得2G牌照但管理不善，资金匮乏，错过了发展机会。在3G时代的优势还未充分发挥，我国就开始进入4G时代。移动比联通早一年拿到4G牌照，提前抢占了市场份额。自从进入4G时代，中国联通的市场份额便流失严重（见附录1）。

同时，即使不考虑中国移动和中国电信，腾讯等互联网公司的发展也对中国联通产生了强有力的威胁。如今涉足社交软件的企业数量急剧上升，众多互联网公司接踵开展OTT业务，无须经由运营商便可以径直为客户提供通信服务。这些社交软件的更新与进步正在逐步改变消费者的喜好和需求，聊天和语音逐渐替代了短信和电话，在互联网行业的冲击下，电信行业的运营收入开始出现负增长，运营商的传统通信业务存在被OTT业务所取代的风险（见附录2）。

2. 收益性不足导致盈利水平下滑

盈利能力方面，自2014年开始，联通的盈利水平发生断崖式下滑，特别是2016年，净利率和平均净资产收益率已经接近于0，盈利能力远远低于同行业的平均水平，股东财富下降明显，给债权人带来较重的压力。2016年联通营业收入为2 741.97亿元，同比下降1.0%。其中主营业务收入同比增长2.4%，占总收入的87.89%，在收入基本不变的情况下，2016年公司净利润为4.80亿元，比2015年减少了95.4%，公司的净利润大幅下降（见附录3）。

一方面，联通在4G时代起步较晚且发展较慢，用户数量增速放缓，客户流失较快，在与移动和电信的竞争中节节退败，市场份额缩减，当移动高速发展的时候联通的营业收入不升反降；另一方面，为了扩大市场份额，联通采用了粗放型的营销模式，采取薄利多销的策略，加大投入，给予用户许多补贴，导致费用成本增高，但是效果微乎其微，并没有提高销售额。

3. 平等性缺失造成制衡监督不到位

长期以来，联通集团均为中国联通的绝对控股股东，股权高度集中且其他的小股东大部分都是投资基金，在企业的日常经营中不存在相关理由也不具备有关能力起到监督与制衡的作用。此时中国联通内部的资本不能进行积极的流动，对于资本的有效配置起到负面影响，不能达到实现国有资本的增值的目标。

中国联通是隶属于国资委的资源垄断型国企，国资委既充当委托人的角色又充当代理人的角色，既是监督者又是执行者，导致企业缺乏发展活力。联通和大多数国企一样，对私营企业的准入条件比较苛刻，即使符合条件成为联通的股东，所占的股权比例也是量小力微，不具备董事会席位，同样拥有公司股权却无法参与日常的经营决策。监督权、经营权、所有权三权分离的现状在企业内部不能起到有效约束的作用。

截至2016年年末，联通公司的董事会成员合计7人，除去3名独立董事外，另外4位董事都是联通公司的内部人员，没有外部董事，表现出较为明显的行政化特征，并且公司的经营决策应上报国资委，董事会的独立性较低。

三、联通借助混改谋求新变

（一）政策推动

2013年党的十八届三中全会提出“积极发展国有资本、集体资本、非公有资本等交叉持股、相互融合的混合所有制经济”，这为混合所有制提供了制度合法性。

2015年国务院发布了《关于混合所有制改革的意见》，出台了一系列的配套性政策，形成了“1+N”指导性文件，提出进一步快速发展混合所制经济的总体方案，引导社会各类资金资本的投入。

2016年，发改委会同国资委启动实施第一批混改试点，发布国企混改“6+1”试点名单，主要涉及与人民生活相关的行业，如电信、天然气等民生领域。中国联通作为电信业第一批混改试点，第一个也是唯一一个从集团层面提出混改方案，自此打响了国企混合所有制改革第一枪。

2017年，发改委提出第二批10家混改试点企业，涉及金融、军工、铁路等重点领域；2018年，发布31家混改试点名单，混改深度有序推进；2019年，第四批160家混改试点名单发布。可见，在政策有力的保障下，混合所有制改革已经全面提速，进入实质推进阶段。

（二）多措并举，搭建协同共生架构

协同共生架构的搭建，重点从效率和价值维度考虑，让企业效率更具竞争力、让价值更具成长性，实现效率与价值上的进化。中国联通混改通过引入战略投资者，搭建协同共生架构，实现产权多元化，加强异质股东间合作，实现战略、营销、人力资源与财务管理协同，提升经营决策和管理效率；扩大业务协同互补，强化产业链、供应链的有效链接，实现价值共生、共享，壮大企业规模，增加企业价值；通过共享资本、市场、技术、管理、经营业绩和声誉，赋能中国联通，提升管控水平；混改各参与单位在实现组织边界内成长发展的同时，实现跨边界的共同成长，形成协同共生股权架构，增强企业的综合竞争力。

1. 主动吸纳具有协同效应的战略投资者

2017年10月，中国联通通过采用非公开发行和老股转让相结合的方式，引入四大类处

于行业领先地位、且与中国联通具有协同效应的战略投资者，包括大型互联网公司、垂直行业领先公司、具备雄厚实力的产业集团和金融企业、国内领先的产业基金等。具体为中国人寿、腾讯、百度、京东、阿里巴巴、苏宁云商、光启集团、前海母基金、滴滴出行、网宿科技、中国中车、用友软件、宜通世纪、中国国有企业结构调整基金（见附录4）。

引入的这 14 家战略投资者与中国联通主业关联度高、互补性强，有助于将公司在网络、客户、数据、营销服务及产业链影响力等方面的资源和优势与战略投资者的机制优势、创新业务优势相结合，实现企业治理机制现代化和经营机制市场化。通过与新引入战略投资者在云计算、大数据、物联网、人工智能、家庭互联网、数字内容、零售体系、支付金融等领域开展深度战略合作，聚合资源、整合优势、能力互补、互利共赢，推动重点业务和产业链融合发展，扩大中国联通在创新业务领域的中高端供给，培育壮大公司创新发展的新动能（见附录5）。

2. 调整结构资源

为了能够利用和对接战略投资的技术和人才等资源，联通注重大力提升内部资源的结构性调整。一是对组织结构和体系的调整，展开了“瘦身健体”行动、“划小”改革，以及省公司社会化合作承包运营，以此来提升组织运行效率和灵活性。二是对内部子公司的统一协调和定位，通过整合提升自主能力，包括混改初期组建的联通大数据公司以及联通数科公司。三是设立新的组织机构或部门，建立与外部资源对接的渠道。尽管也涉及一些业务资源的调整，但总体上是以结构调整来提升对战投资源的吸收和利用。

2017 年 5 月，中国联通设立了中国联通电子商务腾讯合作运营中心和中国联通电子商务阿里合作运营中心。上述运营中心为公司内设部门，其主要职能为分别对接腾讯、阿里等互联网公司，旨在建立以互联网合作伙伴为中心的一体化电子商务运营体系，提升面向线上的一体化产品设计、研发、运营及支撑能力。

2017 年 9 月，中国联通公布了“瘦身健体精简机构实施方案”，方案实施后，中国联通内部部门数量精简为 18 个，精简比例为 33.3%；人员编制由 1 787 人减少为 865 人，减少 51.6%。中国联通分公司等机构精简比例达 20.5%；总部管理员工数量减少 15.5%；地方分公司、机构精简比例达到 26.7%；地方公司、机构的职位减少 4.2%；省级以上管理员工职位减少 9.8%。

2021 年 2 月，中国联通宣布在原联通系统集成有限公司、联通云数据有限公司、联通大数据有限公司、联通物联网有限责任公司、联通智慧安全科技有限公司的基础上，整合成立联通数字科技有限公司。新公司将以支撑政企客户数字化转型、为客户创造更多价值为目标，打造上下一体的研发、产品、交付和运维支撑服务能力，为全面推进数字化转型铺就成功之路。这一举措将中国联通的优势创新业务资源聚合成一个整体，构建了新业务与传统业务相互促进、协同发展的新局面，将带动中国联通在创新业务领域取得更大突破。

3. 创新商业模式

通过内外资源的组合，联通与战投形成了优势互补的利益共同体，催生了新产品、新模式和新公司等一系列创新成果。一是催生了一系列创新型 2I2C 产品，首创了电信企业与互联网企业低成本获取用户的融合营销新模式。二是基于“基础通信 + 互联网”，创新了一系列合作模式，例如，与阿里巴巴联合打造的“中国联通智慧生活体验店”等。三是与战略投资成立一系列合资公司来进行资源组合，例如，联通与阿里、腾讯和京东分别成立云粒智慧、云景文旅和智慧足迹。总之，联通通过对国有与民营优势资源的融合更好地实现了商业模式创新。

2017年7月，中国联通首创了2I2C（即to internet，面对互联网的业务；to customer，面对个人客户）业务，与腾讯、阿里等互联网企业深度合作推出腾讯大王卡、蚂蚁宝卡等套餐产品。此类套餐含有大量定向流量的费用减免和增值服务以及大量省内、全国的流量及语音赠送等服务内容，上线后颇受用户欢迎。2018年，中国联通4G用户净增7 033万户，总数达到1.75亿户，4G用户市场份额同比提高3.7个百分点；4G用户占移动出账用户比例达到61.5%，同比大幅提高21.9个百分点。

2017年12月，中国联通与阿里巴巴联合打造的“中国联通智慧生活体验店”正式开业。用户可以在店内体验到包括AR购物、云货架、天猫精灵等在内的新零售领域最新技术产品。该体验店是通过阿里“零售+”和联通的系统对接，基于“智慧门店”的一整套产品和技术体系，全面重构品牌体系、营销渠道和场景服务，将线下用户行为和线上多维度数据进行匹配，实现线上线下同款、同价、同库存，用户可以自主选择发货到家或自提商品，使购买更加便捷。

（三）优化治理，改革机制体制

联通混合改革的另一个重点是规范公司治理结构和董事会的建设，建立健全权责对等、运转协调、有效制衡的决策执行监督机制，充分发挥董事会的监督作用，落实董事会投资决策、薪酬分配等权力，切实解决中央企业董事会形同虚设、“一把手”说了算的问题，实现规范的公司治理。同时实行股权激励，使得核心员工在工作中形成良性竞争，员工与企业形成利益共同体，员工为实现预定绩效和预期收益而主动努力工作，实现与企业的共存与双赢，实现企业绩效的主动增加。

1. 优化股权架构

中国联通在引入战略投资者之前，企业股权构成情况为：国有股东联通集团持股比例为62.74%，占据着绝对控股地位；公众股东和其他发起人共同持股37.26%，此部分股权因比较分散，不利于经营决策权力的实施。引进战略投资者后，经过非公开增发和股票转让的有机结合，联通集团实际拥有的股权下降了25.4个百分点，从62.74%降低至37.70%，从绝对控股转变为相对控股。中国联通35.2%的股权由14家实力雄厚的战略投资人共同拥有，建立起了由多个战略投资人分散持股，多家国资公司联合控股的共商、共建、共管型多元化股权结构（见附录6）。

从中国联通混改前后的股权结构可看出，联通混改形成了包括战略投资者在内的各方股东共同持有的多元化股权结构；混改后的国有资本虽然控股，但股权总数和民营资本非常接近，仅高出1.5%，实际上形成了国有和民营资本对企业控制力的有效制衡，这将导致各种决策更为民主公平，也较能体现相关各方的关切，有效避免了一言堂和一股独大现象的出现；企业实现了产权多元化升级转型，非国有股东积极参与到公司管理中去，利于国企混改参与各方实现共同发展。

2. 充分发挥董事会职能

联通混改后明确了董事会在公司的核心地位，增强了对高管的监督。一是规范董事会治理，让董事会履行决策把关、内部管理、防范风险、深化改革等职责，建立了有效的董事会监督机制。二是引进民营董事能够发挥监督职能，落实董事会投资决策、薪酬分配等权力。此外，联通还确立党组织在公司治理结构中的法定地位，明确党组织研究讨论是董事会、经理层决策重大问题的前置程序。

国有董事不仅要向国资委汇报沟通，还要通过董事会沟通来平衡各方利益主体的战略诉求。对此，联通主要进行了两个方面的流程改进。一是在董事会议前对决议进行充分沟通，这样既保证了会议能够高效地进行，也避免了各方利益冲突。二是优化了国有董事向国资委沟通汇报的流程。

中国联通在2018年3月提前进行了新一轮的董事会选举，本次选举后的董事会由混改前的7人增加到13人，来自联通内部的董事只保留了3名，丧失了决策控制权；战略投资者通过超额委派执行董事的方式，参与到了公司的决策中来，占据了50%的非独立董事席位，改变了之前联通集团一股独大的股权结构，战略投资者在日常经营中拥有话语权和决策权，形成了国有股份、民营股份、独立董事比例为4:4:5的格局，有利于联通内部形成有效的监督与制衡（见附录7）。

3. 实施股权和薪酬激励机制

中国联通实施的激励机制主要体现在以下两点：一是推出了限制性股票激励计划，该方案禁售期长、解锁期条件较高，其激励作用远大于兑现价值，是央企层面实施员工持股的大胆尝试；二是从子公司和合资公司层面，大力实施了股权和薪酬激励，这种探索极大地激发了员工活力。

2018年3月，中国联通对内部员工实施员工持股的政策，7 752名中高层管理人员、核心管理人才和专业人才，以每股3.79元的价格增发A股普通股股票，总金额高达7.94亿元。2019年2月，中国联通为公司193名专业技术人才、核心管理层员工发放价值1 315.6万元的限制性股票。

中国联通发行的限售股实现门槛较高，对不同财务指标的期望值较高。在完成解锁目标后，根据员工工作表现和为企业创造的价值进行五类分档。在此基础上，还有长达两年的禁止买卖日期，即使到了可以解锁购买的日期，全部股份也要分为几次才可以完全解除锁定，按40%、30%、30%的比例分三次解锁。所以，想要完全解锁所有股权一共需要5年的时间。联通此次通过合理设计锁定机制和流动机制，在鼓励核心员工长期绑定的同时，实现员工持股的合理流动（见附录8）。

此外，联通全面开展全生产场景划小改革，通过从内部把企业划成若干单元，建立微组织，搞活激励分配机制，激发员工的积极性；引入宽带服务预约抢单模式，实现多劳多得；搭建内部“双创”平台持续开展面向内部员工的“沃创客”计划，由员工自发创新，企业帮助员工实现从创意到产品的转变；实施“418”人才工程。

四、混改初显成效

（一）财务状况明显改善，经营业绩有所回升

从盈利能力上看，混合所有制改革前的2015—2016年，中国联通的营业利润率、成本费用率及销售净利率等盈利指标均大幅度下降；在2017年后期开始混改，各盈利指标开始

回升，2018 年完成混改后盈利能力迅速增长，并在 2019 年和 2020 年继续保持相对稳定的增长态势（见附录9）。

从经营成长能力上看，2015—2016 年，中国联通总资产增长率在三大电信央企中下降最多，是因为中国联通分割剥离中国铁塔业务，引起总资产数量锐减；总资产增长率从 2017 年的 -6.87% 发展为 2018 年的 -5.55%；2019 年，中国联通引入战略投资者筹集的资金广泛用于4G 项目能力提升、5G 组网及其他商用建设项目，资产投入力度增大，年度总资产增长率快速提升，达到 4.15%；2020 年中国联通继续加大支撑主营业务的资产投入，增速达到 3.23%（见附录 10）。

从资产质量方面看，混合所有制改革前，中国联通的资产现金回收率水平最低，2015 年仅为 15.35%；2016 年进一步下降至 12.92%，达到历史最低点，此时，中国联通与中国移动相差 4.29%，差距进一步拉大；2017 年，中国联通实行了国企混改，战略投资者的加入带来大批资金注入，引起资产现金回收率的快速增加，达到 15.36%；2018 年，资产现金回收率持续保持强劲增长势头，达到 17%，并远远超中国移动和中国电信；2019—2020 年，中国联通的资产现金回收率达 18.72%，虽然增速较之前年份略有放缓，但与中国电信和中国移动相比，仍然处于领先地位（见附录 11）。

从偿债能力方面看，一般来说，资产负债率在 60% 以下，企业能保持较好的偿债能力，而资产负债率在 40% 以上说明企业能很好地利用财务杠杆，因此，我们认为资产负债率在 40%—60% 是合理水平。在 2015 年和 2016 年，中国联通资产负债率分别为 61.96% 和 62.57%，居三家企业之首；2017 年中国联通混改，资产负债率降低至 46.48%，2018 年又在 2017 年的基础上降低了 5 个百分点；2019 年和 2020 年中国联通资产负债率分别是 42.67% 和 43.09%，与 2018 年比略有上升，但仍处于合理水平（见附录 12）。

（二）市场占有率逐年上升，行业竞争力有所增强

混合所有制改革后，联通公司采取了一系列的措施提升市场占有率，主要有吸引战略投资伙伴加入，并充分利用现代互联网的优势，不断革新公司的产品，陆续推出一系列公众乐于接受的新成果，同时注重业务创新能力的提升，从各方面来优化产品链，从而逐步摆脱在行业内的劣势地位。

中国移动一直保持着在 4G 用户市场的先发优势，中国联通的 4G 用户数量虽然远远落后于中国移动，但 4G 市场占有率在不断上升。2017 年以来，中国联通积极与腾讯、阿里、百度等处于互联网行业领先地位的战略投资者展开紧密合作，共享优势资源，联合推出了腾讯大小王卡、阿里蚂蚁宝卡、百度大小神卡等专属产品，以薄利多销的方式吸引更多的新用户，带动 4G 用户快速增长。移动和电信紧随其后，在 2018 年也开始推出不设置流量上限的套餐活动，但并没有对联通产生负面影响，2019 年和 2020 年联通在 4G 领域所占据的市场比例仍然实现稳步增长，逐步增大市场份额，挽回众多关键客户，在我国电信行业中的竞争力逐渐增强（见附录 13）。

从 2018 年以来，联通致力于转型升级之路，一方面在运营方面实行互联网化，制定各项相关的规定保障混改顺利实施，不断促进公司与外界的战略合作过程，使得传统业务与互联网业务相互融合，相互促进，从而提高新用户的黏性，让更多用户成为联通的忠实粉。另一方面联通也不断开拓新领域，比如建立了零售试点门店，这种店面不同于以往，更多的是

凭借大数据实现流量，增加了店面的种类，最终实现较高市场占有率，更具有行业竞争力，由此可见，混改对于联通的促进作用显著，相信联通未来会拥有更加广阔的发展空间。

（三）让利民企，重构产业竞争格局

电信业涉及国民经济命脉的基础产业，基础电信事关国家安全，互联网引领推动经济发展和社会进步，信息服务进入了千家万户，因此电信业如何深化改革，扩大对外开放，如何提升降费改善民生，这两件事备受社会关注。2015 年国务院明确提出促进提速降费的五大具体举措。其中包括鼓励电信企业尽快发布提速降费方案计划，使城市平均宽带接入速率提升 40% 以上，推出流量不清零、流量转赠等服务。2017 年 5 月 1 日起，三大电信运营商不约而同地下调了“一带一路”沿线国家和地区的漫游资费。其中中国联通降低全网移动用户数据流量综合单价 20% 以上，有线宽带套餐降低了近 1 300 元，“一带一路”25 个国家和地区资费下调至 0.49 元/分钟。2018 年 9 月 21 日，三大运营商开始进一步提速降费，严查新老用户不同权问题，这一系列信息惠民工作落实到位后，给消费者带来更多实惠，给民营通信企业带来了更好的机遇，更给通信行业发展带来了更多空间。

中国联通在经历混改初步阶段后，加强和以互联网行业为代表的民营企业纵深合作，一些优质项目获得联通公司投入资源、资金和项目扶持，再加上民营企业在技术创新、项目运营活力等方面具有天然的优势，同央企、国企雄厚的实力、广泛的企业基础和市场基础有效地结合，为信息通信行业的改革与创新创造了良好的发展样板。杭州国脉电信服务有限公司从事电信行业，16 年来走过的路非常艰辛，这次与中国联通形成深度战略合作，拓展多项业务，联合推出国脉天网卡，真正地为民营通信企业打开了一扇发展空间巨大的门。

通信技术的创新演进升级，是中国通信业最突出的亮点。2G 跟跑，3G 突破，4G 并跑，5G 领跑，标志着我国信息通信业由小到大，正在由大变强。民企可依托国企背景增信后获取资源及产品销售优势，同时与公司共享政治商业资源。资产集群、财报合并、统一评级、统一授信、公司担保、共享投融资资源。也就是说民企依托国企背景增信融资。另外，民企参与混改国有企业在一定程度上可以增加民众信赖，这样可以加强民企的营利性目的，增加企业收入，对于企业目标而言可谓是利益最大化。

五、联通混改新局面：乘“云”而上，加“数”前行

根据中央统一部署，2019 年 3 月至 6 月，中央第六巡视组对中国联通开展了常规巡视。2020 年 3 月 21 日，中央纪委国家监委网站发布的《中共中国联合网络通信集团有限公司党组关于十九届中央第三轮巡视整改进展情况的通报》（以下简称《通报》），公布了中国联通党组巡视整改进展情况。《通报》针对混合所有制机制优势发挥不充分问题主要提出了以下三点指导意见：

一是推动创新发展力度不够的问题。中国联通在集中整改阶段，发布了《关于进一步加快创新发展的指导意见》，从人才队伍、组织体系、能力布局、平台建设、生态环境、集成交付、研发投入、国家项目 8 个方面布局实施 18 项具体任务，统筹构建云计算、大数据、物联网、人工智能、安全服务五大核心基础能力；建设统一研发平台，加大自主创新研发投入，对产业互联网自主创新年内配置 7 000 万元预算，用于对研发单位的补贴和销售公

司的奖励。

二是信息基础设施建设不足的问题。中国联通在集中整改阶段，以新理念新模式促进信息基础设施升级。坚决落实习近平总书记重要讲话精神，坚持高起点、高水平、高标准推动5G网络发展，以全新模式与中国电信合作建设全球首张5G共建共享网络。双方依照集团联合工作组模式，成立了省市级分公司层面的联合工作组，推进共建共享的落地工作，2019年年底5G网络覆盖城市50多个，双方在50多个城市承载网互通，31省开通共享基站，共建共享基站累计达到3.5万个；按照标准、规划与实施“三统一”原则，双方正联合开展5G网络规划编制，指导2020年的共建共享投资和建设。

三是混合所有制机制优势发挥不充分问题。中国联通在集中整改阶段，积极发挥战略投资者在公司治理上的作用。尊重战略投资者董事的话语权，对于董事会提出异议事项，建立党组复议机制；对于民营资本的诉求，向国资委、发改委等上级部门积极报告，争取政策支持；发挥战略投资者商业智慧，建立党组成员、外部董事内外联动的战略务虚会议制度；发挥与战略投资者资源互补优势，与阿里合资成立的云粒智慧公司、与腾讯合资成立的云景文旅公司等合资公司创新能力持续提升，与中国人寿成立数字保险联合实验室，并积极与相关垂直行业共同打造大平台新生态。

（一）持续推进数字化转型

一堆毫无交集的数据，经过一番交融荟萃，催生出新的应用，激发出新的运营模式，孕育出新的产业，培育出新的经济增长点……数据显现的一系列价值，正在重塑一个价值输出的时代。影响所及，无所不达。

世界经济数字化转型是大势所趋，《2020联合国电子政务调查报告》显示，全球范围内的数字化转型的步伐正在加快。习近平总书记多次指出，要加快数字经济发展。2020年2月新冠疫情最为严峻的时候，为坚决贯彻习近平总书记关于统筹推进新冠疫情防控和经济社会发展工作的重要指示精神，中国联通集团公司党组开展多场专题学习研讨，深刻认识到“危中有机”——疫情催生了各行各业智能化、数字化转型的海量需求，并对全民进行了一次“生产生活习惯的数字化培训”，将给企业发展带来巨大机遇；认真谋划“化危为机”——通过自身转型发展为国家和社会数字化转型提供坚强有力的支撑。

2022年12月中央国务院发布的《关于构建数据基础制度更好发挥数据要素作用的意见》，再次强调了激发数据要素潜能对经济发展起到的作用。从贵州贵安到辽宁沈阳再到陕西商洛，中国联通大数据应用与管理正进入千行百业，服务经济社会发展。

1. 开创数字化转型新局面

2020年，中国联通党组印发《中国联通统筹抓好疫情防控和改革发展推进全面数字化转型的指导意见》，全面提速五大中台建设，提前完成cBSS百分百高质量迁转，IT集约化的行业领先优势不断扩大。

2021年12月，中国联通正式发布“联通智慧大脑”，成功在集团内部和各行各业构架起高速泛在、云网融合的智能化“中枢神经”。至此，公司数字化业态基本成型。

2022年6月，中国联通再度编制印发《中国联通数字化转型行动计划》，聚焦建设新型数字央企，以实现“三大转型”和“四提一控一强”目标，助力公司高质量发展。

根据行动计划，公司将在打造“联通智慧大脑”、加强基层场景创新、深化数据治理和流程治理、推进重大成果落地和推动各省均衡发展五方面发力，并根据业务种类建立公众、政企、客服、网络、管理五大智慧运营模块，最终借助五大中台与运营平台形成“一个联通，一体化能力聚合，一体化运营服务”的集约化运营体系。

“中国联通的数字化转型已经发展到新的阶段，不再是几个平台、几个工具的问题，而是通过数据加算法的重构，是覆盖生产经营管理各领域的问题，是生产流程的再造、运营模式的变革，是发挥资源转化能力和价值协同能力，提升全要素生产力的问题。”中国联通负责人强调说。

2. 大数据产业建设步入高速发展阶段

“数据是驱动数字经济发展的关键生产要素，一个地区在数据流通和价值转化中所处的位置和发挥的作用，将直接决定其发展潜力”。在中国联通内部人士看来，随着“东数西算”工程的全面启动，发展大数据产业恰逢其时。

2020年，受新冠疫情影响，中国联通公司加快了数字化转型的步伐，推出了一系列应对疫情的解决方案。例如，推出了在线健康问诊平台、疫情数据可视化平台等。同年，公司还与中国电信合作，建立5G+大数据创新中心，探索5G和大数据的融合应用。

2021年，中国联通公司进一步加强了大数据产业的布局。公司与多家银行、保险公司等机构合作，推出了金融服务平台，实现了数据共享和风险控制。此外，公司还开展了人工智能、区块链等新技术领域的研发和应用，推进了数字化产业的发展。

2022年年初，中国联通发布《大数据创新应用行动计划》，明确指出，要在2022年基本建成技术体系完备、自主可控的技术底座和数据治理、数据安全应用产品体系，进入政务大数据服务第一梯队；强调要坚持数据价值导向和市场化机制，优化资源配置，充分发挥大数据的乘数效应，不断激发数据价值潜能。

“能创造价值的数据才是真正有价值的数据，因为产业生态关注的是有用之用”。在联通数科高级副总裁宋雨伦看来，从庞杂的数据背后挖掘、分析用户的行为习惯和喜好，找出更符合用户“口味”的产品和服务，并结合用户需求有针对性地调整和优化自身，这就是数据的价值。

3. 联通云正式浮出水面，云计算谱写新篇章

无论是外卖服务的及时送达、视频直播的高清实时、移动支付的便捷到账，还是医学研究的海量分析、天气预报精准预测、探煤找矿的复杂计算，算力都是背后“看不见但离不开的手”，是数字经济发展的重要生产力。

中国联通以“实施聚焦战略，创新合作发展”为引领，将云计算作为技术业务创新的重要方向和资源配置的重点领域。并于2013年6月成立了全资子公司——联通云数据有限公司，加速推进云计算业务布局。云公司紧密围绕核心业务产业链和生态圈，构建云网一体规模弹性的沃云平台，打造IDC、云计算、大数据、CDN、云安全五大产品体系，创造性价比高、有竞争力和差异化的资源型、互联网型和软件型产品。

自2021年中国联通新战略发布以来，以云计算“国家队”的责任担当、立足自主创新，全面升级了新一代的云计算平台——联通云。此次联通云的发布，可以被视为其云计算业务的彻底“进化”，不仅再一次对自身角色定位进行了重新审视，还对能力边界、技术优势和业务价值进行厘清，从而实现由顶层战略到微观战术的焕新和再造。

不同于互联网云计算厂商的发展路线，联通云基于运营商自身优势，走出了网络化+数

字化和智能化方向同步延展的整体路径。基于中国联通的基础通信网络和先进的5G技术服务能力，联通云可以灵活调用、整合这些资源和能力，在算网融合的统一基座之上，通过大数据、人工智能、区块链等技术的综合运用，开发出更多面向行业的应用。

如今的联通云已经成为集技术能力、产品能力、运营能力、服务能力、资源能力、生态能力于一身的综合性大计算服务品牌。基于运营商特有的丰富应用场景实践与算网融合技术，联通云构建起“算网融合新基座”，并以此为基础，加速构建新一代可信数智云平台，打造服务于数字经济的“超级算力大脑”，为中国企业的数字化发展赋能提供最为坚实的后盾。

4. 共绘数字政府新蓝图

随着全国数字化转型不断深入，各级政府纷纷加快数字政府、数字政务、智慧城市建设，积极促进一体化政务云平台的落地，这无疑给中国联通在内的通信运营商带来了利好。

2022年6月2日，国务院印发《国务院关于加强数字政府建设的指导意见》，明确提出要“依托全国一体化政务大数据体系，统筹整合现有政务云资源，构建全国一体化政务云平台体系，实现政务云资源统筹建设、互联互通、集约共享”。

“随着全国统一政务云平台建设要求的明确，越来越多政务云平台的传统系统集成建设和运营模式，转变为政府购买服务，企业参与建设运营的模式”。在联通数科公司云计算事业部总监房秉毅看来，这需要公司由传统的通信和IT服务商转变成云服务商（CSP）和云管理和运营服务商（CMSP），从传统的产品套餐和集成的输入转变成云服务和多云运营服务的输出，并从支撑资源的“可用”逐步变成服务的“可信”和运营的一体化。

另外，中国联通还引入多家头部云服务厂家协同合作，对不同品牌不同架构的云进行统一运营运维管理，不仅完成了联通云、阿里云、腾讯云的多云资源接入，还与联通集团cB-SS相关系统对接，实现了业务统一受理，计费统一出账。

以辽宁省级政务云平台为例，依托辽宁省电子政务外网，中国联通参与建设的省直厅局业务系统可以快速实现系统部署和业务上线。同时，公司还为辽宁省级政务云平台项目投资建设了同城备份中心和异地灾备中心，保证业务数据的安全和可靠。

“目前，政务云在IaaS层面建设已经趋于成熟，我们将着重在PaaS、SaaS层发力，尝试在云平台基础上推进数据融合，开发更多的政务应用与服务。”中国联通辽宁省分公司负责人说。

一体化的运营服务能力是云服务商面临的挑战。对于一直以来向客户输入“电信级”服务的运营商而言，重点是实现资源的统一调度管理。据了解，中国联通在全国不仅建设了4个联通云基地，并且在31个省、188个地级市都建立了云资源池。基地之间、跨省/地市之间的资源池已全部通过全面SDN（软件定义网络）化的云联网进行互联，形成云网一体的覆盖全国的产品和服务能力。

5. 深化产业赋能

中国联通不断提升产业供给能力，发挥行业赋能效应，加快与政府、战略投资者、龙头企业、科研院所及创新型公司合作，盘活更多的行业价值和商业价值。

云景文旅科技有限公司运营管理部经理何凯迪表示，中国联通与贵州省文化和旅游厅、贵州省大数据局、云景文旅、云上贵州联合打造了“一码游贵州”全域智慧旅游平台。该平台充分利用大数据等技术，仅通过一个二维码即可实现各类旅游资讯与产品的协同运营及旅客服务管理，目前已实现用户注册数超 2 911.6 万人，累计完成交易额突破 9 585 万元。

此外，中国联通发挥大数据资源与技术优势，与贵阳市政府合作建成中国联通贵阳大数据创新创业中心，这也是全国首个大数据创新创业中心。目前，该中心依托联通旅游基地上下游带动作用，吸附了协同产业龙头合作伙伴入驻，预计产值超亿元。针对创业企业融资难问题，中心还注册成立了联通心契约（贵州）创新投资基金管理有限公司，专门对接政企基金资源，帮助优质创业企业获得投融资。

短短几年内，贵阳市已经聚集千家大数据核心业态企业、关联业态企业、衍生业态企业，大数据应用推广至政府治理、司法改革、民生事业等诸多领域。

而这只是中国联通大数据产业发展的一个缩影。在数字经济蓬勃发展的今天，深化产业融合既要融通创新链条上的技术研发、产品应用，又要融通产业链条上的政府、院所与企业。

（二）深耕5G技术，领跑“新基建”

1. 联通迎来5G时代

从5G直播让网友“云监工”火神山、雷神山医院建设进展，到5G大宽带网络支持几亿人远程居家办公、在线教育，再到5G远程会诊、5G热成像测温、5G AGV无人小车等的广泛应用，新冠疫情发生以来，5G以“大带宽、低时延、广联接”的特性，在抗击疫情中初露锋芒，也为复工复产提供了重要支撑。

基础设施是经济社会发展的重要支撑。在数字经济时代，5G、人工智能、工业互联网、物联网、数据中心等新技术，正在驱动新一轮科技革命和产业变革，成为数字经济发展的基石。在这些新型基础设施中，5G的作用尤为突出。如果将人工智能比作人的大脑，大数据中心为大脑的运转提供动力，那么5G则是联通全身的神经网络，可以将人看到、听到、感知到的各类信息实时高速地输送到大脑，以供大脑思考、决策并指挥全身的行为。

中国联通董事长王晓初表示，5G时代，必将是万物智联的全新时代，中国联通始终致力于在信息化建设中发挥基础性作用。中国联通将按照国家统一部署，携手产业链各方，秉承开放合作心态，着力打造5G新网络，为5G发展提供强有力的网络支撑保障；充分发挥混改优势，激发微观主体活力，向体制机制要红利，释放5G发展的强劲内生动力；加快建立和完善推动5G发展的合作创新体系，依靠产业联盟的力量，构建欣欣向荣的产业新生态。

2. 与中国电信共建共享5G网络

5G作为新一代信息通信技术的代表和数字化转型的重要引擎，在加快构建新发展格局、推动实现高质量发展中起到了重要作用。但是5G网络也存在建设投资高、运营成本高的特点。如何高效率低成本地建设一张广覆盖、高速率、低延时的高品质5G网络，成为摆在运营商面前的一道难题。

党的二十大报告指出，要优化基础设施布局、结构、功能和系统集成，构建现代化基础设施体系。这为新阶段信息通信基础设施的发展谋划提出根本遵循，也为5G共建共享的发展指明方向。在没有任何经验可借鉴的情况下，中国电信和中国联通一起发挥双方资源禀赋，大胆探索、开辟出了一条创新、高效、绿色的5G高质量发展新路。2019年9月9日，中国电信与中国联通签署《5G网络共建共享框架合作协议书》，约定在5G全生命周期、全网范围内共建共享一张5G精品网。

自2019年以来，中国电信与中国联通深耕5G共建共享新赛道，联合产业界在共享技术、组网、运营、管理等方面取得了重大突破，实现了“一张物理网、两张逻辑网、N张定制网”的重大创新。截至2022年年底，双方已累计开通5G共享基站超过100万个，覆盖全国所有城市、县城、乡镇及重点发达农村。在此基础上，持续深化共建共享，开通4G共享基站110万个。通过共建共享，双方网络能力快速提升，带宽翻番、速率翻番，实现了C-Band 200M带宽下全球最高速率，降低了双方的CAPEX和OPEX，最终实现了绿色低碳可持续发展。通过4G/5G共建共享，双方累计节省CAPEX超2 700亿，每年节省OPEX超300亿，减少碳排放超1 000万吨/年。

在2023世界移动通信大会上，中国联通科技创新部总经理马红兵发表了“深化共建共享创新，携手共创共赢合作”的主题演讲，介绍了网络共建共享关键技术、标准演进、管理模式、运营机制、绿色低碳等方面的创新与突破。黄礼莲则介绍了双方在架构创新实现NSA到SA网络简易平滑演进、在技术创新实现的关键技术突破、在运营创新上实现绿色运营效率提高一倍以及在管理创新方面实现“规建维优”端到端协同等成效，表达了希望产业界持续加强创新和合作，深化网络共建共享的愿景。

3. 5G应用正扬帆，加速工业互联网规模发展

后台操作人员把鼠标拖拽一下，机车就像“接单”司机那样赶到指定位置，高炉出铁口打开，铁水奔涌而下。受铁完毕，机车自动拖着铁水罐前往炼钢厂，纵横交错的铁道自行扳岔，行人交叉路口拦木机自动开闭……在武汉钢铁厂区，5G+智慧铁水物流带来高效、精确、安全的生产景象。

这一切的实现，离不开中国联通智慧钢铁军团打造的全场景产品供给体系。2022年以来，中国联通在5G+工业互联网领域不断寻找突破口，以toB（面对企业）为主导的商业模式正在加速拓展。

中国联通内部人士谈及他近年来跟踪应用的体会时表示，目前5G融合应用正在加速落地，工业互联网、智慧医疗、车联网、数字政府等领域toB市场占据绝对优势，企业市场将成为5G商业良性发展的压舱石和推进器。“只有用最适合的技术帮助企业解决问题，同时找到商业模式，这样的应用才能可持续”。

在这一趋势下，以5G+工业互联网的规模发展促进产业数字化转型成为必由之路。中国联通内部人士表示，5G将是垂直行业未来的创新平台，极具应用前景和价值空间。

针对垂直行业中的重点领域，中国联通专门成立了装备制造、智慧矿山、智慧钢铁、服装制造、汽车制造、智慧医疗、智慧法务、智慧应急、智慧交通九大行业军团。截至8月，公司已打造了500多个5G灯塔项目，拓展了9 000多个5G行业应用商业化项目，全面向5G应用的“深水区”扬帆远航。

“铁钢界面是钢铁制造流程中炼铁和炼钢工序的关键衔接面。传统的铁钢界面运行模式中，信息靠人工手动离线采集，不同的单元容易形成‘信息孤岛’，计划排程靠沙盘，生产调度靠电话。5G+互联网铁钢界面系统实现全流程在线智能状态信息集中管理。”武钢工人郑某谈到这一改变时，难掩喜悦之情。

他告诉大家，武钢与中国联通合作建设的5G C核心网基于5G网络高带宽、低延时、广连接的特性，已统筹部署六大类25类应用，包括智慧物流、生产管控、数字设备等。建

成管控中心和炼铁、炼钢、CSP、热轧四大操控中心，实现了操作室集中、远离现场，数据集成、实时采集。通过5G赋能，武钢实现整体效益提升19%，降低能耗10%，减少人力成本23%，特别是提升了铁水运输效率，仅运输环节每年就可节约超过4 000万元。

而这只是5G赋能智能制造的一个缩影。“智能制造是5G应用的重要领域”。在中国联通内部人士看来，驱动5G发展的有两方面因素，一是技术驱动，二是市场驱动。在分析技术驱动时，他表示，通过5G、边缘计算以及网络切片等可以切实对目前的工业环境进行改造，为行业用户在5G网络上开辟一个专用虚拟网络，满足他们对网络的定制化需求，将智能制造做得更深、更透。

（三）推进与战略投资者合作，充分发挥混改优势

2022年12月20日，在中国联通合作伙伴大会上，中国联通宣布与腾讯、京东、阿里、百度四家战略投资者签署战略合作协议。早在2017年，中国联通便作为混合所有制改革先行示范企业，引入腾讯、京东、阿里、百度等战略投资者，并签订战略合作协议，在业务、产品、渠道、终端、资本等领域开展合作。

此次正值五年合作协议期满之际，中国联通与四家战略投资者重启新一轮合作，在数字信息基础设施、高品质生活、产业升级、科技创新、智慧运营、网络安全、人才培养等多个领域合作。

1. 中国联通与腾讯的合作方向

根据协议，双方将在政企、个人、家庭客户市场以及数字化转型等方面开展深度合作，助力产业高质量发展和用户高品质生活。

其中，面向政企市场，推动数实融合和产业互联网发展，是双方未来战略合作的重点方向。双方将充分发挥云计算、大数据、物联网、人工智能等技术优势，在工业、能源、交通等应用场景深入合作，联合打造一批有价值的解决方案，并在全国范围内复制推广。

在个人、家庭产品服务方面，围绕用户消费场景，双方将进一步创新联名卡等个人用户服务合作，并在内容与权益、场景化宽带、家庭云等方面携手提供产品服务，让用户享受高品质、沉浸式的服务体验。

此外，双方还将在电信网络诈骗治理、5G网络安全攻防研究、安全前沿科技等方面开展合作。其中，面向安全前沿科技，双方将深入开展安全技术交流、安全攻防研究、联合实验室共建等合作，共同筑牢网络安全防线，为建设网络强国贡献力量。

自2018年9月提出“扎根消费互联网，拥抱产业互联网”战略以来，腾讯立足科技、连接和生态等优势，持续助力数字经济和实体经济融合发展，逐步成为各行各业转型升级的数字化助手。未来，腾讯愿与中国联通通力合作，进一步扩大合作的深度和广度，合力加速实体产业数字化进程，为数实融合高质量发展贡献更多力量。

2. 中国联通与百度的合作方向

根据协议，未来五年，百度与中国联通将在数字信息基础设施、高品质生活、产业升级、科技创新、智慧运营、网络安全、人才培养等多领域展开深入合作，加大人工智能与产业融合创新力度，助力联通为用户提供更优质服务，在各行各业培育创新应用，合力赋能产业转型升级。

中国联通作为混改试点企业，在2017年开启混改时就引入百度作为战略投资者，围绕

“家庭客户、政企客户、个人客户”三大市场开展密切合作。在过去的五年，双方联合开展多个项目，包括智慧客服、智慧家庭、智慧城市、知识图谱、视频云平台、区块链、数字人藏品等，成效显著。双方联合打造了联通版小度音箱等智能硬件，深得用户喜爱。中国联通与百度智能云联合打造的智慧客服项目在31省上线，提升客服智能化水平，实现降本增效。

基于云智一体技术，百度深入产业，为企业提供“芯片—框架—大模型—行业应用”的端到端的技术服务，输出智能算力减少企业数字化建设成本，并在开物等平台上沉淀算法模型和行业知识，帮助企业快速搭建属于自己的AI能力。

此次签约后，双方将在前期合作成果之上，深入数字经济领域，共同推进网络强国、数字中国、智慧社会建设。

3. 中国联通与京东的合作方向

京东科技高级副总裁、技术委员会主席曹鹏在会上表示，五年来，京东与中国联通战略合作取得了丰硕的成果。双方不断在供应链、云、物流、智慧城市、乡村振兴等方面探索创新，共同深耕产业数字化领域，发挥双方在人工智能、大数据、云计算、物联网等前沿科技能力，共同推进在产业数智化领域的深入合作，助力实体经济发展。

此次签约标志着双方合作在前期良好的基础上进一步拓展和深化。根据协议，双方将在技术、市场、服务等方面开展全方位合作，通过发挥双方在各自领域核心竞争能力和可持续发展能力，共同推动网络强国、数字中国、智慧社会建设，共育创新发展新优势，共赢数字经济新未来。

中国联通是首家央企集团层面混改试点企业，在2017年开启混改时，京东即作为战略投资者对其进行投资。参与中国联通混改以来，京东依托自身以供应链为基础的技术与服务能力，与中国联通携手建设数智化社会供应链，努力打造一流的综合性数字信息基础设施，并取得了一定的成效。

曹鹏表示，站在新起点，京东愿与中国联通通力合作，持续创新，共同打造新型信息服务体系，不断输出全产业链数智化服务能力，加速千行百业转型升级，为数字经济发展贡献力量。

六、讨论问题

1. 中国联通面临哪些困境以及进行混合所有制改革的原因是什么？

2. 中国联通混改中是如何调整组织结构和优化资源配置的？

3. 在混改中如何设计股权结构？为什么引入百度、阿里、腾讯、京东等互联网公司？

4. 员工持股模式作为混合所有制改革方案的典型模式，请结合案例分析中国联通的员工持股激励计划有哪些值得借鉴的亮点？并探讨这种模式可能存在哪些风险？

5. 董事会治理结构是如何设计的，与股权结构是否匹配，对公司内部治理有何影响？

6. 联通新的商业模式是如何构建的以及怎样推动产业良性循环？

7. 中国联通的混改将面对哪些难题和挑战，有何应对之策？

8. 对于中国联通和腾讯新设立合营企业，有观点认为，中国联通的混改已于2018年完成，此次合作是一次“常规操作”；但是也有观点认为，这是一次“混改”新动作。你怎么看待？

七、参考文献

[1] 张斌，武常岐，谢佩洪．国有股东与战略投资者如何“混”与“合”？——基于中国联通与云南白药的双案例研究［J］．管理世界，2022. 38（10）：174－195.

[2] 刘树艳．混合所有制企业资本融合：问题，机制［J］．会计之友，2015.（13）：46－48.

[3] 中央纪委国家监委．党组关于十九届中央第三轮巡视整改进展情况的通报［EB/OL］．https：//www. ccdi. gov. cn/yaowen/202003/t20200319_213844. html，2020－03－21.

[4] 人民日报 谁是“关键”的新型基础设施？［EB/OL］．http：//www. xinhuanet. com/politics/2020－03/18/c_1125727350. htm.

[5] 科技云“联通云”正式浮出水面，要讲出云计算怎样的“新故事”？［EB/OL］．https：//cloud. ofweek. com/news/2021－12/ART－178808－8110－30541290. html.

[6] 通信世界 中国联通刘烈宏：安全数智联通云，打造数字经济“算力引擎”［EB/OL］．http：//www. cww. net. cn/article？ id＝568355.

[7] 人民邮电报 中国联通：奋楫数字经济主航道 扬帆高质量发展新未来［EB/OL］．https：//www. cnii. com. cn/rmydb/202209/t20220929_417728. html.

[8] 中国联通新闻宣传中心 中国联通：5G 应用正扬帆，加速工业互联网规模发展［EB/OL］．http：//www. chinaunicom. com. cn/news/202211/1668863127087045760. html.

[9] 中国联通 5G 应用全面加速 中国联通领跑工业互联网新时代［EB/OL］．http：//www. sasac. gov. cn/n2588025/n2588124/c15203426/content. html.

[10] 福布斯中国．联通与腾讯的“混改传闻”，还释放出哪些信号［EB/OL］．https：//www. forbeschina. com/innovation/62224，2011－11－03.

附录

附录 1： **2014—2016 年三大运营商用户数量分布情况**（单位：亿户）

	2016 年			2015 年			2014 年		
	移动	联通	电信	移动	联通	电信	移动	联通	电信
移动用户	8.49	2.64	2.15	8.26	2.87	1.98	8.07	2.99	1.86
4G 终端	5.35	1.05	1.22	3.12	0.44	0.58	0.9	0.03	0.04
固网宽带	0.78	0.75	1.23	0.55	0.72	1.13	0.02	0.69	1.07

数据来源：根据各公司 2014—2016 年年报数据整理所得。

附录 2： **2016 年运营商与微信用户业务使用情况对比**

	移动电话		微信	
	2016 年	比 2015 年（%）	2016 年	比 2015 年（%）
语音通话时长（亿分钟）	28 103	－1.4	5 110	400
短信业务量（亿条）	6 671	－4.6	172 794	25

数据来源：统计年鉴，2016 年微信数据报告。

附录 3：　　中国联通 2012—2016 年平均净资产收益率

	2016 年	2015 年	2014 年	2013 年	2012 年
营业收入（亿元）	2 741.97	2 770.49	2 885.71	3 037.27	2 562.64
营业成本（亿元）	2 115.84	2 077.04	1 999.37	2 116.57	1 791.08
加权平均净资产收益率	0.2	4.41	5.2	4.68	3.31

数据来源：根据联通公司 2012—2016 年年报数据整理。

附录 4：　　中国联通混改前后的十大股东变动情况表

混改前股东	持股比例	混改后股东	持股比例
联通集团	62.74%	联通集团	36.70%
中央汇金	1.36%	中国人寿保险	10.60%
中国证券金融公司	0.95%	国有企业结构调整基金	6.30%
博世基金－农业银行	0.63%	腾讯信达	5.30%
易方达基金－农业银行	0.63%	百度鹏寰	3.40%
大成基金－农业银行	0.63%	京东三弘	2.40%
嘉实基金－农业银行	0.63%	阿里创投	2.10%
广发基金－农业银行	0.63%	苏宁云商	1.90%
中欧基金－农业银行	0.63%	前海方舟	1.90%
华夏基金－农业银行	0.63%	光启互联	1.90%

数据来源：根据联通公司 2017 年年报数据整理。

附录 5：　　中国联通与战略投资者合作领域

合作领域	业务内容
大数据分析业务	主要聚焦征信服务、数字营销、风控等应用领域。与人寿公司、百度、阿里、京东、腾讯、苏宁等开展了包括大数据分析在内的多业务合作
云计算业务	为客户提供公共云服务后，与腾讯、阿里联合的公共云服务网络平台也成功宣布上线
物联网业务	聚焦物联网安防、汽车互联、智能家庭等新应用领域，与京东、百度、腾讯、阿里、苏宁等进行了深度合作
基础通信业务	在基础网络通信领域，与中国人寿、京东、阿里、百度、腾讯等战略伙伴，均保持着深度合作
内容聚合业务	在视频产品领域与百度、腾讯、阿里、苏宁等进行了全方位协作
零售体系业务	开展了新型的零售门店试验活动，与阿里、京东、苏宁形成全新智能生活体验的联通式新零售

数据来源：根据联通公司公布的 2018 年社会责任报告整理。

附录 6：　　中国联通混改后的股权结构

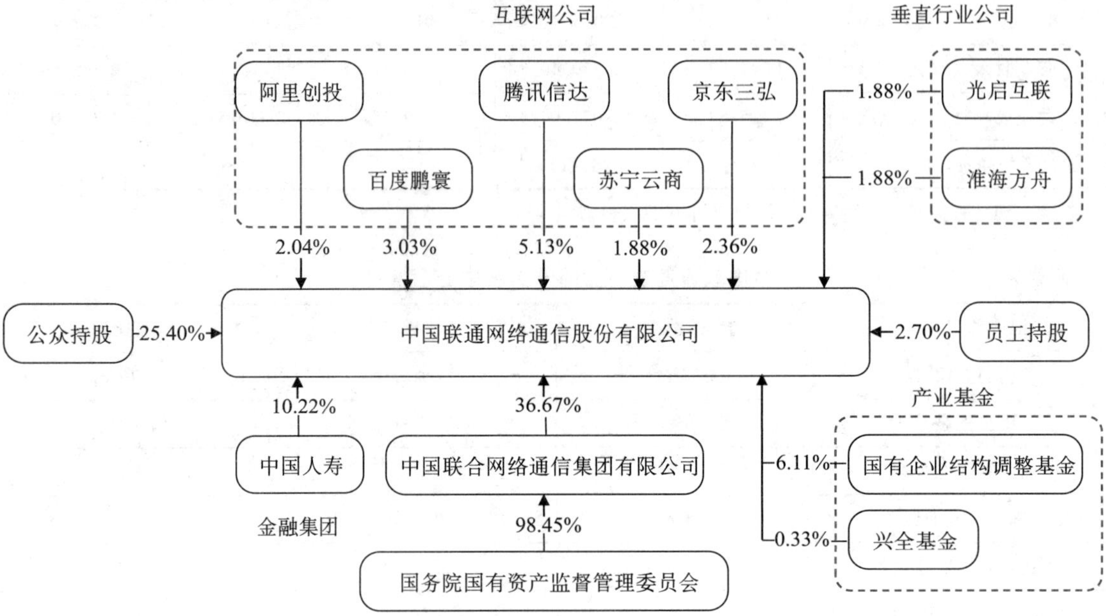

数据来源：根据联通公司 2017 年公布的混改方案整理。

附录 7：　　中国联通混改后董事会组成

姓名	董事会职务	机构
王晓初	董事长	中国联通
李国华	董事	中国联通
李福申	董事	中国联通
尹兆君	董事	中国人寿保险（集团）公司
卢山	董事	深圳市腾讯计算机系统有限公司
王路	董事	百度网络科技有限公司
廖建文	董事	北京京东世纪贸易有限公司
胡晓明	董事	阿里巴巴网络技术有限公司
吕廷杰	独立董事	北京邮电大学
陈建新	独立董事	曾任全国侨联财务处副处长
熊晓鸽	独立董事	IDG 资本
冯士栋	独立董事	曾任国开发公司总裁
吴晓根	独立董事	曾任职于中央财经大学

数据来源：根据联通公司 2017 年年报数据整理。

附录 8：　　2017 年混改核心员工股权激励解锁条件

解锁期	2018 年	2019 年	2020 年
主营业务收入增长率	高于 4.4%；且高于同行业的平均水平	高于 11.7%；且高于同行业的平均水平	高于 20.9%；且高于同行业的平均水平
净资产收益率	超过 2.0%	超过 3.9%	超过 5.4%

续表

解锁期	2018 年	2019 年	2020 年
利润总额增长率	大于 65.4%；高于同行业的 75%	大于 224.8%；高于同行业的 75%	大于 378.2%；高于同行业的 75%
满足条件后解锁比例	40%	30%	30%

数据来源：根据联通公司 2017 年年报数据整理。

附录 9：

2015—2020 年中国联通盈利能力指标

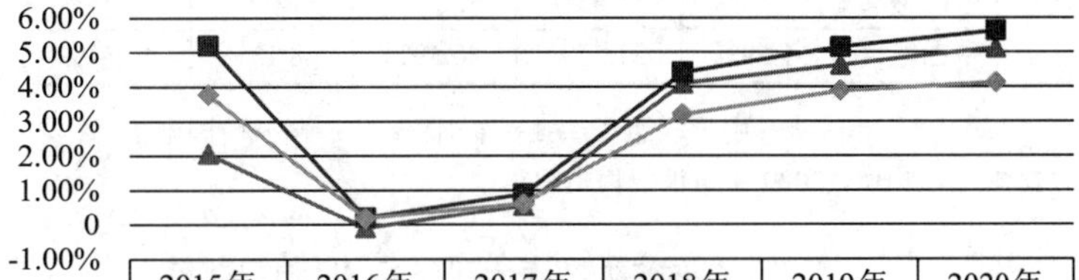

	2015年	2016年	2017年	2018年	2019年	2020年
营业利润率	2.06%	-0.10%	0.55%	4.10%	4.63%	5.13%
成本费用率	5.20%	0.21%	0.89%	4.42%	5.15%	5.62%
销售净利率	3.77%	0.18%	0.61%	3.20%	3.88%	4.12%

营业利润率　成本费用率　销售净利率

数据来源：根据联通公司 2015—2020 年年报数据整理。

附录 10：

2015—2020 年三大运营商总资产增长率

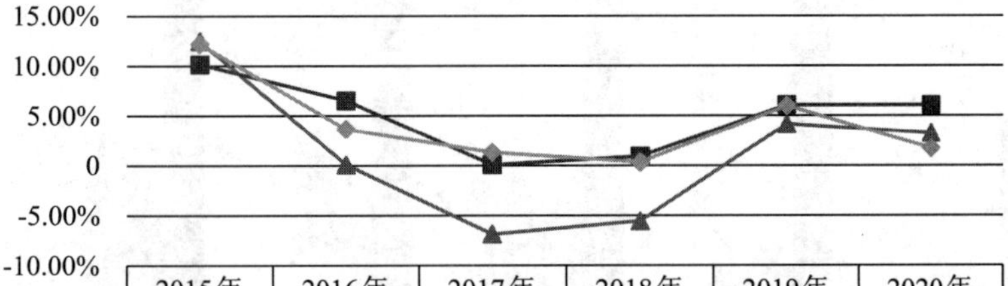

	2015年	2016年	2017年	2018年	2019年	2020年
中国联通	12.46%	0.10%	-6.87%	-5.55%	4.15%	3.23%
中国移动	10.14%	6.52%	0.07%	0.91%	6.08%	6.05%
中国电信	12.17%	3.65%	1.32%	0.33%	5.99%	1.70%

中国联通　中国移动　中国电信

数据来源：根据各公司 2015—2020 年年报数据整理。

附录 11：

2015—2020 年三大运营商资产现金回收率

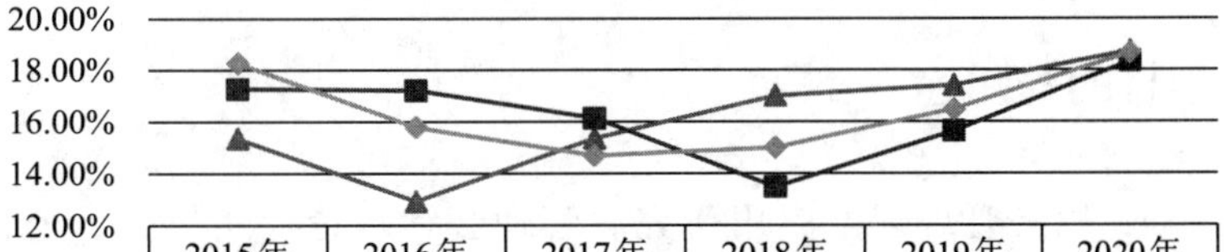

	2015年	2016年	2017年	2018年	2019年	2020年
中国联通	15.35%	12.92%	15.36%	17.00%	17.40%	18.72%
中国移动	17.26%	17.21%	16.14%	13.48%	15.64%	18.33%
中国电信	18.26%	15.78%	14.69%	14.99%	16.48%	18.65%

中国联通　中国移动　中国电信

数据来源：根据各公司 2015—2020 年年报数据整理。

附录 12：

2015—2020 年三大运营商资产负债率

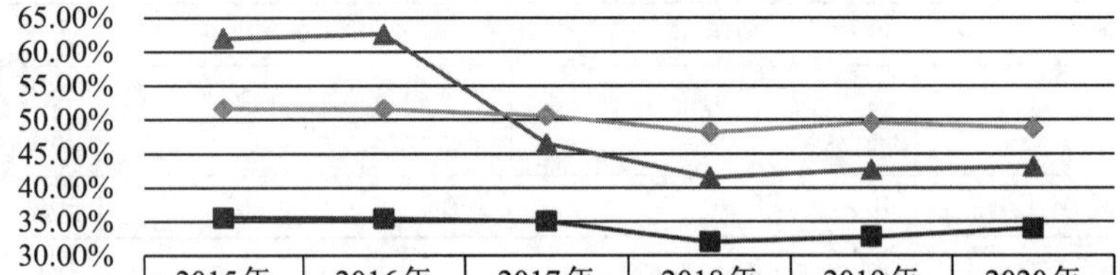

	2015年	2016年	2017年	2018年	2019年	2020年
中国联通	61.96%	62.57%	46.48%	41.50%	42.67%	43.09%
中国移动	35.54%	35.43%	35.03%	31.99%	32.75%	33.98%
中国电信	51.59%	51.52%	50.59%	48.13%	49.51%	48.79%

中国联通　中国移动　中国电信

数据来源：根据各公司 2015—2020 年年报数据整理。

附录 13：

三大运营商 2015—2020 年 4G 用户数量

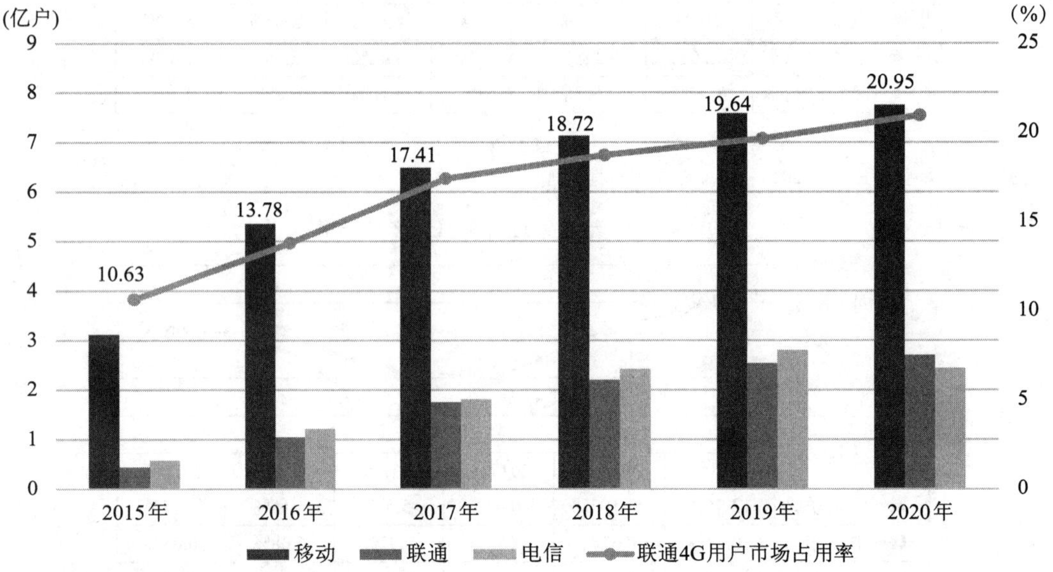

数据来源：根据中国联通对外披露数据整理。

案例使用说明书

一、教学目的与用途

1. 适用课程：财务管理理论应用研究、管理会计理论应用研究、公司治理、财务分析方法等课程

2. 授课对象：MPAcc/MBA/EMBA

3. 教学目标：本案例旨在引导学生基于案例企业目前的发展现状，思考其所面临的经营困境，分析其混合所有制改革的影响以及发展趋势，在考虑企业发展需求的基础上，探究战略投资者对被投资企业和整个行业带来的影响，并帮助学生从公司决策者角度进行思考，

分析公司治理面对的问题及解决对策。具体如下：

1. 分析中国联通面临的困境以及进行混合所有制改革的原因；

2. 探究中国联通是如何混合所有制改革，创新商业模式的；

3. 思考中国联通在混改中如何设计股权结构的，员工持股模式有何亮点和风险，分析为何引入 BATJ 等战略投资者；

4. 思考联通与腾讯新设合营企业对联通发展的影响。

二、讨论题目

1. 中国联通面临哪些困境以及进行混合所有制改革的原因是什么？

2. 中国联通混改中是如何调整组织结构和优化资源配置的？

3. 在混改中如何设计股权结构？为什么引入百度、阿里、腾讯、京东等互联网公司？

4. 员工持股模式作为混合所有制改革方案的典型模式，请结合案例分析中国联通的员工持股激励计划有哪些值得借鉴的亮点？并探讨这种模式可能存在哪些风险？

5. 董事会治理结构是如何设计的，与股权结构是否匹配，对公司内部治理有何影响？

6. 联通新的商业模式是如何构建的以及怎样推动产业良性循环？

7. 中国联通的混改将面对哪些难题和挑战，有何应对之策？

8. 对于中国联通和腾讯新设立合营企业，有观点认为，中国联通的混改已于2018 年完成，此次合作是一次“常规操作”，但是也有观点认为，这是一次“混改”新动作。你怎么看待？

三、分析思路

（一）案例摘要

随着移动互联网技术的不断深入发展，当今世界正处于“网络信息世界与自然世界和人类社会深度融合的数字化、网络化、智能化进程中，通信行业和互联网行业的合作不断深入，未来数字技术将为经济社会发展带来更多新动力、新机遇，建设数字中国是数字化时代推动中国式现代化的重要引擎。

中国联通作为我国通信网络三大运营商之一，也是老牌央企。然而，在整个电信行业中，不论是移动用户还是固网用户，不论是市场份额还是盈利能力，中国联通的情况均处于相对劣势的地位，陷入发展困境。2017 年中国联通启动混合所有制改革，引入腾讯、百度、阿里、京东等互联网行业战略投资者，优化组织架构，以期借用互联网行业技术优势进行业务整合，获得竞争优势。

混改对中国联通意味着什么，中国联通的混改有什么特点？为什么选择 BATJ 作为战略投资者？混改给中国联通带来什么？中国联通与腾讯新设合营企业是混改后打开的新局面吗，背后有何深意？本篇案例将围绕上述问题探讨。

（二）教学目标

推荐阅读材料。

（三）教学计划

本案例可以作为专门的案例讨论课程来进行，案例课程时间控制在90分钟。表9-1是教学计划建议，仅供参考。

表9-1 教学计划表

安排内容	具体内容	安排时间	教学目标
课前提问	·请举例，对基础通信和互联网行业有哪些了解？ ·对于通信技术产业，国家出台哪些政策？ ·你如何理解战略投资者的作用？	15分钟	
思考题1	中国联通为何启动混改？ ·中国联通面临哪些困难？ ·为什么要选择引入战略投资者？ ·为什么选择腾讯深入合作？	25分钟	目标1
思考题2	混改成效如何？ ·腾讯等战略投资者为中国联通带来了什么？ ·中国联通有了哪些改变？	25分钟	目标2
思考题3	混改新局面背后有何深意？ ·新局面有何特点？ ·新业务会给中国联通带来什么影响？	25分钟	目标3

四、课堂问题讨论与分析

（一）中国联通面临哪些困局？为什么要进行混合所有制改革？

1. 面临的困局

第一，资金短缺。3G时期预估CDMA错误，导致大笔资金去完善CDMA供应链的发展；4G时期，战略决策失误，未看到产业升级的替代性，将资金投入3G基础建设，没有充足资金来发展4G。

第二，人才匮乏，研发能力明显落后于同行业竞争者。联通作为新成立的电信运营商，起步迟，人才少；此外，国企代理制度中对高管实行限额制度，一部分高管走向民营高薪企业，导致人才进一步匮乏。

第三，行业冲击。电信业市场格局失衡由来已久，运营商之间竞争激烈，让处于劣势地位的联通面临更加严酷的市场环境。

第四，技术落后。互联网大发展，产业升级替代快，决策失误，错过了4G的发展，没享受到技术带来的红利，导致资金短缺，更进一步加剧技术投资矛盾，拉开与移动和电信的技术发展鸿沟。

第五，经营危机。2014年4G开始兴起，联通由于错过布局基础建设，导致顾客流失，丧失市场，经营业绩持续恶化，使得2016年中国联通已处于亏损的边缘。

2. 为什么要进行混合所有制改革

从制度背景来看，党的十九大报告中提出“通过混改，深化国企改革，培育一流企业”，为联通在探讨混改的路径上提供了有力的政策背书，引导、鼓励战略投资者加入国企改革当中，搭建利益共同体。中国联通也积极准备，电信业第一个，也是唯一一个从集团层面提出了混改方案，希望通过转型升级和改革，缩小差距，打造一流企业，服务中国新经济。

从实践背景分析，联通混改引入外部战略投资，可以刺激企业奋发图强，更好地实现科技进步和产业升级，构建基于强大市场压力下的企业核心竞争力，增加员工收入，提升员工幸福感。这种外部和内部力量的驱动，促使联通选择混改，引入外部战略资本和新的管理模式，在公司治理上进行创新，补4G铺5G，撸起袖子加油追，争取在5G布局和技术上有所突破，更好实现经营、财务和管理协同发展。

从理论层面来看，联通混改主要涉及以下几点：（1）两权分离的创新设计。理论上，从国有企业多重复杂委托代理关系的角度分析，传统公有制经济在所有权与经营权两权分离的情况下，资源和经营人已经不是同一个人。拥有资源的人不一定是优秀的人，优秀的人不一定拥有资源，这种流动性定价出现了“委托代理人”。现代公有制经济对两权分离进行了诸多创新的设计，通过国有控股的混合所有制企业员工持股等创新设计，从微观治理的层面，模仿并实现“用自己的钱办自己的事，既讲节约也讲效率”。（2）引入民营企业的先进技术。中国联通属于中央企业，中央企业在关系国家安全和国民经济命脉的主要行业和关键领域占据支配地位，是国民经济的重要支柱，但从技术创新层面来看，联通则远远落后于百度、阿里、腾讯、京东等民营企业。民营企业主要是靠市场竞争求得生存和发展，更趋向于将资本投入到边际生产率高的产业，在运用创新规律方面更有优势，对市场变化和技术进步更加敏感，具有超强的市场竞争和技术革新意识。此次联通混改引入的BATJ、中国人寿等与中国联通主业关联度高、互补性强的战略投资者。有助于将联通作为央企的资源和优势与战略投资者的机制优势、创新业务优势相结合，快速完成联通在新兴战略领域的布局和核心竞争力的提升，实现企业治理机制现代化和经营机制市场化。（3）提升经营绩效据。2016年财报，在营收规模上、净利润和4G用户数量上，联通在三大电信运营商中排名最后，联通业绩持续下滑和国内电信市场竞争格局进一步失衡，使得联通进行混合所有制改革的必要性进一步增加。此外，中国联通改革意愿和动力较强，改革涉及资产规模较大，社会关注度高，开展混改试点有利于引导社会预期并产生积极影响。

（二）中国联通混改中是如何调整组织结构和优化资源配置的？

1. 搭建协同共生架构

协同共生架构的搭建，重点从效率和价值维度考虑，让企业效率更具竞争力、让价值更具成长性，实现效率与价值上的进化。中国联通混改通过引入战略投资者，搭建协同共生架构，实现产权多元化，加强异质股东间合作，实现战略、营销、人力资源与财务管理协同，提升经营决策和管理效率；扩大业务协同互补，强化产业链、供应链的有效链接，实现价值共生、共享，壮大企业规模，增加企业价值；通过共享资本、市场、技术、管理、经营业绩和声誉，赋能中国联通，提升管控水平；混改各参与单位在实现组织边界内成长发展的同时，实现跨边界的共同成长，形成协同共生股权架构，增强企业的综合竞争力。

2. 主动吸纳具有协同效应的战略投资者

2017 年 10 月，中国联通通过采用非公开发行和老股转让相结合的方式，引入四大类处于行业领先地位、且与中国联通具有协同效应的战略投资者，包括大型互联网公司、垂直行业领先公司、具备雄厚实力的产业集团和金融企业、国内领先的产业基金等。具体为中国人寿、腾讯、百度、京东、阿里巴巴、苏宁云商、光启集团、前海母基金、滴滴出行、网宿科技、中国中车、用友软件、宜通世纪、中国国有企业结构调整基金。

引入的这 14 家战略投资者与中国联通主业关联度高、互补性强，有助于将公司在网络、客户、数据、营销服务及产业链影响力等方面的资源和优势与战略投资者的机制优势、创新业务优势相结合，实现企业治理机制现代化和经营机制市场化。通过与新引入战略投资者在云计算、大数据、物联网、人工智能、家庭互联网、数字内容、零售体系、支付金融等领域开展深度战略合作，聚合资源、整合优势、能力互补、互利共赢，推动重点业务和产业链融合发展，扩大中国联通在创新业务领域的中高端供给，培育壮大公司创新发展的新动能。

3. 调整结构资源

联通混改注重大力提升内部资源的结构性调整。一是对组织结构和体系的调整，展开了“瘦身健体”行动，“划小”改革，以及省公司社会化合作承包运营，以此来提升组织运行效率和灵活性。二是对内部子公司的统一协调和定位，通过整合提升自主能力，包括混改初期组建的联通大数据公司以及联通数科公司。三是设立新的组织机构或部门，建立与外部资源对接的渠道。尽管也涉及一些业务资源的调整，但总体上是以结构调整来提升对战投资源的吸收和利用。2017 年 5 月，中国联通设立了中国联通电子商务腾讯合作运营中心和中国联通电子商务阿里合作运营中心。上述运营中心为公司内设部门，其主要职能为分别对接腾讯、阿里等互联网公司，旨在建立以互联网合作伙伴为中心的一体化电子商务运营体系，提升面向线上的一体化产品设计、研发、运营及支撑能力。

2017 年 9 月，中国联通公布了“瘦身健体精简机构实施方案”，方案实施后，中国联通内部部门数量精简为 18 个，精简比例为 33.3%；人员编制由 1787 人减少为 865 人，减少 51.6%。中国联通分公司等机构精简比例达 20.5%；总部管理员工数量减少 15.5%；地方分公司、机构精简比例达到 26.7%；地方公司、机构的职位减少 4.2%；省级以上管理员工职位减少 9.8%。

4. 创新商业模式

通过内外资源的组合，联通与战投形成了优势互补的利益共同体，催生了新产品、新模式和新公司等一系列创新成果。一是催生了一系列创新型 2I2C 产品，首创了电信企业与互联网企业低成本获取用户的融合营销新模式。二是基于“基础通信 + 互联网”，创新了一系列合作模式，例如，与阿里巴巴联合打造的“中国联通智慧生活体验店”等。三是与战投成立一系列合资公司来进行资源组合，例如，联通与阿里、腾讯和京东分别成立云粒智慧、云景文旅和智慧足迹。联通通过对国有与民营优势资源的融合更好地实现了商业模式创新。

5. 健全治理体制和员工激励机制

联通混合改革的另一个重点是规范公司治理结构和董事会的建设，建立健全权责对等、运转协调、有效制衡的决策执行监督机制，充分发挥董事会的监督作用，落实董事会投资决策、薪酬分配等权力，切实解决中央企业董事会形同虚设、“一把手”说了算的问题，实现规范的公司治理。同时实行股权激励，使得核心员工在工作中形成良性竞争，员工与企业形成利益共同体，员工为实现预定绩效和预期收益而主动努力工作，实现与企业的共存与双赢，实现企业绩效的主动增加。

6. 优化股权架构

中国联通在引入战略投资者前，企业股权构成情况为：国有股东联通集团持股比例为62.74%，占据着绝对控股地位；公众股东和其他发起人共同拥有37.26%，此部分股权因比较分散，不利于经营决策权利的实施。引进战略投资者后，经过非公开增发和股票转让的有机结合，联通集团实际拥有的股权下降了25.4个百分点，从62.74%降低至37.70%，从绝对控股转变为相对控股。中国联通35.2%的股权由14家实力雄厚的战略投资人共同拥有，建立起了由多个战略投资人分散持股，多家国资公司联合控股的共商、共建、共管型多元化股权结构。

从中国联通混改前后的股权结构图可看出，联通混改形成了包括战略投资者在内的各方股东共同持有的多元化股权结构；混改后的国有资本虽然控股，但股权总数和民营资本非常接近，仅高出1.5%，实际上形成了国有和民营资本对企业控制力的有效制衡，这将导致各种决策更为民主公平，也较能体现相关各方的关切，有效避免了一言堂和一股独大现象的出现；企业实现了产权多元化升级转型，非国有股东积极参与到公司管理中去，利于国企混改参与各方实现共同发展。

7. 充分发挥董事会职能

联通混改后明确了董事会在公司的核心地位，增强了对高管的监督。一是规范董事会治理，让董事会履行决策把关、内部管理、防范风险、深化改革等职责，建立了有效的董事会监督机制。二是引进民营董事能够发挥监督职能，落实董事会投资决策、薪酬分配等权力。此外，联通还确立党组织在公司治理结构中的法定地位，明确党组织研究讨论是董事会、经理层决策重大问题的前置程序。

国有董事不仅要向国资委汇报沟通，还要通过董事会沟通来平衡各方利益主体的战略诉求。对此，联通主要进行了两个方面的流程改进。一是在董事会议前对决议进行充分沟通，这样既保证了会议能够高效地进行，也避免了各方利益冲突。二是优化了国有董事向国资委沟通汇报的流程。

中国联通在2018年3月提前进行了新一轮的董事会选举，本次选举后的董事会由混改前的7人增加到13人，来自联通内部的董事只保留了3名，丧失了决策控制权；战略投资者通过超额委派执行董事的方式，参与到了公司的决策中来，占据了50%的非独立董事席位，改变了之前联通集团一股独大的股权结构，战略投资者在日常经营中拥有话语权和决策权，形成了国有股份、民营股份、独立董事持股比例为4∶4∶5的格局，有利于联通内部形成有效的监督与制衡。

8. 实施股权和薪酬激励机制

中国联通实施的激励机制主要体现在以下两点：一是推出了限制性股票激励计划，该方案禁售期长、解锁期条件较高，其激励作用远大于兑现价值，是央企层面实施员工持股的大胆尝试；二是从子公司和合资公司层面，大力实施了股权和薪酬激励，这种探索极大地激发了员工活力。

2018年3月，中国联通对内部员工实施员工持股的政策，针对7 752名中高层管理人员、核心管理人才和专业人才，以每股3.79元的价格增发A股普通股股票，总金额高达

7.94亿元。2019年2月，中国联通为公司193名专业技术人才、核心管理层员工发放价值1 315.6万元的限制性股票。

中国联通发行的限售股实现门槛较高，对不同财务指标的期望值较高。在完成解锁目标后，根据员工工作表现和为企业创造的价值进行五类分档。在此基础上，还有长达两年的禁止买卖日期，即使到了可以解锁购买的日期，全部股份也要分为几次才可以完全解除锁定，即按40%、30%、30%的比例分三次解锁。所以，想要完全解锁所有股权一共需要5年的时间。联通此次通过合理设计锁定机制和流动机制，在鼓励核心员工长期绑定的同时，实现员工持股的合理流动。

（三）在混改中如何设计股权结构？为什么引入百度、阿里、腾讯、京东等互联网公司？

混合所有制改革前，中国联通总股本约211.97亿股。本次混合所有制改革方案中，拟向BATJ等战略投资者非公开发行约90.37亿股股份，发行价格约617.25亿元；向结构调整基金转让联通持有的本公司约19.00亿股股份，股票对价约129.75亿元；授予核心员工限制性股票约8.48亿股，募集资金约32.13亿元。上述股权结构设计完成后，联通集团、中国人寿、结构调整基金等国有企业合计持有公司约53%股份，保证了国有资本的控股地位；BATJ及苏宁云商、光启互联、淮海方舟、兴全基金等非公资本持有约18.85%股份，核心员工股份占比约为2.7%。

可以看出，中国联通此次混改引入股东包括国有企业、大型民营企业等多种类别，股东种类和数量明显多元化，力争实现股权结构多元化和股权结构最优化。

为什么选择BATJ作为战略投资者？

教师可通过提问来进行引导，如“BATJ所处的行业类型是什么？行业地位如何？”“BATJ在经营管理方面有哪些值得联通学习和借鉴？”等。学生通过思考及阅读案例正文可能给出以下答案：

第一，BATJ所处的行业类型是互联网行业。

第二，行业地位是世界五百强企业。

第三，联通可以与BATJ进行业务层面的合作。

若进行更进一步的分析，可以发现对于中国联通来说，百度、阿里、腾讯、京东等战略投资者不仅拥有强大的资金实力，入股带来的资金可满足企业投资需求，使企业获取投资收益，更具有先进的技术、广阔的市场以及成熟的管理，且在行业地位、资产规模、资产质量、经营业绩和声誉等方面具有绝对优势，可为其所用，以提升企业核心竞争力。BATJ近几年ROA、ROE如表9-2、表9-3所示。

表9-2　　资产报酬率（ROA）

	2016年	2015年	2014年
互联网行业平均值	2.91%	4.63%	4.56%
百度	4.98%	16.25%	7.22%
阿里巴巴	8.62%	19.62%	9.50%
腾讯	10.47%	9.49%	13.96%
京东	-2.37%	-10.71%	-7.51%

表9－3　　净资产收益率（ROE）

	2016年	2015年	2014年
互联网行业平均值	3.99%	5.22%	5.97%
百度	11.22%	35.42%	14.24%
阿里巴巴	15.50%	32.88%	16.61%
腾讯	22.25%	23.84%	29.09%
京东	－11.23%	－29.78%	－13.32%

京东为了扩大市场份额，强调收入最大化，百度、阿里、腾讯每年的总资产报酬率与净资产收益率均远高于行业平均水平，可以看出其实力雄厚，盈利能力很强。互联网公司的深度合作给中国联通带来了收入与利润的大幅增长，同时借款的减少使得资产负债率显著降低，进而财务费用得到有效控制。2018年第一季度，中国联通的营业总收入比2017年第一季度增长15.11%；财务费用下降80.42%；净利润增长375.18%，具体如表9－4所示。

表9－4　　中国联通2016—2018年第一季度财务数据

	2016－03－31	2017－03－31	增长百分比	2018－03－31	增长百分比
营业总收入（亿元）	703.4	690.05	－1.90%	749.35	8.59%
财务费用（亿元）	10.97	12.51	14.04%	2.45	－80.42%
净利润（亿元）	1.46	2.74	87.67%	13.02	375.18%
扣非净利润（亿元）	1.84	3.2	3.91%	12.98	305.63%
资产负债率（%）	61.02	61.47	0.74	45.89	－25.35

对此，教师可进一步总结：中国联通与民营企业通过战略联盟实现了各个层面的协同效应。管理上，中国联通进行了一系列组织机构的调整，如精简各部门人员、压缩管理层级、引入市场化招聘机制、建立员工退出机制等；财务上，带息支出的减少带来财务费用的降低；经营上，双方开展了各项业务合作，推动了线上、线下业务的深度融合，其中中国联通的移动业务与固网业务增长迅速。此次混改引入的BATJ与中国联通主业关联度高、互补性强，有助于充分发挥联通在网络、客户、数据、营销服务、产业链影响力等方面的资源优势，并且与战略投资者的机制优势、创新业务优势充分结合，快速完成其在新兴战略领域的布局和核心竞争力的提升，实现企业治理机制现代化和经营机制市场化。

互联网公司拥有海量资源包括用户、技术、数据、人才等，都可为运营商所用。2017年，中国联通借助腾讯及多家大型互联网公司线上营销触点，线上线下协同发展，以低成本获取2I2C用户约5 000万户；与百度在物联网、人工智能、大数据等领域深度合作；与腾讯和阿里巴巴在云业务层面开展深度合作，相互开放资源及能力；与京东、阿里巴巴、苏宁联手打造智慧生活体验店，积极探索新零售业务模式；与各战略投资者在基础通信业务领域开展深度合作，促进资源共享与业务协同，互利共赢。

同时，战略投资者也能获得一定的协同效应。

其一，获取长期利益。战略投资者入局混合所有制改革，入驻董事会，参与公司治理是为了长期的战略利益。最先体现在流量和数据上，数据和流量对于BATJ等互联网企业来说至关重要，而中国联通拥有众多的用户及海量的有效数据，联通国企的特殊性能够为互联网企业的业务带来巨大的客户流量。另外，随着大数据的兴起，BATJ 通过成为中国联通的战略投资者，可以利用合作便利互相共享数据，大大提高数据储量。

其二，增强行业影响力。互联网行业目前呈现出强者越强的趋势。互联网超级巨头通过行业影响力，已经将业务伸展到消费者日常生活中的各个角落，然而并不能进入国家的垄断行业，如通信，石油，铁路等。混合所有制改革之前，BATJ 等互联网企业通过与中国联通合作推出了互联网套餐的手机卡，这些互联网企业一定程度上布局了通信业，但 BATJ 只是这些业务的中间商。作为战略投资者加入中国联通之后，BATJ 对于自身通信业务的提升不言而喻。另外，随着国有企业的市场化进程不断推进，非国有资本有望独立运营通信业务，而战略投资者们在进行业务布局上具有天然的优势，因此通过加入中国联通成为战略投资者，BATJ 能够通过扩大业务板块，增强行业影响力。

其三，获取超额垄断收益。作为中国联通的战略投资者，BATJ 等非国有资本可以参与国有企业治理并分享超额的垄断收益。在混合所有制改革中，垄断国有资本可以借助这一改革良机吸收非国有资本，壮大自身的资本体量，而对于战略投资者，进入垄断产业、与国有资本合作组成混合所有制企业，有获得深度参与国有企业改革的机会，更好地把握政策导向、抓住改革提供的市场机会，最大化地获取股权制度变革带来的收益。

（四）员工持股模式作为混合所有制改革方案的典型模式，请结合案例分析中国联通的员工持股激励计划有哪些值得借鉴的亮点？并探讨这种模式可能存在哪些风险？

1. 法律依据

员工持股计划（Employee Stokc Option Plan，ESOP）是指通过让员工持有本公司股票和期权而使其获得激励的一种长期绩效奖励计划。在实践中，员工持股计划往往是由企业内部员工出资认购本公司的部分股权，并委托员工持股会管理运作，员工持股会代表持股员工进入董事会参与表决和分红。

2014 年 6 月 20 日，中国证券业监督管理委员会制定并发布了《关于上市公司实施员工持股计划试点的指导意见》。《指导意见》明确了员工持股计划的三项原则，在此原则下鼓励上市公司实施员工持股计划。

（1）依法合规原则：在现有法律法规框架内实施；履行审议披露程序。

（2）自愿参与原则：员工自主参与，不得摊派、强行分配。

（3）风险自担原则：自负盈亏、风险自担，与其投资者权益平等。

除《指导意见》外，在《公司法》《证券法》《上市公司证券发行管理办法》《上市公司非公开发行股票实施细则》等中都具有相关法律依据。

2. 理论基础

（1）二元经济理论。Louis O. Kelso 在 1950 年出版的《资本主义宣言》中，阐述了二元经济论。他认为生产要素分为两点，第一点是劳动要素，第二点是资本要素。工业程度高的社会中，资本要素对生产力的重要性要高于劳动要素。但随着资本主义的完善，产生了各种各样的问题，劳动者作为劳动要素，资本家拥有资本，劳动者依靠资本产生经济收入的依旧是少数，工人只能依赖劳动获得收入，这样的后果就是造成贫富差距悬殊。由此，Kelso 指出需要设立一个制度，使资本和所有权相分散，使人们通过付出劳动取得收入的同时，也可以从资本剩余收益中获得酬劳，这就是二元经济理论。Kelso 在 1967 年提出了员工持股计划，这个计划可以以不侵犯原有财产为前提，实现利益的再次分配，减少高层和劳动者的冲突，能够对工人进行很好的鼓励，调动工人的积极性，防止工人过度依赖工资，提高工人生产力。

（2）人力资本理论。人力资源在人力资本理论中是最为重要的资本，人力资本所带来的收入高于相同单位物质资本投入所带来的收入。在企业发展过程中，员工逐渐积累经验，形成自己独有的专业技能，通过对工作环境及内部信息的了解，员工有目的与动机去监督企业资源的分配问题。同时，员工的个人利益是集体利益的一部分，比远离公司的利益相关者处于更为有利的地位，能够促进企业的良好发展，制定更好的计划方案。

（3）委托代理理论。委托代理理论的基础是企业所有权和经营权的分离。在该理论中，公司的所有人是股东，股东的目标是达成其财富的扩张，增加公司利益；经理人是企业高管人员，代替股东经营管理，经理的目的本该与股东相同，扩大公司利益。但是经营中存在信息不对称以及各种问题，这就会出现经理人为了满足自己的某种要求损害股东利益。股东为了避免这种情况，不得不采取恩威并施的方式对经理人进行监督，同时采用员工持股计划，可以规范化经理和工人的工作情况，也可以对他们进行激励。因此，公司可以与员工进行捆绑，即使在非对称信息环境下，也可降低工人和管理层的道德风险。

3. 案例问题分析

联通员工持股激励计划的亮点：

员工持股计划是国有企业混合所有制改革的主要推进方式之一。限制性股票是一种成熟有效的长期激励手段，在国内外上市公司都有不少成功的范例。根据联通的混改方案，联通向包括公司董事、高级管理人员以及对经营业绩和持续发展有直接影响的管理人员和技术骨干等核心员工首期授予不超过约 8.48 亿股限制性股票，共募集资金约 32.13 亿元，价格为每股人民币 3.79 元，约占当前公司股本总额的 2.8%。首次授予的激励对象包括公司中高层管理人员以及对公司经营业绩和持续发展有直接影响的核心管理人才及专业人才，不超过 7855 人，占全体员工的 3%。这一方案具有诸多亮点，值得我国其他企业借鉴。

（1）流程依法合规。联通对限制性股票激励计划方案的发布引起社会各方和舆论的高度关注，也出现少数所谓该股权激励是“半价福利”“国有资产流失”“垄断企业内部人收益”“一夜造富”等方面的误导性言论。实际上，从合规性来看，中国联通混改方案中配套实施的股权激励方案是严格按照国家法律法规及国资委、证监会等相关部委的有关规定执行的，也完全符合市场惯例。在限制性股票定价方面，每股 3.79 元的员工持股的交易价格高于停牌之时 3.70 元的每股净资产，且不小于停牌前连续 20 个交易日股票平均价格的 50%，应当说该股权激励计划并没有触碰国有资产流失的红线。

（2）解锁条件严苛。联通公司股权激励计划方案中设定了很高的未来 3 年业绩增长目标，突出了限制性股票解锁的约束条件，即主营业务收入增长率、利润总额增长率和净资产收益率等三个业绩指标都要大幅增长。具体而言，较之于 2017 年，2018—2020 年公司主营业务收入增长率不得低于 4.4%、11.7%、20.9%，且不低于行业内三大电信运营商的平均增长水平；利润总额增长率不低于 65.4%、224.8%、378.2%，且不得低于同行业 75% 的水平；净资产收益率不得低于 2.0%、3.9%、5.4%。也就是说，公司 2019 年利润总额要达到 172 亿元以上，比 2016 年增长 28.6 倍；2020 年利润总额则比 2016 年增长 42.6 倍。如业绩约束条件落空无法行权，限制性股票将由公司回购注销，员工手上持有的股票最终会成为一张“废纸”。此外，持股员工的股票解锁比例还与其业绩贡献直接关联，员工个人若想成功解锁、获得收益，则必须付出更为艰辛的努力，为公司创造更多价值，帮助公司取得可持续的业绩增长。

（3）注重长期回报。从时间上看，此部分股权5年分期解锁，充分体现了注重长期回报的思路。该股权激励计划设置了长达24个月的禁售期和36个月的解锁期。在解锁期内，并非一次性全部解锁，而是按照4:3:3的比例匀速解锁。员工若想兑现全部股票，需要在未来5年内都在公司效力，并达成公司和个人的业绩要求。上述安排建立了长效激励约束机制，杜绝了“一次性套现”般的短期行为，并有助于帮助公司留住关键岗位的技术、管理人才和核心业务骨干。

（4）体现差异化激励和可持续性。以往员工持股之所以被叫停，操作不规范、激励效果不明显是主要原因，“人人持股”的持股方式无疑会弱化员工持股的激励作用。而作为本次混改方案的重要组成部分，联通公司推出的核心员工股权激励计划较好贯彻了“完善治理、强化激励、突出主业、提高效率”的要求，用于股权激励计划的限制性股票配置并不是“人人持股、平均持股、福利持股”，而是向关键岗位倾斜，鼓励科技人员、经营管理人员和业务骨干持股，适当拉开差距，根据对经营业绩的贡献实现差异化分配。而且，考虑到公司未来的长远发展，联通本次推出的股权激励计划设置了10%的份额作为预留股权，拟用于授予本次混改后进入公司的增量骨干员工，吸引更多优秀人才。核心员工持股在国内外都有较成熟的实践经验，类似一副“金手铐”，能使其股权收益的获取建立在企业长期利润最大化的基础之上，体现了“要素按贡献分配”的原则。

联通员工持股激励计划的风险：

（1）阶层固化风险。联通此次员工持股激励计划面向的是中高层员工，不超过7 855人，仅占全体员工的3%，因此潜在的隐忧则是持股员工有可能会形成固化的阶层，比如在涉及关键的岗位遴选、人才培养、利益分配、考核晋升等多方面自觉或者不自觉地形成一个固化的团体。更为值得思考的话题是在国有企业的持股员工与非持股员工之间有可能形成基于持股的身份不平等，进而在企业思维结构和企业发展目标的建构和理解上形成两个截然不同的阶层。

（2）激励风险。股权激励本身的不确定性是其具有风险性的根本原因。风险的发生可能会导致计划破产，或者即使实施也没有效果，这样不但不能达到既定目标，还会损害股东和公司的利益和长远的发展。由于联通制定的业绩目标比较高，需要付出巨大的努力才能达到解锁的业绩目标，因此在员工持股计划中如果无法支付员工高额的人力资本则会降低员工的积极性。

（3）决策权风险。国资委规定的员工持股比例上限是30%，但是大部分企业都没有突破10%的比例，中国联通的比例也只有2.8%，这是因为员工持股涉及国有资产的保有问题，存在颇多需要突破的制度瓶颈。对于配股员工来说，整体配股比例还比较低，无法发挥手中股权的力量在公司经营决策中的作用，因此无法在中国联通的经营决策中发挥作用，所以看上去更像是福利，而不是激励。

（4）缺乏制度保障。在《指导意见》和《试点意见》中对员工的具体权益没有明确说明，缺乏相应的制度保障。另外，在公司的方案设计中，无论是公司自我管理还是寻找专门的机构管理，大多数都在条款中指出，员工持股计划的管理委员会代行股东权利或交由管理机构行事，但股东的具体权益内容和执行方式并未列入员工持股计划，这就使得他们无法有效保障这些权益。

（五）董事会治理结构是如何设计的，与股权结构是否匹配，对公司内部治理有何影响？

1. 理论基础

超额委派董事是指主要股东通过董事会组织过程中提名更多董事，形成董事会重大决策的实际影响力与其持股比例所反映的责任承担能力“分离”的公司治理现象。控制权和现金流权的分离意味着承担责任与享有权利的不对称，形成一种经济学意义上的“负外部性”。实际控制人由此可以利用控制权与现金流权的分离机制通过关联交易、资金占用等方式侵害子公司、孙公司外部分散股东的利益。

负外部性，也称外部成本或外部不经济，是指个人行为或企业行为影响了他人或企业，使他人或企业支付了额外的成本费用且无法获得相应补偿的现象，或是对交易双方之外的第三者所带来的未在价格中得以反映的成本费用。

一般情况下，董事应该代表全体股东的利益诉求，但是实际上，他们通常只代表推荐他们成为董事的股东的利益诉求。超额委派董事情况下，董事承担的责任与其享有的权利不对称，这将导致他们在行使权力的同时，更偏向于保护自己方股东的利益，因而很可能使公司外部分散股东的权益受到损害，形成经济学上所说的“负外部性”。目前的董事产生机制和董事向股东所负的法律上诚信责任的司法界定和相应法律救济困难决定了即使在未来很长的时期董事也很难摆脱所推荐股东利益诉求的影响。这也是独立董事存在的原因。如果董事能代表全体股东行使权利、履行义务，那么独立董事将不需要存在了。

2. 案例分析

本题设计的目的是使学生明确公司治理中“超额委派董事”这一相关概念，并思考“超额委派董事”给企业带来的利弊。可以从以下两个小问题进行讨论：

（1）中国联通混改中董事会治理结构是如何设计的？

中国联通新的董事会构成如图9-1所示。

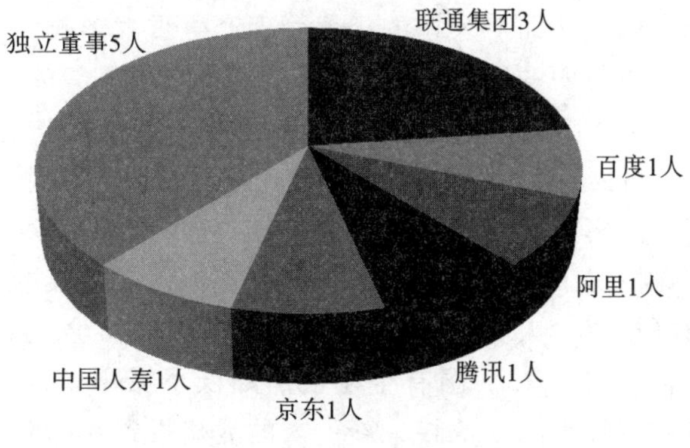

图9-1　联通新董事会构成

（2）中国联通新的董事会结构与新的股权结构是否匹配？超额委派董事制度有哪些运用？

中国联通混合所有制改革在股权设计中，BATJ 四位战略投资者所占股份分别只有 3.30%、2.04%、5.8%、2.36%，但是在联通董事会均能获得一个董事席位。从股权结构来看，参与混改的民企背景战略投资者无法形成对主要股东的有效制衡，但从新一届董事会组成结构来看，董事会规模由 7 人扩大到 13 人，其中独立董事 5 人，比例达到 38%，略高于监管当局通常不低于 1/3 的要求；同时，在 8 名非独立董事候选人名单中，除了 3 位联通高管，其余 5 位均来自中国人寿、百度、阿里、腾讯、京东等战略投资者。

这种股权结构体现出民营企业在持有少量股权情况下，能够在公司董事会获得一个非独立董事席位以参与公司日常经营决策。若按照混合所有制改革后的 8 名执行董事来计算持股比例，则理论上股东每持有 12.5% 的股份可向董事会委派一位执行董事。中国联通第一大股东联通集团持股 36.7%，与派出 3 名董事应有的持股比例 37.5% 相差不大，而百度、阿里、腾讯、京东分别持股 3.30%、2.04%、5.18%、2.36%，即便按照我国《公司法》规定的累积投票制选取董事，其持股比例亦未达到分别委派 1 名执行董事的要求，4 家企业合计持股比例 12.88% 同样未达到共同委派 4 名执行董事所需的股份数额。具体分析如表 9－5 所示。

表 9－5　中国联通超额委派董事现象分析

公司名称	实际持股比例	董事会人数	应持股比例
联通集团	36.70%	3	37.50%
百度	3.30%	1	12.50%
阿里	2.04%	1	12.50%
腾讯	5.18%	1	12.50%
京东	2.36%	1	12.50%

从新一届董事会组成结构来看，董事会规模由 7 人扩大到 13 人，8 名非独立董事中，除了 3 位联通高管，其余 5 位均来自中国人寿、百度、阿里、腾讯、京东等战略投资者。联通董事会超额委派战略投资者一方董事的这种结构设计，并没有加强控股股东（联通集团）的控制，BATJ 相对持有少量股权，但能够在董事会各派出一名董事参与公司日常经营决策，针对公司重大事项发表意见，从而对公司的经营管理产生重大影响。

同时，第一大股东联通集团的股权从 62.74% 下降到了 36.67%，虽然不再持有 50% 以上的股权，但联通集团、中国人寿、国有企业结构调整基金以及兴全基金的持股比例合计为 53.33%，国资企业依然保持绝对控股。这种模式比单独一方绝对控股具有更多的灵活性，同时也预示着未来国资管理模式会走向多家国资股权共同管理的情况。另外，国资企业保持绝对控股可以防止在特殊情况下，国有企业被非国有资本侵占造成的国有资产流失。相较于以前的董事会设计，战略投资者人数占 4/13；独立董事占董事会人数比例为 5/13；中国联通与中国人寿两家国有企业占 4/13。国有企业虽然降低了派出董事的比重，但国有企业在重大决策制定方面依然具有较大的话语权，新引入的战略投资者与独立董事对于联通原国有股东起到了制衡的作用，但并没有完全取代其作用，一定程度上也保持了国有资本的控制力。

中国联通混改所特有的这种股权结构体现出民营企业在持有少量股权情况下，能够在公司董事会获得一个非独立董事席位以参与公司日常经营决策。这种“联通模式”能够保证战略投资者（民营资本）的话语权，即在一定程度上保障了战略投资者的利益，而不是之前的“零和博弈”状况，同时降低了经济学上所谓的“负外部性”，战略投资者成为控股股东重要的制衡力量，各利益相关方实现了互利共赢，满足公司利益相关者的利益最大化目标。因此，战略投资者可通过取得中国联通的股权来获取董事会席位，进而获得中国联通一定的决策权，做出有利于自己的决策方案。

中国联通以股权结构设计为基础改善了公司治理机制，充分发挥董事会职能。国企混改的最终落脚点是国有企业治理机制的完善，即企业董事会治理机制的改进与完善，而股权结构设计只是实现这一目标的手段。中国联通混改后对董事会进行了改组。非独立董事中有4名分别来自BATJ，占联通全部非独立董事的一半。民营资本长期的市场化经营使其在企业的日常营运和治理建设方面具有相对优势，在董事会中充分发挥民营资本的决策权和监督权，有助于企业激励机制、决策机制和运营机制的真正改善，从而使国有企业的治理机制发生根本性变化，提升企业的经营效率和产业竞争力。

（六）联通新的商业模式是如何构建的以及怎样推动产业良性循环？

1. 理论基础

本题设计的目的是让学生了解联通混合所有制改革后商业模式的创新，并让学员思考联通和战略投资者在哪些方面实现资源共享与业务协同，可以从以下方面进行讨论。

企业的战略合作是指企业双方或多方为了自身的生存、发展和未来而进行的整体性、长远性、基本性的谋划，并在合作期间实现共赢的一种合作方式。战略合作可以使企业的竞争力增强，外部交易的内部化，并使交易成本降低，降低获取信息的成本，提高生产经营和分配的效率，对资源的配置和生产结构的调整起到积极的作用。真正认识合作是否具有战略意义，这对于衡量企业业绩也是十分重要的。任何一次合作的真实价值，即使进行合作的是一家独立的合资企业，若仅从协作的成本和收入来看，都是不明显的。我们必须考虑为那些被放弃的机会所付出的代价以及合作给企业带来的实质性好处。

2. 案例分析

联通和战略投资者发挥协同效应，通过战略合作提升双方企业的市场竞争力，盘活国有资本、壮大民营资本。战略合作关系的建立有利于企业资源的整合与互补，明确共同的经营目标，在相互监督与制衡的基础上形成利益共同体，促进企业经营绩效的改善和企业价值的提升。

联通与战略投资者的合作关系是从长期共赢角度出发，建立在共同利益基础上的深度合作。联通引入的战略投资者与联通主营业务高度关联，能够形成协同效应，支持联通开辟“大数据”“云网一体化”的创新模式，同时战略投资者财力雄厚、入股规模较大。最重要的是，具有强烈的合作意愿，认同联通的经营理念并愿意中长期持股。通过战略投资者，联通更好地扩张用户规模、开拓集团及行业客户市场；战略投资者拓宽了民营资本的投资渠道，打开了通往垄断行业的大门。通过资源共享和业务合作，双方将业务上的供需合作关系升级为战略层面的利益共同体。

（七）中国联通的混改将面对哪些难题和挑战，有何应对之策？

1. 混合所有制改革的治理难题

（1）不同所有制资本之间的协调难题。股份制公司的国有股东代表由于代表国有资本，因此其主要目标除了经济利润最大化，还包含一定的政治目标；而非公有性质的股东主要目标是股东财务最大化。由于其目标函数不同，在管理和治理方面也存在重大差异，如何协调公有产权和非公有产权的不同目标就变得非常重要。

（2）如何构建有效的决策体系。由于混合所有制经济下股份公司中一般要求国有资本控股，另外社会资本参与混合所有制，也会在董事会席位方面有一定的要求。如何既保证相互制衡又平等保护，如何保证既能形成有效的集体决策又能体现双方的意志，不仅仅靠协商就能解决，小问题可以协商，涉及战略判断时，如何解决将是难题。

（3）如何对实施混合所有制的企业实施恰当和适度的监督。国有企业有除了有较严格的内部监督之外，还要接受国资委等主管机关的监督；而很多民营企业没有规范的内部控制体系，或者受社会监督。所以它们之间的监督体系很不一样，这些企业通过适当的形式发展混合所有制后，如何整合其监督体系不仅关乎企业资产安全、经营风险控制，而且还关乎企业的长久发展。

（4）如何对企业管理者、职业经理人进行激励。国有企业包括上市的大型国有企业高层管理人员的名义薪水要低于同等条件的民营企业，但他们在某些方面享有政治性补偿，如行政级别等；国有企业普通员工的真实收入高于同等条件的民营企业的员工，他们在福利保障、工作环境等方面也优于民营企业员工。当国有资本和民营资本混合发展后，会出现民营企业出身的职业经理人、高层管理人员及其高等技术人才与国有企业出身的相关人员一起共事但薪酬差异较大的情况，如何设计合理的薪酬激励制度，既调动相关人员的积极性又不影响团队的团结将严重考验高层决策者。

2. 混合所有制改革的监督难题

对混合所有制企业而言，如果不能有效地解决混合所有制企业里的监督问题，就不可避免地出现以下后果：

（1）混合所有制重新回归到单一国有制。如果私有股权势力太弱，无法抗衡国有股权，并有效地监督代表国有股权的经理人，他们的话语权就会缺失，利益就会得不到保证，他们就会选择退出，从而使混合所有制企业重新回归单一股权的国有企业。

（2）在混合所有制企业里，合谋问题有可能会更加凸显。在混合所有制企业里，由于国、私股东利益和监督努力的不一致性，以及国私股东对其代理人激励机制的不一致性以及来自私人股东的利益诱惑，常常会驱使国有股权的代理人与私人股东串通起来，将国有资产或者国有股权收益转移到私人股东和自己手上。这样，就会引发国有资本的流失和严重的腐败。

（3）在混合所有制企业里，对员工的监督可能代价昂贵，甚至无效。在不少国有企业里，员工分为有编制和无编制的两类，后者也就是合同化管理，而民营企业的员工都是合同化管理。在这样的背景下混合，将导致对员工管理、监督的难题。一些有编制的员工可能不仅能力较弱，而且经常偷懒，这是很多国有企业发生的真实情况，这种情况如果处理不好，可能不仅仅影响生产，更有可能影响团队士气，导致内部矛盾频发。所以要发展好混合所有制经济就必须解决如何有效监督的问题。相对于纯粹的私人企业和国有企业而言，监督变得更加困难。

3. 混合所有制改革审计方面的挑战

随着混合所有制经济的产生和发展，对我国审计工作也产生了新的影响。依据传统的审计理论，从企业资本所有者权益角度考查混合所有制企业审计监督的主体地位时，代表所有者权利份额的标准只能是股本的数量价值。当国有资本投资数量达到企业股本的50%以上或国有资本投资数量虽达不到50%但实质上处于控制地位时，企业股东的权益则掌握在国有股东手中，维护国有资本权益的政府审计机关理所当然地成为混合所有制企业的监督主体。然而当国有股本处于参股地位时，国有股权在企业股东中只能处于服从地位。因此，如果依据所有权和经营权分离理论来制定企业监督的法律政策，则只能弱化政府审计对混合所有制企业的监督行为，这就与政府社会管理职能产生了矛盾。另外对于参与混合所有制改革的很多民营企业而言，尽管有更大的活力，但在规范性方面较差，尤其在内部监督方面很多民营企业没有严格的内部控制体系。

4. 应对之策

（1）完善企业治理结构，促进企业规范化发展混合所有制具体来讲可以从以下几个方面来完善企业治理结构：

①规范且注重实效的公司治理架构模式。为了确保公司治理结构的形式与其运行效果的一致性，除了在《公司章程》中明确界定了各层次责任、权利和义务外，还必须建立完备的股东会、董事会、监事会与经营层间的授权体系，形成权力机构、决策机构、监督机构和经营管理者之间的制衡机制。

②监事会和审计委员会双重监控机制。高效的公司治理结构，既应保证董事会决策的独立性，保证对董事会的决策行为的激励，又要谨防其超越股东滥用职权，导致资产流失；既要坚持董事会对经营层的战略指导和对经营层进行绩效考评、监督与激励的原则，防止"内部人"控制，又要保证对经营层的充分授权，谨防董事会对经营层管理活动的过度干预。为达此目的本模式可以建立监事会和审计委员会双重的监控机制。

③实行公开透明的信息传递制度。如果说公司监督、审计对经营者而言是一种相对被动的外部约束的话，那么实施高度公开透明的信息传递制度，强化公司治理架构中各层次的信息出入、输出制度和信息传递机制，则是保障公司治理高效运行和保护股东权益的重要途径，是经营者提高主动自律意识的重要手段，同时也是高效公司治理结构的重要标志。

（2）探索构建适合混合所有制企业的激励机制。

①构建多层次的企业高层管理人员激励机制。一是继续完善薪酬激励，协调好混合后原国有企业员工和民营企业员工的工资差别，对原国有企业员工，可以适当提高薪酬，并在其他方面给予一定的补偿。二是适当增加股权激励。股权激励是一种通过使经营者获得公司股权，给予企业经营者一定的经济权利，使他们能够以股东的身份参与企业决策、分享利润、承担风险，从而勤勉尽责地为公司的长期发展服务的一种激励方法。三是晋级激励。企业家经营绩效突出者，可以实现职务晋级。四是荣誉激励。对表现出众的企业家，除了物质上的激励之外，还可进行荣誉激励，满足他们的精神需求。另外，还可以推荐优秀企业家担任各级党代表、人大代表、政协委员、政府顾问、工会代表等，以提高他们的社会知名度和影响力。

②探索企业一般人员激励机制。企业要完善相关薪酬和福利制度，支持混合所有制企业实行员工持股，形成资本所有者和劳动者利益共同体。完善员工持股范围、持股比例、股权退出的体制机制，探索不同类型企业员工持股和期权激励合理进退、动态调整的运行机制，增加员工财产性收入。支持混合所有制企业经营管理者、核心技术人员和业务骨干通过技术入股、增量奖股、期股期权等途径，采取信托公司、基金管理公司等方式持股。

（3）加强风险管理和控制。无论对国有企业还是民营企业，参与混合所有制改革都会给自身经营带来许多不确定性，这就需要企业强化风险管理和控制。具体来讲要做好以下工作：

①关注政策风险。尽管发展混合所有制是党的十八届三中全会决议中载明的，但关于发展混合所有制的细则和有关配套制度都未能及时跟进。

②关注运营风险。混合后，企业的治理结构会发生很大变化，这种变化最终会体现到企业的日常运营上，给企业的日常运营带来不确定性。所以企业要提前分析混合后可能遇到的各种不利因素，并提前采取预案。

5. 对于中国联通和腾讯新设立合营企业，有观点认为，中国联通的混改已于2018年完成，此次合作是一次“常规操作”；但是也有观点认为，这是一次“混改”新动作。你怎么看待？

（开放性问题）

案例 10

徐工机械数字化转型路径与效果研究
——基于价值创造视角

徐全华　易小琳

专业方向： 财务管理

适用课程： 财务管理理论应用研究、管理会计理论应用研究

选用课程： 公司治理、大数据与财务决策

编写目的： 本案例旨在引导读者基于案例企业目前的发展现状，思考其所面临的经营痛点，分析其数字化转型的具体实现路径，帮助学生从整体的视角来考虑数字化转型得以成功实现的关键因素。

知 识 点： 数字化转型、价值创造、智能制造

案例正文

一、引言

在 2017 年的政府工作报告中，“数字经济”作为时政热点被首次记录在内。至此，政府的高度重视和合理规划强有力地推动了国内有关数字化转型的政策方针进一步的拓展深化和落地实践，徐工机械也把握住该发展机遇，正式于 2018 年启动了数字化转型的新阶段。经过了多年对于数字化转型的探索，徐工机械已经实现了一定的价值效益，并在逆周期的市场环境下实现企业排名、营收增速、净利润等多方面的反超，极大地提升了企业自身的竞争力。

数字化转型是否真正有效地帮助徐工机械实现了价值创造？创造的价值效益可以从哪些方面得以体现呢？徐工机械的转型经验对于其他计划开展数字化转型的企业而言又具有哪些参考价值？本案例将对上述问题开展讨论。

二、案例公司介绍

（一）工程机械行业概况

工程机械是制造业大类下的细分行业。从产业链分布的视角出发，工程机械行业又能进

一步划分出上、中、下游。如图 10－1 所示，上游行业主要是原材料及核心零部件生产商，如钢材、轴承和发动机等。中游行业包括了起重机、挖掘机、推土机等种类的工程机械成品制造。下游行业则涵盖了基础设施建设、大型工程项目、房地产开发等周期性较强的行业。由于下游的基建、房地产等行业与国内经济政策高度关联，工程机械所处中游行业的经营和发展也会受到周期性的影响。

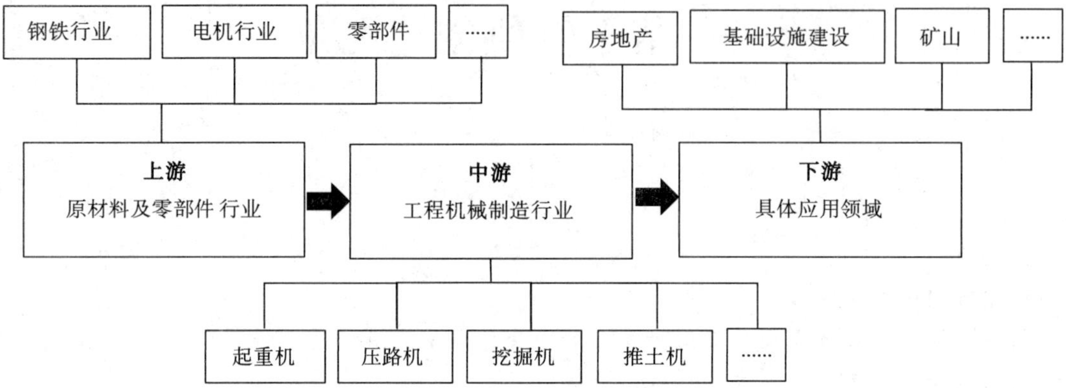

图 10－1　工程机械产业链产品分布示意图

数据来源：中国工程机械工业网。

尽管近十年工程机械行业的营收增长存在阶段性的波动，但工程机械行业的营业收入整体表现出上升的态势。如图 10－2 所示，根据营业收入同比增长率的变化情况，工程机械行业经历了三个明显的发展阶段：

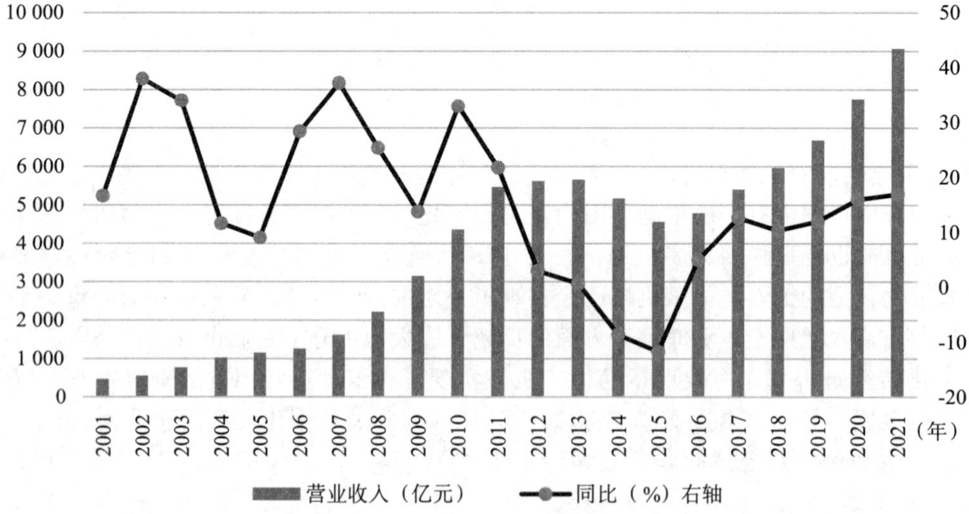

图 10－2　2001—2021 年工程机械行业营业收入及同比情况

数据来源：中国工程机械工业网。

2000—2010 年是第一个发展阶段。该阶段中一系列国家战略层面的重大基础设施建设按照计划如火如荼地开展（如西气东输、西电东送、南水北调等），市场对于工程机械的需求量在此期间也得到了大幅度提升。同时，房地产行业企业大规模地启动工程建设项目同样也使得工程机械行业步入快速发展的顺周期。

2011—2015 年是第二个发展阶段，随着宏观经济开始结构性调整，工程机械行业也在此期间迎来拐点，此时低迷的市场环境导致供应链终端客户对于工程机械产品的增量需求大幅下降。同时，由于上一发展阶段中大量新设备进入应用市场，旧设备的置换需求尚未爆发，工程机械行业进入了 21 世纪以来第一段低迷期。

2016 年至今是第三个发展阶段，工程机械行业在此期间迎来了新一轮的需求增长。首先，下游基建开始回暖，早期的工程机械设备面临报废，旧设备的置换需求拉动了行业复苏；其次，两化融合、数字中国等方针政策的出台，数字化转型逐渐成为行业的大势所趋，倒逼着企业纷纷开展信息化和数字化的改革，以实现自身经营效益和竞争力的提升；最后，“一带一路”倡议的提出带动了海外工程投资量的增加，企业纷纷投入海外市场开拓当中。不仅如此，由于产品种类的拓展以及自主研发能力、技术水平和产品质量的提升，促进了徐工机械、三一重工和中联重科等龙头企业研发并生产出一系列畅销的、具有国际竞争力的优势产品，并不断对卡特彼勒、小松等海外龙头企业的市场份额发起挑战，“中国智造”正在逐渐占领世界的工程机械市场。

值得关注的是，由于新冠疫情的反复导致新一轮停工管控在国内大范围地出现，经济下行叠加的压力日渐增大，工程机械行业有明显进入逆周期的趋势。但通过企业自主大力拓展海外市场和政府引导适度超前基建投资等措施，能够一定程度与逆周期形成对冲效果来稳定增长态势。

从企业的营业收入规模来看，工程机械行业内部又能进一步划分出四大竞争梯队。其中，第一竞争梯队中主要包括了以徐工机械、三一重工和中联重科等为代表的行业头部大型企业，该梯队企业营业收入在 100 亿元以上，产品布局较为广泛，市场占有率总计超过 30%，在当前国内外主流的工程机械品牌占据着一席之地；第二竞争梯队的代表性企业为山河智能、安徽合力、杭叉集团和中国龙工等，该梯队企业营业收入在 40 亿元以上，通过专攻市场和自主研发等竞争策略，成为行业细分领域中的佼佼者；第三竞争梯队的企业规模较小，代表性企业为厦工股份、艾迪精密等；第四梯队则为规模更小的众多中小型工程机械行业，其产品技术水平低且同质化严重，竞争力较小。

综上可知，工程机械行业容易受到行业周期波动的影响。经历过两轮的行业低谷后，在“两化融合”“工业 4.0”“工业互联网”“数字经济”等国内外新发展概念的影响下，我国工程机械行业正在积极开展数字化转型来焕发新的发展动力。由于企业数字化转型是一项复杂的、系统的战略工程，需要克服转型成本高、资源投入大、效益实现时间长等多重挑战，故当前只有处于行业领先地位、规模较大且资源实力雄厚的龙头企业能走在数字化转型的前沿。徐工机械作为工程机械行业第一梯队的领军型企业，经过 20 多年对信息化、数字化道路的探索积累，已经具备了一定的转型成果，并在实现集团企业提质增效、价值创造等目标的同时将转型经验辐射到同行业甚至是供应链上下游的中小型企业。

（二）徐工机械的“前世今生”

1943 年，由许世友将军领导的八路军鲁南第八兵工厂正式诞生。作为新中国机械工业的奠基者和开拓者，在经历了历史的重重考验后重组发展成为徐工集团工程机械股份有限公司（以下简称“徐工机械”）的前身。1993 年，徐工机械正式成立，是徐工集团中业务最核心、历史最悠久的重要成员企业，也是当前徐工集团的上市主体，经过 20 余年的经营与发展后已逐步成长为中国工程机械行业中的现代化领军型企业，并于 1996 年在深圳证券交易所正式挂牌上市。徐工机械主要开展起重机械、铲运机械、压实机械、路面机械、桩工机械、消防机械、高空作业机械和其他工程机械及备件的研发、制造、销售和服务工作，主营的产品品种与产品系列较为齐全。

经过多年数字化转型的探索和积累，徐工机械已发展成为中国工程机械行业里规模较大、影响力较广、国际竞争力较强的龙头企业。在《2021 全球工程机械制造商 50 强》的排名榜单上，徐工机械的品牌表现超过了同为行业龙头的三一重工和中联重科，从我国入榜的企业中脱颖而出，取得了排名位列全球第三、全国第一的好成绩。这得益于徐工机械在经营和发展过程中始终保持着敏锐的观察力和感知力，基于五大方面制定了企业的长远发展规划。一是强化战略指引，聚焦工程机械主业，做强关键核心零部件并实现自主可控，以保障产业链安全；二是加强创新力度，向世界级水平的技术创新体系进发，努力提高自主攻克和掌握核心技术的能力；三是布局国际化市场，在已有国内市场的基础上全面向国际市场进军，扩大市场占有率；四是加快智能制造布局，打造出智能型制造业企业；五是推进持续变革，提升企业整体向服务型制造企业转型的速度。在企业发展规划的指导下，徐工机械坚持落实数字化转型战略和国际化战略，将其作为高质量发展的双翼，助力企业朝着智能化、绿色化和国际化的转型方向不断前进。

三、徐工机械的数字化转型实践

（一）为什么要进行数字化转型？

数字化转型是一个长期、持续的战略，其间需要投入大量的人力、物力和财力，且需要根据每次的试错结果不断进行路径调整。面对此等复杂局面，徐工机械为何仍要克服万难走上数字化转型的道路？

1. 数字经济发展与政策利好

党的十八大以来，我国深入贯彻落实网络强国战略和国家大数据战略，前后出台了数字经济发展战略以及“十四五”数字经济发展规划等指导性文件，为传统企业的转型升级指明道路，即促进数字技术与实体经济的深度融合，由此催生出符合数字经济时代的新产业、新业态和新模式。经过多年发展我国数字经济已经取得了瞩目的成就，2021 年数字经济规模已达到了 45.5 万亿元，总体规模位居世界第二位，占 GDP 比重高达 39.8%，对于经济社会的发展所起的支撑作用日渐凸显。在此过程中，我国围绕制造业数字化转型的政策也实现了从无到有的突破，内容也逐渐充实，为制造业企业开展数字化转型提供了方向指引。其中，中国制造 2025 奠定了整体发展基调，为制造业树立了 20 余年的奋斗目标。“十三五”规划期间，政策重点围绕核心技术的突破以及数字化基础能力建设方面，整体发挥方向性的指导。步入“十四五”规划后，政策重点落实在实际应用场景、供应链产业链的优化提升以及绿色降本等方面，更加关注重点行业领域的数字化转型。得益于国家和行业所出台众多政策，引导徐工机械走向设备运维数字化、生产制造服务化以及经营管理精益化等数字化转型的具体方向。

2. 终端用户需求的改变

工程机械行业经过多年来的发展，行业规模不断扩大，需求结构也由以增量市场为主逐渐地转变为存量市场升级与更新两者的并重。与此同时，随着基础设施建设、大型工程、房地产等行业的兴起，下游用户对于工程机械设备产品的关注点已不再仅局限于价格，而是对品质和服务的提出了更高的需求，逐渐开始期望自动化、智能化以及能够匹配自身项目或工程环境的个性化设备。由此可见，工程机械行业已表现出服务化的趋势，身份需要从设备产品制造商新增为解决方案提供商，即从单纯的生产、加工、制造向提供设备运营维护、业务管理决策以及满足客户个性化定制的需求等服务环节进行拓展延伸，在原有产品价值的基础上增加新的附加价值和服务价值，终端衍生的售后市场将成为企业重点争夺的领域。经过数字化转型，徐工机械能够在数字信息技术的赋能下能够更好地洞察和分析客户需求，例如通过终端设备联网数据采集，对设备进行预测性维护以减少因设备故障给用户带来的损失。

3. 提升企业的竞争优势

经过多年的发展和积累，徐工机械已逐渐成长为具有国际竞争力的行业龙头企业。随着数字经济时代的到来，工程机械行业的头部企业逐渐开始关注数字化发展，并进一步思考如何借助新一代信息技术来谋取新的发展机遇，纷纷开始了实际场景中的数字化转型布局。例如，美国卡特彼勒基于物联网技术和支撑大数据的商业应用系统，建立起了产品数据、设备数据和业务数据一体的经营驾驶舱，帮助企业实现快速决策。日本小松深耕智能施工场景，利用物联网将设备、系统和各工程相关方通过数字化云平台相互联接，利用最新数字技术持续优化和创新智能施工解决方案。又如国内的三一重工依托树根互联实现灯塔工厂的生产制造要素全连接，打造出了柔性化、高效率的智能化工厂。为更好把握国内外行业开展数字化、智能化转型的新方向，徐工机械亟须通过融合新技术、搭建新平台、构建新模式来推动数字化转型的落地实践，在改善自身的经营绩效的同时提升企业的综合竞争优势。

4. 盘活已有的信息化基础

经过多年发展，徐工机械的企业规模越来越大，业态也呈现多样化，各业务系统前期建设形成的数据孤岛问题逐渐显现。在的初期信息化改革中，IT 设备是在各下属业务部门实施部署和管理的，每新增一套设备相应地就会增加一套配套的数字基础设施，对生成的各类数据资源进行整合、协调和调度带来困难。此外，传统的信息化架构对构建统一的业务协同平台存在阻碍，传统单项管理的解决方案也已经无法满足新的发展需求。徐工机械的信息化改革引入了来自不同厂商的硬件和线上管理系统，并在各子部门、子公司实现同步使用，这些设备和系统运行着不同的软件应用，且其操作均有一定的专业要求，这种分散部署的模式不仅不利于统一管理，还提高了信息化的成本。同时随着业务范围的扩大，IT 基础设备和业务系统也日益增加，业务间相对独立的设备和系统使得企业对其进行日常维护的难度和复杂性大大提高，给公司的成本管理带来一定困难。为此，徐工机械需要通过更加先进的数字化转型对已有的 IT 设备、虚拟化系统和软件进行统一的异构化管理，奠定公司内坚实的 IT 结构基础。

（二）怎么样开展数字化转型？

1. 徐工机械的数字化转型历程

徐工机械的数字化转型历程时间跨度较长，其中包含了四个重要的发展历程：信息化基础建设、两化深度融合、数字化提升以及智能化升级，图 10 – 3 是徐工机械数字化转型历程示意图。

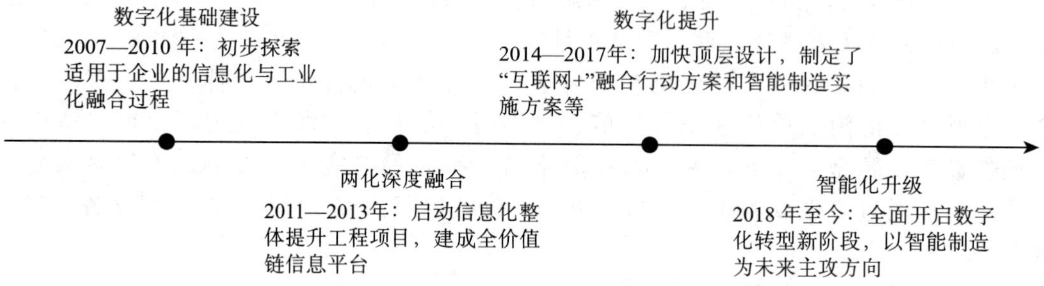

图 10 – 3　徐工机械的数字化转型历程

数据来源：互联网资料整理。

（1）数字化基础建设阶段。徐工机械数字化转型的破冰起步可追溯到 1998 年，是国内第一批启动信息化建设的工程机械企业。在数字化基础建设阶段中，重点内容是探索线下资源线上化，主要涉及企业研发和生产环节的电子化、信息化过程。如通过引入 CAD 等研发设计软件，实现了产品研发数据可视化和研发流程数字化；定位监控技术融入产品实现设备的远程定位和自我检查当前工作状况；在行业内率先探索实践 ERP 系统建设，强化价值链各环节管理。

（2）两化深度融合阶段。建立起覆盖全价值链、产品全生命周期及客户订单全过程的运营支撑体系是徐工机械在两化深度融合阶段重点实施的转型内容，旨在提高企业整体的运营能力。如 2010 年完成的信息化整体提升工程（4321 工程）项目，主要内容为 ERP、PLM、MES、SRM、CRM、KPI 系统在内的六大系统的推广和实施，建成了覆盖全价值链的信息系统。与此同时，徐工机械积极探索物联网技术在具体业务场景的应用，如在数据外包、数据远程采集、客户服务系统等专业领域与中国移动开展了深度合作，极大地完善了徐工机械的售后服务。

（3）数字化提升阶段。徐工机械在数字化提升阶段的重点内容是把握行业发展新方向，积极探索并研发推出具有自主知识产权的工业互联网平台，旨在利用自身数据和经验积累进行跨企业、跨领域的数字化赋能，加快实现徐工机械从设备制造商到解决方案提供商的身份转变。同时徐工机械从战略层面加快了数字化转型规划，如通过制定“互联网＋”融合行动方案，推进互联网在全供应链环节的深度融合和集成创新。又如制定智能制造实施方案，旨在落实工业互联网、物联网、AI 等最新一代数字技术与具体场景的应用与融合。

（4）智能化升级。2018 年，徐工机械全面开启数字化转型的新阶段，并以智能制造为主要攻坚方向全力推动公司高质量、高效益、高效率和可持续发展，主要内容从以下三方面展开：一是打造智能制造能力，如坚持高端、高技术含量、高可靠性和大吨位的产品创新战略，有效产出了全球最大吨位的全地面起重机、全球第一 4 000 吨履带吊等具有世界级水平的智能化创新成果；二是推进智造升级，如建成智能化生产线、整机和核心零部件的智能制造基地；三是提供数字化产品和智能化服务。比如面向全球客户发布的 X - GSS（徐工全球数字化备件服务信息系统），快速提升了企业的智能服务水平。

2. 徐工机械的数字化转型架构

（1）基础单元数字化：互联互通打破数据孤岛。数据既为企业的数字化转型提供了基础，也成为决定其数字化转型效果的关键。早在 1998 年之前，徐工机械就在集团公司的号召下启动了工业技术和信息技术的融合建设，在行业内率先实施了数据采集与分析系统。一方面在制造加工单元、生产线乃至生产车间之间实现了数据的互联互通，进而对生产设备的利用率、能耗、运转参数等进行实时监测，并对产品工件加工过程中的流转信息以及质量检测信息实时采集、分析，让生产制造过程“用数据说话”。另一方面在产品终端实现了设备互联。即基于物联网和互联网技术的技术支撑下，将分布在全球各地的工程机械设备接入网络实现数字化管理。同时，同步对设备进行实时信息采集以及反馈设备的工作时长、运行步骤和报警情况等关键数据，进行设备的预测性维护。

（2）生产经营数字化：实现数据资产的互通。经过数字化基础阶段的发展，徐工机械已积累了大量生产经营过程当中的数据。然而，如何盘活和充分利用这些已沉淀的数据资产，以及如何进一步通过数字技术的赋能覆盖更多的业务场景以获取更多数据，成为徐工机械在下一环节的数字化转型中需要进一步思考的问题。为了解决如何充分利用已有数据的难题，徐工机械与 SAP 公司展开合作，通过引入企业资源管理系统（ERP）、产品生命周期管理系统（PLM）和客户关系管理系统（CRM）等在研发工艺、采购管理、生产制造和营销服务四大业务场景实现数字化覆盖，同时还自主研发打造了全球数字化供应链平台（X - DSC）和仓储物流管理平台（WMS）以更好地满足自身的生产经营需要。

研发环节数字化的关键在于建立并不断迭代优化产品研发体系。徐工机械目前在研发环节已经实现了数字化设计和制造过程仿真，通过从 X - GSS 采集的设备数据和 CRM 反馈的客户意见需求等来识别出有价值的信息，利用以 PDM（产品数据管理系统）为核心的全球协同研发信息平台进行产品功能的三维设计、建模和工艺仿真，高效实现产品功能的研发升级和改进。

在采购管理环节，徐工机械实现了供应链前端的物流、仓储和管理的数字一体化。其中 WMS 平台可对零备件存量进行监控来合理制定采购计划，基于 X - DSC 平台可获取全球范围供应商和备件的信息，通过比对和竞价来判断出最优采购方案，后续通过 ERP 系统实现零备件的合理配置，使得采购环节充分发挥效能。

在生产制造环节，徐工机械基于物联网（IOT）将生产车间的各种信息传感设备等装置与互联网相结合，辅以时分复用模式（TDM）来对大量的生产数据和设备信号进行实时传输，将整个生产过程的内部流程和数据生成进行科学的监控和管理。在前述基础上，徐工机械通过引入进阶生产规划及排程系统（APS），结合 ERP 提供的资源信息与生产现场派工情况，规划出可行的物料需求和生产排程计划，并同步建立了以生产过程执行系统（MES）为核心的生产制造过程中枢，对生产制造、质量检测和仓储物流等模块进行全面管理。

在营销服务环节，徐工机械实现了内部业务数据统一，业务入口和业务流程标准统一，实现客户、经销商、供方等业务的精细化管理。目前，徐工机械已经建设了基本完备的国内外营销网络，形成了成熟的“集团管控、事业部调度、网点执行”服务模式，建立了完善的产品后市场服务体系，通过物联网平台实现基于大数据分析的产品全生命周期可视化管控。

业务数字化的整体阶段，徐工机械重点在于盘活各基础阶段积累的数据资产，即通过ERP、PLM、CRM、WMS、APS和MES等核心信息系统的深度连接，实现了各系统之间数据互通与集成应用，全方面实现了生产经营各环节的高度智能化和精益化管理。

（3）运营管理数字化：进一步实现数字运营。徐工机械通过生产经营的数字化建设实现了价值链中研、产、销、服务基本增值环节业务系统的平台搭建。为了进一步推动全价值链数字化，对内部经营管理这一辅助性增值环节的支撑平台进行了完善升级，通过建立运营管理平台，以数据驱动人力资源管理、全面预算管理、办公流程管理、商业智能管理以及财务分析与财务共享能力的全面提升，全面提升了企业管理环节的精细化，有效帮助企业制定、量化和评估管理考核目标。通过数据的持续流动和价值开发利用，全面提升徐工核心竞争力，支撑徐工数字化、智能化转型，进一步实现数字化运营。

（4）工业大数据平台化："工业大脑"实现智能制造。徐工机械以数据中台建设为基础，开展对企业内外部数据的挖掘分析，加强对工业知识、技术、经验的模型化沉淀，推动运营的全面智能化。如徐工机械供应链大数据平台（SCBD）以"数据可视""提质增效"为目标，对供应链大数据进行采集、分析、应用，用数据指导经营决策，具备对供应商等企业风控预警能力。通过构建数据仓库，建立分析模型，实现采购、仓储、物流等供应链全场景经营数据分析与展示，实现精益化管理与可持续发展目标。又如徐工机械具有自主知识产权的徐工汉云工业互联网平台（Xrea），通过在大数据平台中对已积累的海量数据进行AI建模，将数据模型与具体业务场景和运营管理场景相融合，建立起依赖大数据分析结果而非依赖商业经验或直觉的智能化、客观化的决策体系，进而推动"生产服务智能化、管理协同化、决策数据化"的高阶智能生产和智能制造场景。

（三）数字化转型的效果如何？

1. 研发投入与产出

作为中国工程机械行业第一竞争梯队中极具竞争力和影响力的企业，徐工机械能够保持竞争优势的关键在于持续地对核心技术和工业软件进行研发、创新与升级。2018年全面启动数字化转型新阶段以来，徐工机械在研发投入方面均表现出持续大幅增长，其研发投入资本化占研发投入的比例也表现出稳定增长趋势。截至2021年年底公司已累计获得授权专利6 337件，其中发明专利1 670件（见附录1）。

2. 生产效率

在APS和MES系统的助力下，生产制造车间能够更好地制定生产计划和安排零备件材料，同时将简单、重复性的工作交由智能机器人来进行操作，让生产人员能将精力更好地集中于解决关键的决策性问题。生产线上人机协同工作，解放部分生产人员劳动力的同时提高了人均生产效率。2021年徐工机械实现了118 215台生产量，人均生产量也增加至16台，相较于2016年提升了4倍（见附录2）。

3. 应收账款

随着价值链管理流程的统一、执行严格的坏账计提方法和CRM系统的升级，徐工机械对于应收账款的管理能力得到了提高。自2016年以来，徐工机械应收账款周转次数得到了明显加快，周转天数也在 2021 年进一步缩短至 122 天（见附录 3）。

4. 存货

根据销售订单情况，徐工机械的 MES 系统能够根据实时的仓储物流数据快速响应市场需求，优化整体产、供、销环节的管理。自步入转型新阶段以来，徐工机械在存货总体保持持续上涨的同时，存货周转次数得到明显加快，存货周转天数也从 2016 年的 132 天下降至 2021 年的 69 天（见附录 4）。

5. 销售费用

2018 年前，徐工机械的销售人员人数每年稳定增加，2019—2021 年，销售人员人数并没有大幅度增加，而是稳定在 2 900 人左右。根据年报中数据显示，徐工机械的销售量和销售费用仍在逐年递增，但是销售费用率却呈现了递减的趋势（见附录 5）。

6. 服务数字化

在售后市场服务环节，徐工机械聚焦 X－GSS 的持续推广与优化再提升，以价值为导向构建 X－GSS 品牌商标，同时发布 X－GSS 的海外版，将 AR 技术建设远程服务场景融入维修服务知识库中，率先探索出终端新型数字沟通交互的服务模式。截至 2021 年，X－GSS 已连接“一带一路”沿线 20 多个国家的用户，平台上管理的资产超过了 5 500 亿元。X－GSS 平台不仅能连接采集所有设备产品的数据，还能够实现服务人员、服务车辆、备件网点和平台的互联，真正实现企业对于资源的分布和利用情况的实时把控，化解因服务资源不平衡、不均匀而导致的售后问题。

7. 国际化拓展能力

徐工机械经过 20 多年的经营探索与实践，走出了一条独特的国际化发展道路，形成了能够为全球客户提供产品营销全方位服务、全价值链服务和完整解决方案的国际化模式。全球 180 余个国家和地区分布着徐工机械的 230 家一级贸易经销商，40 个办事处，140 多个服务备件中心，实现了营销网络在世界范围的有效覆盖。同时，徐工机械还在巴西、印度、印度尼西亚、哈萨克斯坦、美国、德国、马来西亚等关键市场所在国家设立子公司开展直营业务，建立起经销和直营并重的海外营销渠道网络，进一步巩固国际市场的营销服务体系。

8. 品牌价值提升

在厚重的工业发展经验和数据积淀的基础上，徐工机械通过数字化管控能力建设完成对品牌的可持续塑造，打造出了“徐工”这一在中国乃至国际工程机械行业中都极具价值和影响力的品牌。在亮眼的市场表现和业绩表现下，徐工机械收获到了来自市场和行业的专业认可：在 2021 年 5 月最新发布的《全球工程机械制造商 50 强》排行榜单中，以徐工机械为上市主体的“徐工”品牌位列全球第三，在中资企业排名第一。做到了连续多年入围全球前十名的队列，且排名保持着上升趋势。在同年发布的《世界品牌 500 强》榜单中，徐工作为中国唯一入选的工程机械企业位列总榜排行的第 395 名，同样体现了徐工机械的品牌价值的高质量提升。

9. 组建行业同盟军

徐工机械的上游为原材料和零部件的生产，下游为具体到各个基础领域的设备和服务应用。在当前工程机械行业的发展中，整合优势资源、推动产业链供应链向上下游延伸、增强技术创新和产品研发能力将是工程机械产业抢占高端市场、扩大经营规模、形成新的经济增长点和市场消费点的关键举措。在此背景下，徐工机械在行业内率先提出打造“同盟军”

的理念，以持续提升产业链的创新协同能力。徐工机械通过发挥其头部企业的号召力及在产业链中游的影响力，将一批具有竞争优势的、资源共享、协调发展的行业同盟军队伍汇聚到工业互联网以及供应链大数据平台上，促成了产品全生命周期内、全方位深度合作、互利共赢的供应链管理模式。通过供应链整体数字化能力的提升，推动同盟军企业共同实现高质量发展。

10. 平台实现跨领域赋能

徐工机械成立了行业内首家信息技术公司——徐工汉云，并在 2020 年发布了具有自主知识产权的汉云工业互联网平台——Xrea，随后不断以所积累的工业制造经验和制造数据优势提升工业互联网平台的赋能能力。对内部赋能而言，汉云工业互联网作为推进智能制造进程的重要载体，帮助徐工机械实现了从规模生产驱动到个性化驱动的生产模式、从面向产品到面向客户的服务模式、从卖商品到卖服务的商业模式创新。对于跨领域赋能而言，汉云工业互联网平台以积累的海量优质数据，通过数据模型和算法进行大数据挖掘分析，能够提供设备级、企业级和行业级等多业务场景解决方案，对企业发展的难点进行精准定位。

四、总结

从国家相关部委的政策文件、工信部制定的标准细则中不难看出，制造业的数字化需要的是产业数字化和数字产业化的融合发展。值得关注的是，融合发展需从实体经济出发，以实现实体经济的高质量发展为核心目标。在对制造业企业所实现的数字化成果进行评价时，需要对数字技术在研发、生产、销售、服务和管理等环节的融合赋能为企业提升了多少产能和效率以及节约了多少成本和资源，而不是单方面地关注企业与多少新兴技术企业达成了合作、开发出多少软件系统抑或是软件系统带来了多少收益。2017 年，徐工机械在开展数字化转型的顶层规划的同时结合过去的转型基础和未来的转型规划提出了自身的数字化转型模式：徐工智造 4.0，重点突出企业在智能制造方向的任务落实和价值创造。其中的 4.0 具有两层含义：第一层含义是代表徐工机械当前已经步入制造业 4.0 的智能化时代。第二层含义是响应国家标准规定下企业智能制造能力达到的成熟度。总体来说，徐工智造 4.0 模式以国家“十四五”智能制造发展规划为重要纲领，突出了企业自身对于工程机械主业全流程的数字化、智能化，进而持续保持企业的智能制造能力处在行业最前列，最终实现企业自身乃至产业链的高质量发展长期目标。

五、启发思考题

1. 数字化是信息技术向数字技术转化的过程，如何理解数字化与信息化之间的关系？
2. 针对制造业的行业特点，如何理解数字化转型与智能制造之间的关系？
3. 根据上述案例资料，尝试总结和整理徐工机械数字化转型的具体路径。
4. 制造业企业数字化转型是怎样实现价值创造的？
5. 结合徐工机械转型经验，企业在开展数字化转型时应注意哪些要点？

附录

附录1： **徐工机械的研发投入与专利获取情况**

	2016年	2017年	2018年	2019年	2020年	2021年
研发人员数量占比（%）	15.94	15.87	16.55	17.97	18.55	18.88
研发投入金额（亿元）	16.06	10.38	20.15	24.56	37.52	44.52
研发投入占营收比例（%）	6.15	5.51	4.54	4.15	5.07	5.28
研发投入资本化金额（亿元）	1.44	1.56	2.36	3.30	5.04	7.77
研发资本化投入占研发投入比（%）	13.93	9.61	11.73	13.43	13.43	17.45
累计授权专利（件）	—	4 493	5 111	5 159	5 733	6 337

数据来源：公司年报整理所得。

附录2： **徐工机械产品生产情况**

	2016年	2017年	2018年	2019年	2020年	2021年
生产量（台）	28 821	48 867	63 860	74 298	94 506	118 215
生产人员（人）	7 765	7 666	8 011	7 762	7 222	7 294
生产人员占比（%）	57.68	56.28	55.95	53.71	47.54	47.11
人均生产量（台）	4	6	8	10	13	16

数据来源：公司年报整理所得。

附录3： **徐工机械的应收账款相关情况**

	2016年	2017年	2018年	2019年	2020年	2021年
应收账款（亿元）	154.14	144.86	180.55	260.87	257.80	312.88
应收账款占总资产比例（%）	35.05	29.11	29.48	33.75	28.08	28.44
应收账款周转次数（次）	1.01	1.95	2.73	2.68	2.85	2.95
应收账款周转天数（天）	357	185	132	135	127	122

数据来源：公司年报整理所得。

附录4： **徐工机械的存货相关情况**

	2016年	2017年	2018年	2019年	2020年	2021年
存货（亿元）	66.44	93.71	101.96	104.92	130.61	168.27
存货占总资产比例（%）	15.11	18.83	16.65	13.57	14.23	15.29
存货周转次数（次）	2.74	3.54	4.37	5.31	5.86	5.27
存货周转天数（天）	132	102	83	68	62	69

数据来源：公司年报整理所得。

附录 5：

徐工机械的销售相关情况

	2016 年	2017 年	2018 年	2019 年	2020 年	2021 年
销售量（台）	28 529	44 358	61 447	74 648	92 240	110 842
销售人员（人）	2 379	2 551	2 740	2 941	2 901	2 912
销售费用（亿元）	12.27	16.51	22.71	28.60	30.95	39.31
销售费用率（%）	7.3	5.7	5.1	4.8	4.2	4.7
其中：职工薪酬（亿元）	2.63	3.25	6.13	7.38	7.96	9.47
三包费用（亿元）	3.36	5.00	5.23	6.27	7.34	9.25
中间商、市场建设费（亿元）	1.72	1.97	3.02	4.57	9.89	11.30
广告宣传展览费（亿元）	1.10	0.75	0.67	0.87	1.25	0.99
差旅费（亿元）	年报未披露				0.97	1.39
其他费用（亿元）	3.97	5.54	7.67	9.49	3.54	6.90

数据来源：公司年报整理所得。

案例使用说明书

一、教学目标

本案例旨在引导读者基于案例企业目前的发展现状，思考其所面临的经营痛点，分析其数字化转型的具体实现路径，帮助学生从整体视角来考虑数字化转型得以成功实现的关键因素，进而思考以下问题：

1. 分析数字化转型与信息化之间的差异与联系；
2. 厘清数字化转型与智能制造的概念与其之间存在的逻辑关系；
3. 探索和总结徐工机械具体开展数字化转型的路径；
4. 思考数字化转型为徐工机械创造了怎样的价值；
5. 拓展思考企业在开展数字化转型时应当关注的要点。

二、案例讨论的准备工作

（一）政策背景材料

表 10－1　　制造业企业数字化转型发布的部分政策文件

年份	政策文件	主要内容
2015	《中国制造 2025》	本质是开展信息化与工业化深度融合，实行基础强化、智能制造、绿色制造和高端装备创新等工程，助力我国完成从制造大国向制造强国的身份转变

续表

年份	政策文件	主要内容
2016	《关于深化制造业与互联网融合发展的指导意见》	核心意见是推动新一代信息技术与制造业融合，赋能企业的生产和服务环节。同时强调要加快工业互联网平台的构建以及后续的推广应用
2016	《智能制造发展规划 2016—2020》	实现技术、装备与模式创新突破以推动智能制造的发展进度；为智能制造构建起标准体系和生态体系；组建多层次、高水平的人才队伍；促进区域智能制造协同发展
2017	《关于深化“互联网 + 先进制造业”发展工业互联网的指导意见》	夯实网络基础为产业提供强有力的支撑；提升大型企业对于工业互联网的创新应用；加强中小企业对于工业互联网的应用普及
2019	《“5G + 工业互联网”512 工程推进方案》	持续推进 5G 技术与工业互联网的融合；集中力量攻克与 5G 相关的、工业互联网所特定需求的核心技术，促进制造业企业在数字化、网络化、智能化等层面的升级
2020	《关于推进“上云用数赋智”行动培育新经济发展实施方案》	集中力量探索数字经济新业态；深入推进企业数字化转型和数据供应链升级的进度；打造能够连通产业链上下游环节和进行跨行业赋能的数字生态体系
2021	《关于加快培育发展制造业优质企业的指导意见》	培育制造业优质企业，提高优质企业的自主创新和产业链供应链现代化水平，引导优质企业向高端化、智能化和绿色化发展
	《“十四五”信息化和工业化深度融合发展规划》	强调亟须开展数字化转型的重点行业领域；培育出新产品、新模式、新业态和新生态是这些重点行业领域的转型关键点

数据来源：互联网资料整理。

（二）理论背景材料

1. 价值链理论

价值链理论（Value Chain）是由迈克尔·波特（Michael E. Porter）在 1985 年率先提出的，其核心观点为：“每个企业都是一系列经营管理活动在产品设计、生产制造、销售服务、交付及辅助过程中所形成的集合体。这些活动又可以构成一个又一个动态的创造价值的环节，那就是价值链。”价值链在经济活动中无处不在，随着经济全球化的发展，波特进一步提出了价值体系的概念——不仅企业内部的各个业务单元之间的联系可以构成企业的价值链，而且行业价值链也存在于上下游关联的企业与企业之间，最终价值链中的每一个环节都会对企业/行业所创造的价值产生直接影响，这也意味着企业/行业的综合竞争力的强弱将由价值链竞争力来决定。

随着数字信息技术与社会经济活动在数字经济时代的不断深入融合，对传统制造业的生产制造、业务运营和销售管理等系列活动提出了更迫切的变革要求。故在该背景下，运用价值链理论来分析和研究企业数字化转型后内部各业务单元之间关系、供应链上下游关联企业之间的关系、行业内各企业之间的关系，对于企业制定经营发展战略、落实价值定位和明确自身竞争优势有着重要的现实意义。

2. 价值创造理论

传统的价值创造理论聚焦于对企业自身价值以及其经营管理活动的关注（孙艳霞，2012）。从自身价值方面来看，不同生产要素的运用和搭配能够创造不同的价值，由于价值创造是企业可持续发展的关键，因此企业应当将所创造价值的最大化视作长远的发展目标。从经营管理活动来看，企业特定的经营管理活动能够被分解成一个个价值创造的环节，通过对关键的价值创造环节进行识别和改进，能够有效帮助企业实现价值最大化。随着消费需求的变化，以服务为主导的思维逐渐替代了以产品为主导的思维，顾客不再被动地接受既成商品，企业也不能再依赖生产同质化产品来获得竞争优势。此时企业将需要以服务作为商业活动的基础，通过创造与客户开展交流的机会了解客户的需求，进而改善自身服务，提升客户满意度的同时也实现自身的价值。互联网、大数据、5G 等新一代信息技术的快速发展，服务主导思维进一步拓展为商业生态系统思维，此时价值创造的主体不仅局限在企业和客户之间，而是涵盖了供应商、服务商以及其他生态中可能存在的利益相关者。通过互动沟通、技术学习和资源互换、形成紧密联系的生态关系网络，并完成资源的互补和整合，也就是多主体的生态系统中实现价值共创的过程。

3. 资源编排理论

Sirmon 等（2011）整合了资源管理模型和资产编排模型，提出了资源编排理论。该理论从行动视角上对资源基础论进行了拓展和完善，补充了管理者在动态环境中的战略功能这一要点。资源编排理论涵盖了企业从构建资源组合、捆绑资源形成能力到利用能力创造价值的资源管理流程，对应资源从来源到价值产出的完整路径。具体而言，构建资源组合关键在于企业通过获取、积累有价值的资源，同时剥离已过时的资源，重新组合构建企业发展所需要的资源库。捆绑资源形成能力是将已组合的资源库通过维持型、丰富型和开拓型三种资源捆绑方式来构建或改变企业能力的行为，并最终利用能力来创造价值，强调持续的竞争优势。其中，稳定性资源捆绑方式是利用资源对能力进行微小的改进，仅保持能力的更新；丰富型资源捆绑方式是根据所获得资源的特性，创造互补资源之间的协同作用，推动能力的拓展和延伸；开拓创新型资源捆绑方式则是将新资源与企业原有资源进行创新性的捆绑，进而形成全新的能力（Sirmon 等，2007）。

值得注意的是，不同类型资源所具备的特质会直接影响组织资源管理的方式。数字化时代下，数字资产成为企业获取竞争优势的关键资源，这也必将导致企业的资源编排和价值创造机制的改变，故运用资源编排理论能够帮助解释企业位于数字化转型不同阶段对资源进行编排进而实现价值创造的内在机制。

三、案例分析要点

（一）关键思考问题

1. 数字化是信息技术向数字技术转化的过程，如何理解数字化与信息化之间的关系？
2. 针对制造业的行业特点，如何理解数字化转型与智能制造之间的关系？
3. 根据上述案例资料，尝试总结和整理徐工机械数字化转型的具体路径。

4. 制造业企业数字化转型是怎样实现价值创造的？

5. 结合徐工机械转型经验，企业在开展数字化转型时应注意哪些要点？

（二）问题解决方案

问题 1：数字化是信息技术向数字技术转化的过程，如何理解信息化与数字化之间的关系？

1. 信息化与数字化的定义

信息化是指企业对日常生产经营中应用现代信息技术进行改造的过程，其中现代信息技术是用于管理和处理信息所采用的各种技术的总称。经过信息化改造，企业部分经营管理由线下转移到了线上，进而实现部分经营管理活动数字化的过程。也就是说，信息化主要是传统信息技术在单个部门或单个流程的应用，很少甚至没有在企业内部各部门，企业与企业之间，企业与社会之间建立连接，只能实现部分流程的改进和再造、部分信息和数据的线上化，未能从根本上解决数据分散形成信息孤岛的问题。

数字化是指利用现代信息通信技术，通过将现实生活中的人和物的信息通过识别和编码形成可储存、可分析的数据（库），来改变商业模式并提供新的收入和价值创造机会。与信息化相对比而言，数字化打通了企业整个业务流程和管理环节，对企业的商业模式和运营管理模式进行全面创新和重塑，在此过程中打破部门壁垒、数据壁垒，延伸到上下游产业链，实现跨部门、跨单位的系统互通、数据互联。数据在被全线打通、融合后将形成企业的数字资产，赋能业务、运营、决策等。

2. 信息化与数字化的联系

新一代信息技术的突破性发展，使得企业从信息化向数字化的升级变革成为可能：大数据技术的出现，使得海量数据能够以高效、低成本的方式进行存储、处理和分析；AI 技术为机器开展深度数据分析和辅助决策提供了技术支持；云计算创造了连接现实与虚拟孪生世界的基础环境；移动互联技术让能实时连接数以万计的设备和系统；物联网为数字化提供了大量源头数据，如大量生产设备、生产线在生产过程中的运行数据。

综上所述，数字化并不是对信息化的推翻重来，而是要基于对企业已有的信息点或信息链进行系统的升级、优化和整合，用新一代信息技术手段提升企业的管理和运营水平，以支持企业满足数字化转型的新要求。

问题 2：结合制造业行业特点，如何理解数字化转型与智能制造的关系？

1. 与制造业相关的重点概念

2012 年美国在全球率先提出了工业互联网的概念，即将新一代信息通信技术与工业生产及工业经济的结合，主要通过工业互联网平台全面连接设备、产线、供应商、产品、客户等，进而构建起覆盖全产业链的全新生产制造和管理服务体系。

紧接着德国于 2013 年提出了工业 4.0 的概念，主要指利用物理信息系统将生产中的研发、生产、销售、供应等各环节信息数据化，进而为生产与管理赋能，提升决策效率，其中智能生产、智能工厂是重点。

2015 年国务院发布了《中国制造 2025》纲领，主要目标是完成我国从制造大国向制造强国的战略地位转变，其中以突破一批重点领域关键共性技术、培育自主品牌、推动生产型制造向服务型制造转变等为主要发展方向。

2. 数字化转型与智能制造的定义

数字化转型是指将现代信息技术应用并覆盖至制造业企业的研发、生产、管理、销售以及服务等各环节，进行全链条、全方位、多角度的流程改造。通过对各环节产生的数据进行分析与挖掘，为研发效率的提升、生产经营的监测和预测、管理、响应客户需求等方面赋能。

智能制造起源于人工智能的研究，是具有信息深度感知、优化自主决策、精准自主执行等功能的先进过程和模式的总称。具体来看，智能制造应当包括智能制造技术和智能制造系统。一方面，智能制造技术是指云计算、大数据、人工智能等新一代信息技术，这些技术得以执行的前提是数字化转型中形成全方位、通畅的数据网络。另一方面，智能制造系统不仅可以在日常生产管理中积累新的数据以不断丰富知识库，而且最重要的是基于海量数据开展自主学习，进而分析、判断和规划自己的行为。

3. 数字化转型与智能制造的联系

数字化转型和智能制造都以信息化、数字化为基础，都包含了利用信息技术完成流程/系统的再造，都改变了传统工业背景下的经营方式。然而两者之间不同的是，数字化转型重点是将业务和管理流程线上化，是获取数据的基础。而智能制造的重点是以数据建模为手段打造新型智能工厂，是对已收集的数据进行加工处理的高级阶段。因此，从数字化转型的角度来看，智能制造是制造业开展数字化转型所期望实现目标和不断努力的方向；从智能制造的角度来看，数字化转型是制造业推进智能制造的重要基础。

问题3：根据案例资料，尝试总结和整理徐工机械数字化转型的具体路径。

根据案例正文中相关内容，可以归纳总结出徐工机械数字化转型单点切入、线性串联、网状融合以及拓展延伸四个阶段的实现路径。值得说明的是这四个阶段之间并非相互独立的，而是存在着交叉、升级和递进的关系。进一步地，在接下来的分析中将从技术、业务、组织这三大个维度来总结出对应路径层次中应具备的关键要点。

1. 单点切入——实现单点业务的数字化技术应用

单点切入的目标是实现单个业务环节的数字化技术应用，核心在于识别出高频重复且相对独立的业务场景，通过信息技术和设备投入实现该业务环节的数据采集、储存和应用，基于数据来解决单个业务环节中遇到的问题。

技术领域：徐工机械率先通过数字化建模仿真、多元数据汇聚、设备联网等赋能技术，对生产环节的车间进行数字化改造，实现关键业务数据的实时采集和互联互通，重点解决产品生产效率低下等难题。

业务领域：徐工机械的单点切入主要体现在生产环节中，以数字化工艺和数字化车间改造为基础，使得业务环节和资源配置方式从流程驱动转向了数据驱动，达成了生产管理的初步业务数字化目标。即对生产现场活动的数字化管控、生产设备联网化处理以及生产资源精准化配置等。通过车间设备的交互连接，生产数据得以在网络中汇聚呈现，能够据此提升工程机械产品生产状态跟踪和在线质量检测的水平。

组织领域：通过数字化改造将生产人员从大量高频重复的工作中解放出来，能够使得他们将更多的精力投入到能产生更多价值的环节。因此在单点切入阶段，徐工机械对生产经营中各部门的职能范围开展了业务培训、岗位调整及明确权责，确保岗位与业务相匹配，实现关键业务环节的组织优化重组。

2. 线性串联——形成多业务环节和流程系统的集成

线性串联的目标是在已有数字化基础上，将局限在单个设备、业务环节或系统的数据进行系统化管理，形成跨部门、跨系统的集成优化。线性串联应以企业中关键业务作为核心开展流程优化设计和组织架构调整，形成跨系统的建设、运行和持续改进机制。

技术领域：运用移动互联网、大数据、物联网以及标识解析等技术，确保供应链管理（SCM）、企业资源管理（ERP）和生产过程执行（MES）等系统的互通，跨部门、跨系统的数据流动全面打通数据孤岛，为系统的集成发展提供强有力的支撑。

业务领域：徐工机械的线性串联体现在对供应链前、中、后端信息系统的协同对接以及对产品全生命周期数据的充分集成，实现供应链模块业务的集成融合。首先，徐工机械针对全供应链环节所开展的数字系统对接，灵活调动了包括研发设计、采购管理、排产生产、供应商管理、库存信息共享、仓储配送等功能模块的系统数据，提高生产经营业务环节的协同效率。其次，产品全生命周期数据的集成，能够更好地进行基于数据驱动的产品生命周期管理环节的动态管控，为产品所处不同周期提供当前的结构表示。

组织领域：经过多系统的集成发展，徐工机械已经有能力在线上处理相关管理信息数据的汇聚和流通，有利于实现网络化、扁平化的组织管理流程。由于数字化转型是一个具有动态的、可延展、可编辑的变革过程，相关部门的组织管理方式和结构还需要结合实际来配合业务流程系统的升级改进。

3. 网状融合——打造价值链整体的优化与协同

网状融合的目标在于通过多业务环节的系统对接，打造价值链整体的优化与协同，为后续阶段的工业互联网平台建设汇聚要素资源。

技术领域：在前两个阶段的基础上，徐工机械通过更加深入地运用云计算、大数据、物联网以及数字孪生等赋能技术实现管理数字化。基于此，生产运营环节所产生的海量数据在经过模型分析后能够转化为反映关键指标监控、部门绩效管理、财务报表定制、风险控制预警等的管理数据信息。

业务领域：通过将生产运营数字化系统之间的数据通道进行融合、再进一步促进办公云（OA）优化组织决策流程、商业智能分析（BI）呈现可视化报告等管理数据的流通。同时徐工机械实现局部财务共享，以 SAP_ERP 系统为核心，结合智能流程机器人（RPA）、智能支付平台、快速报销平台等系统助力财务的数字化转型，最终实现价值链整体的协同作用，提升效率。

组织领域：网状融合阶段中，徐工机械各环节的岗位设立与职责权限均已得到专业化的整合，针对研发设计质量、生产经营效益以及售后服务质量等多方面的综合评价管理体系也已经成型，能够实现灵活调整、持续优化的敏捷性组织架构。

4. 拓展延伸——建立一致价值观的行业生态群落

拓展延伸的目的在于通过工业互联网为创新载体，打通企业内部各业务环节、供应链上下游的信息链、数据链和价值链，开辟出新型合作模式和商业模式，建立起价值观一致的生态群落。

技术领域：充分利用大数据、云计算、物联网以及人工智能等新一代信息技术的赋能作用，实现全环节、全方位、全链条中的人、物、信息之间的互联互通。持续更新和自我学习算力进一步提升了数据之间的连接性、场景之间的适用性以及价值的互通性，为徐工机械搭建起具有自主知识专利的工业互联网平台夯实基础。

业务领域：通过数字资源积累、数据知识储备和数字能力输出，徐工机械形成了服务于平台生态中的利益相关者的数字新业务。这部分数字业务包括：一是数字资源服务，包括对外提供智能生产的数据统计分析以及数据处理等服务；二是数据知识服务，包括对外提供数字图谱、数字化转型工具和方法等服务；三是数字能力服务，即基于自身资源积累构建工业互联网平台，与数字生态群落中的成员进行数据互动。同时对外提供需求场景的解决方案，如研发设计、智能生产、智能物流或全供应链管理等数字服务。

组织领域：平台化促使了徐工机械向平台型组织进行转变，即通过构建敏捷型、扁平化的组织结构来实现分布式管理。通过工业互联网平台赋能统筹优势数据资源的配置，形成分产品事业部的自组织管理生态，能够支持快速、精准的管理决策模式。

问题4：制造业企业数字化转型是怎样实现价值创造的？

1. 数字化转型是通过怎样的流程实现价值创造的？

企业在数字化转型过程中，不同阶段的转型目标会驱动企业开展相应的资源编排行为来实现该阶段或下一阶段的价值创造。本案例将采用“转型目标—资源编排—价值创造”这一分析框架来进一步挖掘徐工机械数字化转型如何实现价值创造这一研究问题（见图10－4）。

图10－4 价值创造分析框架

（1）基于数字化单元实现的价值创造。单点切入阶段，徐工机械的转型目标是通过两化融合来实现生产环节的数字化技术应用，进而提升生产管理效率。为此，徐工机械采取外部吸收加内部积累的资源组合构建模式，丰富型资源捆绑方式形成数字化单元能力，实现初步的生产管理数字化价值创造。

具体表现为：一是通过引进数字化建模仿真、多元数据汇聚、设备联网等赋能技术，结合自身的生产数据积累，对生产环节的车间单元进行数字化改造，积累最原始的生产信息数据库。二是采用丰富型资源捆绑方式来将数字资源与传统资源进行结合，徐工机械数字化车间改造适配了提升生产管理效率的初期目标，同时开展全员范围的数字化流程培训，帮助员工掌握数字化设备的使用方法，将生产人员从大量高频重复的工作中解放出来，进一步实现数字技术与人员管理的整合优化。三是促进企业数字化能力单元的形成。数字化车间改造使得关键业务中产生的数据能够被实时地采集，通过信息化的方式将其转化为可读数据，可对生产制造过程每一环节进行可视化、透明化监控。设备与设备之间数据互联互通也减少了信息传递失真、时效性差的问题，进一步撬动信息化能力的生成。

经过资源编排，企业在单点切入的转型阶段实现了产品价值创造，即通过生产环节的数字化改造实现了初期的信息化管理，初步达成了降本增效和规模化生产的目标。

（2）基于数字化链条实现的价值创造。线性串联阶段，前期的数字化转型探索已形成了初步的信息化管理，但却仍然面临着“数据孤岛”问题，产品的研发、生产、销售和物流等数据之间仍然处于相对独立状态。徐工机械该阶段的转型目标转变为将局限在单个设备、系统或业务环节的数据进行系统性的集成优化管理，提供全供应链的协同效率。为此，徐工机械采取外部吸收加内部积累的资源组合构建模式，开拓型资源捆绑方式形成数字化链条能力，进而实现基于客户需求的数字化价值创造。

具体表现为：一是引进了大数据、物联网以及标识解析等技术，确保企业资源管理（ERP）、招标管理（BMS）、供应链管理（SCM）、生产过程执行（MES）、智能仓储（WMS）和智慧物流（ITMS）等系统的互通，供应链的前、中、后端环节充分集成，形成全链条的数据资源库。二是以开拓型资源捆绑方式来整合新、旧资源。首先，徐工机械对不同系统之间进行端口对接，实现数据资源的统一标准化管理，建立起能够用于各个特定场景分析的大数据模型库。其次，在已有系统的基础上，徐工机械进一步搭建了供应链大数据平台（SCBD），通过集成核心业务应用系统数据及行业数据，实现研发、采购、生产、销售、仓储和物流等供应链全场景经营数据分析与展示，同时也具备供应商等企业风控预警能力。三是促进数字化链条的形成，培育数字化运营能力，即以系统为赋能载体，推动企业在研发设计、备件采购、生产制造、市场服务、物流管理等供应链环节实现高效运营。从内部来看，数字化系统的构建与相互连接使得数据孤岛被全面打通，此时供应链上各个环节不再相对独立，而是能够基于数字能力链条各个节点之间的信息交互快速响应消费者需求。从外部来看，柔性供应链给客户体验带来了极大提升：客户对于产品和服务的需求和意见能够通过供应链终端节点反馈至企业，企业能够据此联动供应链整体做出改进产品和服务的决策，并完成产品和服务的升级。

经过资源编排，企业在线性串联的转型阶段实现了基于客户需求的数字化价值创造，即通过构建柔性高效的数字化供应链协同平台，用数据指导供应链全环节的决策，实现精益化管理和可持续发展。同时以客户需求为核心，利用供应链终端数据驱动各环节节点实现快速响应，优化资源配置水平，以不断获取由于价值链协同发展所带来的效率提升、服务延伸与增值、形成新技术/新服务等价值效益。

（3）基于数字化网络实现的价值创造。网状融合阶段，徐工机械的转型目标为通过多业务环节的系统对接，打造价值链整体的优化与协同。为此，徐工机械采取外部吸收加内部积累的资源组合构建模式，丰富型资源捆绑方式形成数字化网络能力，进而实现基于全价值链管理的数字化价值创造。

具体表现为：一是更加深入地运用云计算、大数据、物联网以及数字孪生等赋能技术实现管理数字化。基于此，生产运营环节所产生的海量数据在经过模型分析后能够转化为反映关键指标监控、部门绩效管理、财务报表定制、风险控制预警等管理数据信息。二是以丰富型资源捆绑方式将新、旧资源进行拓展式融合。即将生产运营环节中的系统数据与办公云（OA）优化组织决策流程、商业智能分析（BI）呈现可视化报告、财务共享中心（FSSC）集中多事务处理等管理数据进行整合、匹配和分析，能够针对性地对特定价值链能力点的效率/效益进行量化评估，进而提升价值链整体的管理效率。三是促进企业数字化网络的形成，培育数字化管理能力，即生产运营和经营管理环节间数据互联互通，实现全价值链的精准管控和协同联动。至此，徐工机械能够依托支持企业全局优化的数字网络能力，开展全组织、全价值链和产品全生命周期的数据获取、开发和利用，持续完善数据驱动的管理模式。

经过资源编排，企业在网状融合的转型阶段实现了基于全价值链管理的数字化价值创造，即将信息化、数字化覆盖至企业价值链的基本活动与辅助活动中，通过数据模型将生产运营环节的数据输出成为管理数据信息，更加直观、科学、高效地呈现当前经营管理活动情况，大大提升企业全价值链的管理效率。

（4）基于数字化生态实现的价值创造。拓展延伸阶段，随着数字化转型程度的不断加深以及传统制造业对于智能制造转型升级的迫切需求，徐工机械着手将已沉淀数据标准化、程序化成为数据资产，依托徐工机械自身坚实的行业经验搭建工业互联网平台，形成可对外输出赋能的解决方案，助力工程机械行业乃至化工、纺织、专用设备制造、有色金属、汽车等各行业企业的转型升级，并与行业伙伴合作共同构建智能化场景方案，实现“为工业赋能，与伙伴共生”的生态转型目标。为此，徐工机械采取外部吸收、内部积累与生态共享的资源组合构建模式，开拓型资源捆绑方式形成数字化生态能力，进而实现基于共享、开放生态中利益相关者需求的数字化价值创造。

具体表现为：一是依托5G、大数据、云计算、物联网以及人工智能等新一代信息技术的持续更新以及自我学习算力的提升，进一步推动了徐工机械内、外部数据之间的连接性、应用场景的适配性以及价值的互通性，为徐工工业互联网平台的搭建夯实基础。由于处在以构建协同共享的工业互联网平台为目标的阶段，“开放”“互补”和“共享”成为转型关键词，因此在该阶段的资源捆绑过程中，徐工机械还强调了部分资源的开放共享，与多方利益相关者构建价值共创的数据资源库。二是以开拓型资源捆绑方式来整合新、旧资源。首先，通过发布标准管理办法和适用性判定条例，对以往通过外部获取和内部积累的数字资源进行拆解、归类、整合后形成徐工机械专属的数据目录。其次，借助大数据、物联网等数字技术，实现生态圈中跨行业、跨地域、跨时空的资源汇集，促进徐工机械与外部生态企业之间的数据连接和互动，共同构建和不断丰富工业智能化场景解决方案。三是促进企业数字化生态的形成，培育数字生态合作能力。一方面，徐工机械以工业互联网平台为基础，依托坚实的行业经验不断创新发掘智能化场景，不仅能够面向集团内部其他公司实现快速的复制推广，还能为其他行业企业的数字化转型提供借鉴参考。另一方面，徐工机械以积累的自身经验和制造资源对外提供智能服务，将跨界赋能的成功经验为不同的合作伙伴提供包括智能生产、智能工厂、智能供应链、智能管理以及智能供应链等场景解决方案，携手合作伙伴构建动态、互补、耦合、共享的数字生态。

经过资源编排，企业在拓展延伸的转型阶段实现了基于生态利益相关者需求的数字化价值创造，即在所处数字生态圈中的利益相关者需求的驱动下，通过工业互联网平台实现对合作伙伴层面的价值获取。首先，徐工机械打造的工业互联网平台有助于针对企业内部整体供应链的效率协同，为客户持续不断地提供个性化和智能化产品和服务。其次，能够依据自身转型经验和行业经验，吸引合作伙伴实现多主体的价值共创和协同共生。

2. 徐工机械数字化转型创造了哪些方面的价值？

（1）生产运营优化。

①提质增效。研发投入产出效率：作为中国工程机械行业龙头企业领域极具竞争力和影

响力的公司，技术研发与创新、工业软件开发与升级是徐工机械保持其自身竞争优势的重要手段。通过数字化转型推动产品创新从设计仿真到模拟验证，能够帮助徐工机械降低创新试错和研发成本。自 2018 年全面启动数字化转型新阶段以来，徐工机械在研发投入方面均表现出持续的大幅增长，研发投入资本化占研发投入的比例也呈现出稳定增长趋势（见表 10 - 2）。与此同时，截至 2021 年年底公司已累计获得授权专利 6 337 件，其中发明专利 1 670 件。徐工机械在研发投入方面均表现出持续的大幅增长，其中一半以上用于关键核心技术研究、重大实验设备设施建设等，不断提升自身的技术创新能力，且研发强度也呈现出稳定增长趋势。

表 10 - 2　　徐工机械的研发投入与获取专利情况

	2016 年	2017 年	2018 年	2019 年	2020 年	2021 年
研发人员数量占比（%）	15.94	15.87	16.55	17.97	18.55	18.88
研发投入金额（亿元）	16.06	10.38	20.15	24.56	37.52	44.52
研发投入占营收比例（%）	6.15	5.51	4.54	4.15	5.07	5.28
研发投入资本化金额（亿元）	1.44	1.56	2.36	3.30	5.04	7.77
研发资本化投入占研发投入比例（%）	13.93	9.61	11.73	13.43	13.43	17.45
累计授权专利（件）	—	4 493	5 111	5 159	5 733	6 337

数据来源：公司年报整理所得。

生产效率：在 APS 和 MES 系统的助力下，生产制造车间能够更好地制定生产计划和安排零备件材料，同时生产人员的主要工作集中在决策的环节，而简单、重复性的生产流程均交由智能机器人来进行操作。从表 10 - 3 披露的数据来看，自 2018 年来徐工机械生产人员的数量处于减少的状态，并在近两年内保持着较为稳定的人员数量。生产人员占比也处于持续下降的状态，这也表明数字化转型能够有效解放生产环节的人力资源。与变动相对平稳的生产人员数量相比，徐工机械产品的生产量在逐年飙升，并于 2021 年实现了 118 215 台，生产人员的人均生产量也增加至 16 台，相较于 2018 年提升了两倍。由此可见，生产线上人与机器人协同工作，也明显提升了徐工机械的人均生产效率。

表 10 - 3　　徐工机械产品生产情况

	2016 年	2017 年	2018 年	2019 年	2020 年	2021 年
生产量（台）	28 821	48 867	63 860	74 298	94 506	118 215
生产人员（人）	7 765	7 666	8 011	7 762	7 222	7 294
生产人员占比（%）	57.68	56.28	55.95	53.71	47.54	47.11
生产人员人均生产量（台）	4	6	8	10	13	16

数据来源：公司年报整理所得。

应收账款周转速度：随着价值链管理流程的统一、执行严格的坏账计提方法和 CRM 系统的升级，徐工机械对于应收账款的管理能力得到了提高。在售前通过商业智能分析大数据考核评估客户信用，控制风险敞口；在销售过程中通过智能合约实现全面落实人单合一、合同穿透性管理、强化资产抵押等贷后管理措施加强风险控制。在售后通过执行较为严格的坏账准备计提办法加强应收账款管理。如表 10－4 所示，自 2018 年以来徐工机械应收账款周转次数得到了明显加快，周转天数也在 2021 年进一步缩短至 122 天。徐工机械应收账款余额与坏账准备情况如表 10－5 所示。

表 10－4　　徐工机械应收账款相关情况

	2016 年	2017 年	2018 年	2019 年	2020 年	2021 年
应收账款（亿元）	154.14	144.86	180.55	260.87	257.80	312.88
应收账款占总资产比例（%）	35.05	29.11	29.48	33.75	28.08	28.44
应收账款周转次数（次）	1.01	1.95	2.73	2.68	2.85	2.95
应收账款周转天数（天）	357	185	132	135	127	122

数据来源：公司年报整理所得。

表 10－5　　徐工机械应收账款余额与坏账准备情况　　（单位：亿元）

年份	应收账款账面余额		坏账准备		坏账占应收账款比重	
	单项计提	组合计提	单项计提	组合计提	单项计提	组合计提
2016	10.13	165.62	2.92	18.69	1.66%	10.63%
2017	7.71	160.74	4.34	19.25	2.58%	11.43%
2018	7.60	199.14	5.71	20.48	2.76%	9.91%
2019	2.81	291.09	2.81	30.22	1.08%	11.58%
2020	3.94	296.20	3.94	38.40	1.53%	14.89%
2021	2.94	348.62	2.94	35.74	1.26%	11.42%

数据来源：企业年度报告。

存货周转速度：自步入转型新阶段以来，徐工机械在存货总体保持持续上涨的同时，存货周转次数得到明显加快（见表 10－6），存货周转天数也从 2016 年的 132 天降至 2021 年的 69 天。这得益于徐工机械数字化供应链的响应。一方面，根据销售订单情况，ERP、MES 系统以及 SCBD 平台能够对存货从原材料、在产品发展到库存商品的过程进行数字化监控，提高存货的排产、生产和管理的合理性和规范性。另一方面价值创造的导向从以产品为主导转向以客户需求为主导，CRM 系统帮助开展销售分析和客户反馈，企业可根据分析和反馈结果来进行产品的个性化定制，减少同质产品存货的堆积，同样有效提升了存货的运营管理效率。

表 10－6　　徐工机械存货及存货周转情况

	2016 年	2017 年	2018 年	2019 年	2020 年	2021 年
存货（亿元）	66.44	93.71	101.96	104.92	130.61	168.27
存货占总资产比例（%）	15.11	18.83	16.65	13.57	14.23	15.29
存货周转次数（次）	2.74	3.54	4.37	5.31	5.86	5.27
存货周转天数（天）	132	102	83	68	62	69

数据来源：公司年报整理所得。

②成本降低。采购成本降低：徐工机械一般通过集中采购来获取主要原材料和零部件，并且通过长期合作和规模采购保证一定的议价优势。但是由于2018年以来钢材等原材料价格的大幅上涨，以及部分关键重点零部件和进口材料面临采购周期较长、运输受限等问题，导致徐工机械的供应链安全和经营成本面临一定程度的风险。徐工机械通过自主搭建徐工机械供应链大数据平台（SCBD）实现对采购及供应商协作全过程在线动态监控和实时优化，提升供应链管理质量。同时根据平台提供的全球大宗材料价格行情，分析研判价格变动趋势，制定出高效能的采购方案，有效帮助徐工机械原材料的采购成本降低，提高产品的价格优势（见表10－7）。

表10－7　徐工机械营业成本结构情况

	2016年	2017年	2018年	2019年	2020年	2021年
原材料	84.81%	87.78%	88.06%	89.19%	84.94%	85.60%
人工成本	4.09%	4.15%	3.44%	3.43%	3.12%	3.23%
燃料及动力	0.59%	0.60%	0.46%	0.45%	0.37%	0.40%
折旧费	2.69%	1.79%	1.37%	0.93%	0.88%	0.81%
其他	7.82%	5.68%	6.67%	6.01%	10.69%	9.96%

数据来源：公司年报整理所得。

管理成本降低：徐工机械重点聚焦在供应链管理的核心主线，在行业内率先打造了徐工全球供应链管理系统。除了研发出徐工机械供应链大数据平台（SCBD）以外，徐工机械还在行业内率先将ERP系统由侧重操作流程视角的SAP ECC升级至侧重管理流程视角的S/4 HANA版本。SAP S/4 HANA是目前世界上最先进的企业管理系统，能够在采购、研发、生产、财务和服务等业务层面提供更加丰富、实施的分析和洞察能力来支撑企业管理层的经营决策。徐工机械作为老牌国企，能够毫不吝啬地成为行业中最先使用先进管理软件的企业，可见其对于内部管理的重视程度，也有效帮助其实现期间费用的持续优化（见表10－8、图10－5）。

表10－8　徐工机械期间费用情况　（单位：亿元）

	2016年	2017年	2018年	2019年	2020年	2021年
销售费用	12.77	16.52	22.71	28.60	30.95	39.31
管理费用	14.54	21.66	7.83	8.83	10.25	12.20
财务费用	－0.55	3.18	－0.18	－0.14	8.36	0.36
期间费用	26.76	41.36	30.36	37.29	49.56	51.87

数据来源：公司年报整理所得。

（2）产品/服务创新。

①数字化产品。徐工机械在数字化转型过程中，通过新一代信息技术与研发环节不断地融合创新，研制并应用新技术投入产品生产，创造了新的市场发展机会和价值增长空间。徐工机械经过研发研制出了一流的创新产品，如全球首创最大起重能力达88 000吨米的履带起重机、全球首创轮履两用概念起重机、全球最大吨位XR800E超大型旋挖钻机等标志性产

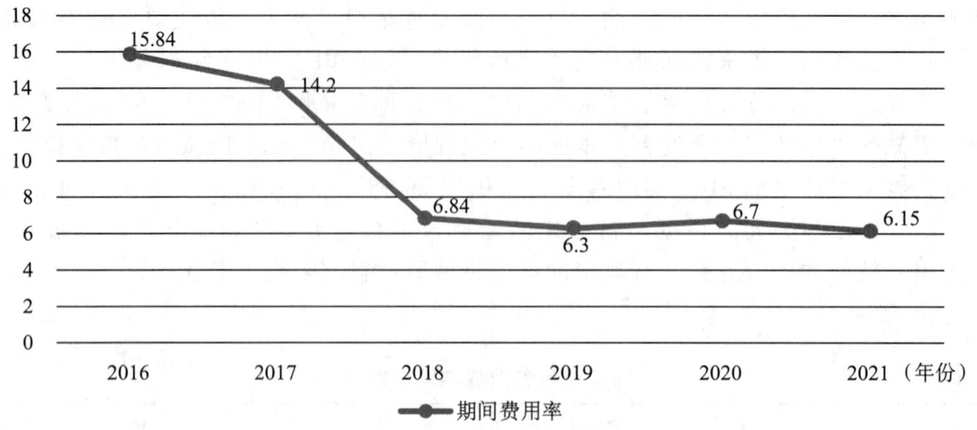

图 10－5　徐工机械期间费用率变动情况

数据来源：公司年报整理所得。

品，各项"首创""首台""第一高度""最大吨位"等产品前缀均表现了徐工机械正在以不断的技术创新引领企业迈向高端制造的目标。

②数字化服务。徐工机械依托智能产品和智能服务，沿着其生命周期和供应链流程提供远程运维、在线运营外包等延伸服务，将一次交付获取有限价值转变为多次服务交易获取连续价值。徐工机械聚焦的持续推广、优化和再升级，深度融合全球物联网平台，实现对设备运行轨迹和进度的实时跟踪、运行参数的动态监控，并通过结合 AR 技术的融合创新构建产品的数字化服务孪生体，为客户和服务人员提供直观可视化的全新数字服务体验。此外，通过充分整合维修报工、设备运行、备件更换等市场服务数据，进行大数据的计算分析和挖掘利用，提高公司的主动服务运营能力。目前徐工机械的 X－GSS 系统可支持中文、英文、俄语、德语等多国语言版本，能够高效地支撑徐工机械全球营销网络的数字服务能力，化解因服务资源不平衡、不均匀而导致的售后服务问题。

③主营业务增长。异地经营是企业扩张经营范围、推动主营业务核心竞争力转变、增加主营业务收入的重要举措，但往往会因为距离较远、文化差异、信息滞后而面临着较高的管理难度。数字化服务的上线可以打破经营范围的地理空间局限，使得企业总部对异地经营进行实时的监管和指导，提高异地经营的经济效益，进而提升企业的品牌影响力。徐工机械通过发布 X－GSS 海外版，构建了维修服务知识库，融入 AR 技术建设远程服务场景，为大量海外客户提供了引领行业的数字交互服务新模式（见表 10－9）。

表 10－9　　徐工机械分地区收入情况　　（单位：亿元）

	2016 年	2017 年	2018 年	2019 年	2020 年	2021 年
销售费用	12.77	16.52	22.71	28.60	30.95	39.31
管理费用	14.54	21.66	7.83	8.83	10.25	12.20
财务费用	－0.55	3.18	－0.18	－0.14	8.36	0.36
期间费用	26.76	41.36	30.36	37.29	49.56	51.87

数据来源：公司年报整理所得。

（3）业态转变。

①平台的连接与赋能。徐工机械通过 Xrea 汉云工业互联网平台的连接与赋能，形成了基于工业互联网平台的资源共享结构，实现用户、供应商、生态合作伙伴等利益相关者的增量价值转化。首先，平台连接有助于工业知识与数字化经验相融合。徐工机械是中国工程机械的领军型企业，长期积累的制造经验和数字化、智能化经验沉淀了丰富的工业应用场景和工业机理模型。在服务各行业的过程当中，徐工机械也积累下 80 个行业的专业知识和经验数据，为更快速、精确地了解生态合作伙伴并形成有效解决方案奠定基础。其次，平台赋能有助于灵活调动共享资源实现价值增量转化。基于海量经验数据的支撑，Xrea 能够提供平台化设计、数字化管理、个性化定制、智能化制造等多种业务模式，能够满足不同规模和不同类型的生态合作伙伴的需求，在为其服务创造价值的同时也能提升工业互联网平台的价值增量效益。

②绿色可持续发展。在注重主营业务发展的同时，徐工机械还重点关注行业新赛道，积极响应国家“双碳”战略，并作为行业首家企业发布了《徐工碳达峰碳中和行动规划纲要》纲领文件，将绿色低碳的发展理念融入到核心技术、核心零部件和核心产品的产出过程中。近年来，随着数字化转型的不断深入和数字信息技术的不断升级，徐工机械主动开展工程机械在新能源领域的研发和制造，在绿色能源、智能操作、无人驾驶等方面实现了技术突破，并成功投入到产品的实际使用中，产出包括全球首台锂电动力定向钻机 XZ4055、具备自决策无人驾驶的 XS225AI、XS265AI、XS325AI 振动压路机等，引领工程机械行业智能制造的绿色发展进程。

问题 5：结合徐工机械转型经验，企业在开展数字化转型时应注意哪些要点？

结合徐工机械数字化转型的经验，企业开展数字化转型应关注的要点包括顶层战略规划、数字信息技术提升、内部数字能力提升、内部管理赋能、数字生态合作等，可以针对具体方面展开进行分析，例如：

1. 顶层规划转型战略

企业应当要充分意识到数字化转型的重要性和迫切性，并以此作为目标深入贯彻落实顶层战略规划。通过找准自身数字化转型切入点，逐步规划好转型路径：第一，企业可以通过单点切入来进行基础的数字资源积累，实现最基本的降本增效；第二，通过线性串联处理好数据孤岛难题，使得生产运营各环节数字能力点之间的信息交互能够快速响应消费者需求；第三，企业网状融合实现多业务环节的互联互通，打造全价值链的数字化，提升企业整体运营管理的敏捷性和创新性；第四，以自身为中心辐射外部企业，依靠自身的数字影响力进行数字生态的拓展延伸，建立起与企业自身拥有一致价值观的生态群落，发掘出新的业务增长点。

2. 加大数字技术创新力度

有了顶层战略规划作为方向指引，如何通过数字技术来实现具体目标是数字化转型成功落地的又一关键要点。数字技术作为一种新资源能够从外部引入和内部研发两方面来对企业数字化转型产生影响。一方面，密切关注外部数字技术的发展趋势和场景应用热点是企业把握发展新动向的重要途径，例如，了解 AI、5G、RPA、物联网乃至元宇宙等前沿数字技术是什么、能做什么，进而创新性地思考如何将外部前沿的数字技术与企业当前的转型需求进行匹配和连接，以推动企业向更高阶的数字化转型阶段跃迁。另一方面，提升内部数字技术的创新性是企业保持和提升竞争力的重要手段，因此，企业应当注重内部数字技术的研发与创新，通过持续加大研发投入力度和完善奖惩机制，提高企业内部的创新积极性并提供源源不断的创新动力，产出更多的契合自身生产经营的创新技术和创新产品。

3. 注重内部人员数字化意识的培养

数字化转型就是通过在企业的研发、生产、管理、销售以及服务等各环节覆盖新一代数字信息技术，推动企业在业务模式、组织架构、商业模式以及企业文化等多方面的变革。由此可见，具备数字技术能力是开展变革的必要条件，企业还必须拥有数字技术团队来提供转型支持。一方面，团队中必须配备具有计算机等相关数字信息专业的人员，为数字化转型提供最基本的技术支持和沟通咨询。另一方面，团队中还需要拥有一批能够帮助企业在数字化转型过程中优化业务流程、实现业务创新的职能与业务部门人员，他们能够识别日常工作中需要进一步实行转型优化的流程，也能在转型过程中提供更具适用性的建议。因此，企业应当在进行业务沟通和培训时注重对员工数字化能力的培养，使得数字化转型的意识深入人心。

四、教学组织方式

（一）课时分配

本案例可作为专门的案例讨论课程来进行，案例课程时间控制在90分钟之内。表10－10为课堂计划建议，以供参考。

表10－10　　课程计划安排表

内容安排	具体讨论内容	教学目标	思政融入点	时间
课前提问	1. 为鼓励数字经济的发展，国家出台了哪些方针政策？ 2. 对制造业数字化转型有何了解？	了解数字化转型相关的政策背景和行业背景	加强政策支持和资源统筹，提高数字化转型的落地效果	10分钟
思考题1	如何理解数字化与信息化的关系？ （1）数字化与信息化的定义； （2）数字化与信息化的联系	目标1：分析数字化转型与信息化之间的差异与联系	加强对数字化和信息化的认知，明确“化”的理念和“化”的视角，以不断推动产业信息化和数字化转型的纵深化发展	10分钟
思考题2	结合制造业行业特点，如何理解数字化转型与智能制造的关系？ （1）与制造业相关的重点概念； （2）数字化转型与智能制造的定义； （3）数字化转型与智能制造的联系	目标2：厘清数字化转型与智能制造的概念与其之间存在的逻辑关系	数字经济与实体经济融合发展是新发展阶段的关键立足点，数字化转型是传统制造企业危中寻机的必然选	10分钟
思考题3	尝试总结和整理徐工机械数字化转型的具体路径。 （1）徐工机械从哪几个方面开展了数字化转型？ （2）徐工机械通过怎样的路径实现了数字化转型？	目标3：探索和总结徐工机械具体开展数字化转型的路径	以数字化转型实现发展跃迁，根据战略规划方向有针对性地进行分步骤、分阶段的落地实施	25分钟

续表

内容安排	具体讨论内容	教学目标	思政融入点	时间
思考题 4	制造业企业数字化转型是怎样实现价值创造的？ （1）数字化转型是通过怎样的流程实现价值创造的？ （2）徐工机械数字化转型创造了哪些方面的价值？	目标 4：思考数字化转型为徐工机械创造了怎样的价值	企业不应只追求利润最大化，而是要在转型发展的同时考虑利益相关者的利益，更多地承担社会责任	25 分钟
思考题 5	结合徐工机械转型经验，企业在开展数字化转型时应注意哪些要点？	目标 5：拓展思考企业在开展数字化转型时应当关注的要点	数字化转型需要因“企”制宜，注重长期发展效益	10 分钟

（二）讨论方式

本案例应当以小组讨论的方式开展。第一，需要进行课前预习，撰写案例讨论记录和制作课堂案例汇报发言 PPT 课件等；第二，组织课堂讨论，按照分组情况进行 PPT 案例汇报；第三，教师引导，在讨论过程中适当地提出进一步深入讨论的问题，引导学生进行不断深入的思考。

五、参考文献

[1] Michael E. Porter. 竞争优势 [M]. 陈小悦，译 . 北京：华夏出版社，1997.

[2] GBT 23011 – 2022，信息化和工业化融合 数字化转型 价值效益参考模型 [S]. 2022.

[3] 孙艳霞 . 基于不同视角的企业价值创造研究综述 [J]. 南开经济研究 . 2012（1）：145 – 152.

[4] Sirmon D G, Hitt M A, Ireland R D. Managing firm resources in dynamic environments to create value: Looking inside the black box [J]. Academy of management review, 2007, 32 (1): 273 – 292.

[5] Sirmon D G, Hitt M A, Ireland R D, et al. Resource orchestration to create competitive advantage: Breadth, depth, and life cycle effects [J]. Journal of management, 2011, 37 (5): 1390 – 1412.

[6] 孙新波，张媛，王永霞，等 . 数字价值创造：研究框架与展望 [J]. 外国经济与管理 . 2021，43（10）：35 – 49.

[7] 张媛，孙新波，钱雨 . 传统制造企业数字化转型中的价值创造与演化——资源编排视角的纵向单案例研究 [J]. 经济管理，2022，(4)：116 – 133.

[8] 徐工集团工程机械股份有限公司 . 2007—2021 年年度报告 [EB/OL]. 巨潮资讯网. 2007 – 2021.

[9] 埃森哲 . 国家工业信息安全发展研究中心 . 中国企业数字转型指数报告 [R]. 2021.

[10] 中国信息通信研究院. 全球数字经济白皮书——疫情冲击下的复苏新曙光 [R]. 2021.

[11] 艾瑞咨询研究院. 中国制造业数字化转型研究报告 [R]. 2022.

[12] 中国上市公司协会. 中国上市公司数字经济白皮书 [R]. 2022.

案例 11

代际传承何以顺利？梅花生物高管激励机制的优化之道

杨海燕　刘哲灵

专业方向： 财务管理

适用课程： 财务管理理论应用研究、管理会计理论应用研究

选用课程： 公司治理、财务分析方法

编写目的： 本案例旨在引导学生关注高管激励机制与家族企业代际传承之间的关系，理解高管激励机制在家族企业代际传承中的重要作用。通过本案例，一方面，学生可以学习和分析家族环境对代际传承模式的影响、高管激励机制在家族治理中的作用以及激励对象、激励方式、激励强度等激励机制的设计应用；另一方面，学生可以进一步深入分析家族企业代际传承后高管激励机制的优化之道及对二代继承人权威构建、增强高管团队勤勉义务和提升公司绩效的影响。

知 识 点： 高管激励机制、代际传承模式、家族治理、绩效评价方法

案例正文

2017 年，梅花生物发生了一件大事。作为梅花生物的创始人，孟庆山收到证监会出具的关于其在涉嫌违法违规方面的调查通知书与立案调查决定书，由此孟庆山不得不退出董事会，由其大女儿王爱军接任董事长职位。突如其来的“父女传承”，使得王爱军面临二代权威不足的问题，她如何通过优化高管激励机制以解决传承困境实现权力平稳过渡？我们可以从中得到什么启示呢？

一、案例背景

（一）公司概况

梅花生物于 2002 年成立，是一家专注于味精生产的生物科技公司。2006 年建成内蒙古通辽基地，形成规模优势。2011 年，梅花生物以新增股份方式并购五洲集团，使得公司借壳五洲明珠登陆 A 股，成为中国味精第一股。同年建成梅花集团调味品全自动化包装基地，

成为业界样板工厂。2012 年建成资源综合利用率较高、环保设施较先进、技术装备较全的新疆五家渠生产基地，使得梅花生物领跑氨基酸行业。上市以来公司坚持贯彻可持续发展理念，实现社会、环境及利益相关者的和谐共生。

梅花生物的股权结构自 2011 年起不断发生变化，股本从 2011 年的约 27 亿元增长至 2021 年的约 31 亿元。创始人孟庆山持股比例虽略微下降，从 2011 年的 31.54% 下降至 2021 年的 27.56%，但仍为控股股东。梅花生物 2011 年借壳上市后，实际控制权一直掌握在创始人孟庆山及其一致行动人（女儿王爱军、女婿何君）手中，2021 年合计持有公司股票约 948 934 502 股，占公司股本总数的 30.62%（见图 11-1）。

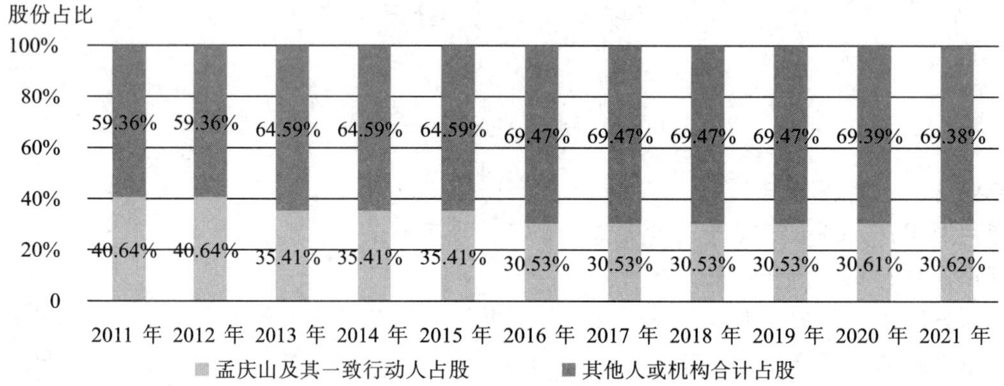

图 11-1 梅花生物股权结构

（二）梅花生物代际传承现状

经过多年打拼后，2002 年孟庆山创立了梅花生物，把主业定位在生产制造味精。从梅花生物创始人二代情况来看，孟庆山家族育有一子三女，分别是儿子王爱忠、大女儿王爱军，二女儿王爱玲，三女儿王爱娣。除了子女外，孟庆山还有一个能力较强的女婿何君。只有大女儿王爱军与女婿何君在集团中担任高管。

2011 年梅花生物开始进行代际传承，创始人孟庆山担任公司董事长并掌管公司实际控制权，其女王爱军 2011 年起担任董事与总经理，其女婿何君 2011 年起担任董事与副总经理。2017 年是梅花生物发展过程中的重要转折点。2017 年证监会对创始人孟庆山下发调查通知书，根据《中华人民共和国证券法》的有关规定，证监会认为创始人孟庆山因涉嫌违法违规，决定对其立案调查。该意外事件促使王爱军接任董事长职位，创始人孟庆山退出董事会，梅花生物进入二代继承人完全接管家族企业阶段。

“被动”的代际传承模式与女性继承人的特殊身份，让二代继承人王爱军在继任初期面临着二代权威树立的问题，而高管团队又是二代权威树立中需要重点激励的对象，但是梅花生物在代际传承中高管激励机制却并不完善。

（三）梅花生物代际传承中高管激励的现状

梅花生物的高管团队以非家族成员为主（见表 11-1）。然而，非家族成员作为梅花生物高管团队的主力军，与家族成员相比，在职位与薪酬上却有不小的差距（见表 11-2）。

其中，2011—2016 年家族高管孟庆山的年薪分别为 53 万元、53 万元、70 万元、100 万元、98 万元和 100 万元。除此之外，高管团队很少能见到年轻成员的身影，女性成员也不常见。

表 11 - 1　　职权激励和薪酬激励情况

姓名	按家族分类	按年龄分类	按性别分类	职位	任职期限（年）	是否有薪酬激励
孟庆山	家族成员	“45 后”	男	董事长	2011—2016	是
王爱军	家族成员	“70 后”	女	董事、总经理	2011—2016	是
何君	家族成员	“70 后”	男	董事、副总经理	2011—2016	是
梁宇博	非家族成员	“60 后”	男	董事、副总经理	2011—2016	是
谢方		“70 后”	男	董事	2011—2016	否
王欣		“75 后”	男	董事	2011—2012	否
刘宏鹏		“75 后”	男	董事	2013—2015	否
李勇刚		“75 后”	男	财务总监	2011—2016	是
杨慧兴		“75 后”	男	董事会秘书	2011—2016	是
宋卫		“45 后”	男	监事会主席	2011—2013	是
刘森芝		“60 后”	男	监事、监事会主席	2011—2013；2014—2016	是
崔丽芝		“65 后”	女	监事	2014—2016	是
王彬		“50 后”	男	监事	2013—2015	是
杨雪梅		“75 后”	女	监事	2016	是
陈晋蓉		“55 后”	男	独立董事	2011—2016	是
石维忱		“50 后”	男		2011—2016	是
赵广钤		“50 后”	男		2011—2016	是

注：薪酬激励中“否”意味着任职期间均无年薪激励。

表 11 - 2　　2011—2016 年家族高管与非家族高管的薪酬对比　　（单位：万元）

分类	姓名	2011 年年薪	2012 年年薪	2013 年年薪	2014 年年薪	2015 年年薪	2016 年年薪
家族高管	孟庆山	53	53	70	100	98	100
	王爱军	45	45	60	90	164	143
	何君	42	42	55	85	125	102
非家族高管	梁宇博	42	42	55	85	138	114
	谢方	0	0	0	0	0	0
	王欣	0	0	—	—	—	—
	刘宏鹏	—	—	0	0	0	—
	李勇刚	27	27	40	50	102	100
	杨慧兴	25	25	38	45	36	54
	宋卫	42	42	42	7	—	—
	刘森芝	35	35	40	40	34	34
	崔丽芝	5	5	35	25	23	31

续表

分类	姓名	2011 年年薪	2012 年年薪	2013 年年薪	2014 年年薪	2015 年年薪	2016 年年薪
非家族高管	王彬	—	—	12	15	22	—
	杨雪梅	—	—	—	—	—	40
	陈晋蓉	12	12	12	12	12	12
	石维忱	12	12	12	12	12	12
	赵广钤	12	12	12	12	12	12

根据梅花生物的年报显示，公司对高级管理人员采用绩效考核的方式进行考评，以经济效益为衡量干部及部门价值的标准，以务实、高效、结果导向为衡量干部的法则，年度总薪酬金额和绩效考核相挂钩，月度薪酬由工资、激励性奖金、福利三部分构成。除此之外，梅花生物高管总年薪与竞争对手阜丰集团相比存在一定差距。2011—2016 年梅花生物高管总年薪分别为 352 万元、352 万元、483 万元、578 万元、778 万元、754 万元，而阜丰集团分别为 1 774 万元、2 116 万元、2 467 万元、2 329 万元、2 891 万元、2 244 万元。进一步对比高管薪酬费用率，2011—2016 年，梅花生物分别为 0. 489 2%、0. 579 1%、1. 196 4%、1. 155 4%、1. 828 6%、0. 723 8%，而阜丰集团分别为 2. 936 4%、4. 960 7%、4. 874 2%、3. 717 9%、5. 599 9%、2. 054 0%。

2015 年 7 月 9 日，公司职工代表大会及公司第七届董事会第十八次会议审议通过了《梅花生物科技集团股份有限公司员工持股计划（草案）》，这是公司首次提出针对大股东与核心管理层的持股计划，但没过一年这一计划便终止了。根据董事会发布的《关于终止员工持股计划的公告》显示，在员工持股计划的有效购买期内证券市场及公司股价波动较大，员工持股计划参与人认为买入时机尚不成熟。

梅花生物重视公司工作氛围的营造和人才的培养，提出“全员经营，创造分享”为核心价值理念，为员工提供了丰富、有特色的文化活动，如员工健身俱乐部、趣味运动会、梅花年会等。公司 2015 年重点开展新员工岗前培训与销售管理培训两个培训项目，计划在未来逐步开展储备人才培训计划、培训体系建设等项目。然而，王爱军却发现了一些问题，“总感觉公司上下交流不足，也缺乏一些活力。高管很少参与一般员工的文化活动，且工作积极性也不够高，公司也留不住高管人才，四年内就有两个高管主动辞职”。

二、代际传承后高管激励机制优化之道

随着 2017 年一代创始人孟庆山退出董事会，二代继承人王爱军开始担任董事长，继承了公司的经营权，梅花生物的高管激励机制也在悄然改变。

2017 年梅花生物董事会成员缩减为 5 人，其中执行董事 3 名，非执行董事 2 名，执行董事分别为女儿王爱军、女婿何君、非家族高管梁宇博；非执行董事分别为非家族高管罗青华与郭春明（见表 11 - 3）。2017 年后，提拔家族成员何君为总经理；继续维持非家族成员梁宇博的副总经理职务；在管理层中增加一个副总经理职位，专门授予一名内部培养的职业经理人非家族成员王有，并长期聘任其担任这一职务。

表 11－3　　2011—2021 年董事任职情况表

按家族分类	按职位分类	2011—2012 年	2013—2015 年	2016 年	2017—2021 年
家族董事	执行董事	孟庆山	孟庆山	孟庆山	—
		王爱军	王爱军	王爱军	王爱军
		何君	何君	何君	何君
非家族董事		梁宇博	梁宇博	梁宇博	梁宇博
		王欣	刘宏鹏	—	—
		谢方	谢方	谢方	—
	非执行董事	陈晋蓉	陈晋蓉	陈晋蓉	罗青华
		石维忱	石维忱	石维忱	郭春明
		赵广钤	赵广钤	赵广钤	—

在高管年薪方面，2017—2021 年梅花生物的高管总年薪不断提升，分别为 1 560 万元、1 542 万元、1 875 万元、1 700 万元、5 248 万元，竞争对手阜丰集团高管总年薪分别为 3 175 万元、3 040 万元、2 277 万元、1 468 万元、1 776 万元（见图 11－2）。

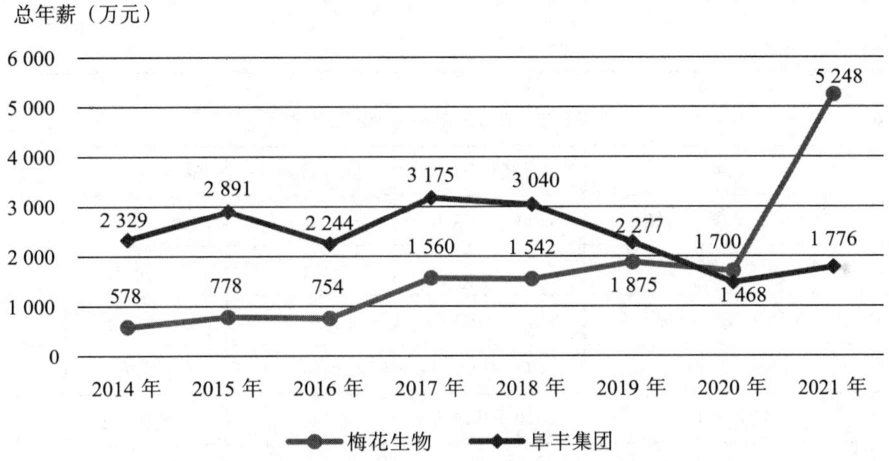

图 11－2　2014—2021 年高管总年薪折线图

梅花生物代际传承后开始正式实施高管股权激励。从激励对象来看，除了在 2017 年、2021 年、2022 年分别实施了一次员工持股计划之外，还在 2018 年实施了一次限制性股权激励。2017 年股权激励对象为女儿王爱军、女婿何军，以及 3 名非家族高管梁宇博、李勇刚、杨慧兴（见表 11－4）。2018 年股权激励对象为 4 名非家族高管，分别为副总经理梁宇博、副总经理王有、财务总监王威、董事会秘书刘现芳，其中王威与刘现芳是“80 后”（见表 11－5）。2021 年、2022 年股权激励对象有 3 名女性高管，分别为女儿王爱军、财务总监王丽红、董事会秘书刘现芳（见表 11－6）。从解锁条件来看，2018 年、2021 年分别从限制性股权激励和员工持股计划中补充了长期绩效考核的指标，分别就公司未来几年内的财务绩效或非财务绩效作出一定的长期目标要求（见表 11－7）。从认购情况来看，2017 年、2021 年、2022 年，高管认购份额和其占员工持股计划的比例不断上升，分别为 3 500 万份、

4 107.5 万份、10 500 万份和 17.50%、32.86%、30.00%（见表 11－8）。

表 11－4　　2017 年股权激励对象

姓名	职务	任职期间	按性别分类	按家族分类	按年龄分类
王爱军	董事长、董事、总经理	2011—2021 年	女	家族成员	“70 后”
何君	董事、副总经理、总经理	2011—2021 年	男	家族成员	“70 后”
梁宇博	董事、副总经理	2011—2021 年	男	非家族成员	“60 后”
李勇刚	财务总监	2011—2016 年	男	非家族成员	“75 后”
杨慧兴	董事会秘书	2011—2017 年	男	非家族成员	“75 后”

表 11－5　　2018 年股权激励对象

姓名	职务	任职期间	按性别分类	按家族分类	按年龄分类
梁宇博	董事、副总经理	2011—2021 年	男	非家族成员	“60 后”
王有	副总经理	2017—2021 年	男	非家族成员	“75 后”
王威	财务总监	2017—2019 年	男	非家族成员	“80 后”
刘现芳	董事会秘书	2017—2021 年	女	非家族成员	“80 后”

表 11－6　　2021 年、2022 年股权激励对象

姓名	职务	任职期间	按性别分类	按家族分类	按年龄分类
王爱军	董事长、董事、总经理	2011—2021 年	女	家族成员	“70 后”
何君	董事、副总经理、总经理	2011—2021 年	男	家族成员	“70 后”
梁宇博	董事、副总经理	2011—2021 年	男	非家族成员	“60 后”
王有	副总经理	2017—2021 年	男	非家族成员	“75 后”
王丽红	财务总监	2020—2021 年	女	非家族成员	“80 后”
刘现芳	董事会秘书	2017—2021 年	女	非家族成员	“80 后”

表 11－7　　2018 年、2021 年股权激励的具体解锁条件表

<table>
<tr><th>股权激励方式</th><th>法定/非法定要求</th><th>公司/个人层面</th><th>具体要求</th><th>个人当期解锁标的股票权益数量（额度）</th></tr>
<tr><td rowspan="2">2021 年员工持股计划</td><td rowspan="2">非法定要求</td><td>公司层面</td><td>以 2020 年归属于上市公司股东的净利润为基数，2021 年公司归属于上市公司股东的净利润增长率不低于 20%；或以 2020 年营业收入为基数，2021 年营业收入增长率不低于 20%</td><td rowspan="2">目标解锁数量×解锁系数</td></tr>
<tr><td>个人层面</td><td>持有人的绩效考核结果划分为优秀、合格、不合格三个档次，对应不同的解锁系数：优秀 100%、合格 50%、不合格 0</td></tr>
</table>

续表

<table>
<tr><th>股权激励方式</th><th>法定/非法定要求</th><th>公司/个人层面</th><th>具体要求</th><th>个人当期解锁标的股票权益数量（额度）</th></tr>
<tr><td rowspan="8">2018 年限制性股票激励计划</td><td rowspan="6">法定要求</td><td rowspan="3">公司层面</td><td>未发生最近一个会计年度财务会计报告被注册会计师出具否定意见或者无法表示意见的审计报告</td><td rowspan="8">标准系数 × 个人当年计划解除限售额度</td></tr>
<tr><td>未发生最近一个会计年度财务报告内部控制被注册会计师出具否定意见或者无法表示意见的审计报告</td></tr>
<tr><td>未发生上市后最近 36 个月内出现过未按法律法规、公司章程、公开承诺进行利润分配的情形</td></tr>
<tr><td rowspan="3">个人层面</td><td>未发生最近 12 个月内被证券交易所认定为不适当人选</td></tr>
<tr><td>未发生最近 12 个月内被中国证监会及其派出机构认定为不适当人选</td></tr>
<tr><td>未发生最近 12 个月内因重大违法违规行为被中国证监会及其派出机构行政处罚或者采取市场禁入措施</td></tr>
<tr><td rowspan="2">非法定要求</td><td>公司层面</td><td>2018—2020 年实现的营业收入分别不低于 122 亿元、145 亿元、170 亿元，或 2018—2020 年实现的净利润分别不低于 10 亿元、12 亿元、15 亿元</td></tr>
<tr><td>个人层面</td><td>激励对象的绩效考核结果划分为 A、B、C、D 四个档次，分别对应标准系数为 1、1、0、0</td></tr>
</table>

表 11－8　员工持股计划表

年份（年）	高管认购份额（万份）	占员工持股计划比例（%）	有无解锁条件	锁定期（个月）	存续期（个月）
2017	3 500	17.50	无	12	36
2021	4 107.50	32.86	有	24	36
2022	10 500	30.00	无	24	36

数据来源：2017 年、2021 年、2022 年员工持股计划。

在薪酬构成方面，代际传承后增设特别奖金，根据 2017 年梅花生物年报显示，公司特别奖金由年度绩效奖金和总经理特别奖构成，年度绩效奖金按照高管年度预算达成情况确定，总经理特别奖按照年度考核情况确定，奖励当年为公司创造重大贡献的团队或个人，具体奖励办法、奖金额度由总经理办公会决定。

在绩效管理方面，梅花生物于 2017 年首次提出，“本着‘谁创造，谁分享’的原则，对副总、总经理按照年度预算达成情况确定其年度奖金系数”；2020 年提出，“围绕着‘全员经营、创造分享’和‘以财务结果为评判干部的最终标准’两个经营理念来搭建绩效管理体系”。2020 年首次提出，“依据 SMART 原则制定绩效管理办法；用高绩效作为手段牵引持续提升业绩结果，引导‘高绩效、高成果’，创造分享”。

梅花生物还通过修改公司章程授予部分高管提名董事、监事的权力。2018 年 5 月 30

日，梅花生物第八届董事会第十五次会议审议通过了《关于修订公司章程的议案》。修改了公司章程中第八十二条的董事、监事提名方式和程序，将有权提名董事、监事候选人的股东表决权股份下调，提名执行董事的股东表决权股份由持有或合并持有至少大于等于5%下调至3%（见表11－9），将提名独立董事的股东表决权股份由持有或合并持有至少大于等于5%下调至1%。进一步从2017—2020年公司年报披露来看，有三位高管成员为公司前十大股东，分别为董事长兼总经理王爱军、董事兼副总经理梁宇博和董事兼副总经理何君，由于王爱军与何君为家族成员兼一致行动人，因此二者2017—2019年合计持有股份3.04%、3.04%、3.06%（见表11－10），而梁宇博为非家族成员，其2017—2020年持有股份分别为1.73%、1.77%、1.77%和1.76%。因此，公司章程修订后，王爱军和何君满足提名董事、独立董事和监事候选人所有高管的条件，而梁宇博满足提名独立董事候选人的条件。

表11－9　　2018年公司章程修订前后对比

项目	修订前	修订后
董事、监事提名方式和程序	董事会、监事会、持有或合并持有公司5%以上有表决权股份的股东可以提名董事、监事候选人	董事会、单独或合并持有公司有表决权股份总数3%以上的股东，有权提名董事候选人；董事会、单独或者合并持有公司有表决权股份总数1%以上的股东，有权提名独立董事候选人。监事会、单独或合并持有公司有表决权股份总数3%以上的股东，有权提名监事候选人

表11－10　　前十大股东中高管持股比例

姓名	是否为家族高管	职位	持股比例（%）			
			2017年	2018年	2019年	2020—2021年
王爱军	是	董事长、总经理	2.29	2.29	2.3	2.3
梁宇博	否	董事、副总经理	1.73	1.77	1.77	1.76
何君	是	董事、副总经理	0.75	0.75	0.76	—

注：何君于2020年退出前十大股东。

除此之外，根据梅花生物年报显示，2018年针对不同层级的人群，从公司需求出发，设置相应的培训内容，进行差异化管理。从高管层、中基层管理者管理能力、在职人员专业能力、新员工核心价值观培育，多层次、立体化建立培训框架，按期推进开展培训。2019年在人才培养体系上，公司与麦肯锡等知名咨询公司合作，建立了完善的人才培养系统与培训体制，以实现人才的培养与优秀经验传承。

三、代际传承后高管激励机制优化效果

高管激励的优化措施为梅花生物带来不少好处。代际传承后，梅花生物于2019首次获信用评价AAA级企业，于2020年获国家级农业产业化重点龙头企业（见表11－11）。同时，2017年之后高管也未发生主动辞职现象。

表 11 - 11　　2015—2020 年公司获取的重要荣誉表

公司名称	2015 年	2016 年	2017 年	2018 年	2019 年	2020 年
梅花生物	中国轻工业百强企业	中国轻工业百强企业	中国轻工业百强企业	中国轻工业百强企业	中国轻工业百强企业	中国轻工业发酵行业十强企业
	—	—	中国轻工业食品行业五十强企业	中国轻工业食品行业五十强企业	中国轻工业食品行业五十强企业	中国工业大奖表彰奖
	—	—	—	—	中国轻工业发酵行业十强企业	中国生物发酵产业创新贡献奖
	—	—	—	—	信用评价 AAA 级信用企业	突出贡献奖
	—	—	—	—	突出贡献奖	全国农业产业化龙头企业 100 强
通辽梅花	通辽农牧业产业化重点龙头企业	内蒙古自治区农牧业产业化重点龙头企业	—	—	自治区农牧业产业化重点龙头企业	2019—2020 年度最佳饲料原料供应企业
	—	—	—	—	内蒙古民营企业 100 强	内蒙古民营企业 100 强
	—	—	—	—	农业产业化国家重点龙头企业	
新疆梅花	—	—	—	2018 年度防火安全先进单位	工业产品绿色设计示范企业	国家重点龙头企业（中华人民共和国农业部）
吉林梅花	—	—	—	农业产业化市级重点龙头企业	市模范集体	优秀农业产业化龙头企业
	—	—	—	—	省模范集体	2019 年度安全生产暨消防工作先进单位
	—	—	—	—	—	市级农业产业化联合体
	—	—	—	—	—	农业产业化省级重点龙头企业

从营业收入、净利润、扣除非经常性损益后的净利润三项财务指标来看梅花生物盈利情况，与代际传承中时间段相比（见表 11 - 12），代际传承后梅花生物创造了更多的收入与利润（见表 11 - 13）。

表 11-12　代际传承中梅花生物盈利情况　（单位：万元）

财务指标	2011 年	2012 年	2013 年	2014 年	2015 年	2016 年
营业收入	686 620.85	746 967.81	778 038.33	986 496.74	1 185 317.43	1 109 277.20
净利润	71 950.19	60 783.23	40 369.76	50 026.57	42 545.68	104 168.99
扣非净利润	59 636.08	56 001.70	21 705.26	40 029.05	25 958.65	84 277.69

表 11-13　代际传承后梅花生物盈利情况　（单位：万元）

财务指标	2017 年	2018 年	2019 年	2020 年	2021 年
营业收入	1 113 216.11	1 264 804.58	1 455 354.75	1 704 951.45	2 283 689.03
净利润	117 360.68	100 154.63	98 864.19	98 206.36	235 109.17
扣非净利润	83 305.47	89 208.2	85 610.17	91 175.69	204 129.98

在高管团队的带领下，梅花生物在代际传承后创新发展战略落实情况较好。代际传承后梅花生物研发投入持续强化，高管团队持续落实了创新发展战略中的“继续加大研发投入”目标。从研发投入来看，2017—2021 年研发投入数额分别为 3.43 亿元、3.78 亿元、4.35 亿元、4.68 亿元、6.49 亿元。从研发人员来看，2017—2021 年研发人员数量分别为 75 人、76 人、98 人、115 人、219 人，研发人员占比分别为 0.75%、0.69%、0.84%、0.99%、1.69%。从研发成果来看，2019 年梅花生物率先建立了鲜味评价体系和方法，确定了梅花鲜味剂的技术领导地位。2019 年梅花生物吉林基地化验八室通过 CNAS（中国合格评定国家认可委员会）认可，至 2020 年，累计申请知识产权 25 篇，涵盖公司全部产品，申请数量创历史新高，同年梅花生物还荣获中国生物发酵产业协会颁发的“中国生物发酵产业创新贡献奖”。

四、尾声

代际传承后，梅花生物二代继承人王爱军在几年内慢慢站稳脚跟，高管团队逐渐稳定，树立起自己的权威。然而，对于家族企业而言，权力的争夺与斗争可能才刚刚开始。2021 年二代继承人王爱军开始增加对家族高管的激励强度，家族高管与非家族高管的激励差距又开始拉大，梅花生物的未来又将何去何从？该如何平衡家族控制与发挥非家族高管积极性之间的关系？未来如何通过进一步优化高管激励机制实现企业可持续发展？这些将是家族企业梅花生物将要面对的重要问题。

五、启发思考题

1. 什么是代际传承？梅花生物的代际传承模式是什么？
2. 梅花生物在代际传承中高管激励机制存在哪些问题？
3. 家族企业经营权正式交接后的几年是家族企业发展的关键时期，结合相关理论，分析梅花生物代际传承后如何对高管激励机制进行优化？
4. 结合本案例与相关理论，分析高管激励机制优化对公司产生什么影响？

5. 我国家族企业已进入代际传承高峰期，梅花生物高管激励机制优化之道对其他家族企业有什么启示？

案例使用说明书

一、教学目的与用途

1. 适用课程：财务管理理论应用研究、管理会计理论应用研究、公司治理、财务分析方法等相关课程的教学研讨。

2. 适用对象：MPAcc 学生，拓展适用于所有管理类的专业硕士（如审计专业硕士、工商管理专业硕士）、学术性硕士及高年级本科生。

3. 教学目的：本案例从 2011 年梅花生物代际传承开始入手，让学生系统了解家族环境的变化如何影响代际传承模式的选择，代际传承模式又如何影响高管激励机制的设计；全面掌握激励对象、激励方式、激励强度等高管激励机制的设计与应用；深入理解家族企业代际传承后高管激励机制的优化之道及对二代继承人权威构建、增强高管团队勤勉义务和提升公司绩效的影响。

二、启发思考题

1. 什么是代际传承？梅花生物的代际传承模式是什么？

2. 梅花生物在代际传承中高管激励机制存在哪些问题？

3. 家族企业经营权正式交接后的几年是家族企业发展的关键时期，结合相关理论，分析梅花生物代际传承后如何对高管激励机制进行优化？

4. 结合本案例与相关理论，分析高管激励机制优化对公司产生什么影响？

5. 我国家族企业已进入代际传承高峰期，梅花生物高管激励机制优化之道对其他家族企业有什么启示？

三、分析思路

教师可以根据自己的教学目标（目的）来灵活使用本案例，这里提出本案例的分析思路，仅供参考。

本案例根据案例情节设置案例问题，根据案例问题学习相应的理论知识予以解答。案例问题沿着“代际传承模式”—“代际传承中高管激励机制存在的问题”—“代际传承后高管激励机制的优化之道”—“高管激励机制优化对公司的影响”—“启示”的逻辑脉络展开，其中涉及的理论知识包括代际传承模式、委托代理理论、利益相关者理论、高管激励机制、社会情感财富理论、权威认同构建、需求层次理论、激励理论、家族治理等，便于学生理解和掌握公司财务、公司治理的相关知识点。具体可参考图 11－3 的分析思路与框架。

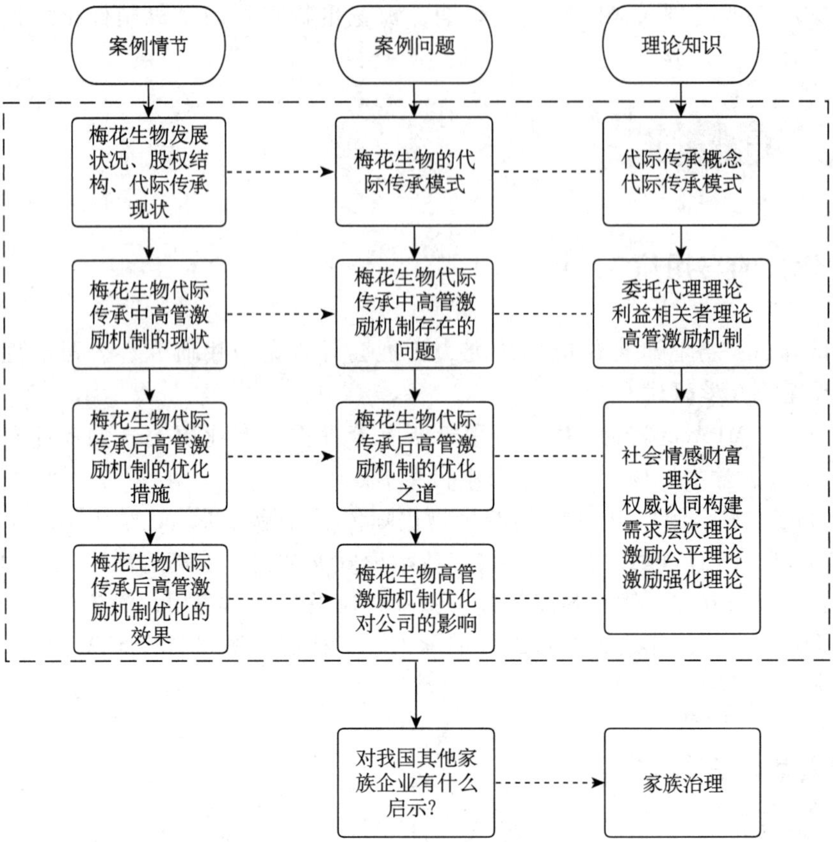

图 11－3　案例分析思路图

四、理论依据与分析要点

（一）什么是代际传承？梅花生物的代际传承模式是什么？（思考问题 1）

理论依据 1：代际传承概念

家族企业的代际传承是一个过程，而不是一个事件。这个过程涉及继任者的培养，对其他家庭成员、创始人和非家族经理人的影响，权杖交接手段和方法以及对企业的影响等问题。家族企业代际传承阶段的划分方式主要分为两类，一类是以经营权的转移作为划分标准，另一类是以所有权的转移作为划分标准。代际传承的划分主要有以下三个阶段：一是家族二代进入家族企业非核心管理层，但不拥有经营权；二是父辈逐渐放权，二代逐步成为核心管理成员；三是父辈完全退出企业，二代接收企业的经营权，独立进行经营决策。

理论依据 2：代际传承模式

以继任者身份为分类标准，我国家族企业代际传承模式可以分为两类，一类为以性别为划分标准的男性继任者与女性继任者两类代际传承模式，另一类为以家族成员为划分标准的传承给儿子、女儿、侄子、女婿四类代际传承模式。我国家族企业代际传承的继承人培养模式主要分为国内培养和海外培养两种。一是企业国内培养，通过长期在国内学习，并进入国内家族企业工作，培养继承人对家族企业经营管理能力，同时让优秀的继任者脱颖而出；二是企业海外培养，通过让继承人出国留学或工作，学习外部先进的经营管理知识，培养更为广阔的国际视野，回国后经短暂内部或外部锻炼后进入家族企业管理层。

案例分析要点：

1. 本案例以经营权转移作为代际传承的划分标准

从传承模式、内容与阶段的角度对家族企业代际传承进行界定，即家族企业经营权在不同代际的家族内部成员之间发生转移，并将二代初始涉入经营权至经营权转移结束视为代际传承阶段。具体而言，本案例的代际传承开始时点为二代初始涉入经营权，表现为父辈逐渐放权，二代开始进入董事会或管理层，担任高管。代际传承结束时点为一、二代完成经营权的传递，表现为二代担任董事长，一代从董事会或管理层中退出。

2. 梅花生物采取了“父女传承”与“被动”的代际传承模式

一方面，由于经营权在父亲孟庆山与女儿王爱军之间传递，因此从继承人身份来看，在性别分类上，梅花生物采用了传承给女性继承人的代际传承模式；在家族成员分类上，梅花生物采用了“父女传承”的代际传承模式。另一方面，从是否为主动传承来看，由于突发创始人孟庆山因涉嫌违法违规接受证监会调查的意外事件，使一代突然被迫从董事会中退出和二代继任董事长，最终导致家族企业从一、二代共事阶段直接进入二代完全掌管家族企业阶段，因此梅花生物采用了“被动”的代际传承模式。

（二）梅花生物代际传承中高管激励机制存在哪些问题？（思考问题 2）

理论依据 1：委托代理理论

委托代理理论遵循的基本分析逻辑为委托人为了实现自身效用最大化，将其所拥有（控制）资源的某些决策权授予代理人，并要求代理人提供有利于委托人利益的服务或行为。但是由于信息不对称与“经济人”假设，代理人在经营决策过程中会追求自身利益而损害委托人的利益，从而引发代理问题。为了解决代理问题，需要在激励相容约束和参与约束两个条件下寻找委托人设计的最优契约，让代理人的努力水平符合委托人的利益。

对于家族企业而言，存在“双重三层”委托代理问题。先从“双重”来看，除了控制性家族与经理人之间的第一重代理问题外，还面临控制性家族和社会股东之间的第二重代理问题。再从“三层”来看，第一重代理问题中的经理人又可以细分家族经理人与外部经理人，因此又可将整体的两重代理理论划分为三层人群之间的代理问题，即业主与家族经理人、业主与外部经理人、控制性家族和社会股东之间的代理问题。

理论依据 2：利益相关者理论

西方学者在对家族企业代际传承的研究中，逐渐引入利益相关者理论，并认为利益相关者是不可或缺的，对家族企业代际传承与发展有重要的影响。利益相关者理论认为家族企业的代际传承不仅关乎在任者和继承人这两类关键参与者的突发事件，而且是一个涉及家族企业内部和外部众多利益相关者的复杂过程。其中非家族成员是家族企业重要的内部利益相关者，因为非家族成员人数较多且可能拥有指导继承人成长的企业默会知识。因此，在代际传承过程中，要充分考虑非家族成员等利益相关者的变化与诉求，并能在满足其合理的利益要求的基础上，妥善处理接班人与其他利益相关者在权力传承过程中产生的利益冲突，从而实现家族企业权力的平稳过渡。

理论依据3：高管激励机制

高管激励机制是一系列针对企业高级管理人员的显性和隐性激励契约的组合，并可细分为高管激励对象、高管激励方式和高管激励强度三个方面。不同公司可以根据需要设定不同的高管激励契约，将物质激励细分为基本薪酬、可变薪酬、股票期权、福利计划四种方式，将精神激励细分为事业激励、职权激励、人力资本增值激励、声誉激励、职业经理信任、产权治理文化六种方式。

案例分析要点：

1. 激励对象存在偏向、范围不足问题

从职权激励对象来看，梅花生物存在的三个问题：一是以男性高管为主，鲜有女性非家族高管受到高管职权激励。女性高管的占比较低，即使从2011年的21.43%增加至2016年的35.71%，男性高管仍占主导地位，占比大于64%，反映出职权激励中女性高管激励对象占比较低的问题，使得职权激励对象存在偏向。二是职权激励对象存在偏向家族高管的问题。非家族高管在结构中占大部分比例，占据高管总人数的约80%，但是非家族高管普遍职位较低，且权力较小，导致职权激励效果较差。三是职权激励对象中缺少年轻高管，存在较多“45后”“50后”的高管，公司2016年前最年轻的高管为“75后”，不利于为公司内部培养且年轻有为的员工打通晋升渠道，导致职权激励对象缺少年轻有为的高管，不利于为公司注入年轻血液，不利于提升公司的活力，阻碍二代代际传承后的权威构建。

从薪酬激励对象看，存在激励对象范围不足的问题。一方面，薪酬激励未囊括所有非家族高管。有三位非家族男性高管在其任职期间未受到薪酬激励，使薪酬激励对象范围未涵盖所有非家族高管成员。另一方面，由于职权激励中缺少对年轻高管的激励，也间接造成了薪酬激励对象缺少对年轻高管的激励，2011—2016年公司缺少“80后”高管，使得高管团队薪酬激励对象中缺乏年轻人，使得高管薪酬激励对象范围存在不足，不利于家族企业未来的可持续发展。

2. 激励方式上缺乏长期激励、绩效考核方式单一

缺乏长期激励。2017年前，公司并未实质进行过股权激励，公司代际传承中主要的物质激励方式为薪酬激励，主要包括工资、激励性奖金、福利三部分，从中可以看出，缺乏长于一年的长期薪酬激励方式。长期的激励有助于保障家族企业的可持续发展，避免高管为了追求短期利益而忽略公司的长期利益，因此缺乏长期激励难以形成长期有效的正向激励效果，不利于高管提高履行勤勉尽职义务的积极性，不利于家族企业的可持续高质量发展。

薪酬激励中的绩效考核方式单一且缺乏科学性。2012年提出“一切以经济效益为衡量干部及部门价值的标准，一切以务实、高效、结果导向为衡量干部的法则”。一方面，体现出其绩效考核仅以经济效益为主要考核方式，缺少公司文化价值观、道德标准等其他考核方式。另一方面，仅以经济效益和结果导向作为衡量标准，导致可能由于目标过高而无法实现业绩目标，从而挫伤高管工作积极性，反而不利于激励高管。

3. 激励方式上职权激励不足、培训激励缺乏系统化和差异化

职权激励中存在权力激励不足和不合理问题。从职权激励的方式来看，授予权力渠道单一，公司主要通过董事会选举的方式授予高管权力，由于缺少其他渠道授予高管权力的方式，导致高管仅享有所在高管职位的管理权力，缺乏股权、提名权等其他权力。

人力资本增值激励中的培训激励缺乏系统化培训体系，一是梅花生物在代际传承中尚未

与重点大学、知名培训机构合作，使得公司缺乏相应的培训资源，导致培训成本较高，不利于培训课程的开发和完善，不利于系统科学地针对高管团队进行相关培训；二是缺少针对高管开设相应的培训课程，梅花生物在代际传承中储备人才培训计划尚处于建设和开发阶段，不仅未针对不同需求进行差异化的培训管理，还缺少完善的培训课程项目，缺乏针对不同级别员工的差异化培训课程，使得培训课程同质化，不利于高管的人力资本增值激励。

4. 激励强度不足，特别是非家族高管强度不足

梅花生物代际传承中薪酬激励强度虽然在增长，但是激励强度与同行业竞争对手相比较低。同为提供生物化学产品的中国生物发酵行业的龙头企业梅花生物，其高管总年薪在金额上远低于竞争对手阜丰集团，平均仅为其竞争对手高管总年薪的 24%。2011—2016 年，竞争对手阜丰集团高管薪酬费用率仍远高于梅花生物，阜丰集团高管薪酬费用率占比约为梅花生物的 4.04 倍，意味着阜丰集团高管从公司经营收益中平均获利程度是梅花生物的约 4.04 倍。较大的薪酬激励水平差距导致同样作为著名味精生产商的梅花生物在薪酬激励上存在劣势，不利于在同行业竞争中占据优势。

家族高管年薪高于非家族高管年薪，存在非家族高管薪酬激励强度不足的问题。家族高管年薪高于非家族高管年薪，且存在较大年薪差距。从高管平均年薪来看，2011—2016 年家族高管平均年薪分别为 46.67 万元、46.67 万元、61.67 万元、91.67 万元、129 万元和 115 万元，而非家族高管年薪平均分别为 31.33 万元、31.33 万元、44.33 万元、60 万元、92 万元和 89.33 万元，可见非家族高管的平均年薪远低于家族高管的年薪。从高管总年薪和高管人数来看，2011—2016 年非家族高管人数占比约为 80%，但是，非家族高管年薪占总年薪比例仅为 50%—60%，远低于非家族高管人数的比例，因此，高管薪酬激励强度不一，存在非家族高管年薪分配不合理的问题。

（三）家族企业经营权正式交接后的几年是家族企业发展的关键时期，结合相关理论，分析梅花生物代际传承后是如何对高管激励机制进行优化？（思考问题 3）

理论依据 1：社会情感财富理论

社会情感财富理论（SEW）是用以解释家族企业经常偏离自身经济目标追求非经济目标的现象，SEW 是家族凭借其所有者、决策者和管理者的身份从家族企业获得的非经济收益，非经济收益划分为情感、文化价值观和利他三个纬度，一是情感具体包括满足归属、情感和亲情需要、维系家族控制、保全家族社会资本、传承意愿；二是文化价值观包括企业内部长久保持家族价值观；三是利他包括以利他主义来对待家族成员。SEW 的提出，使得学者能更好地解释家族企业复杂的经济社会现象。

在家族企业代际传承中，家族企业为了追求家族控制、家族和谐等非经济目标，特别重视家族关系，例如在任领导者和继任者的关系，以及继任者与其他利益相关者的关系。在高管激励中，采取合理的方式保障利益相关者的利益，有助于维持重要的家族社会资本，实现家族和谐、家族控制等非经济目标。因此，在研究家族企业的实际行为中，SEW 理论可应用于多个方面，能够更为有力且合理地解释家族企业代际传承阶段的相关财务行为。

理论依据 2：权威认同构建

“少主难以服众”是二代接班人难以突破的尴尬局面，导致二代权威不足的原因主要是代际传承导致组织内外部环境变化，使得企业面临着来自多方面的质疑。一方面，老一辈即

将退出组织，老一辈所具备的传奇创业经历、企业家能力、丰富经验与广泛人脉、光鲜社会地位及独特人格魅力等经过长期实践形成的特殊资产不能等价传递至继任者，而继任者欠缺丰富的经营管理经验，同时面临家族内部控制权争夺、继任者与高层员工之间的冲突以及重构外部利益相关者关系网络的问题，使得继任者有较大权威失落的风险。另一方面，子辈在学校的时间普遍延长。这使得子辈在知识水平上超过父辈，但是又因求学而不能过早地担负管理企业的责任，导致管理经验不如父辈，而且失去很多获取权力与地位的机会。综上，二代会面临家族逻辑和企业逻辑等多重制度逻辑困境，继任者在继任之初面临的最大问题是对其合法性的质疑及管理权威树立的困难。

理论依据3：激励理论

需求层次理论属于内容型激励理论。该理论是由美国心理学家亚伯拉罕·马斯洛于20世纪50年代首先提出，马斯洛将人的需要划分为五个层次，从低到高依次为生理需要、安全需要、社交需要、尊重需要、实现自我需要五个层次，基本逻辑为只有满足了低层次的需要，人才会追求更高层次的需要。具体而言，生理需要是维持生存的基本需要，安全需要是保护自己免受生理和心理伤害的需要，社交需要是保持与人之间的爱与友谊，尊重需要是受尊重、关注、认可、地位和成就的需要，自我实现需要是最大限度发挥自己潜能的需要。

激励公平理论属于激励过程理论的分支，由美国心理学家亚当斯（Adams）于20世纪60年代提出。该理论认为个体不仅注重绝对报酬的数量，还重视获得报酬的公平合理程度，关注所获取薪酬、奖励、认可、晋升、培训、工作条件等激励措施是否符合个人所投入时间和精力等。亚当斯认为个人公平感的产生，依赖于个人对所观察到的自己的所得与投入之比和所观察到的他人的所得与投入之比进行实际比较的过程。

激励强化理论属于激励过程理论的分支，该理论是由斯金纳（Skinner）于20世纪60年代提出。该理论认为人的行为是由外界环境决定的，外界的强化因素可以塑造行为。如果正强化一个人的某一行为，那么他很可能会由于激励强化而重复这一行为。

案例分析要点：

1. 减少董事职权激励范围，保障家族控制，提高二代家族权威

从董事会成员可以看出，董事会执行董事成员由六名缩减至三名，独立董事由三名缩减至两名，体现出董事职权激励的范围在缩小。主要原因在于梅花生物代际传承的模式，一方面，与以往常见的“父子传承”的代际传承模式不同，梅花生物的代际传承是“父女传承”模式。相比男性，女性继承人由于性别原因，在权威的构建上会遇到更多的阻碍。另一方面，梅花生物并不是一代主动将权力传承给二代，而是由于一代受证监会调查而导致经营权被动转移给二代。由于意外情况而被动进行代际传承的情形下，家族企业更容易产生传承准备不充分，以及二代权威不足的问题，因此，二代对权威的构建更为迫切。综上，由于二代的性别原因和代际传承中发生的意外情况，导致二代继承人存在一定权威旁落的风险，为了集中董事会权力，增强董事长的权威，因此在董事会的人员上进行了调整，通过缩小董事职权激励的方式集中权力的方式，建立自身继任初期的权威，以平稳度过代际传承后的权力动荡期。

2. 实行差异化高管职权激励，以实现家族控制与家族内部关系和谐的非经济目标

2017年后，在家族成员方面，提拔何君为总经理；在非家族成员方面，仍继续维持梁宇博副总经理的职务，体现出对两位重要高管的差异化职权激励。差异化职权激励将作用于

以下两个方面：一方面有助于实现家族控制，由于董事长和总经理均为家族成员，有助于从管理层和董事会两个公司最高经营管理机构中把控最高经营权，从而最终实现家族控制目标。另一方面，有助于实现家族内部成员关系的和谐目标，由于家族成员何君在代际传承前就长期担任副总经理职务，与二代继承人存在一定的经营权竞争关系，将总经理职权交由家族成员何君，有助于通过职权激励核心家族高管，同时缓解家族成员内部的矛盾，实现家族和谐的非经济目标。

3. 梅花生物从代际传承后开始正式实施高管股权激励，解决了公司激励对象单一、存在偏向和范围不足的问题

梅花生物除了在 2017 年、2021 年、2022 年实施了三次员工持股计划激励之外，还在 2018 年实施了一次限制性股权激励。代际传承后经过股权激励对象优化，使得更多的女性、非家族、年轻的高管得到激励。与 2017 年相比，2018 年限制性股权激励计划进一步优化激励对象范围，增加非家族高管和年轻高管作为股权激励的对象。2021 年、2022 年的员工持股计划的激励对象进一步优化，增加了女性高管的激励数量，女性高管增加至三名，同时保障激励对象中含有 4 名非家族成员和两名出生年份在 1980 年之后的年轻高管。基于激励公平理论，增加对女性、非家族和年轻高管的股权激励，优化高管股权激励对象，提升了股权激励方式的公平合理性，有助于提升高管履行勤勉尽责义务的积极性。

4. 健全了梅花生物高管激励与约束的长效机制

代际传承后，主要通过增加股权激励和特别奖金两种方式，填补了公司高管长期激励的空缺，健全了梅花生物高管激励与约束的长效机制。基于激励公平理论，高管激励与约束长效机制的健全有助于提升高管激励的公平合理性，从而有助于提升高管履行勤勉尽责义务的积极性。

一方面，代际传承后家族企业梅花生物实行了多次长期激励措施，且频率较高，有以下三点原因：其一，基于激励理论，通过短期激励与长期激励相结合，有助于高管在进行经济决策时考虑长远目标，避免高管追求短时经济利益而忽视长期的公司治理目标，将公司长期目标与高管决策紧密结合，促进家族企业的长远发展。其二，基于社会情感财富理论，家族企业在满足家族控制、家族期望等非经济目标的基础上，还追求和谐的家族企业内部的社会关系网，将基于亲缘的互惠关系拓展至非家族高管成员，通过适当地给予家族和非家族高管相应股权，有助于提升高管团队的凝聚力，稳定高管团队的利益，实现家族内部关系和谐的目标。

另一方面，通过股权激励手段补充长期绩效考核指标。通过将公司未来几年的业绩目标与高管股权激励相结合，有助于补充公司代际传承中在薪酬考核中欠缺的长期业绩考核指标，不仅使得高管能够在保障公司长期利益不受损害的同时满足公司短期利益，而且利于提高高管的遵守法律法规和履行勤勉义务的积极性，从而提升家族企业代际传承后的业绩表现。

5. 完善短期业绩考核的合理性

代际传承后，梅花生物从两个方面持续完善了短期业绩考核的合理性，从而提高了短期薪酬激励方式的合理性。基于激励公平理论，提升短期业绩考核的合理性，有助于提升薪酬激励方式的公平合理性，从而提升高管履行勤勉尽责义务的积极性，助力更佳公司业绩表现。

一方面，将文化激励嵌入高管绩效考核指标中。梅花生物代际传承后将“创造分享”的价值观嵌入业绩考核中，有助于通过价值观激励高管达成追求创造和共享文化的共识，增

强高管团队的凝聚力，从而潜移默化地影响高管的经营决策，有助于提升公司的业绩表现。

另一方面，提升绩效考核的科学性。2020 年首次提出依据 SMART 原则制定绩效管理办法。通过 SMART 原则，梅花生物可以解决代际传承中业绩考核方式中缺乏科学性的问题。由此可见，代际传承后公司运用更为科学的方法，形成了更为系统的绩效考核体系，有助于更为合理地进行薪酬分配，促进家族企业所有员工，特别是高管成员创造更高绩效。

综上，提高短期薪酬激励的合理性作用于家族企业的以下三个方面：第一，有助于持续提升公司的活力和未来业绩表现的同时，保障和满足为家族企业作出重大贡献的核心高管的利益。第二，通过“创造共享”的文化价值观激励高管达成追求创造和共享文化的共识，增强高管团队的凝聚力，最终利于提高业绩表现。第三，更为合理地进行薪酬分配，提高高管履行义务的积极性，从而创造更高的公司绩效。

6. 增加职权激励的方式

梅花生物主要通过修改公司章程的形式增加高管提名权，从而丰富职权激励方式，有益于家族企业实现家族控制、维系非家族高管之间关系。梅花生物通过修改公司章程授予部分高管提名董事、监事的权力，丰富了公司职权激励的方式，从以下三个方面作用于家族企业，其一，进一步提升二代继承人及其家族成员的提名权力，有助于增强家族对高管团队的控制，保障代际传承权杖交接后的家族企业的平稳发展。其二，梁宇博是经过长期内部培养的非家族高管，与一代创始人关系密切，通过增加其部分权力，不仅利于稳定一代创始人为二代继承人准备的重要高管资源，而且利于二代继承人维系与核心非家族高管的关系。其三，基于激励需要理论，满足何君高管职权晋升和梁宇博高管提名权力的不同需求，有助于满足各方权力需要，提升高管在履行勤勉尽责义务方面的积极性。

7. 增加人力资本增值激励的方式

一方面，通过开发高管课程实行差异化管理进行人力资本增值激励。2017 年，梅花生物逐步开展各层级管理人员的能力发展项目，梅花生物以公司需求为基本点，设置不同人群的培训内容，实现差异化管理，实现高管与其他员工差异化培训，有利于公司建立多层次、立体化的培训框架。通过差异化管理，为高管团队开发特定培训课程属于人力资本增值激励中的培训激励，高管作为公司核心的人力资本，为高管开发特定课程有助于提升公司整体人力资本的价值，在不断提升高管能力的同时，有助于公司业绩的提升。另一方面，通过与知名咨询公司合作，不断完善培训机制。2019 年在人才培养体系上，公司与麦肯锡等知名咨询公司合作，建立了完善的人才培养系统与培训体制，以实现人才的培养与优秀经验传承。基于激励需要理论，与外部专业机构合作不断完善针对高管的培训系统和体系，利于开发更为符合高管团队需求、切合经营实际的培训课程，从而利于高管履行勤勉尽责义务的积极性。另外，培训系统的完善还有助于提升代际传承后高管的经营管理的科学性和合理性，从而保障二代继承人初期战略制定符合公司经营发展状况，引导家族企业进行合理的资源配置，不断实现公司价值，最终实现家族企业的可持续发展。

8. 优化短期薪酬激励的数额

从整体来看，代际传承后通过增加短期薪酬激励的数额，提升高管的整体年薪水平。代际传承后（2017—2021 年）高管总年薪不断提升，其中 2017 年高管总年薪同比增幅高达 1.07 倍，2021 年高管总年薪同比增幅达 2.09 倍，两次大幅提升短期薪酬反映出高管激励的强化。进一步对比同行业竞争对手阜丰集团。虽然阜丰集团整体上激励强度高于梅花生物，但是在2017年之后阜丰集团的高管总年薪不断下降，受疫情影响，在2020年阜丰集团的高管总年薪仅为1 468万元。反观梅花生物，其高管总年薪表现得更为稳定，虽然在2020年也发生下滑，但总体上高管年薪保持在较高水平，特别是在2021年，梅花生物采取了大幅增加短期薪酬激励的措施，将高管总年薪提高至5 248万元，该金额为阜丰集团同年高管年薪金额的2.95倍。可见代际传承后梅花生物的短期薪酬激励的增长性和稳定性更强，具备更高质量的短期薪酬激励表现。基于激励强化理论，高管薪酬激励的强化有助于持续提升高管的积极性，特别是疫情背景下高管薪酬激励的强度大于同行业竞争对手，有助于提振在疫情背景下对公司未来发展的信心，有助于梅花生物保留重要的核心高管资源的同时，促进高管为公司作出更大贡献。

9. 增加长期薪酬激励的强度

一方面，代际传承后增加了长期薪酬激励的次数。2017—2022年，六年内梅花生物共实施了四次股权激励，其中有三次员工持股计划和一次限制性股权激励计划，而在代际传承中梅花生物未实质性实施过任何一次股权激励，因此梅花生物通过增加长期薪酬激励的次数，提高长期薪酬激励的强度。另一方面，代际传承后增加了长期薪酬激励的数额。从员工持股计划来看，梅花生物不仅增加了员工持股计划的次数，还增加了高管认购份额以及其占员工持股计划的比例。2017—2022年，高管认购份额和其占员工持股计划的比例不断上升，分别为3 500万份、4 107.5万份、10 500万份和17.50%、32.86%、30.00%。三次员工持股计划中高管认购份额同比增长17.36%、155.63%，体现出针对高管的长期薪酬激励数额不断提高，强度不断增大。基于激励强化理论，强化高管长期薪酬激励，有助于提升高管履行勤勉尽责义务的积极性。

（四）结合本案例与相关理论，分析高管激励机制优化对公司产生什么影响？（思考问题4）

案例分析要点：

1. 二代合法权威构建与稳固

通过高管激励的优化，在提振高管为公司作出更大贡献的同时，使得公司获取比之前更高的荣誉，从而展示出二代继承人的难以取代的管理才能，最终获取高管团队的领导认同，建立和稳固领袖魅力权威。梅花生物所获荣誉的含金量不断提升，从中国轻工业百强到十强；从农业产业化市级重点龙头企业，再到省级农业产业化重点龙头企业，最后到国家级农业产业化重点龙头企业；2019首次获信用评价AAA级企业。更重要的是，代际传承后高管团队的稳定性更高，2017年前，四年内发生两次高管主动辞职现象，而2017年之后高管未发生主动辞职现象，因此高管对二代继承人的领导认同得到了提升。综上，代际传承后二代继承人的成功经验充分展示了其管理才能，提高了高管对二代继承人的领导认同，从而建立和稳固了二代继承人的领袖魅力权威。

2. 增强高管履行勤勉尽责义务的积极性

基于激励公平理论，高管薪酬、职权等方面分配方式越合理，越有助于提升高管履行勤勉义务的积极性。代际传承后梅花生物一方面通过优化男女比例、非家族成员比例、年轻成员比例等方式，优化激励对象结构和范围，另一方面通过增加长期薪酬激励、增加职权激励优化高管激励的方式，提升薪酬、职权资源分配的合理性和公平性，有助于提升高管勤勉尽责地进行战略选择和监督的积极性。基于激励强化理论，正强化组织需要的行为，有助于加强这种行为履行的积极性。代际传承后梅花生物通过强化薪酬激励等方式，正强化高管的勤勉尽责行为，有助于加强高管履行勤勉尽责义务的积极性。

梅花生物的创新战略执行情况较好，首先，从研发投入的数额来看，代际传承后研发投入数额不断增长，从3.4亿元增长至6.5亿元，且金额每年均高于其竞争对手阜丰集团。因此，代际传承后梅花生物研发投入持续强化，高管团队持续落实了创新发展战略。其次，代际传承后研发人员数量不断增长，研发人员从2017年的75人增加至2021年的219人。研发人员数量占公司总人数的比例也在不断上升，研发人员占比从2017年的0.75%提升至2021年的1.69%，反映出研发人员在梅花生物公司中的地位不断上升，科研力量不断壮大。最后，从创新发展成果来看，梅花生物代际传承后在创新发展上取得较大成效。至2020年，梅花生物累计申请知识产权25件，涵盖公司全部产品，申请数量创历史新高，体现出梅花生物代际传承后的研发技术水平得到提升。

3. 提升公司绩效

从营业收入、净利润、扣除非经常性损益后的净利润三项财务指标来看梅花生物创收情况，与代际传承时间段相比，代际传承后三项财务指标反映出梅花生物的创收能力更强。首先，从净利润指标来看，代际传承（2011—2016年），除了2016年之外，净利润存在不断下滑的趋势，2015年较2011年同比下降了40.87%，反映出代际传承梅花生物存在经营效益不断降低的状况。代际传承后，在2017年净利润实现增长，较2016年同比增长12.66%；在2018—2020年有所下降，但是数额均高于2011—2015年代际传承的净利润数额；在2021年净利润实现大幅增长，较2020年同比增长139.40%。因此，代际传承后梅花生物的经营效益要优于代际传承的经营效益。其次，从营业收入指标来看，营业收入反映企业销售产品或提供服务所获取的货币收入。2017—2021年，每年营业收入相比于上年同期分别增长0.36%、13.62%、15.07%、17.15%、33.94%，反映出在代际传承后梅花生物通过销售产品赚取收入的能力不断增加，盈利能力不仅较以往年度得到提升，并且该能力在代际传承后得到持续的增强。最后，从扣除非经常性损益后的净利润（以下简称“扣非净利润”）来看，梅花生物2020年的扣非净利润实际上是在增长，较2019年同比增长6.5%，较2017年同比增长9.4%。特别是2021年，扣非净利润达20.4亿元，较2020年同比增长123.89%。因此，排除疫情等其他原因导致的非经常性损益后，梅花生物的经营效益在代际传承后实际上是在不断增长，因此其创收能力也在不断增强。

（五）我国家族企业已进入代际传承高峰期，梅花生物高管激励机制优化之道对其他家族企业有什么启示？（思考问题5）

理论依据：家族治理

单纯依靠传统三会一层（股东会、董事会、监事会和经理层）的企业内部治理模式难以完全解决家族企业代际传承中诸如代际差异、家族企业内部的代际冲突、继承人权威构建等问题。而外部环境变化引发的家族产业结构调整和战略重心变更等加剧了代际传承中问题的治理难度。因此，家族治理理念被提出，家族治理的目标是通过结构和机制安排来提升成员的共识能力、强化成员的身份认同、构建成员的共同愿景，以促使家族成员愿意为实现稳健的长期增值而放弃短期股东流动性。其中关系治理是家族治理中的重要手段，家族企业需要考虑利益相关者的权益，处理好不同利益相关者之间的关系，缓解不同利益相关者之间的矛盾冲突。家族关系治理包括处理家族成员关系，家族成员与家族企业关系，家族成员与非家族成员之间的关系等。因此家族企业不仅需要重新优化配置剩余索取权和控制权，还要借助家族内部的信任、关系网络等资源进行治理。只有处理好企业内部以及外部相关利益单位的和谐关系，构建企业和谐治理机制，营造融洽和谐的企业内外部环境，企业才能和谐、稳定、持续发展。

案例分析要点：

1. 需增强对核心非家族高管的激励

重视非家族高管激励在提升公司业绩、营造和谐关系和二代继承人权威构建方面具有重要作用。第一，针对非家族高管对象实施更多的职权和薪酬激励，有助于提升非家族高管的工作积极性、团队忠诚度，促进代际传承后梅花生物实现更好的业绩表现，从而稳固二代继承人在继任初期的权利，满足二代继承人权威构建的需求。第二，增加非家族高管部分权力，不仅利于稳定一代创始人为二代继承人准备的重要高管资源，而且利于二代继承人维系与核心非家族高管的关系。第三，基于社会情感财富理论，重视非家族高管激励有助于满足代际传承后非家族高管的利益，营造和谐的家族与非家族高管之间的内部关系，从而达成家族企业实现权力平稳过渡的目标，助力二代继承人权威构建。相关高管激励措施如调整长短期的薪酬待遇水平、通过修改公司章程的方式增加非家族高管部分权力。

2. 维系好家族控制

家族控制为家族企业代际传承后需实现的重要非经济目标之一，代际传承后继承人需要保障家族控制，维护家族成员在家族企业中的影响力与权力，避免权力旁落。因此高管激励中需重视家族高管激励，保持家族控制，如缩减非家族董事的职权激励范围，提升家族董事在董事会中的占比，从而达到间接提升家族控制程度的效果；等权力稳定后考虑提升家族高管激励强度，扩大家族高管与非家族高管间的薪酬差距。

3. 妥善处理家族高管与非家族高管之间的关系

一是要保持家族控制，保障代际传承权杖交接后的家族企业的平稳发展。二是确保各方利益和需求能得到满足和保障。良好的关系治理有助于提升整体高管团队履行勤勉尽责义务的积极性，提升高管团队的凝聚力，稳定高管团队的利益，实现家族内外部关系和谐的目标。相关高管激励措施如通过适当的给予家族和非家族高管相应股权、通过修改公司章程进一步提升二代继承人及其家族成员的提名权力、缩小家族高管与非家族高管之间的短期薪酬差距等。

五、背景信息

党的二十大报告第一次明确指出促进民营经济发展壮大，民营企业作为民营经济的重要组成部分，在促发展、稳就业、推创新、保安定等方面发挥着重要作用。而民营企业中的家族企业占比不断上升，家族企业越发成为民营企业的重要组成部分，在国民经济建设中发挥着不可替代的作用，是推动实现现代化经济体系建设的强有力支撑。因此，支持家族企业发展有助于促进民营经济发展壮大，实现经济高质量发展。

如何顺利实现权力交接和财富传承是家族企业面临的紧迫问题。改革开放 40 多年来，随着第一代创业者逐渐年近花甲，我国家族企业已经全面进入第一次代际传承的高峰期。根据中宏保险“宏运世家”家族办公室与复旦大学联合发布的《中国家族企业传承研究报告（2021）》数据显示，已有64.3%的创始人年长子女就职于自己的家族企业，此外，40.9%的子女表示有明确的接班意愿。然而，无论从世界范围，还是从我国情况来看，家族企业的代际传承成功率并不高，存在代际传承失败而导致企业无法存活的困境。根据德勤发布的《2019全球家族企业调查报告》数据显示，全球可传承至第三代的家族企业占比小于30%。据《中国家族企业调查报告》显示，大概只有30%的家族企业可以延续到第二代，约10%可以传承至第三代。因此，家族企业面临着一代创始人如何“传”、二代子女如何“承”的时代问题，这两个关键性问题关系到家族企业的可持续发展。

六、建议课堂计划

（一）课堂时间计划

本案例可以作为专门的案例讨论课来进行。表11-14是按照时间进度提供的课堂计划建议，仅供参考。整个案例讨论课程时间控制在90分钟，从案例教学实施过程来看，涉及课前、课中、课后三个阶段。

表11-14　　课堂时间计划表

时间		内容
课前		1. 提前一周将案例发放给学生，并提出启发思考题，要求学生进行初步的思考，包括代际传承的概念与模式、代际传承中高管激励机制存在的问题、代际传承后高管激励机制的优化措施与效果，对难点做好提问准备 2. 要求学生在课前阅读案例相关书籍和资料
课中	案例引入（10—15分钟）	1. 介绍家族企业的代际传承背景 2. 帮助学生回顾案例背景、内容与问题，为小组讨论作准备
	小组讨论（20—30分钟）	1. 将学生分组，每组要求5—6人 2. 以小组为单位围绕启发思考题进行小组交流与讨论
	集体讨论（30分钟）	1. 每个小组派一名代表阐述小组讨论结果 2. 每个小组汇报时间不超过10分钟 3. 每个小组就启发思考题提出不同的意见 4. 教师根据意见中存在的问题进行适当提问和延伸，其他小组成员做进一步讨论
	归纳总结（20分钟）	1. 教师就讨论结果做进一步讲解与补充 2. 就案例中涉及的知识点进行讲解
课后		1. 布置课后作业，要求以小组为单位完成案例分析报告 2. 鼓励学生课后与教师进行讨论

（二）案例提问计划

表 11－15　案例分析不同阶段对应的问题

阶段	问题
案例分析的导入阶段	1. 当前我国家族企业正值代际传承期，你们都有关注过哪些家族企业？ 2. 在你们所了解的家族企业中，有关注过这些家族企业的高管激励机制吗？ 3. 高管激励机制指的是什么？包括哪些内容？
案例分析的主体阶段	1. 梅花生物的家族环境如何影响代际传承模式的选择？ 2. 梅花生物代际传承模式的选择如何影响高管激励机制的选择？ 3. 梅花生物代际传承中高管激励机制存在什么问题？ 4. 梅花生物代际传承后高管激励机制进行了哪些优化？ 5. 这些高管激励机制的优化对梅花生物产生什么影响？ 6. 有哪些理论可以解释高管激励机制的优化之道及其效果？
案例分析的总结阶段	我国家族企业已进入代际传承高峰期，梅花生物高管激励机制的优化之道对其他家族企业有什么启示？

（三）课堂板书设计

思考题1：什么是代际传承？梅花生物的代际传承模式是什么？

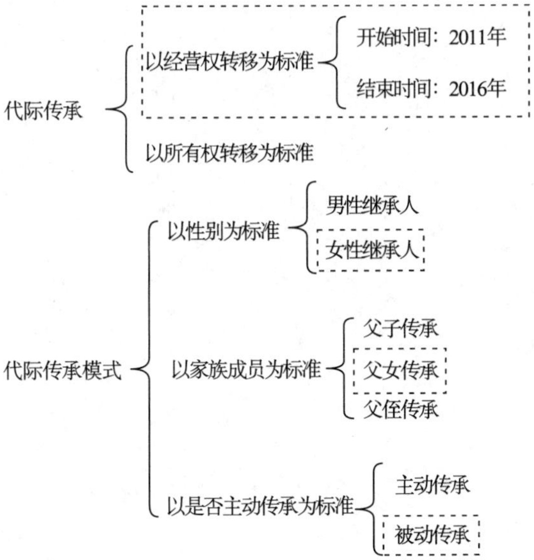

思考题2：梅花生物代际传承中高管激励机制存在哪些问题？

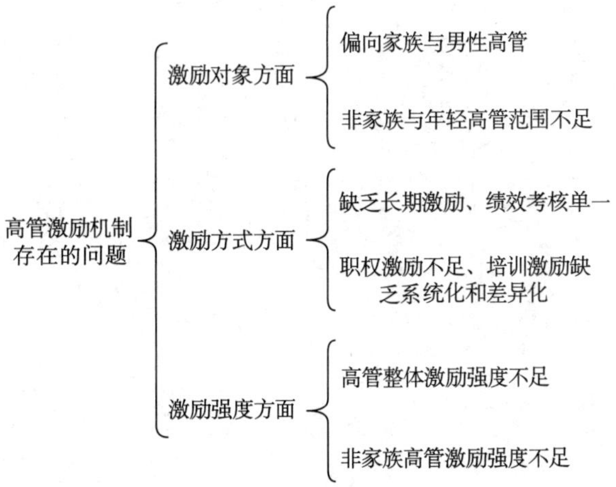

思考题3：分析梅花生物代际传承后是如何对高管激励机制进行优化？

- 高管激励机制的优化之路
  - 激励对象方面
    - 减少董事职权激励范围
    - 实行差异化高管职权激励
  - 激励方式方面
    - 正式实施高管股权激励
    - 健全高管激励与约束的长效机制
    - 完善短期业绩考核的合理性
    - 增加职权激励的方式
    - 增加人力资本增值激励的方式
  - 激励强度方面
    - 优化短期薪酬激励的数额
    - 增加长期薪酬激励的强度

思考题4：分析高管激励机制优化对公司产生什么影响？

- 高管激励机制优化的效果
  - 二代合法权威构建与稳固
  - 增强高管履行勤勉尽责义务的积极性
  - 提升公司绩效

思考题5：梅花生物高管激励机制优化之道对其他家族企业有什么启示？

- 高管激励机制优化的启示
  - 需增强对核心非家族高管的激励
  - 维系好家族控制
  - 妥善处理家族高管与非家族高管之间的关系

图 11－4 课堂板书设计

案例 12

中小股东控制董事会，大连圣亚“胜呀”了吗？

杨海燕　简华君　何馥冰　王浈

专业方向：财务管理

适用课程：财务管理理论应用研究

选用课程：公司治理

编写目的：本案例旨在引导学生关注我国上市公司中小股东治理，充分了解中小股东控制董事会的条件、动机和后果。通过本案例，一方面，学生可以学习和分析公司治理环境对中小股东治理行为的影响，中小股东控制董事会的条件、动机以及由此产生的经济后果；另一方面，学生可以进一步思考中小股东与控股股东的冲突对中小股东参与治理的影响，以及中小股东控制董事会所带来的治理风险，并提出完善建议。

知 识 点：中小股东治理、控制权、股权结构、董事会治理

案例正文

近年来上市公司的中小股东“夺权”大戏，在A股市场接连上演，蔚然成风。尤其是在利益分配不公、公司治理结构不健全、中小股东谋求话语权等背景下，围绕控制权而发生的夺权、换班等情形屡见不鲜。内斗变“武斗”、夜半盗公章等奇葩剧情不断上演，每一场激战，都将上市公司推向新的“十字路口”。细究这一场场“夺权”之战，中小股东大多试图为上市公司扫除“不利于公司发展”的因素，促进企业良性发展。然而愤而揭竿的中小股东们，究竟交出了一份怎样的答卷呢？

2020年大连圣亚爆发“夺权之战”，中小股东罢免了最大股东派遣的董事，以压倒性优势取得胜利之后，大连圣亚深陷旋涡：市值大幅缩水，多重纠纷缠身，触发退市风险警示，股价从40多元一路暴跌到如今的14元左右。中小股东控制董事会，大连圣亚“胜呀”了吗？

一、案例背景介绍

（一）公司概况

大连圣亚旅游控股股份有限公司（以下简称“大连圣亚”），隶属于旅游服务业。作为

以海洋馆起家的主题乐园，大连圣亚是国内最早的海洋主题乐园运营商之一，成立于1994年，至今是唯一经营海洋场馆的A股上市公司。

大连圣亚自成立以来专注于文化旅游景区开发运营，坚持以发展海洋动物文化为主业，并逐步探索旅游与文化、科技、教育等领域的融合，围绕海洋文化主题布局发展，于2002年成功上市。2002—2019年，其业绩可谓是蒸蒸日上。随着现有经营场馆的营收趋于稳定，大连圣亚开始探索延长自身的业务产业链，寻找新的收入增长点，实行“大白鲸计划”。

（二）“大白鲸”启航，在建工程激增

大连圣亚在2012年推出“大白鲸计划”，它将漫画、儿童文学多种形式结合，打造了吉祥物大白鲸“皮皮”，在此基础上开设主题乐园、水族馆，希望凭借“大白鲸”这个原创IP，建立起海洋主题文化产业链，打造中国的“蓝色迪士尼”。

伴随着IP梦想，大连圣亚从2016年起相继在镇江、营口、千岛湖等地建设大白鲸项目，在建工程激增。截至2020年第一季度其在建工程为8.5亿元，占总资产比例达40.4%，如图12-1所示。

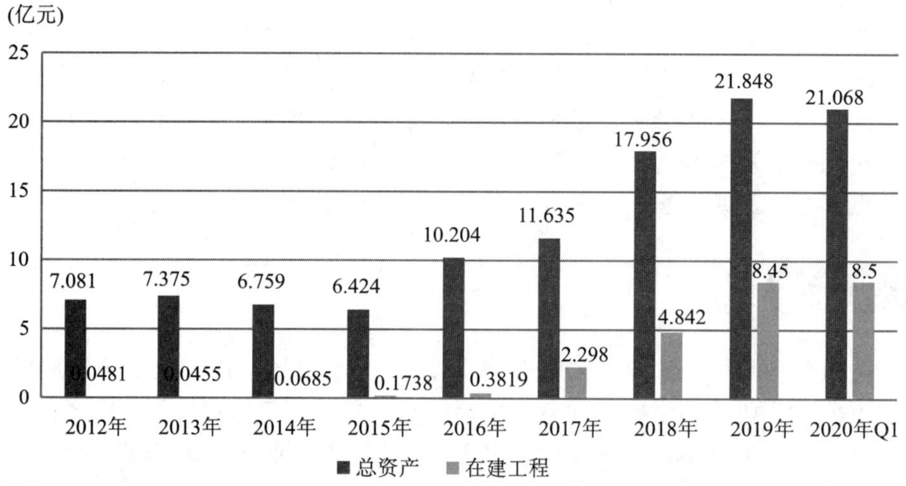

图12-1 2012—2020年Q1大连圣亚固定资产及在建工程变化

其中镇江大白鲸项目投资规模最大，本计划2017年年底完工，但截至2019年年底工程进度才达49%。其余多个项目也进展缓慢，如表12-1所示。耗资巨大的在建工程给大连圣亚造成了一定的债务负担，其财务费用占营收比重由2019年的8%增至2020年的17%。多个“大白鲸”项目高投入却迟迟无产出，给大连圣亚未来的发展蒙上了一层迷雾。

表12-1 2019年主要在建工程项目表

项目名称	预算数(亿元)	期末余额(亿元)	工程进度(%)	资金来源
哈尔滨极地馆二期项目	2.47	1.24	54	自筹、借款
镇江大白鲸魔幻海洋世界项目	9.48	4.34	49	自筹、借款
营口鲅鱼圈大白鲸世界海岸城项目	4.74	2.48	53	自筹、借款
大白鲸千岛湖文化主题乐园水下世界项目	3.56	0.36	11%	自筹

（三）公司股权结构变化情况

自2009年大连圣亚从中国石油辽阳化纤公司受让24.03%的股份以来，大连星海湾一直是大连圣亚的最大股东，并始终保持24.03%持股比例。从2017年开始，第二大股东辽宁迈克和第三大股东境外公司N.Z.开始不断减持套现，2018年杨子平等中小股东开始增持，截至2020年6月30日，杨子平和磐京系（磐京基金、磐京六号）合计持股21.45%，如图12－2所示。

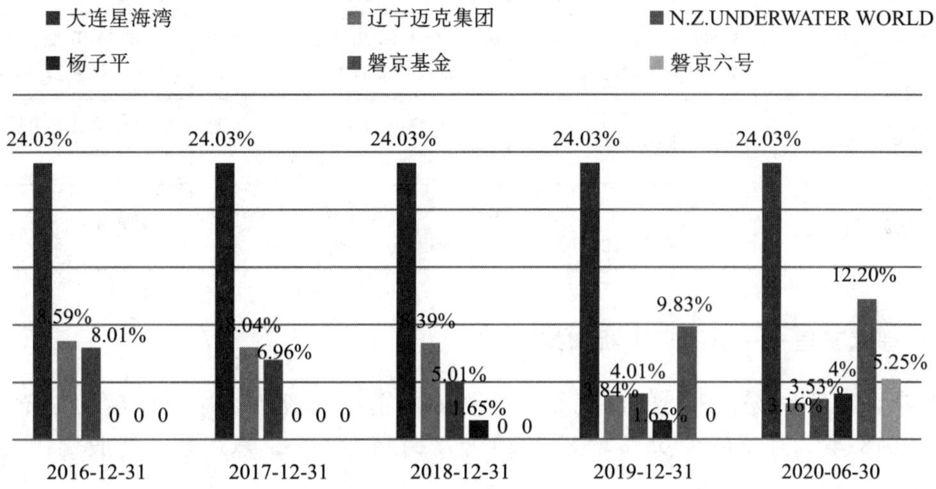

图12－2　2016—2020年大连圣亚股权结构变化

二、中小股东“花式夺权”

（一）风雨飘摇——中小股东意欲夺权

1. 业务暗藏“大雷”

2016年2月26日，大连圣亚与鲸天下商业管理（大连）有限公司（以下简称“鲸天下”）签订了《大连圣亚极地世界闲置区域租赁合同》。截至2020年第一季度，鲸天下欠付大连圣亚的租金合计为310万元、违约金约为377.32万元。但是，2020年5月28日，时任高管的肖峰等人同意“以1 301.02万元溢价收购鲸天下的装修资产”。

2016年12月，大连圣亚与三亚中改院合作共同投资建设“圣亚海洋科技馆·鲸世界项目”，三亚中改院以项目公司所占用的土地房产出资，但其在出资时间到期前仍未履行义务。大连圣亚管理层在知晓三亚中改院土地房产出资存在巨大风险的情况下，签署协议放弃对项目公司的控制权，并继续履行工程垫资的代付义务。根据项目公司提供的2020年度审计报告，项目公司2020年向三亚中改院支付租金1 410万元。

2. 经营恶化，深陷流动性危机

2014—2019年，大连圣亚的盈利一直在原地踏步，甚至深陷流动性危机（如表12－2所示），其控股股东也出现流动性风险（如表12－3所示）。

表 12-2 2019 年大连圣亚偿债能力指标与行业对比

财务指标	资产负债率	流动比率	速动比率
大连圣亚	60.67%	0.48%	0.48%
旅游行业（平均）	38.91%	1.70%	1.59%

表 12-3 大连圣亚控股股东星海湾投资司法轮候冻结情况

	2019-09-27	2019-11-24	2020-03-30
被冻结人	星海湾投资	星海湾投资	星海湾投资
冻结股数	3 094.56 万股，占大连圣亚总股本的 24.04%	3 094.56 万股，占大连圣亚总股本的 24.04%	3 094.56 万股，占大连圣亚总股本的 24.04%
冻结申请人	中航国际租赁有限公司	上海电气融资租赁有限公司	平安国际融资租赁（天津）有限公司
冻结原因	星海湾投资为下属企业融资租赁业务提供担保	星海湾投资为下属企业融资租赁业务提供担保	金融借款合同纠纷

（二）埋伏千里——小股东不断增持

2018 年磐京系和杨子平一同出现在大连圣亚的前十大股东之中，此后两方不断增持。杨子平从 2018 年 7 月持股 1.65% 增至 2020 年 7 月持股 5%，磐京系的持股比例变动如图 12-3 所示。

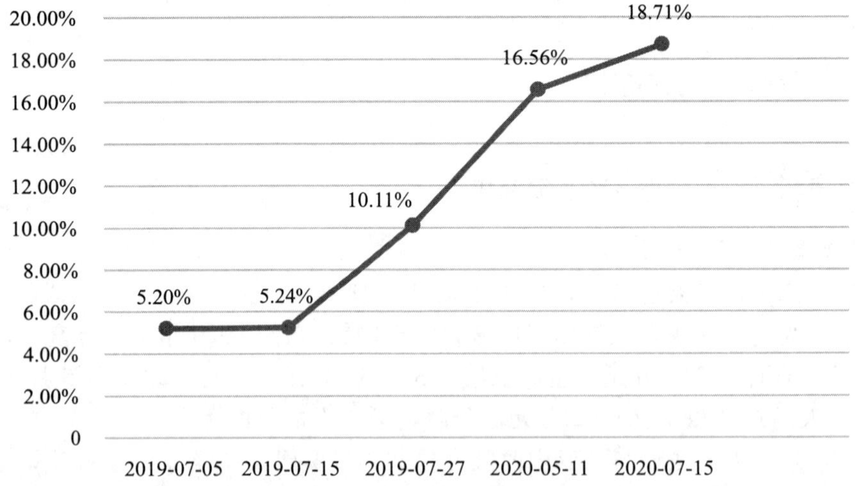

图 12-3 磐京系总持股比例变动

此外，天眼查结果显示：杨子平和磐京系均为庆城投资的股东，二者的关系和不断增持的举动引起了上海证券交易所的关注。上交所在问询函中让大连圣亚核实如下问题并进行披露：磐京基金是否有意公司的控制权、是否与公司的其他股东存在联系。在回复函中大连圣亚声明：磐京基金增持是出于看好旅游行业的未来发展，无意获得公司的控制权，与大连圣亚的其他股东不存在一致行动关系（见图 12-4）。国有大股东星海湾并未对该异常状况采取任何行动。

证券代码：600593　　证券简称：大连圣亚　　公告编号：2019-041

大连圣亚旅游控股股份有限公司

关于回复上海证券交易所问询函的公告

本公司董事会及全体董事保证本公告内容不存在任何虚假记载、误导性陈述或者重大遗漏，并对其内容的真实性、准确性和完整性承担个别及连带责任。

大连圣亚旅游控股股份有限公司（以下简称“公司”）于2019年7月29日收到上海证券交易所上市监管一部下发的《关于对大连圣亚旅游控股股份有限公司相关股东增持事项的问询函》（上证公函【2019】1082号，以下简称“问询函”），根据上海证券交易所问询函的要求，公司对问询函所列问题进行了认真落实，经向问询函中涉及的相关股东核实并书面回复如下：

一、公告披露，磐京基金及其一致行动人增持股份的目的是基于看好大连圣亚所从事行业的未来发展。但自2019年7月5日首次披露权益变动报告以来，磐京基金短期内持股比例已达15%，并计划继续增持公司股份。请公司向股东磐京基金核实并披露：（1）磐京基金是否有意通过股份增持获得上市公司的实际控制权，如有，请说明具体计划和安排；（2）磐京基金同公司其他股东之间是否存在一致行动关系；（3）磐京基金前期与上市公司、董监高及上市公司控股股东的接触联系情况。

磐京基金回复： (1)磐京基金本次增持上市公司股份是基于看好上市公司所处旅游行业的未来发展，认可上市公司的长期投资价值，无意干预上市公司日常经营，无意获得上市公司实际控制权。

（2）磐京基金与上市公司其他股东之间不存在一致行动关系。

图 12－4　大连圣亚回复函部分截图

（三）暗流涌动——频繁修改公司章程

在不断增持的同时，大连圣亚的公司章程也开始频繁修订，表 12－4 列示了大连圣亚 2018 年、2019 年修订公司章程情况。

表 12－4　　2018—2019 年公司章程修订的对比

	修改前	修改后
2018 年	因董事会换届改选或其他原因需更换、增补董事时，公司董事会及连续 180 日以上单独或合并持有公司发行股份 3% 以上的股东，可提出董事候选人	因董事会换届改选或其他原因需更换、增补董事时，公司董事会及单独或合并持有公司发行股份 3% 以上的股东，可提出非独立董事候选人
		（新增）公司董事会、监事会、单独或者合并持有公司已发行股份 1% 以上的股东可以提出独立董事候选人，但单个提名人所提名非独立董事候选人的人数不得多于该次拟选独立董事的人数
	（删除）每届董事会任职期间，改选的董事人数不得超过章程规定的董事会人数的四分之一	

续表

	修改前	修改后
2019 年	董事由股东大会选举或更换，任期 3 年。董事任期届满，可连选连任。董事在任期届满以前，股东大会不能无故解除其职务	董事由股东大会选举或更换，并可在任期届满前由股东大会解除其职务。董事任期 3 年，任期届满可连选连任

2018 年年初，大连圣亚发布《关于修改公司章程的公告》，新的章程在“更换、增补董事”方面，去掉了持股时间的限制；新增了“单独或者合并持有公司已发行股份 1% 以上的股东可以提出独立董事候选人”这一条款；删除了“每届董事会任职期间，改选的董事人数不得超过章程规定的董事会人数的四分之一”的董事轮换制度。公司通过网络投票与现场投票的方式，全票通过了这次提案。

正是在 2018 年 3 月，自然人股东卢立女获得提名权利，其所提名的候选董事杨子平成功进入董事会。

（四）步步紧逼——罢免董事成功“逼宫”

2020 年 4 月 27 日，杨子平递交临时议案，以未能清晰规划公司发展战略、未能良好管理公司为由，提议罢免大连圣亚原董事长王双宏、原副董事长刘德义，并提名四名董事候选人。

在 2020 年 6 月 29 日召开的 2019 年股东大会上，通过现场投票与网络投票的表决方式通过了这一议案。在此之后，董事会选举杨子平为董事长、毛崴为副董事长，此次会议前后的董事会结构如表 12－5 所示。

表 12－5　　2020 年 6 月 29 日前后董事会结构对比

序号	2020 年 6 月 29 日前董事会构成			2020 年 6 月 29 日后董事会构成		
	姓名	职务	提名人/任职单位	姓名	职务	提名人
1	王双宏	董事长	辽宁迈克	杨子平	董事长	卢立女
2	刘德义	副董事长	大连神洲游艺城	毛崴	副董事长	磐京基金
3	吴健	董事	星海湾	吴健	董事	星海湾
4	杨子平	董事	卢立女	陈琛	董事	杨子平
5	党伟	独立董事	辽宁迈克	杨奇	董事	杨子平
6	屈哲锋	独立董事	杨子平	郑磊	独立董事	杨子平
7	梁爽	独立董事	星海湾	屈哲锋	独立董事	杨子平
8	肖峰	职工董事	职工代表	梁爽	独立董事	星海湾
9				肖峰	职工董事	职工代表

注：①2020 年 4 月 3 日，董事吴远明因工作原因申请辞去公司第七届董事会董事。②大连神洲游艺城为大连圣亚发起人股东之一，刘德义在大连圣亚成立之初就担任董事，至 2020 年已有 20 余年。

至此，持股比例 24.03% 的第一大股东星海湾仅占两个董事席位，而持股比例 5% 的杨子平却占据了五个董事席位，中小股东成功“逼宫”，董事会由中小股东把持，控股股东星海湾逐渐丧失了控制权。

三、“乱”局之后，走向何方？

（一）新官上任，董监高大换血

新官上任三把火，第一把火先烧到了原总经理，即“大白鲸计划”的主导者肖锋身上。2020 年 6 月 30 日召开董事会，杨子平提出罢免总经理、职工董事肖锋，表决结果为六票同意，吴健、梁爽及肖锋反对。

随后这把火烧到了星海湾方面的董事身上，2020 年 7 月 19 日，杨子平增加股东大会临时提案，要求罢免星海湾方面董事吴健及独董梁爽，在 9 月 7 日召开的 2020 年第一次临时股东大会上，吴健、梁爽董事职位均被罢免。至此，原控股股东星海湾在董事会的席位为零。

控股股东“出局”后“战火”烧到了监事会。同样是在 2020 年第一次临时股东大会中，三位监事王利侠、杨美鑫、张洪超的罢免议案均被通过，由磐京基金提名的王玉蓉、孟灵新、周颖取而代之。

2020 年 7 月 29 日，董事会解聘丁霞董事会秘书、副总经理职务，投票结果票数是 6:3，梁爽、肖峰拒绝参加会议，吴健说通知时间太紧无法参加会议，两方意见严重冲突。

2020 年 9 月 8 日，大连圣亚第七届二十三次董事会会议通过了《关于补选及调整公司董事会相关专门委员会委员及主任委员的议案》，增补后董事会各委员会具体名单如表 12 - 6 所示。

表 12 - 6　　2020 年 9 月 8 日第七届董事会专门委员会名单

委员会名称	主任委员	组成人员
战略委员会	杨子平	毛崴、杨奇、陈琛、肖峰、屈哲锋、郑磊、李双燕
提名委员会	郑磊	杨子平、杨奇、李双燕、屈哲锋
审计委员会	屈哲锋	杨子平、杨奇、郑磊、李双燕
薪酬与考核委员会	李双燕	杨子平、杨奇、屈哲锋、郑磊

因第七届董事会、监事会任期届满，大连圣亚于 2021 年 6 月 28 日召开 2020 年度股东大会，选举产生了新任独立董事、非独立董事和非职工代表监事，并与公司前期选举产生的职工代表董事、职工代表监事组成了新的董事会和监事会，顺利完成换届。值得注意的是，星海湾投资所提名的吴健、付莹、朱琨、任健、张梁、慕长坤、杨美鑫几位候选人，在此次股东大会上全数被否，也就意味着，大连圣亚的新一届董事会和监事会构成成员中，并没有星海湾投资的提名代表。

（二）反腐风波，剑指原管理层

公开“内斗”告一段落，新任管理层又掀起一阵“反腐风波”，剑指张林、肖峰等原管理层。2020 年 9 月，杨子平就宣称：通过审计发现多个“大白鲸计划”项目存在资金去向不明、管理层利用职务便利谋求个人私利的现象。

2020 年 11 月 24 日，“鲸彩圣亚”公众号连发两条“圣亚反腐”通报：指责原商业部负责人张林假用他人名义设立企业，将公司 27 个商铺以极不合理的低价长期承包给自己的企业：四海商行，非法侵占商铺租赁利益。双方 2014—2019 年签订的租赁合同金额合计 340 万元，2020—2025 年合计 119.44 万元。然而新管理层上任后对上述商铺进行二次招投标，各投标人年保底租金报价为 570 万元至 1 031 万元，一年的租金就超过原合同十年的总租金 459.44 万元。

2020 年 11 月 25 日，另一条“圣亚反腐”通报指责“营口鲅鱼圈大白鲸世界海岸城项目”存在涉嫌利益输送等诸多违法违规问题。2020 年 12 月底，大连圣亚派驻的项目经理刘鹏公开表示：“千岛湖项目存在众多问题，比如串标、非法挂靠、桩基质量不过关、施工工人人数不对等。”

2020 年 12 月 30 日，毛葳更是将“大白鲸计划”称为一个有预谋、有组织、有分工的搞垮大连圣亚的计划，如图 12 – 5 所示。

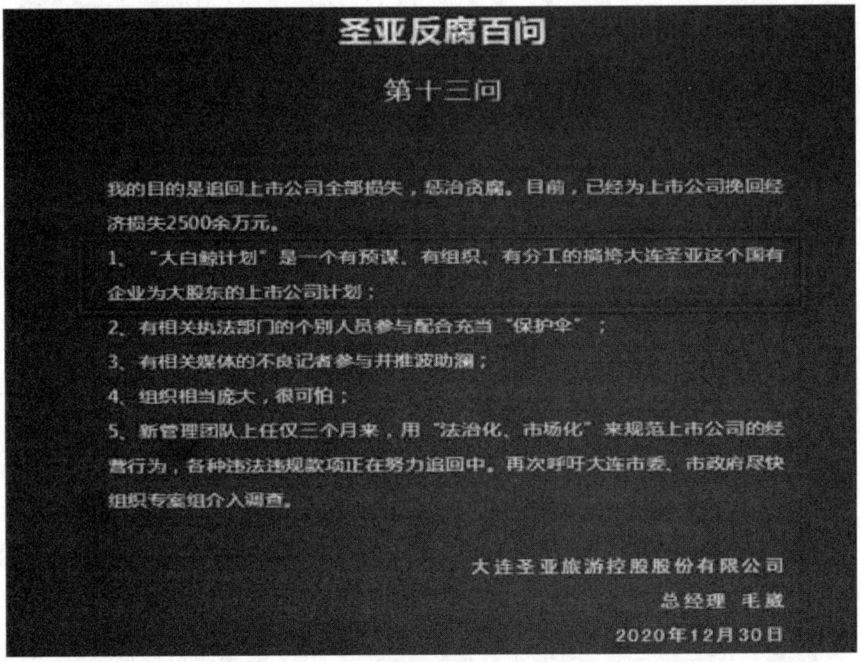
圣亚反腐百问

第十三问

我的目的是追回上市公司全部损失，惩治贪腐。目前，已经为上市公司挽回经济损失2500余万元。

1、“大白鲸计划”是一个有预谋、有组织、有分工的搞垮大连圣亚这个国有企业为大股东的上市公司计划；

2、有相关执法部门的个别人员参与配合充当“保护伞”；

3、有相关媒体的不良记者参与并推波助澜；

4、组织相当庞大，很可怕；

5、新管理团队上任仅三个月来，用“法治化、市场化”来规范上市公司的经营行为，各种违法违规款项正在努力追回中。再次呼吁大连市委、市政府尽快组织专案组介入调查。

大连圣亚旅游控股股份有限公司

总经理 毛葳

2020年12月30日

图 12 – 5 鲸彩圣亚公众号“反腐百问”截图

（三）持续资金输血，中小股东不断增持

前任管理层力推的“大白鲸计划”频频出现纠纷，投资回报遥遥无期，舆论市场一片哗然，股价应声下跌，新任管理层“压力山大”。据大连圣亚公告显示：“为保证借款不逾期，补充公司流动资金，保障公司正常经营，时任总经理毛葳向大连圣亚提供财务资助。”2021 年 2 月至 6 月，毛葳向大连圣亚提供财务资助合计 4 050 万元，如表 12 – 7 所示。

表 12－7　　毛葳向大连圣亚提供财务资助情况

日期	借款金额	借款条件
2021－02－09	500 万元	期限 180 天，年利率 5%
2021－02－26	1 050 万元	期限 180 天，年利率 5%
2021－03－09	2 000 万元	期限 180 天，年利率 5%
2021－06－16	500 万元	期限 180 天，年利率 5%
合计	4 050 万元	

同时，杨子平及其一致行动人蒋雪忠（杨子平妻子）和磐京系也多次增持，如表 12－8 所示。频繁增持导致公司股价在波动中上升，如图 12－6 所示。

表 12－8　　杨子平及其一致行动人股份增持情况

股东名称	增持时间段	增持前持有股份		增持后持有股份	
		股数（股）	占总股本比例（%）	股数（股）	占总股本比例（%）
磐京系	2020 年 5—7 月	19 320 377	15	24 101 413	18.71
杨子平	2020 年 3—7 月	2 127 269	1.65	6 440 091	5
杨子平	2021 年 2—5 月	6 440 091	5	10 409 091	8.08
蒋雪忠	2021 年 5 月	0	0	2 470 941	1.92

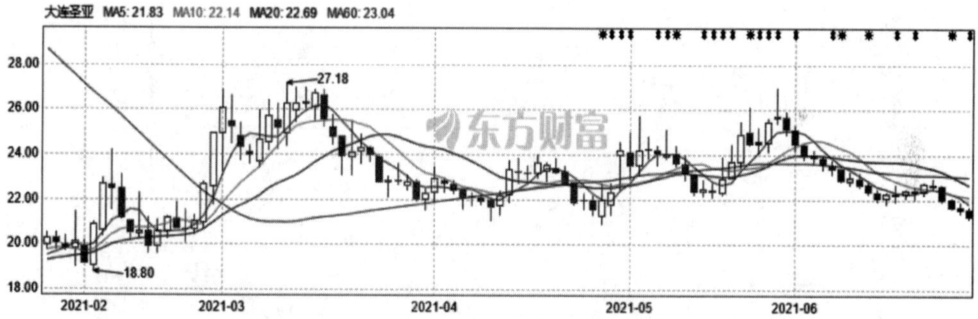

图 12－6　2021 年 2—6 月大连圣亚股价走势

四、大连圣亚“胜呀”了吗？

（一）“大白鲸”搁浅，诉讼缠身

“大白鲸”项目尚未完工，多个项目已诉讼缠身。

随着内斗公开透明化和肖锋等人的离职，营口项目合作方对大连圣亚提起诉讼。2020 年 11 月底，据大连圣亚公告显示：由于股权转让纠纷，公司被营口金泰珑悦海景大酒店有限公司告上法庭，原告要求大连圣亚支付股权转让款 1.44 亿元，同时支付利息赔偿 795.97 万元、违约金 1 137 万元。公司在工商银行等七家银行的账户均被法院冻结，员工工资、动物药品等货物款项，甚至水电费都无法缴纳，严重影响到生产经营。不仅如此，多家鲸MALL的租赁合同因违约被物业方起诉，频繁收到法院裁定书，大连银行贷款逾期也被诉请追讨执行。

大白鲸项目建设已经超过五年，但成效仍不显现，反而诉讼缠身。据公告显示多个项目仍处于在建状态，造成公司资金链紧张，债务压力大，带息债务占全部投入资本的比重已由2016年的41.57%上升到2020年第三季度末的56.34%。

（二）市值腰斩，危机重重

随着“大白鲸计划”多个项目合作方陆续提起诉讼，公司银行账户遭冻结，监管部门多次问询，新任管理层剑指原管理层利益输送，公司的暗斗变明争，叠加疫情影响，引爆了大连圣亚的债务、股价双重危机。

2020年11月，大连圣亚收到一份《民事裁定书》，重庆顺源政信一号股权投资基金合伙企业（有限合伙）为保证其债权得到实现，申请冻结大连圣亚持有的镇江大白鲸海洋世界有限公司29.02%股权。镇江市中级人民法院裁定如下：冻结被申请人大连圣亚持有的镇江大白鲸海洋世界有限公司29.02%股权，共1.77亿元，冻结期限3年，自2020年11月11日起至2023年11月10日止。

接连多则利空消息之后，2020年12月首个交易日开始，大连圣亚连续跌停，12月31日其股价跌至每股18.7元。而4月至9月，公司股价均在40元以上，如图12－7所示。2020年7月至12月，短短五个月大连圣亚市值蒸发33.6亿元（见图12－8）。

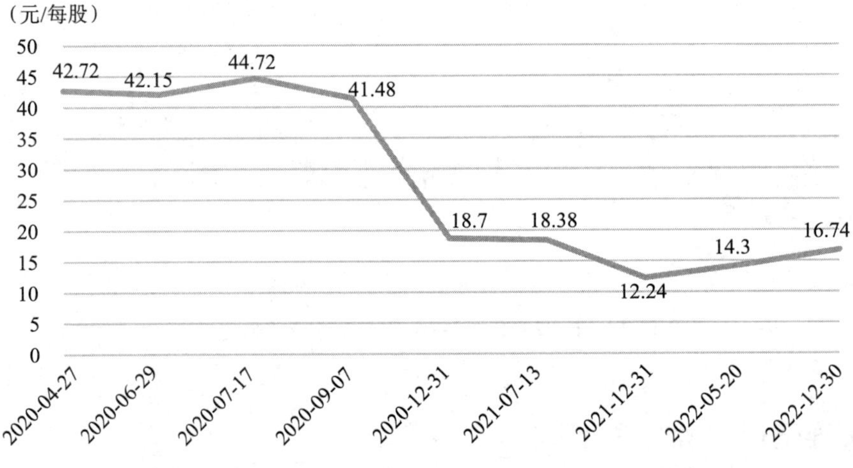

图12－7　2020年4月至2022年12月大连圣亚股价

（三）“卖企鹅”创收，仍被“＊ST”

2020年对于大连圣亚来说可谓是惊心动魄，激烈内斗让大连圣亚成为A股的“网红”，疫情对旅游行业的影响也不可小觑，中小股东成功“逼宫”后第一年的业绩压力可想而知。2021年4月29日，大连圣亚披露2020年年报，营收为1.14亿元，扣非净利润为－8 404.56万元，与触发退市风险警示红线“擦线”而过。但是大连圣亚此前曾三次披露可能被实施

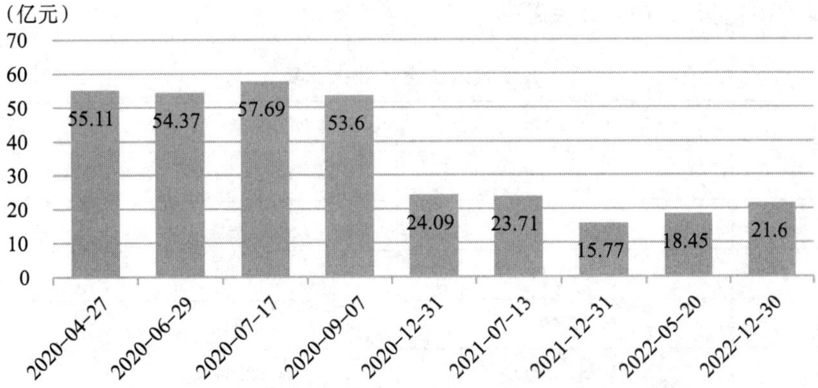

图 12－8　2020 年 4 月至 2022 年 12 月大连圣亚市值

退市风险警示的提示公告（见图 12－9），明确预计主营业务收入低于 1 亿元，于是，这前后不一的结果引来了上交所问询。

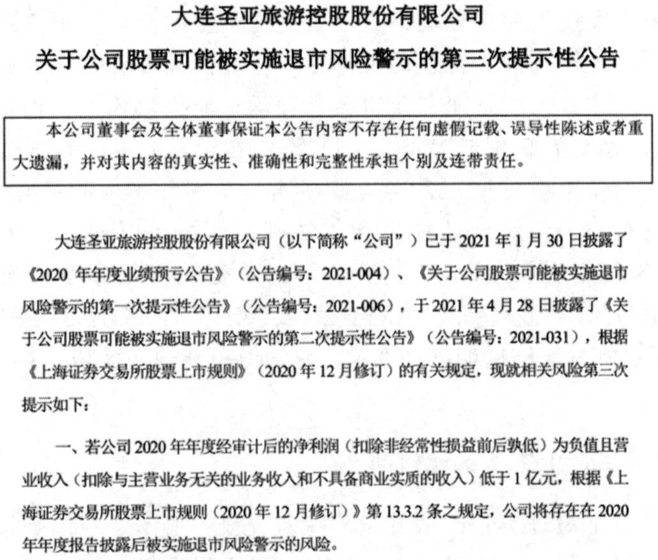

大连圣亚旅游控股股份有限公司

关于公司股票可能被实施退市风险警示的第三次提示性公告

本公司董事会及全体董事保证本公告内容不存在任何虚假记载、误导性陈述或者重大遗漏，并对其内容的真实性、准确性和完整性承担个别及连带责任。

大连圣亚旅游控股股份有限公司（以下简称“公司”）已于 2021 年 1 月 30 日披露了《2020 年年度业绩预亏公告》（公告编号：2021-004）、《关于公司股票可能被实施退市风险警示的第一次提示性公告》（公告编号：2021-006），于 2021 年 4 月 28 日披露了《关于公司股票可能被实施退市风险警示的第二次提示性公告》（公告编号：2021-031），根据《上海证券交易所股票上市规则》（2020 年 12 月修订）的有关规定，现就相关风险第三次提示如下：

一、若公司 2020 年年度经审计后的净利润（扣除非经常性损益前后孰低）为负值且营业收入（扣除与主营业务无关的业务收入和不具备商业实质的收入）低于 1 亿元，根据《上海证券交易所股票上市规则（2020 年 12 月修订）》第 13.3.2 条之规定，公司将存在在 2020 年年度报告披露后被实施退市风险警示的风险。

图 12－9　大连圣亚可能被实施退市风险警示的提示公告

上交所要求大连圣亚说明是否存在规避相关财务类强制退市指标的行为。在 2021 年 5 月 31 日的回复中，大连圣亚否认存在上述行为，并披露旗下动物销售和租赁业务细节。据公告，大连圣亚 2020 年通过出售消耗类企鹅实现销售收入 1 876 万元，处置生产类企鹅确认 336 万元资产处置收益。

正是这 52 只企鹅的相关收益令大连圣亚去年业绩“转危为安”，但围绕企鹅销售的一系列疑问也就此展开。首先，2020 年度企鹅销售的会计处理，与以前年度明显不同。其次，2020 年的相关会计处理，也前后不一致。在 2020 年前三季度，公司均将企鹅销售所得直接确认资产处置收益。第四季度，公司对 2020 年前三季度企鹅销售的会计处理进行差错更正称，2020 年销售的企鹅中有 44 只为消耗类企鹅，并确认相关存货销售收入。于是，大连圣亚区分后，将部分企鹅划分为用于出售目的消耗性生物资产后，也因此在 2020 年多了一项新的业务，即动物销售，如表 12－9 所示。

表 12－9　各项收入占全年收入比重

收入项目	四季度收入金额（万元）	全年收入金额（万元）	占比（%）
景区运营	3 029.05	6 565.54	46.13
会展服务	625.86	860.90	72.70
动物销售	1 204.00	1 876.00	64.18
动物租赁	33.49	312.21	10.73
商业租赁	612.14	1 603.57	38.17
其他	50.27	203.72	24.68
合计	5 554.81	11 421.94	48.63

2021 年 7 月 6 日，根据相关监管部门的现场检查结果，上交所再发问询函。在该问询函中，上交所明确指出大连圣亚在现场检查中未能提供企鹅臂环编码管理办法、销售合同对应的企鹅编码及生物档案等充分、合理的关键材料，并且部分重要会计凭证存在更改，部分重要审计底稿前后不一致，大连圣亚和年审会计师均未能提供相关合理说明。

截至 7 月 13 日，大连圣亚并未按照上交所要求在 5 个交易日内作出回复，而据年审会计师同日出具的收入扣除专项意见，大连圣亚新增的 1 876 万元企鹅销售收入因性质特殊，可能影响报表使用者对公司持续经营能力和正常判断而被予以扣除，在扣除相关销售收入后，大连圣亚 2020 年营业收入为 8 401 万元，不足 1 亿元且扣非净利润为负，根据相关规定，大连圣亚触及退市风险警示情形。大连圣亚股票于 7 月 14 日起停牌，在停牌后 5 个交易日内，大连圣亚股票将被实施退市风险警示，成为退市新规实施以来第一个被强制“＊ST”的企业。

（四）信披掩人耳目，上交所灵魂拷问

2022 年 11 月 18 日上海证券报整版刊发《大连圣亚“隐雷”》调查报道，将大连圣亚推上风口浪尖。上交所随后火速下发问询函，要求公司说明是否在镇江大白鲸海洋世界项目中涉嫌信息披露隐瞒、规避大额减值的情形。上交所犀利发出五连问：一问镇江大白鲸项目的停工进展如何；二问公司与其他投资方之间是否存在差额补偿、回购兜底等义务设置，并说明公司在 2019 年将镇江大白鲸由合并报表转为长期股权投资核算的合理性；三问是否审计受限以及执行的审计程序和发表的审计意见是否恰当；四问诉讼情况；五问在建项目的资金来源。

镇江大白鲸项目是大连圣亚的“转型力作”，由大连圣亚、镇江文旅、重庆顺源共同出资建设。起初大连圣亚持有最高股权比例，后因出资不顺，项目公司股权比例几经调整，目前大连圣亚、镇江文旅、重庆顺源持有项目公司的股权比例分别为 29.02%、30%、40.98%，如图 12－10 所示。

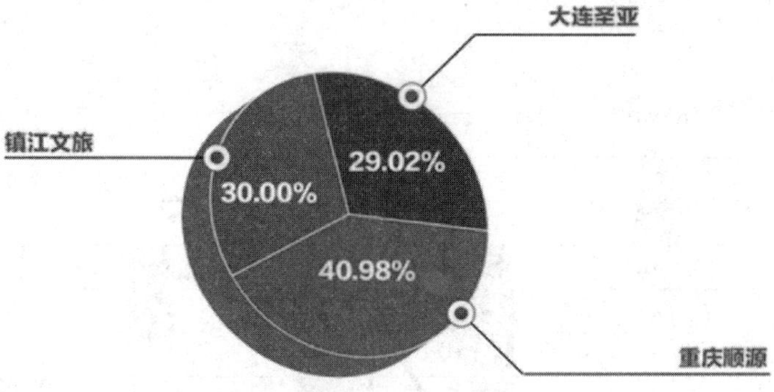

图 12－10　镇江大白鲸项目股权结构

大连圣亚在回复函中表示镇江大白鲸项目是暂停营业，该项目具备良好的发展前景，公司曾以该项目作为募投项目筹备非公开发行并通过审核，因此公司认为该项目存在减值的可能性极小。同时基于土地使用权、重置成本、资金成本等方面考虑，公司认为于 2021 年年末，该项目不存在减值迹象。

但是 2020 年 10 月，项目相关董事亲赴大连圣亚，与董事长杨子平、总经理毛崴进行了面谈。在面谈中，大连圣亚提出镇江大白鲸项目造价畸高，存在多处严重违法违规情况，应当就该项目进行审计。同时，大连圣亚 2020 年以公司派驻镇江大白鲸项目的董事辞职为由，将镇江大白鲸项目在合并报表中所列科目由“在建工程”调整为“长期股权投资”。

大连圣亚 2022 年三季报显示，公司资产总计 20.67 亿元，负债合计 17.19 亿元，净资产仅 3.48 亿元。而 2022 年半年报显示，大连圣亚对镇江大白鲸项目的长期股权投资的期末余额高达 4.06 亿元，如表 12－10 所示。

表 12－10　镇江大白鲸项目账面余额　（单位：元）

被投资单位	期初余额	权益法下确认的投资损益	期末余额	减值准备期末余额
镇江大白鲸海洋世界	407 845 838.56	－1 433 622.15	406 412 216.41	0

面对大连圣亚不愿意继续推动项目，2020 年 11 月，大连圣亚因股东出资纠纷被镇江文旅提起诉讼，最终败诉，并在 2021 年计提由该案件导致的预计负债 85 00 万元。

五、尾声

管理层内斗不断，再叠加疫情冲击，大连圣亚的状况岌岌可危，经营方面疲软，业绩受到冲击。处于漩涡中的大连圣亚试图通过卖企鹅来保壳，但最终仍没有逃脱被实施退市风险警示。一年之后的 2022 年 5 月 18 日，＊ST 圣亚发布晚间公告称，公司股票将于 5 月 19 日停牌一天，5 月 20 日复牌后撤销退市风险警示，证券简称由“＊ST 圣亚”变更“大连圣亚”。主要原因是 2021 年＊ST 圣亚在扣除企鹅销售收入后，仍有 1.7 亿元的营收，不触及 1 亿元“红线”。

但是卖企鹅并没有解决其业绩困境，2021 年净利润亏损 1.98 亿元。到了 2022 年大连圣亚业绩依然深陷“漩涡”之中。从 2022 年三季度业绩表现来看，净利润再度出现亏损，如

图 12－11 所示。

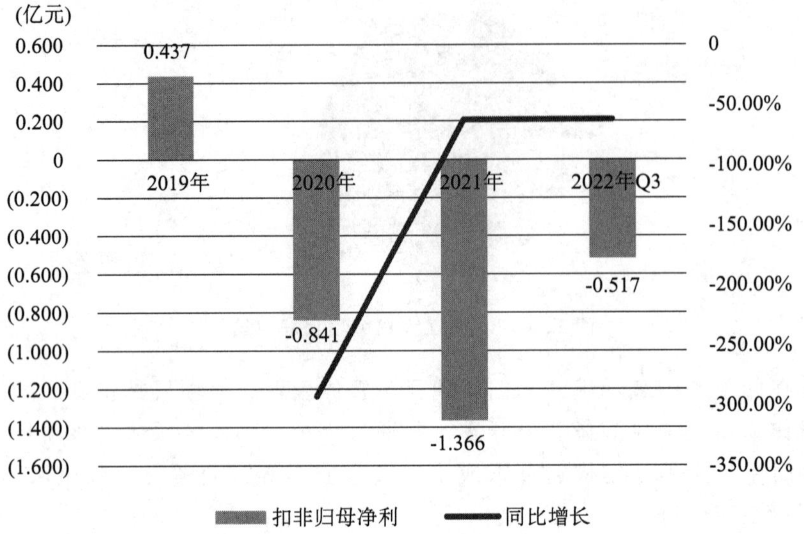

图 12－11 2019—2022 年 Q3 大连圣亚扣非净利润及增速

而“漩涡”中的大连圣亚已然掉队，除业绩惨淡外，相比国内其他主题公园头部品牌，大连圣亚在规模、体量上尚有一定差距，产品能力和品牌影响力也有一定差距。没有开发新项目，之前的项目又进展缓慢，曾经的“优等生”无论是在业务方面还是战略布局方面都不具备优势。

一边是本土主题公园在疫情后加速发力，另一边是国际主题公园品牌的压力，被资本搅乱，陷入内斗泥潭，且中小股东控制董事会后并没有令人满意的答卷。大连圣亚摘帽之后前路将会怎样，又能在安全区待多久？值得持续关注。

附录：

附表 1　　大连圣亚利润表主要数据　　（单位：亿元）

	2014 年	2015 年	2016 年	2017 年	2018 年	2019 年	2019 年 Q1	2020 年	2020 年 Q1
营业收入	2. 901	3. 053	3. 008	3. 448	3. 477	3. 008	0. 443	1. 142	0. 132
营业成本	1. 328	1. 381	1. 294	1. 384	1. 182	1. 236	0. 269	1. 105	0. 227
利润总额	0. 514	0. 588	0. 468	0. 794	0. 823	0. 578	－0. 089	－0. 873	－0. 249
归母净利润	0. 385	0. 429	0. 336	0. 555	0. 577	0. 423	－0. 085	－0. 699	－0. 238

附表 2　　大连圣亚资产负债表主要数据　　（单位：亿元）

	2014 年	2015 年	2016 年	2017 年	2018 年	2019 年	2020 年
存货	0. 018 4	0. 018 2	0. 037 4	0. 027 9	0. 019 6	0. 020 8	0. 047 2
应收账款	0. 024 8	0. 020 5	0. 020 7	0. 024 5	0. 030 5	0. 084 1	0. 060 4
流动资产	0. 143 5	0. 132 2	0. 511 9	0. 328 1	0. 333 8	0. 228 9	0. 183 5

续表

	2014 年	2015 年	2016 年	2017 年	2018 年	2019 年	2020 年
在建工程	0.068 5	0.173 8	0.381 9	2.298	4.842	8.450	6.595
总资产	6.759	6.424	10.204	11.635	17.956	21.848	20.997
流动负债	1.508	1.383	2.952	4.772	7.912	7.057	7.359
总负债	2.887	2.327	4.165	5.222	10.057	13.323	14.980

附表 3　　大连圣亚现金流量表主要数据　　（单位：亿元）

	2014 年	2015 年	2016 年	2017 年	2018 年	2019 年	2020 年
经营活动产生的现金流量净额	1.020	1.174	0.8834	1.050	1.130	0.9307	0.1325
投资活动产生的现金流量净额	-0.5153	-0.2468	-1.141	-2.184	-3.085	-4.822	-1.866
筹资活动产生的现金流量净额	-1.074	-0.9233	3.033	-1.740	2.363	3.643	1.135

六、讨论题目

本案例要求学生结合案例材料，梳理中小股东治理的含义、作用、条件、动机、经济后果、股权结构理论、委托代理理论、利益相关者理论、公司治理理论等知识点，讨论以下问题：

1. 控制的条件是什么？大连圣亚中小股东为何能够控制董事会？
2. 结合本案例与相关理论，分析大连圣亚中小股东控制董事会的动机源于监督还是自利？
3. 中小股东治理的作用有哪些？结合本案例，分析大连圣亚中小股东控制董事会对公司产生什么影响？
4. 根据大连圣亚中小股东控制董事会的后果，思考化解中小股东治理风险的方法。

案例使用说明书

一、教学目的与用途

1. 适用课程：财务管理理论应用研究、公司治理等相关课程的教学研讨。
2. 授课对象：MPAcc 学生，拓展适用于所有管理类的专业硕士（如审计专业硕士、工商管理专业硕士）、学术性硕士及高年级本科生。
3. 教学目标：本案例描述了大连圣亚中小股东控制董事会的全过程以及控制董事会后公司的发展状况，让学生系统了解公司治理环境的变化如何影响中小股东治理行为，中小股东控制董事会的条件、动机以及由此产生的经济后果；全面掌握中小股东治理的含义、作用、条件、动机和经济后果；深入思考化解中小股东治理风险的方法。

二、讨论题目

1. 控制的条件是什么？大连圣亚中小股东为何能够控制董事会？

2. 结合本案例与相关理论，分析大连圣亚中小股东控制董事会的动机源于监督还是自利？

3. 中小股东治理的作用有哪些？结合本案例，分析大连圣亚中小股东控制董事会对公司产生什么影响？

4. 根据大连圣亚中小股东控制董事会的后果，思考化解中小股东治理风险的方法。

三、案例分析准备

教师可以根据自己的教学目标来灵活使用本案例，这里提出本案例的分析思路，仅供参考。

本案例根据案例情节设置案例问题，根据案例问题学习相应的理论知识予以解答。案例问题沿着“中小股东控制董事会的条件”—“中小股东控制董事会的动机”—“中小股东控制董事会的经济后果”—“化解中小股东治理风险”的逻辑脉络展开，其中涉及的理论知识包括中小股东治理的含义、作用、条件、动机、经济后果、股权结构理论、委托代理理论、利益相关者理论、公司治理理论等。图 12－12 为本案例的分析思路与框架。

分析准备如下：

（一）股东会、董事会的议事规则

1. 股东会的议事规则

股东大会是股东主张权利的最重要的场所。由于公司股东大会不是常设机构，其会议的召开一般有两种形式：一是股东年会，即按照公司法或公司章程规定定期召开的股东会议，一般每年召开一次。对于上市公司来说，年度股东大会是强制性的，并由董事会负责召集。二是临时股东大会，又称特别股东大会，即指在两次年会之间不定期召开的股东大会。独立董事、单独或者合计持有公司 10% 以上股份的普通股股东（含表决权恢复的优先股股东）有权向董事会提议召开临时股东大会。董事会同意召开临时股东大会的，应当在作出董事会决议后的五日内发出召开股东大会的通知；董事会不同意召开临时股东大会，或者在收到请求后十日内未作出反馈的，单独或者合计持有公司 10% 以上股份的普通股股东（含表决权恢复的优先股股东）有权向监事会提议召开临时股东大会。监事会同意召开临时股东大会的，应在收到请求五日内发出召开股东大会的通知。监事会未在规定期限内发出股东大会通知的，视为监事会不召集和主持股东大会，连续 90 日以上单独或者合计持有公司 10% 以上股份的股东可以自行召集和主持。

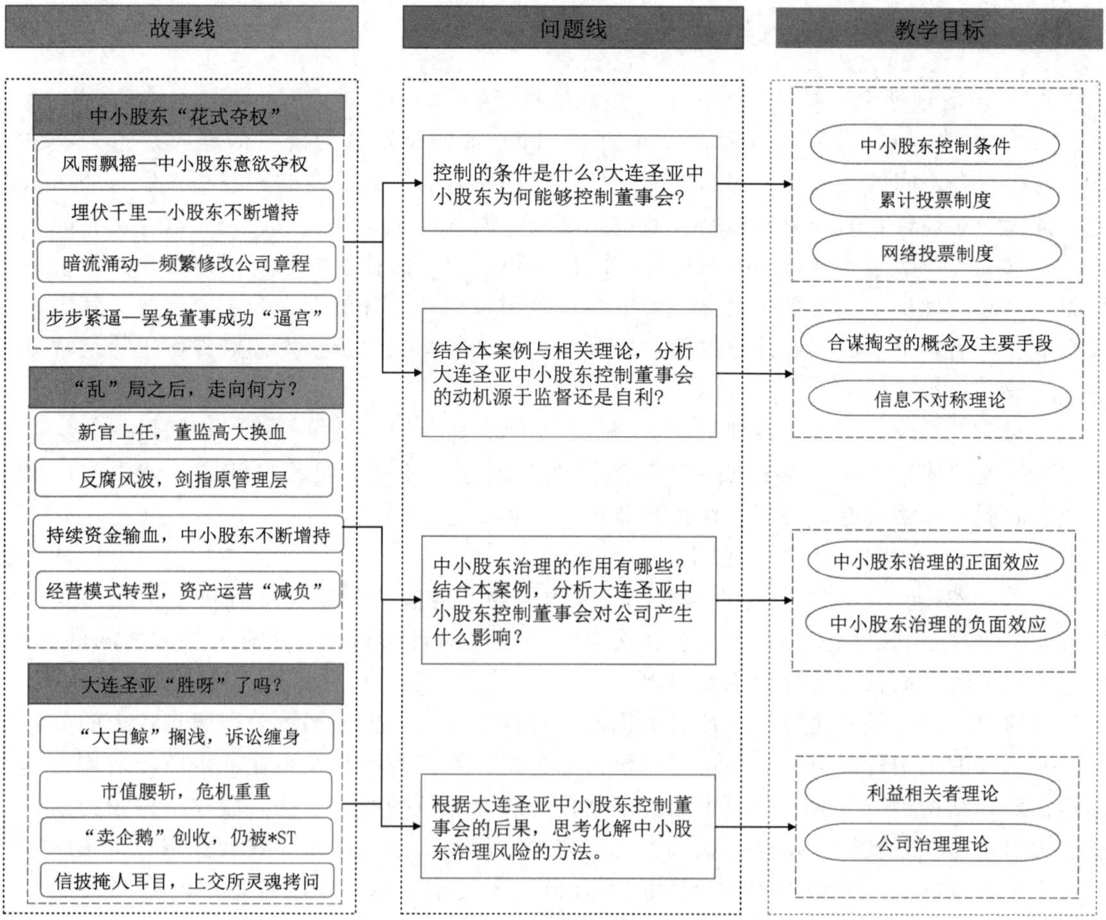

图 12-12　分析思路与框架

股东大会就选举董事、监事进行表决时，根据公司章程的规定或者股东大会的决议，可以实行累积投票制。累积投票制是指股东大会选举董事或者监事时，每一普通股（含表决权恢复的优先股）股份拥有与应选董事或者监事人数相同的表决权，股东拥有的表决权可以集中使用。这样做的目的就在于防止大股东利用表决权优势操纵董事的选举，矫正“一股一票”表决制度存在的弊端。除现场会议投票外，应当向股东提供股东大会网络投票服务。股东大会股权登记在册的所有股东，均有权通过网络投票系统行使表决权。

2. 董事会的议事规则

董事会每年度至少召开两次会议，每次会议应当于会议召开十日前通知全体董事和监事。代表 1/10 以上表决权的股东、1/3 以上董事或者监事会，可以提议召开董事会临时会议。董事长应当自接到提议后十日内，召集和主持董事会会议，董事长不能履行职务或者不履行职务的，由副董事长召集和主持；副董事长不能履行职务或者不履行职务的，由半数以上董事共同推举一名董事召集和主持。

董事会会议应有过半数的董事出席方可举行。董事会决议的表决，实行一人一票。董事会作出决议，必须经全体董事的过半数通过。董事会应当对所议事项的决定作成会议记录，出席会议的董事应当在会议记录上签名。

（二）中小股东治理的相关理论准备

1. 公司治理理论

Berle 和 Means（1932）以及 Jensen 和 Meckling（1976）认为公司治理应致力于解决所有者与经营者之间的关系，公司治理的焦点在于使所有者与经营者的利益相一致。公司治理是一种股东对经营者的制衡和激励，通过制度安排明确权利义务关系。公司治理机制的核心就是要解决委托代理问题。一方面是外部的治理机制，以法律制约和部门监管为主体；另一方面是内部治理机制，由股东大会、董事会、公司章程和经理层等作为主要部分。其中，董事会是法人治理结构的核心，通过股权激励、薪酬激励和独立董事发挥监督作用等是常见的治理手段。

公司治理不仅研究公司治理结构对经营者的约束监督，降低第一类代理问题的成本，还十分重视控股股东对于中小股东的"隧道挖掘"问题，即第二类代理问题，公司治理也研究通过制度安排实现有效决策，保护利益相关者利益。

2. 股权结构理论

Berle 和 Means（1932）最早关注股权结构问题，他们认为公司所有权结构安排是一种最重要，也是最基础的安排，因为这直接决定公司内部权利和利益在有关各方之间的分配。股权集中度组成股权结构理论主要内涵。

股权集中度，是公司所有者持股占比的一种量化表示，能够揭示公司股东权力的分布状况。所有权的集中程度会影响公司实际权力的分配，对法人治理及企业的生产经营均有莫大影响，股权结构可以分为相对集中的股权结构与相对分散的股权结构。股权结构较为集中有益于大股东监督管理层，从而降低一类代理成本，但一股独大也易导致大股东与中小股东之间发生利益冲突。股权结构较为分散被认为会导致股东监督、激励管理层的意愿及能力弱化，致使经理人可能操控公司，增加一类代理成本。但从股东保护角度而言，较为分散的股权结构能够增强股东之间的权利制衡，有效避免中小股东遭受来自大股东的侵害，减少控股股东与中小股东之间的二类代理成本。

3. 委托代理理论

美国学者 Berle 和 Means 于 20 世纪 30 年代提出委托代理理论，指出现代公司制企业的特点在于所有权与经营权的分离，所有者让渡经营权而仅保留剩余索取权。由于信息不对称和道德风险的存在，委托人和代理人的利益不一致会产生委托代理问题，具体分为以下两类：

第一类是所有者与经理人之间的代理问题。Jensen 和 Meckling 在 1976 年提出：当股权分散时，企业经营权由管理层掌握，管理者处于信息优势地位，可能会为了追求个人私利而牺牲股东的利益。第二类是控股股东与中小股东之间的代理问题。在股权集中的企业里，Shleifer 和 Vishny 认为，控股股东有能力和动机利用其支配地位去侵占中小股东的利益。

中小股东面临双重委托代理问题：中小股东既面临管理者的道德风险，也可能因控股股东攫取控制权私利而遭受损失，管理层和控股股东甚至可能合谋而损害中小股东的利益。

4. 利益相关者理论

弗里曼（Freeman）于 1984 年最早提出利益相关者的概念。利益相关者理论是指企业的经营管理者为综合平衡各个利益相关者的利益要求而进行的管理活动。利益相关者包括股东、债权人、职工、政府、消费者和上下游企业等。与传统的股东至上主义相比较，该理论企业应该综合平衡各个利益相关者的利益要求，而不仅仅是股东的利益，因为企业的发展离不开各利益相关者的投入或参与，同时也分担了企业的风险和代价。该理论强调公司财务的目标是利益相关者价值最大化。

四、案例分析关键点

（一）控制的条件是什么？大连圣亚中小股东为何能够控制董事会？（讨论问题 1）

1. 理论依据

（1）控制的条件。根据《企业会计准则第 36 号——关联方披露》第三条第二款的规定，控制，是指有权决定一个企业的财务和经营政策，并能据以从该企业的经营活动中获取利益。

控制权，一般是相对于所有权而言的，是指对某项资源的支配权，即对公司实行实际控制的权力。《上市公司收购管理办法》第八十四条规定，有下列情形之一的，为拥有上市公司控制权：①投资者为上市公司持股 50% 以上的控股股东；②投资者可以实际支配上市公司股份表决权超过 30%；③投资者通过实际支配上市公司股份表决权能够决定公司董事会半数以上成员选任；④投资者依其可实际支配的上市公司股份表决权足以对公司股东大会的决议产生重大影响；⑤中国证监会认定的其他情形。

对于中小股东来说，通过持股比例和股份表决权来控制公司不现实，但股东会仅对公司经营的一些重大事项作出决定，在公司具体经营中仍是由董事会、高管负责，因此，在公司经营层面上也可以作一些有利于小股东的安排，比如通过掌控公司董事会的大部分席位，控制董事会，从而控制公司的日常经营管理。

（2）累积投票制度。累积投票制是股东实行选举权的形式之一。我国公司法规定企业可以实行累积投票制。即股东大会选举董事或者监事时，每一股份拥有与应选董事或者监事人数相同的表决权，即每个股份持有者按其有表决权的股份数与被选人数的乘积为其应有的选举权利。

通过累积投票可以解决当前少数公司控股股东股权集中小股东丧失话语权的现状，为中小股东提名董事人选并通过选举提供可能。此外，还可以降低中小股东的行权成本，提升其在公司治理中的参与感和责任感，从而保障自身利益的实现，减少由于信息不对称等多种原因所造成的大股东对其利益的侵占行为。

（3）网络投票规则。与西方发达国家相比，网络投票的投票方式在我国起步较晚。2004 年 12 月 7 日，证监会发布了《关于加强社会公众股股东权益保护的若干规定》，其中，要求我国上市公司在股东大会的表决议案中，如果涉及增发、重大资产重组等对公众股股东的利益产生重大影响的相关事项时，上市公司应当向公众股股东提供网络投票的方式，并且社会公众股所持表决权达到 1/2 以上才能通过决议。

传统投票方式必须本人或委托人到现场投票表决，而网络投票具有虚拟性、数字化及快捷性等特点，不受地域的限制。网络投票的积极意义是：显著地降低了中小股东参与公司治理的成本，提高了中小股东治理的积极性，一定程度上制约了公司管理者或大股东的利己行

为，保护了中小股东的权益，

2. 案例分析要点

（1）公司层面：股权结构分散，给了中小股东可乘之机。自2009—2020年，这12年间大连圣亚的控股股东星海湾一直维持着24.03%的股份，比例不高且常年未增持股份以巩固控制权，从2017年开始，第二大股东辽宁迈克和第三大股东境外公司N.Z.开始套现，较为稳定的股权结构被打散，给中小股东争夺控制权留下了可乘之机。中小股东杨子平、磐京基金及其一致行动人等投资者凭借二级市场不断增持股份，持股比例逐渐迫近大连星海湾，最终通过控制董事会达到控制上市公司的目的。

（2）控股股东层面：防御反击意识薄弱，缺乏警惕。控制权长期稳定导致大连星海湾的防御意识变得薄弱，自认为控制权牢牢掌握在自己手里，防御机制存在漏洞，使得中小股东乘虚而入。

首先，大连圣亚修改公司章程，取消了提名非独立董事股东“连续180天以上的”时间限制，股份要求也仅为3%，章程的修改增加了外部投资者短时间内争夺控制权的机会，加大了控制权争夺的风险。

其次，2018年开始杨子平和磐京系开始不断增持股份，据天眼查显示二者共为庆城投资的股东，而控股股东星海湾对此缺乏警惕。即使在上交所发函问询的情况下，仍听信磐京基金“无意干预公司经营和获得控制权”的一面之词，为中小股东控制董事会提供了机会。

最后，星海湾防御意识薄弱，没有提前设置控制权保护机制，例如一票否决权、董事会提名权。这直接导致了其后续面对中小股东的争夺时手无寸铁，无法挽回局面，最终丧失对企业的控制权。

（3）制度层面：中小股东行权的制度保障。随着我国投资者保护法律制度的逐步完善，中小股东行权成本降低，其维权意识和参与公司治理积极性不断提高。2004年12月7日，中国证券监督管理委员会发布规定强调了“网络投票制”和“累积投票制”两种新型投票机制在保护中小股东利益中的应用。

累积投票制能够抵制因控股股东股权过分集中而导致中小股东集体失语，大幅提高中小股东提名董事人选并通过选举的可能性。网络投票制可以突破地域和时间限制，方便快捷，提高中小股东参与投票的积极性。这两种投票制度降低了中小股东的行权成本，成为中小股东制约控股股东、参与公司治理的有效渠道。

（二）结合本案例与相关理论，分析大连圣亚中小股东控制董事会的动机源于监督还是自利？（讨论问题2）

1. 理论依据

（1）合谋掏空的概念及主要手段。合谋掏空是指高管协助大股东通过关联交易或转移资产等方式侵占中小股东经济利益的行为。Johnson等（2000）的研究指出，大股东和小股东之间的代理问题相对更为普遍，并将大股东谋取中小股东利益的行为形象地描述为“掏空”。“掏空”是指大股东通过转移资金、财产或利润的方式侵占中小股东利益的行为，这种带有自利目的的行为严重侵害了中小股东的经济利益，打击了中小投资者的积极性，同时对资本市场的发展也会产生一定影响。

在众多掏空方式中，资金占用方式最为常见。大股东对公司资金的占用可分为经营性占款和非经营性占款，前者主要反映在应收账款、应付账款、预收账款以及预付账款上，后者主要表现在其他应收款项目中。控股股东资金占用的手段主要包括向公司借款、公司提供违规担保或抵押、代偿债务、代付款项等。

（2）信息不对称理论。信息不对称理论首先是由 Akerlof、George A. 于 1970 年提出，他认为由于每个人在经济活动中扮演着不同的角色，所以获取的信息有很大区别。这就会导致拥有充分和必要信息的人通常处于有利位置，而缺乏信息的人则处于不利地位。

在上市公司中，控股股东控制着上市公司，参与公司的日常管理，并掌握有关上市公司运营和财务的第一手资料，与少数股东相比，它具有绝对的信息优势。大多数人只能从上市公司获得公开披露的信息，而这些信息通常会被大股东伪造和粉饰。因此，这种极端的信息不对称导致了大股东与中小股东之间收入风险结构的巨大差异。大股东可以使用大部分收入来支持一小部分风险，而中小股东只能获得一小部分收入，但他们必须承担巨大的风险。

2. 案例分析要点

（1）原管理层业绩较差，遭遇瓶颈。原管理层主导的“大白鲸计划”的实施不仅没有为上市公司带来好处，反而成为了拖累。首先，资金缺口不仅使项目进展缓慢，还拉低了企业的营收增速。其次，各个项目的建设进度严重慢于预期。“大白鲸计划”的进展不顺利导致公司业绩长期不佳。大连圣亚 2014 年营业总收入 2.9 亿元，到 2019 年营业总收入仅为 3.19 亿元。同样的，归属于母公司所有者的净利润 2014 年为 3 851 万元，到 2019 年仅增长至 4 233 万元（见案例正文附表 1），可以看出，大连圣亚的盈利处于原地踏步的状态。进一步对比第一季度的状况，2019 年第一季度归母净利润为 -852 万元，而到了 2020 年，第一季度归母净利润为 -2 380 万元，同比巨幅下滑 179%。

同时，激进的扩张战略还让大连圣亚深陷流动性危机。“大白鲸计划”的资金来源多是通过借款方式筹集（见案例正文表 12-1），耗资巨大的在建工程给大连圣亚造成一定的债务负担。大连圣亚的资产负债率从 2015 年的 36.22% 增长至 2020 年第一季度的 60.4%，资产负债率持续增长。从 2017 年开始，大连圣亚的流动比率和速动比率都低于 1，意味着流动资产无法覆盖流动负债。

大连圣亚陷入流动性危机的时候，其控股股东也出现流动性风险。星海湾投资于 2018 年 7 月 30 日，将其持有的 3 094.56 万股股票（占总股本的 24.03%）质押给大连建设投资基金中心。后因其为子公司担保和金融借款合同纠纷等原因，星海湾投资质押的股权被司法轮候冻结（见案例正文表 12-3）。

如果经营管理层因为能力不足拖累上市公司发展，中小股东可以通过争夺话语权，积极发挥监督作用，倒逼公司改革，提升治理水平。

（2）中小股东质疑原管理层存在利益侵占。大连圣亚的管理层掌管企业的生产经营，拥有信息优势地位，有能力利用有利的信息和管理权获取私有收益。中小股东质疑大连圣亚原高管团队侵占了上市公司利益。包括：

①原管理层在全国布局了多个“大白鲸计划”项目（见案例正文表 12-1），却没有一个完工，项目建设进展缓慢，投资回报遥遥无期，原管理层离职后，其力推的“大白鲸计划”也频频出现纠纷。并且仅营口、厦门、千岛湖、杭州、三亚五个项目，合计总投资超过 33 亿元。其中，超过 20 亿元要靠银行贷款，建设期利息达 1.32 亿元，而公司 2019 年利润总额还为负数，高投入却无产出，造成大连圣亚“母体失血”。杨子平及磐京系对原管理

层的“大白鲸计划”提出了质疑，并认为管理层想借此计划掏空上市公司并进行利益输送，获取私有收益并造成股东利益的受损。

②2020 年 4 月 28 日，在鲸天下已经欠付租金约 310 万元、违约金约 377.32 万元的情况下，不仅未对鲸天下主张租金债权，还同意溢价收购鲸 MALL 已使用 5 年的装修资产。

③2020 年，大连圣亚管理层在知晓三亚中改院出资土地被抵押的事实，以及公司在三亚中改院土地房产出资存在巨大风险的前提下，仍签署放弃对项目公司控制权的协议，并继续履行工程垫资的代付义务，同时还支付给中改院 1 410 万元的高额租金。

综上，大连圣亚在原管理层控制下，经营业绩较差，遭遇瓶颈，利用“大白鲸计划”进行利益输送，造成中小股东利益受损，这就使得中小股东“联合”师出有名，所以中小股东是源于监督的动机，想要积极参与公司治理，发挥监督作用，阻止原管理层侵害“上市公司”利益的行为，改善公司治理。

（三）中小股东治理的作用有哪些？结合本案例，分析大连圣亚中小股东控制董事会对公司产生什么影响？（讨论问题 3）

1. 理论依据

（1）中小股东治理的积极效应。中小股东参与公司治理有以下三点积极效应：

一是加强了对管理层的监督。中小股东参与公司治理，提升了外部利益相关者的信息获取能力，引起更多社会关注和审计师警觉，从而加强了外部对管理层的监督。同时，中小股东通过“用手投票”表达对管理者及其行为的态度，减少管理者的不作为或利己行为，引导管理层实现股东利益最大化。

二是约束大股东的利益侵害行为。随着互联网技术的发展与市场制度的完善，越来越多的中小股东通过舆论、联合行动、累积投票、网络表决、提名中小股东董事等方式抗衡大股东，这有利于提高股权制衡度、抑制大股东的利益侵占行为。

三是改善公司的经营环境与绩效。中小股东通过缓解与管理层的代理冲突，抑制大股东的利益输送行为，提高了经营效率和公司治理水平，带动企业绩效的提高。

（2）中小股东治理的消极效应。中小股东参与公司治理有以下三点消极效应：

一是短视行为。由于中小股东持股比例较低，不可避免地会更看重短期绩效而非专注于企业长期运营。此外，中小股东联盟具有不稳定性，在面临利益冲突时联盟也更容易瓦解，短暂的同盟加剧了中小股东的短视行为。

二是经营能力有限。由于必要信息或专业性的缺乏，中小股东可能无法作出正确的决策判断，可能对企业造成负面影响，损害公司价值。

三是机会主义行为。中小股东也是“理性经济人”，当他们面临触手可得的利益时也会实施机会主义行为。比如利用利润分配、提名董事等方式为自身谋利，与大股东合谋侵占以及盈余操纵，对公司绩效带来负面影响。

2. 案例分析要点

（1）积极效应。

①约束管理层利益侵害行为。自从杨子平和毛崴等中小股东控制了董事会后，就开始了反腐行动，揭发了原管理层的多项利益侵占行为：一是通过二次招投标发现原商业部负责人张林将商铺以不合理低价租给个人的关联企业，进行利益输送。二是派驻管理者和审计人员

对“大白鲸计划”项目进行审查，发现多个项目存在资金去向不明，管理层利益输送等多项违规问题。中小股东正是通过提名董事并入选董事会，才能加强对管理层的监督，揭示并约束了管理层的利益侵害行为。

②强化外部监督的力度。中小股东控制董事会后，引发了各方的紧密关注。一是监管方：上交所多次发函询问大连圣亚 2020 年年报中的“企鹅销售收入”的业务细节，经现场检查发现部分重要会计凭证存在更改，认为其存在规避退市行为。二是审计师方：年审会计师迫于监管压力出具了新的收入扣除专项意见：企鹅销售收入可能影响报表使用者对公司持续经营能力和正常判断而被予以扣除。三是媒体方：2022 年 11 月 8 日，媒体发布《大连圣亚“隐雷”》重磅报道，不仅在众多中小投资者中引起很大反响，同时也引起了上交所的重视。中小股东积极参与公司治理，引起了监管方、审计师、媒体方的紧密关注，三者共同强化了外部监督的力度，有助于保护所有股东的利益。

③缓解资金压力、维持股价。在发生控制权争夺的前一年即 2019 年，大连圣亚的资产负债率为 60.67%，是行业平均水平的 1.55 倍，其流动比率和速动比率都低于 1，意味着流动资产无法覆盖流动负债（详见案例正文表 12－2），可见公司偿债压力很大。2021 年 2 月至 6 月，短短 5 个月毛葳对大连圣亚进行了 4 次财务资助，金额合计 4 050 万元（详见案例正文表 12－7），毛葳不断投入资金，保证了公司正常经营，也缓解了公司正面临的资金压力。

同期，杨子平夫妇也频频增持，累计增持 5%，增持后持股 10%（详见案例正文表 12－8）。新任管理层不断掏出“真金白银”，起到了提振投资者信心的作用。2021 年 2 月至 6 月，大连圣亚的股价也在波动中不断上升，从 2 月的股价最低点 18.8 元上升到 6 月的 26 元左右（详见案例正文图 12－3）。

（2）消极效应。

①缺乏经营之道，业绩进一步恶化。在疫情反复和由控制权争夺带来的治理冲突的叠加影响之下，大连圣亚业绩呈现出断崖式下跌。然而以杨子平及磐京系为代表的中小股东夺得控制权后，并未积极采取措施改善大连圣亚经营现状，这也导致大连圣亚的经营情况的进一步恶化。首先，杨子平及磐京系夺得控制权后，在对管理层进行“大换血”的过程中，并未选择职业经理人，而是推举无旅游行业相关的背景的毛葳。其次，对于之前多个项目“烂尾”的“大白鲸计划”也没有后续的补救措施。这究竟是由于公司发展相关资源以及专业能力的缺失，还是由于杨子平及磐京基金方仍专注于稳固其刚刚获得的控制权而无意于公司的经营管理，有待商榷。不过可以肯定的是，中小股东方夺得控制权后，并未获得积极的市场反应、业绩进一步恶化。大连圣亚 2020 年营业收入同比下降 64%，归属于母公司股东净利润亏损约 8 410 万元，同比下降 292%，2021 年营收有所改善，但归母净利润仍为负值（见案例正文附表 1）。

② 粉饰财务数据，降低会计信息质量。大连圣亚在 2020 年下半年突击销售企鹅，将 44 只企鹅销售带来的 1 876 万元确认为主营业务收入。而公司也正依靠这笔收入，在 2020 年勉强跨过营收 1 亿元的“红线”，躲过退市风险警示。

上交所认为，大连圣亚疑似将出售的展示用企鹅（生产性生物资产），作为暂养区企鹅（消耗性生物资产）出售并确认销售收入。通过进一步核实，上交所明确指出大连圣亚在现场检查中未能提供企鹅臂环编码管理办法、销售合同对应的企鹅编码及生物档案等充分、合理的关键材料，并且部分重要会计凭证存在更改，部分重要审计底稿前后不一致，大连圣亚和年审会计师均未能提供相关合理说明。最终，年审机构中兴财光华会计师事务所对前期出具的收入扣除专项核查意见进行了更改，将新增企鹅销售的收入，从主营收入中扣除。

经过此次调整，大连圣亚2020年营业收入降为8 401万元，且扣非净利润为负，触发了营业收入低于1亿元、扣非前后的净利润孰低者为负的退市风险警示条件。据此，上交所启动了对大连圣亚实施退市风险警示的监管程序。2021年7月14日，大连圣亚被强制停牌。

镇江“大白鲸计划”项目本该在2018年就建成开放，如今却已烂尾多年。大连圣亚实际早在2020年就已向项目合作方发函，明确表示要退出该项目，并早已撤走了派驻人员。但在大连圣亚发布的多份公告中，该项目仍被表述为“暂时停工”，认为其“具备良好的发展前景”，并据此判定项目“不存在减值迹象”。同时，大连圣亚2020年以公司派驻镇江“大白鲸计划”项目的董事辞职为由，将镇江“大白鲸计划”项目在合并报表中所列科目由“在建工程”调整为“长期股权投资”。按照企业会计制度，长期停建并且预计在3年内不会重新开工的在建工程应该减值。即使是放在“长期股权投资”的科目内，每年年底均要进行财务测算，如项目长期停滞、投资回收无望，也早就应该对该股权资产进行减值。但2022年半年报中，大连圣亚对镇江“大白鲸计划”项目的长期股权投资的期末余额高达4.06亿元（见案例正文表12－10），并未计提减值准备。

大连圣亚早已明确要退出，却在信息披露上多有隐瞒，并未依规定进行财务减值。究其原因，大连圣亚彼时已被“披星戴帽”，证券简称为“＊ST圣亚”。而大连圣亚2021年营收仅2.05亿元，净利润则继续为负，如果再出现大额减值，极可能触及退市红线。

而面对大连圣亚不愿意继续推动项目，重庆顺源和镇江文旅已经行动起来，通过法律程序维护自身权益。2020年11月，大连圣亚因股东出资纠纷被镇江文旅提起诉讼，最终败诉，并在2021年计提由该案件导致的预计负债8 500万元。

综上，中小股东控制董事会后，通过粉饰财务数据以避免停牌和退市风险，但是失实的财务数据会误导投资者和债权人，给他们造成严重的经济损失，同时对大连圣亚的投资环境失去信心，大连圣亚的商业信用也因此受损。

③为自身谋利，有悖改善治理初衷。关于控制权争夺的公司治理，有学者认为控制权争夺过程中可以优化升级公司治理，各方股东对于控制权的追求可以使董事会内部成员相互制衡，保证董事会治理的有效性，防止某个股东一家独大，获取控制权私有收益，侵害转移公司财产。大连圣亚的中小股东在夺取话语权中多次提名己方阵营，占据了董事会所有席位，而创始人大股东在董事会竟没有一席之地。可见并没有形成相互制衡的董事会局面，此时董事会对于“上位”的中小股东也失去了约束监督，并未优化升级董事会治理结构。

磐京系和杨子平夺得大连圣亚的控制权之后，在罢免大连圣亚原有高管及确定公司公章归属问题的过程中，遭到原有高管和员工的强烈反对。大连圣亚海洋世界公众号先后发表两篇文章，表明大连圣亚全体员工坚决反对杨子平等人恶意收购公司行为，说明杨子平方夺得公司控制权之后引发了激烈的公司内部矛盾，不利于公司日常经营发展。另外，大连圣亚董事会秘书职位长期空缺，时任董事长杨子平自2020年7月29日起、时任副董事长兼总经理毛崴自2021年1月22日起分别代行董事会秘书职责，未依规办理信息披露相关业务，不配合上交所日常监管工作。此外，上位的“中小股东”和第一大股东星海湾对于“实际控制人”的身份互不承认，经上交所多次发函督促仍“无人认领”。上述情况均与其他小股东积极行权并选举杨子平方控制董事会，以缓解代理冲突有效改善治理的初衷，与大连圣亚如今治理冲突频发的现状，无疑是相悖的。

（四）根据大连圣亚中小股东控制董事会的后果，思考化解中小股东治理风险的方法。（讨论问题 4）

1. 理论依据

（1）利益相关者理论。随着利益相关者的不断扩大，代理问题不仅局限在大股东和经理中，而且涵盖了债权人、中小股东、员工等在内的众多主体，他们也成为公司治理的关键要素。企业的经营管理者应该综合平衡各个利益相关者的利益要求，达到利益相关者价值最大化。

（2）公司治理理论。由于双重委托代理问题导致中小股东对管理层和大股东产生信任危机，同时中小股东参与公司治理的渠道和投资者保护制度不断完善，于是中小股东开始通过网络投票、媒体舆论、提名董事等途径积极参与公司治理，成为公司治理的重要一环，董事会治理则是公司治理的核心。

2. 案例分析要点

（1）中小股东方面。中小股东参与治理的过程中遭到控股股东的抵触不可避免，在夺权时应保证控制权平稳过渡，避免“粗暴夺权”，引发动乱。本案例中小股东“粗暴夺权”体现在：夺权后“血洗”董事会，完全把控了监事会和高管团队，遭到员工强烈抵制，造成内部管理结构动荡。这一行为也在众多利益相关者中引起了不良反应：其他中小股东不买账、人事冲突、多个合作方起诉，公司业绩大幅下滑，股价接连下跌，无疑影响了公司正常运营，阻碍了企业的发展。中小股东夺权时应保证控制权“软着陆”，充分协商，将控制权争夺的影响减到最小，这才符合各利益相关者的长远利益。

（2）政府方面。首先，政府应正确定位中小股东的治理角色，鼓励其积极参与治理来监督和制衡控股股东，但要避免中小股东过度干预经营决策。一方面要完善中小股东积极治理的渠道和信息披露机制，另一方面也应完善法规限制其过分积极。由于中小股东存在缺乏专业经营能力、短视等局限，过度干预经营也会阻碍企业的发展。中小股东更多应该起到监督和制衡控股股东的作用，而不是成为新的掌权人。其次，监管方应进一步制定与完善中小股东治理的相关法律政策，规避大连圣亚案例中利用公司章程控制董事会甚至“一言堂”的行为。董事会治理的有效性是公司内部治理的重要一环，但大连圣亚控制权的争夺不仅没有优化董事会治理结构，反而还形成中小股东“一言堂”的局面，降低了董事会制衡的内部治理效应，阻碍企业发展，政府也应对此充分关注并完善相关政策。

（3）控股股东方面。一方面，控股股东应该保证中小股东治理的有效性，拓宽中小股东参与治理的途径，主动利用多种渠道对投票形式以及议案内容详细披露，鼓励中小股东积极发挥监督作用，预防管理层的利益侵占行为。另一方面，控股股东应重视与中小股东的沟通，及时接受中小股东的反馈，为中小股东与企业的交流互动提供平台。如果中小股东对大连圣亚原管理层的质疑引起了控股股东的重视，控股股东积极发挥监督作用，采取整顿措施，促进企业良性发展，这对所有股东都是有利的，中小股东也不必大动干戈，引发后续一系列冲突，影响企业的发展。

五、建议的教学组织方式

（一）课堂时间计划

本案例可以作为专门的案例讨论课来进行。表 12－11 是按照时间进度提供的课堂计划建议，仅供参考。整个案例讨论课程时间控制在 90 分钟，从案例教学实施过程来看，涉及课前、课中、课后三个阶段。

表 12－11 课堂时间计划表

时间		内容
课前		1. 提前一周将案例发放给学生，并提出讨论问题，要求学生进行初步的思考，包括中小股东治理的含义、作用、条件、动机、经济后果、化解中小股东治理风险的方法，对难点做好提问准备 2. 要求学生在课前阅读案例相关书籍和资料
课中	案例引入 （10—15 分钟）	1. 介绍股东大会、董事会的议事规则及中小股东治理的相关理论知识点 2. 帮助学生回顾案例背景、内容与问题，为小组讨论作准备
	小组讨论 （20—30 分钟）	1. 将学生分组，每组要求 5—6 人 2. 以小组为单位围绕启发思考题进行小组交流与讨论
	集体讨论 （30 分钟）	1. 每个小组派一名代表阐述小组讨论结果 2. 每个小组汇报时间不超过 10 分钟 3. 每个小组就启发思考题提出不同的意见 4. 教师根据意见中存在的问题进行适当提问和延伸，其他小组成员作进一步讨论
	归纳总结 （20 分钟）	1. 教师就讨论结果做进一步讲解与补充 2. 就案例中涉及的知识点进行讲解
课后		1. 布置课后作业，要求以小组为单位完成案例分析报告 2. 鼓励学生课后与教师进行讨论

（二）案例提问计划

表 12－12 案例分析不同阶段对应的问题

阶段	问题
案例分析的导入阶段	1. 谈谈对中小股东治理的认识 2. 对比股东大会和董事会议事规则的差异
案例分析的主体阶段	1. 控制的条件是什么？大连圣亚中小股东为何能够控制董事会？ 2. 结合本案例与相关理论，分析大连圣亚中小股东控制董事会的动机源于监督还是自利？ 3. 中小股东治理的作用有哪些？结合本案例，分析大连圣亚中小股东控制董事会对公司产生什么影响？
案例分析的总结阶段	根据大连圣亚中小股东控制董事会的后果，思考化解中小股东治理风险的方法

（三）课堂板书设计

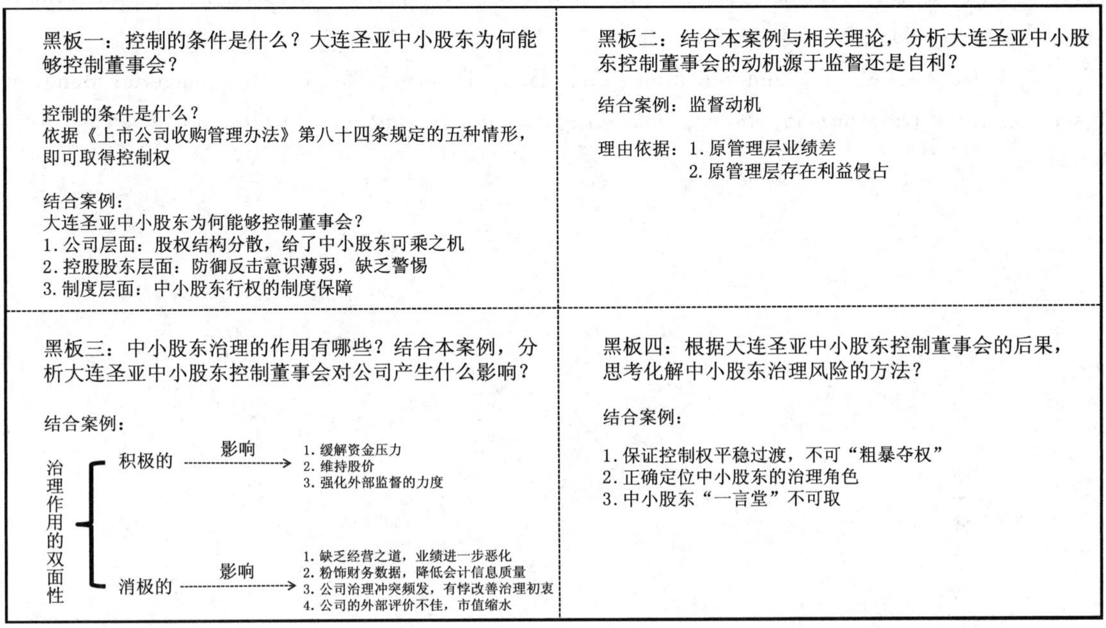

图 12－13　案例参考板书

六、参考文献

［1］陈文强，贾生华．股权激励、代理成本与企业绩效——基于双重委托代理问题的分析框架［J］．当代经济科学，2015，37（2）：106－113，128.

［2］冯根福．双重委托代理理论：上市公司治理的另一种分析框架——兼论进一步完善中国上市公司治理的新思路．经济研究，2004，（12），16－25.

［3］郑国坚，蔡贵龙，卢昕．“深康佳”中小股东维权：“庶民的胜利”抑或“百日维新”？——一个中小股东参与治理的分析框架［J］．管理世界，2016，（12）：145－158，188.

［4］孔东民，刘莎莎．中小股东投票权、公司决策与公司治理——来自一项自然试验的证据［J］．管理世界，2017（9）：101－115.

［5］祝继高，叶康涛，陆正飞．谁是更积极的监督者：非控股股东董事还是独立董事？［J］．经济研究，2015，50（9）：170－184.

［6］贾莹丹．中小股东异议的公司治理效应——来自审计师改聘议案的证据［J］．审计研究，2015（1）：99－105.

［7］黎文靖，孔东民．信息透明度、公司治理与中小股东参与［J］．会计研究，2013（1）：42－95.

［8］James A. Brickley and Christopher M. James. The Takeover Market，Corporate Board Composition，and Ownership Structure：The Case of Banking［J］. Journal of Law and Economics，

1987, 30 (1): 161 - 180.

[9] Anup Agrawal and Charles R. Knoeber. Firm Performance and Mechanisms to Control Agency Problems between Managers and Shareholders [J]. Journal of Financial and Quantitative Analysis, 1996, 31 (3) : 377 - 397.

[10] Jensen, M. C. and Meckling, W. H. "Theory ofThe Firm: Managerial Behavior, *Agency costs and OwnershipStructure*", *Journal of Financial Economics*, 1976, vol. 3 (4): 305 - 360.